结以修士
建德尚未
贺教方印
重大项目
成立志喜

癸巳杜

教育部哲学社会科学研究重大课题攻关项目

教育部人文社会科学百所重点研究基地
西南大学西南民族教育与心理研究中心

民族地区教育优先发展研究

STUDY ON GIVING PRIORITY TO
THE EDUCATIONAL DEVELOPMENT
OF ETHNIC MINORITY AREAS

张诗亚 等著

经济科学出版社
Economic Science Press

图书在版编目（CIP）数据

民族地区教育优先发展研究/张诗亚等著.
—北京：经济科学出版社，2014.10
（教育部哲学社会科学研究重大课题攻关项目）
ISBN 978-7-5141-5018-6

Ⅰ.①民… Ⅱ.①张… Ⅲ.①民族地区-少数民族教育-研究-中国 Ⅳ.①G759.2

中国版本图书馆 CIP 数据核字（2014）第 219302 号

责任编辑：刘　茜　庞丽佳
责任校对：杨晓莹
责任印制：邱　天

民族地区教育优先发展研究

张诗亚　等著

经济科学出版社出版、发行　新华书店经销
社址：北京市海淀区阜成路甲 28 号　邮编：100142
总编部电话：010-88191217　发行部电话：010-88191522
网址：www.esp.com.cn
电子邮件：esp@esp.com.cn
天猫网店：经济科学出版社旗舰店
网址：http://jjkxcbs.tmall.com
固安华明印业有限公司印装
787×1092　16 开　29.25 印张　560000 字
2014 年 10 月第 1 版　2014 年 10 月第 1 次印刷
ISBN 978-7-5141-5018-6　定价：72.00 元
(图书出现印装问题，本社负责调换。电话：010-88191502)
(版权所有　侵权必究　举报电话：010-88191586
电子邮箱：dbts@esp.com.cn)

课题组主要成员

（按姓氏笔画排序）

首席专家 张诗亚

主要成员 王　鉴　巴登尼玛　孙杰远　孙振东
　　　　　　吴晓蓉　张学敏　张诗亚　金志远
　　　　　　徐　东　廖伯琴

编审委员会成员

主　任　孔和平　罗志荣
委　员　郭兆旭　吕　萍　唐俊南　安　远
　　　　文远怀　张　虹　谢　锐　解　丹
　　　　刘　茜

总 序

哲学社会科学是人们认识世界、改造世界的重要工具，是推动历史发展和社会进步的重要力量。哲学社会科学的研究能力和成果，是综合国力的重要组成部分，哲学社会科学的发展水平，体现着一个国家和民族的思维能力、精神状态和文明素质。一个民族要屹立于世界民族之林，不能没有哲学社会科学的熏陶和滋养；一个国家要在国际综合国力竞争中赢得优势，不能没有包括哲学社会科学在内的"软实力"的强大和支撑。

近年来，党和国家高度重视哲学社会科学的繁荣发展。江泽民同志多次强调哲学社会科学在建设中国特色社会主义事业中的重要作用，提出哲学社会科学与自然科学"四个同样重要"、"五个高度重视"、"两个不可替代"等重要思想论断。党的十六大以来，以胡锦涛同志为总书记的党中央始终坚持把哲学社会科学放在十分重要的战略位置，就繁荣发展哲学社会科学做出了一系列重大部署，采取了一系列重大举措。2004年，中共中央下发《关于进一步繁荣发展哲学社会科学的意见》，明确了新世纪繁荣发展哲学社会科学的指导方针、总体目标和主要任务。党的十七大报告明确指出："繁荣发展哲学社会科学，推进学科体系、学术观点、科研方法创新，鼓励哲学社会科学界为党和人民事业发挥思想库作用，推动我国哲学社会科学优秀成果和优秀人才走向世界。"这是党中央在新的历史时期、新的历史阶段为全面建设小康社会，加快推进社会主义现代化建设，实现中华民族伟大复兴提出的重大战略目标和任务，为进一步繁荣发展哲学社会科学指明了方向，提供了根本保证和强大动力。

高校是我国哲学社会科学事业的主力军。改革开放以来，在党中央的坚强领导下，高校哲学社会科学抓住前所未有的发展机遇，紧紧围绕党和国家工作大局，坚持正确的政治方向，贯彻"双百"方针，以发展为主题，以改革为动力，以理论创新为主导，以方法创新为突破口，发扬理论联系实际学风，弘扬求真务实精神，立足创新、提高质量，高校哲学社会科学事业实现了跨越式发展，呈现空前繁荣的发展局面。广大高校哲学社会科学工作者以饱满的热情积极参与马克思主义理论研究和建设工程，大力推进具有中国特色、中国风格、中国气派的哲学社会科学学科体系和教材体系建设，为推进马克思主义中国化，推动理论创新，服务党和国家的政策决策，为弘扬优秀传统文化，培育民族精神，为培养社会主义合格建设者和可靠接班人，做出了不可磨灭的重要贡献。

自2003年始，教育部正式启动了哲学社会科学研究重大课题攻关项目计划。这是教育部促进高校哲学社会科学繁荣发展的一项重大举措，也是教育部实施"高校哲学社会科学繁荣计划"的一项重要内容。重大攻关项目采取招投标的组织方式，按照"公平竞争，择优立项，严格管理，铸造精品"的要求进行，每年评审立项约40个项目，每个项目资助30万～80万元。项目研究实行首席专家负责制，鼓励跨学科、跨学校、跨地区的联合研究，鼓励吸收国内外专家共同参加课题组研究工作。几年来，重大攻关项目以解决国家经济建设和社会发展过程中具有前瞻性、战略性、全局性的重大理论和实际问题为主攻方向，以提升为党和政府咨询决策服务能力和推动哲学社会科学发展为战略目标，集合高校优秀研究团队和顶尖人才，团结协作，联合攻关，产出了一批标志性研究成果，壮大了科研人才队伍，有效提升了高校哲学社会科学整体实力。国务委员刘延东同志为此做出重要批示，指出重大攻关项目有效调动各方面的积极性，产生了一批重要成果，影响广泛，成效显著；要总结经验，再接再厉，紧密服务国家需求，更好地优化资源，突出重点，多出精品，多出人才，为经济社会发展做出新的贡献。这个重要批示，既充分肯定了重大攻关项目取得的优异成绩，又对重大攻关项目提出了明确的指导意见和殷切希望。

作为教育部社科研究项目的重中之重，我们始终秉持以管理创新服务学术创新的理念,坚持科学管理、民主管理、依法管理,切实增强服务意识,不断创新管理模式,健全管理制度,加强对重大攻关项目的选题遴选、评审立项、组织开题、中期检查到最终成果鉴定的全过程管理,逐渐探索并形成一套成熟的、符合学术研究规律的管理办法,努力将重大攻关项目打造成学术精品工程。我们将项目最终成果汇编成"教育部哲学社会科学研究重大课题攻关项目成果文库"统一组织出版。经济科学出版社倾全社之力,精心组织编辑力量,努力铸造出版精品。国学大师季羡林先生欣然题词:"经时济世 继往开来——贺教育部重大攻关项目成果出版";欧阳中石先生题写了"教育部哲学社会科学研究重大课题攻关项目"的书名,充分体现了他们对繁荣发展高校哲学社会科学的深切勉励和由衷期望。

创新是哲学社会科学研究的灵魂,是推动高校哲学社会科学研究不断深化的不竭动力。我们正处在一个伟大的时代,建设有中国特色的哲学社会科学是历史的呼唤,时代的强音,是推进中国特色社会主义事业的迫切要求。我们要不断增强使命感和责任感,立足新实践,适应新要求,始终坚持以马克思主义为指导,深入贯彻落实科学发展观,以构建具有中国特色社会主义哲学社会科学为己任,振奋精神,开拓进取,以改革创新精神,大力推进高校哲学社会科学繁荣发展,为全面建设小康社会,构建社会主义和谐社会,促进社会主义文化大发展大繁荣贡献更大的力量。

教育部社会科学司

前　言

民族教育优先发展的首要任务，是要从根本上改变传统上"先发展经济再给教育增加投入以推进教育自身基础的发展"思路，要先发展教育，在整体上推进教育，强调先发展人的素质以增加人力资本，进而改善整个教育和经济的关系并促进经济的良性发展。所以，这个题目的研究，无疑有着极强的针对性和现实意义。

少数民族相对集中的西部地区的整体落后，表面上看主要反映在GDP和人均收入等经济发展水平方面，但从本质上看，根源在于西部科技、教育水平的落后和整体的人力资本落后。据中国统计年鉴，2009年15岁以上人口文盲率，西藏、新疆、青海、宁夏、甘肃、云南、贵州、内蒙古等西部省区均高于全国其他地区水平，其中西藏15岁以上的文盲比例就高达39.6%；民族地区就业人员中，初中以下教育程度占80%以上。这表明民族地区劳动力整体素质不高，劳动力的来源与结构不平衡，那么，少数民族人口从事的职业技术含量不高，所创造的附加值也就低，这是一个必然的结果。

优先发展教育不仅是促进经济发展的手段和基础，而且最关键的是，优先发展教育是要以社会的整体发展代替经济片面发展，以教育的发展推动整个社会的发展。因而，我们必须改变以往的发展思路，不能以经济高速发展来衡量整个社会的发展，摒弃那种以外来嵌入式的经济高速发展来带动整个地区的发展模式，而应该从根本上去营造亲和的、和谐的发展模式。

我国民族地区幅员辽阔、天地生命系统复杂而文化丰富多样。任何一种自然生态，包括人类在内，都是数万年、数十万年演化的结果，都有其自身形成的不可剥夺的运行规律，人与自然的相互作用是在相互共生关系中形成的。这就在客观上要求我们，发展民族教育必须要以人与自然的关系为核心，必须改变以往的发展观，树立"共生教育"理念，即从根本上讲，人与自然要共生共谐，强调不仅要认识、改造自然，更重要的是要与人赖以生存的自然共生、互补形成一个和谐的生态系统，而不是长期流行的那种对自然的掠夺式开发或纯粹地从自然中获取人们所需要的能源，并将两者对立起来的做法。

于是，要发展民族教育就不能只看眼前利益，而应当从民族教育观出发，以弘扬民族地区整体人文价值为根本、以人文价值为中轴，从民族地区的实际出发，发展民族地区人文教育、实现各民族整体素养的提升，从根本上克服那种单纯地把教育当做工具的发展观。这样，民族教育就不是谁去教育谁、谁去取代谁、谁主谁次的问题，而是要统筹兼顾共荣教育与共生教育两个方面，要构筑一个以促进各民族共同进步和弘扬人文精神为宗旨的民族团结、互补、融合的全新的民族教育体系。这便是我们强调的民族地区优先发展的教育，以教育来全面改变民族地区整个社会发展的思路。

鉴于此，我们明确提出四点策略：一是人的优先发展；二是教育的主体优先；三是教育的活动优先；四是教育的事业优先等相应的策略。这些解决方案是在大量的 fieldwork 的基础上，根据实践中的问题、案例和深入的研究而提出来的，不是想当然或没有根据的，是在实践中经过全面考察而得出的。当然，提出问题、设计解决方案是一回事，全面实践、推行又是另一回事，要使之富有成效，并非易事，这不只需要"从上到下"都要对此问题有一个清晰的认识，还要在此基础上积极推进，并不断反馈，进而改进，持之以恒，才能奏效。倘若如此，整体的民族教育发展也就有望了！我们希望本课题所做的工作能对这件事奠定一个基础，开一个好头。虽然课题结束了，但是工作没有完，我们还将一如既往地坚持跟进。

民族教育优先发展的推进，民族教育的发展，涉及了很多方面，课题研究过程中，很多师生以及致力于改进民族教育的志同道合者，提供了不少帮助，作用不小，在此一并致谢！还有西南大学西南民族教育与心理研究中心不少同仁、研究生，没有他们的努力课题完不成，书也出版不了，特此感谢！

摘 要

长期以来人们的教育观念是以经济推进教育，不是以教育推进经济。现在我们发现，教育的问题不是经济完全能够解决的，不是政府财政支持下对教育设施的改善就能解决的，教育优先发展也不仅仅是拨钱的问题。民族教育的问题在于民族社会内在机制和外在机制上的不协调，即民族社会自然生态、人文、个体发展与教育政策的不协调，造成现在民族地区教育的滞后发展，也造成了民族地区的欠发展或落后。从一些个案，我们可以看出，民族地区必须要走经教育推进经济之路。教育优先发展问题的研究就是要制定出一个适合于民族地区教育发展的指标体系，通过合理的指标体系发展教育，通过教育带动民族地区的发展——从恶性到良性的发展模式的扭转。

本书立足于民族地区地域广、差距大、类型多样和文化多元的实际情况，综合运用社会学、经济学、教育学的方法，通过大规模的田野考察，理论与实际相结合，以理论框架为轴辅以大量的个案研究，一方面通过个案研究，分析民族地区教育发展中存在的问题，从个案中找到共性的东西，构建民族地区教育优先发展促进民族地区整体良性发展的理论模式；另一方面，从历史角度梳理国家长期以来发展民族地区教育所采取的各种"照顾和倾斜政策"，深刻反思这些政策背后的价值定位在多大程度上与民族地区实际情况相符合，总结经验教训；借鉴国外尤其是发达国家教育优先发展的政策与经验，从宏观与微观层面上提出我国民族地区教育优先发展的政策建议。

Abstract

　　We always know that economy can promote education, not education promoting economy. But now, we find that economy cannot solve the problems completely, and improvement of educational facilities by government financial support also can not solve all of the problems. Giving priority to the development of education is not equal to give money totally. The main problem of national education is non-coordination of the intrinsic and extrinsic mechanics at ethnic minority areas, which means non-coordination among ecological, humanistic, individual development and education policy in those areas, leading to the inadequate development of education and also less developed of economy. Through some cases, we can see that education should promote economy in ethnic minority areas. The study on giving to the priority of educational development is to formulate a suitable index system of educational development in ethnic minority areas. And through the development of reasonable index system of education, it can be able to reverse the development mode in the ethnic minority regions—from the malignant development mode to benign one.

　　The research of this book is based on a wide, diverse and multicultural reality of ethnic regions, uses methods of sociology, economics, pedagogy and with large-scale fieldworks. The book is supported by theoretical research and case analysis, and then finds out problems and common things from the cases. It is necessary to construct a theoretical model for giving priority to development of education in ethnic regions. Through the investigations of the historical policy of education in ethnic regions, we should find out the appropriate value orientation and experiences. And through investigations of the educational policy and experience of developed countries, it maybe give us some strategies and policies from both macro and micro perspectives.

目 录

第一篇 理论研究 1

第一章 导论 3

第一节 本书假说总论 3

第二节 学术界已有研究述评 10

第三节 本书结构与各章研究专题 17

第二章 民族教育优先发展的科学内涵及价值定位 19

第一节 教育优先发展思想的理论基础 19

第二节 民族教育优先发展的科学内涵 27

第三节 民族地区教育优先发展的价值定位 32

第四节 民族地区教育优先发展新思路——"共生教育"之阐释 36

第三章 民族地区教育优先发展指标体系研究 42

第一节 教育发展指标体系的概念及内涵 42

第二节 民族地区教育优先发展指标确立的基本原则 49

第三节 民族地区教育发展现有指标体系的构成 52

第四节 民族地区教育优先发展指标体系设计 56

第四章 民族教育与文化的问题研究 70

第一节 民族地区学校教育与传统文化间的冲突 70

第二节　民族地区学校教育与文化的调适　79

第三节　民族地区学校教育的定位　86

第二篇

实践探索与论证　91

第五章 民族地区学校撤并与寄宿制问题研究　93

第一节　民族地区学校撤并问题研究　93

第二节　民族地区学校寄宿制问题研究　107

第六章 民族地区教育优先发展的人力资源研究　113

第一节　民族地区人力资源开发的现状　113

第二节　民族地区人力资源的特征与问题　119

第七章 民族地区的师资培养研究　124

第一节　教师专业发展研究　124

第二节　民族地区双语教学与教师培训研究　130

第八章 民族地区职业教育研究　139

第一节　民族地区职业教育的主要问题　139

第二节　共生视阈下民族地区职业教育发展研究　145

第九章 民族地区教育信息化问题研究　158

第一节　民族地区现代远程教育研究　158

第二节　民族地区教育信息化发展的两种路径探讨　167

第三节　民族地区多媒体教学研究　173

第十章 民族地区课程改革研究　180

第一节　民族地区课程改革的价值追求与取舍　180

第二节　民族地区课程改革中的文化适应性研究　186

第三节　民族地区课程改革的探索　188

第四节　民族文化课程建设研究　191

第十一章 ▶ 民族地区教育发展的案例研究（一） 197

　　第一节　云贵少数民族基础教育问题案例研究　197
　　第二节　西藏双语教育模式及策略研究　215
　　第三节　内蒙古民族学校民族语文学习案例研究　224
　　第四节　民族地区职业教育师资问题案例研究　235

第十二章 ▶ 民族地区教育发展的案例研究（二） 245

　　第一节　民族地区学校教育与文化传承研究——以纳西族为例　245
　　第二节　西藏农牧区教育调适与需求研究　260
　　第三节　民族地区学校教育与文化认同研究——以大理
　　　　　　"鹤庆教育现象"为例　267
　　第四节　嘉绒藏区学校教育与社会教育运行机制比较研究　294

第三篇

国际比较　335

第十三章 ▶ 国外处境不利群体教育优先发展政策比较研究 337

　　第一节　美国处境不利群体教育优先发展政策　337
　　第二节　英国弱势群体教育优先发展政策　349
　　第三节　日本偏远地区教育优先发展政策　359

第十四章 ▶ 国外教育优先发展指标体系比较研究 367

　　第一节　国外教育优先发展的指标体系介绍　367
　　第二节　国外教育优先发展指标体系的启示与借鉴　371

第四篇

对策与政策　375

第十五章 ▶ 民族地区教育优先发展问题的应对策略 377

　　第一节　民族地区教育优先发展与传统文化冲突的对策　377

第二节　民族地区教育优先发展与人力资源开发不足的对策　385

第三节　民族地区教育优先发展与职业教育发展失衡的对策　389

第四节　民族地区教育信息化发展的策略　401

第五节　民族地区教育优先发展与教师培养脱节的对策　404

第十六章 ▶ 民族教育优先发展的政策保障研究　409

第一节　民族教育优先发展政策及其环境　410

第二节　民族教育优先发展政策的转向　414

第三节　推进民族地区教育优先发展的政策建议　420

参考文献　427

后记　435

Contents

Part I
Theoretical Study   1

Chapter 1   Introduction   3

   1.1   A general analysis of the research hypothesis   3
   1.2   A review of academic research   10
   1.3   The structure of the book and each chapter studies   17

Chapter 2   The scientific connotation and value orientation of giving priority to the development of the ethnic minority education   19

   2.1   The theoretical foundation of giving priority to the development of education   19
   2.2   The scientific connotation of giving priority to the development of the ethnic minority education   27
   2.3   The value orientation of giving priority to the development of the ethnic minority education   32
   2.4   A new notion on giving priority to the development of the ethnic minority education: "symbiosis education"   36

Chapter 3   The study of index system in giving priority to the educational development of the ethnic minority education   42

    3.1   The concept and connotation of the educational development index system   42

    3.2   The basic principle to the educational development index system of the ethnic minority education   49

    3.3   The index establishing in giving priority to the development of the ethnic minority education   52

    3.4   The design in giving priority to the development of the ethnic minority education   56

Chapter 4   Research on the education and culture of the ethnic minority   70

    4.1   The conflict between school education of ethnic minority areas and the traditional culture   70

    4.2   The adjustment of school education and culture in ethnic minority areas   79

    4.3   The positioning of school education in ethnic minority areas   86

Part II
Exploration and Practice   91

Chapter 5   Research on the problems of schools undo-merged and the boarding schools in ethnic minority areas   93

    5.1   The problems of schools undo-merged in ethnic minority areas   93

    5.2   The problems of the boarding schools in ethnic minority areas   107

Chapter 6   Research on human resources development in giving priority to the educational development in the ethnic minority areas   113

    6.1   The current situation of human resources in ethnic minority areas   113

    6.2   The characteristics and problems of human resources in ethnic minority areas   119

Chapter 7   Research on teacher training in ethnic minority areas   124

    7.1   Research on teacher professional development   124

7.2 Research on the bilingual teaching and teacher training in ethnic minority areas　130

Chapter 8　Research on the occupation education in ethnic minority areas　139

8.1 The main issue in the occupation education in ethnic minority areas　139

8.2 Research on the development of ethnic minority areas occupation education under the background of the symbiotic section　145

Chapter 9　Research on the problems of educational informatization in ethnic minority areas　158

9.1 Research on the modern distance education in ethnic minority areas　158

9.2 Discussion on two ways for the development of the education informatization in ethnic minority areas　167

9.3 Research on the multimedia teaching in ethnic minority areas　173

Chapter 10　Research on the curriculum reformation in ethnic minority areas　180

10.1 The value pursuit and choice of the curriculum reformatiom in ethnic minority areas　180

10.2 Research on the cultural adaptability to ethnic minority areas in the curriculum reformation　186

10.3 The exploration of the curriculum reformation in ethnic minority areas　188

10.4 Research on the curriculum construction in ethnic minority's culture　191

Chapter 11　Cases study on the education development in ethnic minority areas（Ⅰ）　197

11.1 Cases study on the problems of schooling of ethnic minorities in Yunnan and Guizhou province　197

11.2 Research on pattern and strategy in the bilingual education of Tibet　215

11.3 Research on minority language learning in Inner Mongolia National School　224

11.4 A case study on the issue of teaching qualification of the occupation education in the ethnic minority areas　235

Chapter 12　Cases study on the education development in the ethnic minority areas（Ⅱ）　245

  12.1　Research on the ethnic minority education and cultural heritage—taking Naxi people as an example　245

  12.2　Research on educational adjustment and demand in agricultural and pastoral areas of Tibet　260

  12.3　The ethnic minority education and cultural identity—taking Dali "Heqing education phenomenon" as an example　267

  12.4　A comparative study on the mechanism between society education and school education —taking Jiarong Tibetan as an example　294

Part Ⅲ
International Comparison　335

Chapter 13　Research on the priority development of education policy in foreign disadvantaged groups　337

  13.1　The priority development of education policy of the United States of America　337

  13.2　The priority development of education policy of British　349

  13.3　The priority development of education policy of Japan　359

Chapter 14　The comparative study on priority development index system in foreign education　367

  14.1　The index system of the priority development in foreign education　367

  14.2　The enlightenment and reference of index system of the priority development in foreign education　371

Part Ⅳ
Strategy and Policy　375

Chapter 15　The strategies of the educational problems of the ethnic minority areas　377

  15.1　The strategies to conflict between school education and traditional culture in ethnic minority areas　377

15.2 The countermeasures to insufficient development and use in human resources in priority developmen of education of ethnic minority areas 385

15.3 The countermeasures to the occupation education development in priority developmen of education in ethnic minority areas 389

15.4 The strategies to development to education informatization in ethnic minority areas 401

15.5 The strategies to teacher training in priority developmen of education in ethnic minority areas 404

Chapter 16 Research on the policy in giving priority to the development of the ethnic minority education 409

16.1 The policy & environment of giving priority to the development of the ethnic minority education 410

16.2 The change of giving priority to the development of the ethnic minority education 414

16.3 The suggestions to giving priority to the development of the ethnic minority education 420

Reference 427

Postscript 435

第一篇

理论研究

第一章

导 论

我国民族地区长期以来存在着两种矛盾：一是丰富的自然人文资源与落后的科技、经济水平并存。二是自然人文资源与科技、经济水平参差不齐、多种类型并存。民族地区之间的产业结构、劳动力结构、人口结构、城乡结构等均呈现出差异性与不平衡性。这些矛盾不解决，民族地区社会的稳定与和谐发展就得不到保障。要解决这些矛盾，必须依靠教育提升民族地区人力资本水平，以教育的优先发展促进民族地区整体的发展，以整体的良性发展取代经济的片面发展。只有这样，才能从根本上保证民族地区社会的稳定与和谐发展。

本书即是教育部哲学社会科学研究重大课题攻关项目"民族地区教育优先发展研究"的成果，反映了课题组成员在这一课题所涉及的主要领域的一些思考。

第一节 本书假说总论

民族教育优先发展是转变民族地区发展观、实现民族地区的可持续发展、维护国家长治久安、解决民族地区教育长期欠账问题和证明以人为本、科学发展观和建设和谐社会的百年大计。本书提出"民族地区教育优先发展是民族地区整体良性发展的关键"这一假说。在这一节中将围绕假说，通过逐层次论述民族地区教育优先发展的必要性、民族地区教育优先发展与经济发展、多元民族文化保护传承与中华文化认同、社会和谐发展与共生教育、民族教育优先发展对于民族地区整体发展的作用，从宏观上论述民族地区教育优先发展可以促进民族地区整体良性发展。

一、民族地区教育优先发展的必要性

基于民族地区自然、历史、社会和文化的特殊性，我们认为优先发展民族地区的教育是十分有必要的。

中国是一个多民族多元文化的国家。在一个多民族多元文化的社会，发展少数民族的经济与社会需要采取特殊的政策，民族教育事业也不例外。概括起来讲，我国民族地区和民族的特殊性主要受到自然、历史、社会、文化等因素的影响。从自然因素来讲，少数民族聚居地区占全国面积一半以上，主要是高原、山地、草场和林区，所以少数民族中有很大一部分人从事畜牧业，这和汉族主要从事农业形成不同的经济类型。中国的五大牧区均在少数民族地区，从事游牧业的人几乎都是少数民族。我国少数民族有许多是跨境民族或分布在祖国的边疆地区，在中国漫长的边境线上，有30多个少数民族跨境而居；我国有些少数民族分布在自然条件恶劣、资源匮乏的地区，如宁夏回族自治区的回族等；有的少数民族还散杂居于国内其他自然条件相对较差的地区，如湖北武陵山区的土家族等。这些民族地区共同的特点是地广人稀、自然生态脆弱、条件艰苦，但地下资源丰富，面临着自然发展中的生态环境保护与自然资源开发的双重矛盾，科学发展成为民族地区最为紧迫的任务。

从历史因素来讲，中华民族是一个多元一体的不可分割的整体，我国民族的现状是几千年的历史过程所形成的，它的主流是由许许多多分散孤立存在的民族单位，经过接触、混杂、联结和融合，同时也有分裂与消亡，形成一个你来我去、我来你去，我中有你、你中有我，而又各具个性的多元统一体。在这一过程中，我国汉族主要聚居在农业地区，除了西北和西南外，可以说凡是宜耕的平原几乎全是汉族的聚居区。同时在少数民族地区的交通要道和商业据点一般都有汉人长期定居。这样汉人就大量深入到少数民族聚居地区，形成一个点线结合，东密西疏的网络，这个网络正是多元一体格局的骨架。

从社会因素来讲，在新中国成立前，各民族发展所处的社会阶段水平各不相同，汉族地区基本上是从一个半殖民半封建的社会进入社会主义社会的，而少数民族地区的情况却相对滞后，有些民族是从农奴社会直接进入社会主义社会，还有些少数民族地区是从相当于原始社会后期的发展水平而进入社会主义社会的。社会发展起点的不同，使得少数民族地区教育的整体水平偏低。我国在制定经济社会和教育发展的目标时需要考虑特殊的政策，所以我国在发展民族教育事业上，长期以来采取的是重点扶持、优先发展的政策，通过公共教育资源要向民族地区倾斜和中央财政加大对民族教育的支持力度，全面提高少数民族和民族地区教育发展水平。

从文化因素来讲，这是民族和民族地区发展中的一个内在的特殊因素。我们知道，我国的少数民族的历史和汉族一样悠久，在漫长的历史长河中，少数民族同样形成了相对完整的文化体系并且保存到今天，这些文化既是少数民族赖以生存的精神食粮，又是中华民族文化中不可或缺的宝贵财富。中华民族文化体系中包括了少数民族文化的丰富内容，面对现代化的浪潮，一方面是现代的主流文化对少数民族文化的冲击，另一方面是多元文化教育理念下的民族文化的保护。在教育领域，民族文化更是一个需要充分考虑的特殊因素，这不仅是由民族教育与民族文化的关系决定的，更是民族成员的情感和价值决定的。[①]

我国多民族多文化的特征，不仅是中国的历史、自然生态和文化特殊性导致的，更是中国的现实所决定的。我国的民族地区主要集中于西部，其土地面积及资源蕴藏量均占到全国总量的64%左右，决定了我国经济的进一步发展必然离不开西部民族地区的地域及资源的支撑。实际上，民族地区的发展战略和发展重心也一直是围绕资源开发展开的，对民族地区的开发多聚焦于"资源优势"、"旅游优势"、"劳动力成本优势"、"边贸优势"等。从根本上说，这种发展模式是一种低水平的、粗放型的发展模式，因而在事实上不仅没有真正形成民族地区发展的独特优势，反而在客观上造成了民族地区发展中的结构性失衡。一是生态系统的失衡。对自然生态环境与资源的破坏和掠夺式的开发，必然会导致当地生态环境系统失衡。以西南地区为例，由于西南特殊的地质构造和地理形态，这里落差明显，水的势能极大，水能资源占全国可开发资源总量的60%以上，所以全国90%的水电项目均位于西南地区。然而，西南也是因水电开发引发地质灾害、生态环境破坏最严重的地区。不仅水电项目的建设和运营中极易导致和诱发滑坡、崩塌、泥石流、崩岸等地质灾害，而且有可能导致天然森林、草地、野生动植物栖息地的丧失，物种数量的减少，以及上游集水区的环境退化、水质下降、水污染加重等。二是文化隔阂与文化分裂加重。民族地区的嵌入式、掠夺式开发会进一步加深民族之间的文化隔阂。目前进入西部民族地区的企业主要是以油田以及大的矿业集团为主。以新疆为例，据《新疆日报》报道，2011年，参与新疆煤电、煤化工产业发展的企业已达104家，煤化工项目66个。在这些企业中，既有国电、华能、中电投、大唐五大电力企业，及神华、中煤等国有煤炭

---

① 王鉴：《论我国民族教育的特殊性及其政策支持》，载《学术探索》2010年第5期。

央企，又有山西潞安、河北开滦、江苏徐矿、山东新汶等省级国有煤炭企业。这些国有大中型企业的进入从文化结构上来看是相对封闭的。一方面，西部民族地区原本工业并不发达，而石油、石化等企业主要是资金密集型、技术密集型产业，无法吸纳大量劳动力；另一方面这些国有企业系统在民族地区自成体系，其文化跟整个民族社区几乎不兼容。与之相反的是，在这一过程中，本应充当社会、文化隔阂与分裂缓冲器的民族教育并没有很好地实现自己的目标，其主要原因是民族教育在发展中盲目引进"现代教育"的单一发展模式，忽视了民族地区教育主体发展的特定需求。这也是为什么在西部某些学校硬件条件已经极大改善的情况下，中小学阶段"隐性辍学"或"间歇性辍学"的现象依然不少的原因[①]。

二、教育优先发展是民族地区整体良性发展的关键

（一）民族教育优先发展与民族地区经济发展

在经济开发上，长期以来，我们国家追求 GDP 的高速发展，在一定程度上都加速了少数民族经济的发展。但是另一方面，问题也是突出的。民族地区长期存在着自然、人文资源富集与科技、经济滞后并存的矛盾和各种文化冲突与碰撞的现象。长期以来，我们在民族地区进行攫取式的资源开发，猎奇式的旅游开发，如果说破坏山体、水体等自然资源是对自然基因的伤害和毁损，那么伪的文化展演等旅游经济开发便是对文化基因的吞噬和消解。这种焚林而猎、涸泽而渔的发展思路直接导致民族地区经济陷入恶性循环的发展态势。面对民族地区立体富饶的自然生态系统，丰富繁多的动植物基因以及与自然和谐的、共生的、独特的人文资源，我们必须转变观念，摒弃以前杀鸡取卵的发展方式，构建良性的人与自然、民族与民族、文化与文化和谐发展的框架。我们的教育应当尊重自然资源和人文生态及其与人的可持续发展的紧密关系，以自然与人文共生场域滋养人的发展，促进与改善自然、文化、经济和社会发展水平。确保多民族、多种文化平等、和谐共生和多元一体文化的整合，继而增强中华民族凝聚力和国家认同。走文化亲和的道路才能解决好民族地区长期存在的深层次的矛盾和冲突，才能促进民族地区政治、经济、文化良性循环发展，从而实现各民族的共同繁荣，为和谐社会奠定坚实的基础。

---

① 刘晓巍、张诗亚：《优先发展教育，促进民族地区整体发展》，载《民族教育研究》2012 年第 4 期。

就西南民族地区而言，长期以来一直存在着两个严重制约大西南开发与西南各族人民共同进步的恶性循环。一是经济发展水平低下与社会发育程度不足的恶性循环，见下式：

经济落后→资金缺、投入少→科教文化落后→人口素质低而数量多→先进科技难推广→丰富资源难开发与生产效率低→经济效益差→经济发展

穷与愚互为因果，循环往复，形成一个怪圈，致使西南地区与沿海地区的差距日益扩大。二是办学条件差，师资数量少素质低，教学质量次，流生多，学生水平低，劳动素质低，经济落后投入少办学条件难改善这样一个恶性循环[①]。

"基础结构先行的受阻告诉我们，在社会系统的发育上，社会—经济结构与人的素质，是更为关键的动力性要素。社会—经济系统的进步，取决于社会—经济结构的变革和人的素质的提高。"[②] 怎样把学习变成与他们生活密切相关的事情，最终成为其自觉的内发的需要，便是问题的关键。抓住这一关键，解决这一问题的意义极为深远。就教育与经济开发、与社会发展的外部关系看，恶性循环得以从根本上打破。民族地区经济发展能完成从单纯的经济发展模式向以教育发展促经济开发、与社会发展模式的转换，从此进入良性循环的轨道，这一意义具有普遍性。就教育系统内部的恶性循环的改善而言，教育发展将获得取之不尽的真正动力之源。一改靠单纯的追加投入和受教育者被动学习为教与学双方互为促进的机制，从而实现从恶性循环向良性循环的转折。

研究证明在现代化的进程中普遍存在着一个规律：即生产力发展优先律。说的是生产力发展的关键靠技术，而技术的发展又靠科学。如果我们再往前推下去，便会发现科学的发展靠教育。因此，依靠教育发展来促经济发展应是规律！可以说，这是经济发展的最优模式。这种模式是从根本上解决问题的。它不仅不会造成时高时低的经济发展的冷热症，反而会使经济增长的势头越来越稳定，其后劲越来越足；它不仅不会恶化社会环境，造成重大的社会反复以至又走回头路。而且，它会从根本上改善经济发展的社会环境，最终形成社会良性发展的强大效应。这种模式的着眼点不仅在短时的经济效益和经济发展本身之上；而且还放在短时的经济发展的动力之上。只有从根本上提高经济活动的主体——劳动者的素质，经济活动才能健康进行。可以说，这是打破这恶性循环系统的唯一出路。

---

① 张诗亚、廖伯琴：《从恶性循环到良性循环的转折——凉山州普格县农技校的启示》，载《乌鲁木齐职业大学学报》1996年第4期。
② 王小强、白南风：《富饶的贫困——中国落后地区的经济考察》，四川人民出版社1986年版，第131页。

（二）促进民族多元文化保护传承与增强中华民族文化认同

目前在民族文化特色宣传上，大量不尊重历史的作秀，如新疆的"坎儿井"，严重不尊重历史事实；纳西古乐"申遗"失败的主要原因也在于迎合旅游开发之需而胡乱、过度包装；泸沽湖摩梭人传统文化中的"走婚"现象，被时下的旅游开发的错误包装、误导，正严重侵蚀摩梭文化的内涵。这种旅游猎奇式的炒作，严重地伤害了少数民族人民情感，侵害了民族文化的底蕴。

在多元共生的时代里，"自我"与"他者"的关系不是固定的而是流动的，需要具体问题具体分析。一旦被迫进入战争，我们就必须为了保卫国家而放下不同的意见，此时国家，中华民族这个他者比自我重要。而在和平的语境下，国家则必须尊重每个自我的个性和不同选择，也尊重他们享受自己文化的要求。

同时，如果我们承认少数民族在对中国人、中华民族的认同上与汉族之间存在着差别，确实存在着在意识中把对本族群的认同置于对中华民族认同之上的现象，我们就需要注意在少数民族成员当中培养与加强对中华民族的认同意识。由于汉族人通常把对中华民族的认同看作是不言而喻的，所以以汉族为主体的政府部门在重视落实少数族群政策的同时很容易强调少数族群的自我认同，而忽视对他们进行中华民族认同意识的培养与巩固。这样，政府在落实民族政策、宣传少数民族权益的同时，很容易在客观上淡化了原来就比较淡漠与脆弱的对中华民族的认同意识。这些都在一定程度上增强了少数民族的认同，而削弱中华民族认同。因此，我们的目的在于在促进多元文化保护和发展的同时，继而增强中华民族文化认同。由于资源开发、经济建设、文化发展符合西部民族地区的客观实际，符合各民族的愿望和要求，避免出现民族矛盾、民族纠纷和民族冲突。我们要从中华民族的长远利益出发，以有效的方式使资源开发成为建立和谐社会的黏合剂、经济建设成为民族团结的坚实基础、文化发展成为造就各民族优秀文化的大舞台。这样既尊重了各少数族群的发展历史与文化传统，又兼顾了国家在政治与制度上的统一性，有利于各族之间在平等的基础上彼此尊重，在文化上相互欣赏，在经济上充分交流，在政治上广泛合作，并最终真正达到各族群在各个方面的共同繁荣。

（三）民族地区和谐发展与共生教育

在古今中外任何一个多民族政治实体中，都面临着如何处理这个政治实体内部不同民族的法律地位和基本权利的问题；面临着如何看待存在于民族之间的各种结构差异和文化差异的问题；面临着如何认识族群的存在与演变，以及政府今后应当如何引导民族关系的发展方向等一系列重要问题。其本质是在多元社会中如何处理他者与自我的关系问题，如何处理民族认同与国家认同关系问题。如果一个国家内部的民族关系处理得不好，这个国家将会由于内部矛盾的恶性发展而导致社会离心力不断增强，用于维持社会治安的财力、人力、物力即社会成本会明显提高，这将增加政府开支以及民众的税收负担。如果民族矛盾恶化为公开的政治冲突和分裂运动，那将会使整个社会分崩离析，并有可能导致内战及引发外敌入侵，国家就会急剧衰弱甚至四分五裂，在动乱和战火中本国的经济基础和各项设施都将遭到破坏，这个国家的所有民族将饱尝政治分裂和经济衰败所带来的苦果，在这一过程中，可以说这个国家所有民族最终都是输家。所以，民族团结与社会稳定关系到国家的和平统一。民族地区的发展对于整个中国的发展、稳定，具有独特的战略意义。可以肯定地说，中国以后的社会动荡或长治久安必定是民族问题和宗教问题，这个方面出问题会极大影响其他方面的成果。这是一个战略性、全局性的重大现实问题，事关中国发展之大局。这个问题解决的难点和症结在西南，在中国只有西部的民族问题才是全局的，同时是世界的，急需解决。所以我们关注的不仅是西南的问题，而且是全国性问题，甚至是世界性的难题。

面对国内外敌对势力对我国的"分化"和"西化"，即利用民族和宗教问题搞颠覆和分裂活动。如何维护和保持民族地区的稳定，加强民族团结，增强整个中华民族的凝聚力，从根本上挫败国内外敌对势力分裂我国的阴谋显得更加紧迫。目前西部地区民族问题中突出的问题是离心倾向的存在。1990～2001年，境内外"东突"恐怖势力在中国新疆境内制造了至少200余起恐怖暴力事件，造成各民族群众、基层干部、宗教人士等162人丧生，440多人受伤。（国务院新闻办公室公布）2010年，又连续发生西藏"3·14事件"、新疆"7·5事件"，这一系列的问题都表明了中国社会经济推进到现阶段，民族地区社会稳定、良性发展问题仍然非常突出。

历史经验表明，以往采用的政治、经济上的措施，解决问题的思路、立足点是短期的甚至是急功近利的。即使解决了表面上的短效的问题，可以暂时稳定，但是并不能从根本上解决问题。如何从长远的根本上解决问题，形成良性和谐的民族亲和关系，就必须转换思路。

尽管在任何年代和任何国家，民族问题都必然带有政治性，但在中国传统的民族观念中，"民族"在观念上和实际交往中是被"文化"了的。而文化亲和力正是相对发达的中原地区核心族群得以凝聚、融合周边族群的思想法宝。也正因为中国的思想传统是将民族差异主要作为文化差异来看待，从而得以实施变夷为夏的策略，不断融合吸收边疆各族人，最终形成了以中原汉人为凝聚核心的"中华民族多元一体格局"。

当代中国社会正处于转型时期，民族地区也正处于从传统农牧社会向现代工业化社会的转变过程中，政治、经济、文化多元和代际间的迅速变化，都需要我们不断适应这些新环境,也需要我们寻求一条人与自然、个体与群体、情感与理想都能在这样变迁的社会中始终趋于和谐的发展道路,需要我们的政府在面对少数民族发展时,走"共生"之路。

共生教育的目的就是把各种民族文化整合为一个有机的整体,使政治、经济、文化在相互联动中和谐发展,这不仅发展了民族地区的经济,促进了各民族的共同繁荣,也缓解了民族地区的文化冲突,维护了民族地区的政治稳定,有利于和谐社会的构建和民族的振兴与腾飞。

(四) 优先发展民族教育对民族地区整体发展的作用

我们认为,优先发展民族教育对于民族地区整体发展的作用主要体现在三个方面:

1. 民族教育为民族地区整体发展培养大量的人才

人才是民族地区整体发展的关键。在民族地区整体发展的诸种因素中,要特别注重人才的作用。民族地区的人才总体上比较少并且不断向东部流动,留下的也没有发挥好作用。民族地区教育特别是西部高等教育的发展将培养更多的人才,弥补西部人才短缺的现状。

2. 优先发展民族教育有利于民族地区经济发展和社会社会进步

优先发展民族教育对于民族地区来说,有利于提高国民素质,形成科学的、文明的生活观、世界观、人生观;有利于改变传统的思维方式、风俗习惯、生产方式和生活方式。民族地区由于历史、地理和文化方面的原因,思想观念相对陈旧、保守,风俗习惯落后,离现代文明的生产方式、生活方式还有相当大的距离。毋庸置疑,不同层次的学校,都会在民族地区形成社会的政策源、思想库、文化辐射点。教育带来的现代文明、现代科学文化知识、现代思维方式,将进一步破除迷信和愚昧,促进制度创新和高尚的社会风尚的形成,推动经济发展和社会进步。

3. 优先发展民族教育将为民族地区整体发展提供科技成果的支持

高等教育和中等职业教育所孕育的新的高校科技园区、新的科学技术和工艺成果,将直接推动经济建设,促进生产力的发展。总之,教育对于民族地区整体发展所起的作用是长远、持续、综合性的作用。因此,重视民族教育,就是从根本上、从战略上重视民族地区整体发展。

第二节 学术界已有研究述评

课题组收集了以民族教育为主题的期刊及会议论文1 584篇、硕博论文20

篇，查询以教育优先发展、教育公平、教育均衡发展、教育失衡等主题的期刊及会议论文 2 248 篇、硕博论文 117 篇，关注以东西部教育、民族地区和谐社会构建等论题的期刊及会议论文 145 篇、硕博论文 10 篇，对相关研究的主要观点作了一个系统梳理。

一、学术界相关研究的主要观点

综合现有研究成果，主要集中在以下几个方面：

第一，近来关于"第二代民族政策"的观点成为我国学术界有关民族问题和民族政策近期的一个讨论焦点。

民族问题始终是事关国家统一、人民团结、长治久安的根本问题。这就需要顺应民族交往交流交融的发展潮流，善于借鉴国际上的成功经验并充分吸取其失败教训，与时俱进地推动民族政策从第一代向第二代的转型，即在政治、经济、文化、社会等各方面促进国内各民族交融一体，不断淡化公民的族群意识和56个民族的观念，不断强化中华民族的身份意识和身份认同，切实推进中华民族一体化，促进中华民族繁荣一体发展，共同构建中华民族大家园，实现中华民族的伟大复兴①。对于这些热议的"第二代民族政策"和相关讨论中提及的一些问题，我们在强调"一体"时必须兼顾"多元"，要充分考虑我国民族关系的多样性，要尊重和依靠少数民族干部，也要注意警惕和反对"大汉族主义"②。

20 世纪曾是中国"民族构建"（nation-building）的关键历史时期，中国人先后接受了不同来源的"民族"（nation）概念和"民族—国家"（nation-state）构建模式，这使中国的民族问题无论是基础理论还是在社会实践方面都变得极为复杂，也使今天的中国民族问题研究者面对许多需要认真思考的研究专题。比如，历史和现实中各民族发展的不平衡与当前各自的现代化之路；对于发展滞后地区与群体而言，现代化的核心是人的现代化；中国话语体系中"民族"、"族群"概念的由来；人民共和国的民族理论、制度与政策；现代化进程中少数族群传统文化的保护与发展；语言的功能与双语教育；跨区域人口流动；如何切实保障少数民族公民的合法权益；如何培养出身于少数民族的优秀人才；如何理解宗教信仰和宪法保障的公民信仰自由；如何看待"民族—族群"关系的政治内涵和文化内涵；如何构建"多元一体"的中华共同文化；因地制宜的现

---

① 胡鞍钢、胡联合：《第二代民族政策：促进民族交融一体和繁荣一体》，载《新疆师范大学学报》2011 年第 5 期。

② 马戎：《如何进一步思考我国现实中的民族问题——关于"第二代民族政策"的讨论》，载《中央民族大学学报（哲学社会科学版）》2013 年第 4 期。

代化发展模式；是否需要对新中国成立以来的民族理论和政策进行反思[①]等民族问题。

近年来，随着改革开放的不断深入，我国民族教育也发生了许多变化，面临着许多新的问题。对此，学者们进行了积极的探讨，提出了许多新的、有价值的见解。认为优惠政策在我国民族教育发展中发挥着重要的作用，提出我国民族教育政策应该从优惠性向特殊性转移[②]。即一方面坚持马克思主义的祖国观、民族观、宗教观，把贯彻执行党和国家的教育方针同贯彻执行党和国家的民族政策有机地结合起来，制定一系列重视和支持民族教育事业的政策；另一方面从少数民族和民族地区的实际出发，充分考虑其特点来制定相应的政策。在新的历史时期，民族教育事业发展的政策在贯彻这一成功经验的同时，更多地应该关注民族地区学校教育内部的语言与文化等特殊性问题，进而使民族教育从数量发展模式阶段迈入质量发展模式阶段。

第二，民族教育的问题，理论上是教育公平的问题，表现形式上则是教育均衡问题；教育均衡发展是实现教育公平的举措之一。

就教育公平和教育均衡的文献来看，数量众多，受关注度高，问题迫切，亟待解决。学者们从多个学科视角对教育公平的内涵和社会意义作了解析。伦理学界认为公平问题集中表现为正义原则，对社会和经济的不平等，应该以差异原则和平等机会原则来安排[③]；法学界从受教育者权利的平等实现的角度关注教育公平，指出受教育已经从一种自然权利发展为法律权利；已经从一种少数人的特权发展为公民的普遍权利；经济学界认为，教育公平重在教育资源的公平配置。由于教育投入总体水平较低、教育投入结构以及教育投入地区分布不合理，我国教育资源配置不公的状况并没有得到根本的解决[④]；社会学界认为教育公平更关注社会分层与教育机会均等问题。教育公平，是社会公平在教育领域的反映，实现教育公平有助于社会和教育的健康发展，并能促进人的全面发展，实现主体人的人生价值和社会价值[⑤]。

教育学界认为教育公平旨在创造公平的学校和教室，又表现在课程改革、教学过程和学业评价方面[⑥]。近年来，我国教育不公平主要体现在城乡差别、区域差别（特别是东西部的差别）、阶层差别方面，成因既有历史因素，也有制度、

---

① 马戎：《关于当前中国民族问题研究的100个思考题》，载《西北民族研究》2013年第2期。
② 王鉴、安富海：《当前我国民族教育研究前沿与热点问题综述》，载《学术探索》2011年第2期。
③ [美]约翰·罗尔斯著，何怀宏、何包钢、廖申白译：《正义论》，中国社会科学出版社1988年版，第56页。
④ 易培强：《教育公平问题的经济学分析》，载《湖南师范大学教育科学学报》2007年第5期。
⑤ 孙新：《教育公平的社会学分析》，载《教育探索》2006年第1期。
⑥ 叶上雄：《教育公平是最大的社会公平》，载《教育科学论坛》2007年第6期。

政策、领导者决策等方面的因素，特别应加大对西部经济欠发达地区教育的支持力度①。努力实现教育公平，必须高度关注教育均衡问题，特别是弱势群体的教育问题②。现代教育应该坚持教育公平与教育效率并重的原则，通过教育公平提升教育效率应该成为我国教育改革与发展的国家战略和政策选择③，其中普及少数民族教育是当前教育公平制度建设的重点和难点之一，必须给予高度重视④。

第三，民族教育的问题研究，不能离开民族的文化历史因素和当下的社会现实因素进行理解。

对外，全球化背景下的文化冲突与当代国际政治中的文明冲突使得文化之间的共生已经成为民族教育发展中不得不思考的问题⑤。对内，和谐社会的构建更需重视民族地区教育均衡化发展中的文化因素，文化多样性对解决民族地区教育均衡化发展问题的意义重大⑥。因此，少数民族教育均衡发展的问题不是学校的建设和资源的分配问题，更重要的是民族文化对少数民族教育发展产生的重大影响。民族教育的发展要兼顾弘扬民族传统文化及繁荣民族地区的现代文明的重任⑦。

由于历史、社会和自然条件等方面的原因，目前，我国民族教育事业在总体上仍较为落后，这也为众多调查研究证实。从宏观上看，民族地区教育存在着基础教育薄弱、中等职业技术教育发展缓慢、高等教育规模偏小的现状；教育经费投入明显不足；教育思想教育观念需要进一步转变；办学体制、学校内部管理体制、招生就业改革等相对滞后；中小学教师数量不足队伍不稳，业务水平偏低。简而言之，制约民族地区教育发展的颈瓶是设施落后、东西部师资信息化发展程度差、少数民族人口增长较快而教育投入不足、成人教育资源开发不充分等因素⑧。

第四，民族地区教育质量提升，需要关注语言的功能与双语教育关系问题。

---

① 胡俊生、孔岩、何晨：《和谐社会视野中的教育公平问题》，载《甘肃社会科学》2005 年第 6 期。
② 梁横江、罗从正：《论教育投资体制视野下的教育公平与和谐社会的构建》，载《四川大学学报》2007 年第 2 期。
③ 褚宏启：《现代学校教育的设计理念》，载《教书育人》2006 年第 6 期。
④ 吴德刚：《关于构建教育公平机制的思考》，载《教育研究》2006 年第 1 期。
⑤ 张诗亚：《强化民族认同：数码时代的文化选择》，现代教育出版社 2006 年版；张诗亚：《多元文化与民族教育价值取向问题》，载《西北师大学报》2005 年第 6 期。
⑥ 常永才、哈经雄：《建设和谐社会、文化多样性与民族教育均衡化发展》，载《湖北民族学院学报》2005 年第 6 期。
⑦ 哈经雄：《民族地区教育均衡发展问题》，载《西北师大学报》2005 年第 6 期。
⑧ 郑克岭：《推进教育公平　促进民族教育均衡发展》，载《黑龙江民族丛刊》2007 年第 4 期；李介：《全面提高　梯度推进　突出特色——我国少数民族自治县教育均衡发展的对策》，载《中国民族教育》2008 年第 3 期。

语言规划取向的语言观有三种：语言作为问题；语言作为权利；语言作为资源。从语言规划取向的视角审视中国少数民族双语教育，有学者发现，在对待双语教育的认识上存在忽视母语和忽视国家通用语的片面认识；在开发利用民族母语资源时部分地区存在"急功近利"现象。促进双语教育的健康发展需要继续坚持"民汉兼通"的目标，树立"多元文化整合教育"的语言教育观①。论证民主地区实行双语教育的必要性和可行性。发现壮汉双语教育存在教育目标过于功利、教学内容单一化、课程管理不够完善等问题。提出壮汉双语教育的改革和发展应实现三大转向：从工具论到资源论，从单一文化取向到多元文化整合，从实验教学到课程体系建设②。

在双语教育实践中，一方面，仍然存在着对政策法规的片面理解；另一方面，对双语教育中学习与教学规律的研究严重滞后，已经成为制约双语教育质量提升的瓶颈。对此，有学者提出：落实各民族都有使用和发展自己的语言文字的自由的宪法规定，尊重少数民族的意愿，是双语教育的政策基础；转变双语教育研究范式，关注课堂中具体语言的双语教学研究，是提高双语教育质量的前提；变革民族教育学校体系，鼓励民汉合校，创新双语教育机制，是双语教育改革的路径；制定双语教育课程标准、丰富课程资源、提高师资水平，是双语教育质量的保障③。

第五，民族地区的教育优先发展，当与国际教育做出比较，吸取国外先进经验，对民族地区的教育优先发展给出有针对性的建议。

不少研究者以发达国家的教育优先发展策略作为研究对象，在《比较教育研究》、《外国教育研究》等刊物上发表文章，介绍英国、瑞典、南非、日本、美国、韩国和芬兰等国教育优先的发展战略等④。另有学者分析发达国家和地区（如英国、美国）在积极差别待遇政策的基础上所进行的有益实践，提出

---

① 滕星、海路：《语言规划与双语教育》，载《新疆师范大学学报》2013第3期。

② 滕星：《壮汉双语教育的问题及转向》，载《广西民族大学学报》2012年第4期。

③ 万明钢、刘海健：《论我国少数民族双语教育——从政策法规体系建构到教育教学模式变革》，载《教育研究》2012年第8期。

④ 薛二勇：《美国教育公平发展中的补偿性政策——以〈初等与中等教育法〉颁布四十余年的政策实践为例》，载《教育发展研究》2007年第19期；薛二勇、盛群力：《英国公平入学政策探析》，载《比较教育研究》2007年第9期；杨建华、薛二勇：《瑞典高等教育的改革》，载《高教探索》2007年第5期；薛二勇：《少数群体教育均衡发展政策模式探析——以英国与瑞典为例》，载《外国教育研究》2007年第8期；高杭、薛二勇：《特殊群体教育公平与补偿政策——美国法制演进中体现出的制度保障》，载《比较教育研究》2010年第9期；王晋：《美日教育均衡政策对我国的启示》，载《内蒙古师范大学学报》2007年第4期；王东礼：《瑞士教育的均衡发展——浅谈瑞士教育分流》，载《世界教育信息》2005年第4期；荣黎霞：《发展中国家如何致力于更加公平的教育——以印度和南非为例》，载《比较教育研究》2007年第2期。

了在我国少数民族贫困地区基础教育发展过程中建立"教育优先区"的基本构想①。

第六，民族地区的教育优先发展需要认清教育优先发展的重要性，并解决高质量师资队伍的问题、建立远程教育网络等。

面对教育领域特别是民族教育领域存在的种种不公平现象，应采取"突破性行动"，尽快冲出"有钱就可以接受更好教育"的认识误区②。越来越多的研究者呼吁，发展民族教育是关系到社会和谐及各民族团结、平等和共同繁荣的大事；民族地区教育优先发展是促进民族地区农村经济和社会发展的基础，是解决民族地区经济发展的重要保证③。

但是，在针对民族地区具体情况，论述教育发展对策时，很多研究都只是摆出了问题（如辍学现象严重，师资紧缺且不稳定，教育重点不明确且目标有误区等），而解决问题的策略主要有：强调政府投入与政策倾斜；强调"两基"攻坚，力促均衡发展；强调民族地区职业技术教育是今后的重点工作；要求搞好双语教育，解决高质量师资队伍的问题；建立远程教育网络，并有效实施"东部资源西部用"等。

第七，民族地区教育优先发展需搞好人力资源开发，体现民族教育的特色。

民族地区人力资源开发的关键目标是就业问题，最大障碍是贫困问题。一些研究者提出应高度重视民族地区潜在的人力资源开发，并呼吁要从法律保障的角度，开发人力资源的智能，确立教育优先发展的地位。而民族贫困地区的教育发展，必须改变完全照搬东部发达地区或城市的教育发展模式的做法，突出民族贫困地区特色，满足地区经济社会发展需要④。

综上所述，已有研究从不同的学科视角、多种多样的现实问题、基础理论和应用理论建构等方面为本书提供了重要的参考。

---

① 万明钢：《"积极差别待遇"与"教育优先区"的理论构想——西部少数民族贫困地区教育发展途径探索》，载《教育研究》2002年第5期。

② 熊坤新、李京桦：《论"教育公平"与完善和发展西部地区的民族教育事业》，载《西南民族大学学报》2006年第3期。

③ 谢维和：《教育公平与教育差别——兼谈教育改革与发展的深层次矛盾》，载《人民教育》2006年第6期；周济：《坚持教育优先发展切实促进教育公平》，载《求是》2006年第23期；曾天山：《教育优先发展是实现现代化的根本大计》，载《教育研究》2008年第11期；顾华祥：《民族地区实施教育优先发展战略论》，载《中共云南省委党校学报》2005年第1期；陈春莲：《论民族地区教育优先发展的重要性》，载《临沧教育学院学报》2006年第4期。

④ 孙杰远：《自组织的力量：人力资源生长的教育人类学考察》，载《教育学报》2007年第6期；《教育促进人力资源生长的结构方程模型研究》，载《教育研究》2007年第12期；张志新：《西部地区人才资源效用最大化的制度选择》，载《商场现代化》2006年第25期；欧文福：《美国西部开发中的教育与人力资源开发及其启示》，载《中国教育学刊》2005年第4期。

二、已有研究的不足之处

如上诸多研究都构成本书进一步进行研究的理论资源或资料保证。但是这些研究有其不足。主要表现在以下几个方面。

第一,民族教育发展思路和理念需进一步改进。民族教育现有不足表面上看是教育公平、区域均衡的问题,本质上则是对人类社会、民族社会的发展理念、发展模式及其发展过程中出现的问题认识不够所导致。长期以来,由于对教育、社会、经济等方面的不当认识,导致我国教育投入大大低于联合国规定的教育投入占全国 GDP 6% 的世界水平,其中民族教育的投入更少。由此导致民族教育低水平发展中出现大量问题。学者们的研究也大多局限于这些问题。他们的解决非常必要,但是不以优先发展民族地区教育的视角来制订对策,会使民族地区教育或止步不前,或前进缓慢。因此以民族地区教育优先发展为理念指导,以人类社会的整体发展为目的,从文化社会学、民族社会学的角度,宏观把握、微观审视民族教育的发展尤为重要。

第二,对民族地区教育与社会发展之间关系的整体把握不足。以上研究较少直接切入民族地区教育发展与社会发展的内在关系的探讨。也就缺乏对民族地区教育优先发展的科学内涵及指标体系方面的思考。我们认为,民族社会自然生态、人文、个体发展与教育政策的不协调,是造成现在民族地区教育的滞后发展,造成民族地区的欠发展或落后的重要原因。

第三,对民族教育发展的特殊性了解不足。民族教育特殊性有其历史和地理的原因,只有把民族教育放在其社会结构中,找到并确立民族教育在民族社会发展中的位置,才能真正解决实际问题。如对教育发展的教育经费的保障,学校布局的调整,相应的管理措施的跟进,师资培训的加强,基础教育课程改革的全面推进,远程教育技术的更新等提供规划方案、政策和立法建议等这些政策缺乏系统设计。而已有研究很少对民族地区教育寻求进行深入田野研究,对民族地区的教育寻求,特别是对民族儿童教育寻求的了解明显不足。

第四,民族教育共性分析多,个性分析少。对民族教育的问题,学者们多从共性方面针对教育失衡的现实做出了各种分析,而针对我国民族社会、民族教育个性发展的分析和策略欠缺。对于教育优先发展的多学科视角来说,每个视角都有它的特点,但是对民族地区教育优先发展来说,它应该谋求特色、分类、全面、协调、可持续发展,因此我们应该坚持这些视角的综合运用,实现民族地区教育共性与个性的发展。

一言以蔽之,教育作为文化传承的主要方式,无论是实现均衡发展,消除文化冲突，还是实现人和社会的全面协调可持续发展，都实属关键。理论和现实而言，民族地区的教育都应该优先发展。但是，民族地区到底应该有怎样的教育？怎样理解民族地区教育？其科学内涵及定量的可检测可评估的指标体系又是什么？这又是长期缺乏的。在此基础上，制定切合当地教育实际的政策和评估体系，显得尤为紧迫。这正是本课题的出发点和落脚点。

第三节 本书结构与各章研究专题

本书提出"民族地区教育优先发展是民族地区整体良性发展的关键"这一假说。为验证这一假说的，本书以"以人为本"、科学发展观及"和谐社会"理论为指导思想；重新界定民族地区教育优先发展的科学内涵及其价值；针对不同民族地区经济社会发展状况、文化水平、教育发展现状进行调研，在此基础上进行类别划分，建立反映民族地区教育发展状况的数据库，进而提出相应的符合其发展实际、能促进其发展的指标体系；在科学回答教育优先发展的总前提下，针对影响民族地区教育发展的突出问题，找寻不同情况、不同地区、不同民族的发展特性与教育优先发展共性的结合点，提出相应的发展策略。

民族地区教育优先发展不仅是一个理论课题，也是一个实践课题。本书由四个部分组成：理论研究、实践探索与论证、国际比较、对策与政策，包括第一章"导论"在内共分为十六章。第一章至第四章从理论上探讨"民族地区教育优先发展是民族地区整体良性发展的关键"。民族文化是研究民族教育的基础和重要内容，是民族教育优先发展必须关注的重点问题，在第四章从宏观上对民族教育与文化关系进行研究。从第五章至第十二章则是从实践上的探索与论证。第十三章和第十四章是国际比较研究。第十五章至第十六章是对策与政策的研究。

本书提出的主体假说："民族地区教育优先发展可促使民族地区整体良性发展"有三个支撑的次生假说：主体假说与次生假说的关系如图1-1所示：

次生假说1 → 次生假说2 → 次生假说3 → 验证主体假说

图1-1 主体假说与次生假说关系

次生假说一："民族地区教育优先发展存在一个科学内涵和价值定位"，将在第二章论述；次生假说二："衡量民族地区良性发展和教育发展应有相应的指标体系"，将在第三章讨论；次生假说三："通过增加民族地区教育经费的投入、改变学校整体布局、加强师资培训、推广远程教育技术等教育优先发展策略引发教育发展指标体系的变化，进而导致民族地区良性发展指标体系的正向变动"，将在第五章至第十章分为人力资源、师资培养、职业教育、远程教育、教育信息化、多媒体教学及课程发革等多个专题分篇研究。

第十一章、第十二章案例研究中，从具体的个案出发探讨民族文化与民族教育的互动与影响。比较研究部分即第十三章、第十四章选取了几个发达国家教育优先发展的政策和指标体系为样本，比较分析我国民族地区教育优先发展从中可能获得的经验与教训。对策与政策研究部分，第十五章针对学校教育与传统文化冲突、人力资源开发、职业教育、教育信息化、课程建设、教师培养等问题中影响民族地区教育优先发展的相关障碍因素，提出对策；第十六章在分析民族教育优先发展的政策的基础上，提出推进民族地区教育优先发展的政策建议，为国家进一步发展民族地区教育提供政策参考。

民族地区教育发展的研究方兴未艾，尤其是随着城市化进程的加快、民族地区经济结构的调整与转型，以民族地区教育优先发展促进经济与社会协调发展的路径、模式等问题的研究，需要更多的研究者共同探索。这一领域的研究，涉及教育与民族文化方面的问题极广，还有很多问题有待跟进研究和深入探讨，可谓任重而道远，我们期待更多的热衷于民族教育研究的学者潜心于此道，为民族教育事业做出贡献。

第二章

民族教育优先发展的科学内涵及价值定位

民族地区教育优先发展的科学内涵和价值定位是本书"民族地区教育优先发展可促使民族地区整体良性发展"主体假说的三个次生假说之一。民族地区教育优先发展科学内涵的阐释和价值的定位研究是本书理论部分的重要研究内容。本章将从教育优先发展的思想基础——"以人为本"、科学发展观、"和谐社会"出发，探讨民族地区教育为什么要优先发展？其科学内涵是什么？基于少数民族"人的发展"，如何给予民族教育优先发展一个科学的价值定位？等理论问题。

第一节 教育优先发展思想的理论基础

教育优先发展是关于教育的地位和作用的认识与思想，这一思想要求把教育摆在社会各项事业优先发展的战略地位上，把教育看作是社会各项事业发展的前提和基础。教育优先发展思想的构建是有其理论基础的，"以人为本"、科学发展观、"和谐社会"理论是处理民族地区纷繁复杂事件的重要指导思想，也是教育优先发展思想形成的基本理论。

一、"以人为本"的思想

"以人为本"思想可追溯至周代的"敬天保民"和春秋时期管仲的"与民同

好恶"。《管子·霸言》有:"夫霸王之所始也,以人为本。本理则国固,本乱则国危。"① 意为霸王的事业之所以有良好的开端,是以人民为根本的。理顺了"本"国家才能巩固,反之,则国家势必危亡。这种"以人为本"思想体现的是君对民的态度。先秦时期各诸侯国的这种民本思想,在政治上主张"因民俗"、"从民欲";在经济上推行"富民"、"惠民"、"利民"、"恤民";在文化上倡导"尊贤上功"、"与民同乐"、"百家争鸣"的观念,直到今天仍具有生命力和借鉴价值。

作为一种哲学价值观,"以人为本"的深刻内涵必须从以下两个方面来把握:其一,以什么样的人为本;其二,以人的什么为本。

改革开放以来的马克思主义理论研究的一个重要成果是指出了人是具体的、活生生的、现实的人,这个现实中的人既有其个性的一面,又体现着作为人的普遍性。"人"作为普遍的人,意味着"以人为本"就必须承认有一般的人的特性存在,必须承认人性、人的本质这些共性概念的合理性,意味着必须尊重普遍的人性,亦即尊重所有人的生存和所有人的权利。2007年12月17日,胡锦涛同志在新进中央委员会的委员、候补委员学习贯彻党的十七大精神研讨班上说道:"我们提出以人为本的根本含义,就是坚持全心全意为人民服务,立党为公、执政为民,始终把最广大人民的根本利益作为党和国家工作的根本出发点和落脚点,坚持尊重社会发展规律与尊重人民历史主体地位的一致性,坚持为崇高理想奋斗与为最广大人民谋利益的一致性,坚持完成党的各项工作与实现人民利益的一致性,坚持发展为了人民、发展依靠人民、发展成果由人民共享。"胡锦涛同志的这段话既论述了提出"以人为本"的宗旨之所在,又说明了这一命题的真正含义。

"人"作为具有个性的人,就意味着"以人为本"必须承认人的特殊性的存在,承认人这一概念下的人的不同群体的利益有不相一致之处。虽然我们不能断言这些不同的阶层和群体的利益是完全对立的,但不能抹杀它们之间的差异性。尽管我们呼唤人权,呼唤人的平等、正义、公平等这些普适性的东西是有一定理由的,但与此同时我们也应清醒地看到,我们不可能通过这种呼唤就把这些不同阶层和群体的需求与利益完全调和起来。在这种情况下,就存在着"以人为本"究竟是以包含在"人"这一概念之下的哪一部分的人的群体为"本"的问题。显然,"以人为本"只能以包含在"人"这一概念之下的那些人数最多、同时又处于最底层的人的群体的利益为重②。

对以人的什么为本的问题,目前有三种观点:其一是以人的需求为本。这种

---

① 《管子》(第二册),商务印书馆出版社"万有文库"版本1936年版,第8页。
② 陈学明、金瑶梅:《以人为本:以"什么样的人"和"人的什么"为本?》,载《哲学研究》2009年第8期。

需求是人的全面的需求,不仅仅是人的物质需求,还包括精神、文化和心理等方面的需求。其二是以人的发展为本。在马克思主义经典作家那里,人的全面发展是其设想的未来社会的主要特征,马克思对于人的全面发展的要求,包含着要求人的全部特征的发展,这种发展是全面的、自由的和充分的发展。其三是以人的价值为本。人之为人的一个重要特征是人有着区别于其他动物的独特价值,这种独特的价值主要来源于人按人的方式所从事的多种多样的活动。人按人的方式从事各种活动的过程,实际上也就是为社会提供和创造新的价值的过程。从这一意义上说,人而且唯有人能够创造和实现价值,人的价值体现在人创造价值的能力上。上面所探讨的人的需求、人的发展和人的价值都是和人的本质联系在一起的,"以人为本"归根结底都是以人的本质为本。因为,人决非在一种规定性上生产自己,而是生产自己的全面性。人的本质的这种全面性又决定了人的需求、发展和价值等的全面性。

在当今中国,"以人为本"作为中国共产党十六届三中全会《决定》提出的一个新要求,是摒弃了旧哲学人本思想的局限性和历史唯心主义的理论缺陷,针对当前我国发展中存在的一种片面的、不科学的发展观而提出的。这种片面的、不科学的发展观认为发展就是经济的快速发展,是国内生产总值(GDP)的高速增长。这是一种见物不见人的发展观,其实质就是"以物为本"的思想,它和"以人为本"是两种截然不同的发展观。"以物为本"的发展观,就是把物的价值实现放在第一位,人不再是目的,而是变成为了物并实现物的价值的手段。这样,目的和手段颠倒了,人和物的关系颠倒了。物似乎具有了独立的生命,支配并控制着人,人不是占有物并享受物,反而受到物的奴役。表现在现实的社会生活中,就是人为物役;表现在社会发展的思路中,就是唯GDP指标的"见物不见人"的社会发展理念;表现在个人的价值观念中,就是商品拜物教、货币拜物教、资本拜物教。以物为本的逻辑结果,就是人的全面异化。正是为了克服"以物为本"的种种弊端,"以人为本"就顺理成章地提了出来。"以人为本"的核心在于,要求颠倒人与物的错位关系,重新把人作为目的[①]。

二、科学发展观

科学发展观是胡锦涛在2003年7月28日党的十六届三中全会的讲话中提出的,"坚持以人为本,树立全面、协调、可持续的发展观,促进经济社会和人的全面发展"。胡锦涛在党的十七大报告中指出,科学发展观第一要义是发展,核

---

① 张有奎:《克服"以人为本"的五个误区》,载《求实》2007年第12期。

心是以人为本，基本要求是全面协调可持续性，根本方法是统筹兼顾，指明了我们进一步推动中国经济改革与发展的思路和战略，明确了科学发展观是指导经济社会发展的根本指导思想。以人为本、全面协调可持续的科学发展观，对"什么是发展"、"靠谁发展"和"为谁发展"、"怎样发展"等发展观的基本问题，做出了科学的回答，极大地深化了对人类发展规律、社会主义建设规律与共产党执政规律的认识，对马克思主义的发展理论与中国特色社会主义理论做出了重大理论创新，是马克思主义中国化的最新成果，为实现党的指导思想的与时俱进奠定了重要的思想理论基础。

对科学发展观内涵的把握，关键在于对其所包含的两个基本概念——"科学"和"发展"有一个正确的认识。"科学"一词，就其词源来看，无论英文的 science 还是德文的 die Wissenschaft，都源自于拉丁文 Scientie，其本意是"知识"、"学问"。日本著名科学启蒙大师福泽瑜吉把"science"译为"科学"。1893 年，康有为引进并使用"科学"二字。严复在翻译《天演论》等科学著作时，也用"科学"二字。此后，"科学"二字便在中国广泛运用。在汉语里，"科学"一词的本义是分科之学，即专门化系统化的知识之意。1936 年，我国出版的《辞海》中有关"科学"的条目更明确地指出："凡有组织有系统之知识，均可称为科学。"① 《韦伯斯特辞典》（Webster's Dictionary，1980 年）则将"科学"定义为："有系统可循的自然或物理现象的知识，借观察、实验和归纳而确定的真理，将已知事实作有次序的安排，以归成类或目以及与实际有别的学理知识、原理知识或发明建构的规则等。"② 后来，人们又发展了这种思想，将"科学"定义为一种理论话语或研究范式，它既包括传统社会宏大的理论模式，也包含现代社会的微小叙事；它既从自明的原理中演绎出来，又通过对经验世界的观察实验以及从田野调查中得来；它不仅指作为认识成果的知识总和，而且还包括认识过程，也即对超越时空的普遍的自然法则的追寻过程③。

上述有关"科学"概念内涵的解释，并非仅仅指我们通常意义上所理解的对自然科学的认识成果，或者说是在典型的自然科学的层面上讨论的科学的含义，还包括有人文科学和社会科学范畴的科学的含义。

然而，如果我们运用现象学的方法对诸多社会现象进行考察的话，就会发现，当代中国人的思维是从单纯自然科学的意义上，而不是从自然科学和人文社会科学统一的意义上来理解"科学"概念的内涵的。当我们谈论"科学性"、

---

① 舒新城等：《辞海》（下册），中华书局 1936 年版，第 232 页。
② 张胜勇：《反思与建构》，载《20 世纪的教育科学研究方法论》，山东教育出版社 1995 版，第 28 页。
③ 黄宝春、杨天平：《"科学"概念略论》，载《大学教育科学》2005 年第 2 期。

"科教兴国"、"科学技术是第一生产力"这样的话题时，所言说的"科学"无疑是自然科学的代名词。这样一来，就自然而然地产生了一个问题，即当人们解读科学发展观时，会不会也把其中的"科学"概念的含义理解为单纯的自然科学？我们的回答是肯定的。如果是这样的话，科学发展观就会滑入科学主义的泥藻。在科学主义的视野中，人变得越来越微不足道了，最后不得屈服于物的重压下。由自然科学和现代技术的迅猛发展导致的人的物化和异化不断加剧，而要有效地遏制科学主义的蔓延，就必须全面地弘扬蕴含在人文社会科学中的人文精神。当代自然科学研究中出现的新课题，如人体克隆、试管婴儿、遗传工程、器官移植、转基因食品、电脑网络、航天技术、核能的运用等，无不需要人文社会科学，尤其是哲学和伦理学为它们澄清思想前提和价值导向。脱离人文社会科学的思想前提和价值导向，科学发展观中的"科学"就不再是真正意义上的科学，我们的发展就会陷入迷途。

再来看"发展"的内涵，就其词源来看，作为动词，它译自英文中的 develop，法文中的 desveloper 或德文中的 entwickeln。西文中的这三个动词都具有双重含义，即既可以被解释为"改变"又可以被解释为"显现"，正是这一双重含义勾勒出"发展"概念的深刻的哲学意蕴。"改变"蕴含着人的主观上的愿望和努力之意，体现出来的是主观方面的臆想，而这些主观臆想能否实现，完全取决于实际的"显现"。然而，实际上发生了什么又可能是与主观臆想并非完全一致的，因为在任何发展过程中，都会出现原来未曾预想到的种种偶然因素。今天，人类在自身发展过程中由于其短视和无序行为所导致的对未来种种发展可能性的错误估计，将会以对人类赖以生存的自然资源和环境的破坏性开发为代价，给人类的子孙后代带来灾难性的后果。因此，对于"发展"一词来说，更多的意义和价值体现在主观上的"改变"和实际的"显现"之间的一致性。这就要求我们在制定发展规划时，不要将其奠基于单纯的主观臆想或主观意志之上，而应该将其奠基于发展的客观条件、客观规律和对各种可能出现的偶然因素的估计上，奠基于能确保人类、环境和资源的共存与和谐发展的保护性开发之上。

综上所述，当我们在大力倡导科学发展观时，我们应该清醒地认识到科学发展观之"科学"并非仅仅是自然科学意义上的"科学"，而是自然科学和人文社会科学的统一，在这个统一中，人文社会科学起着基础性作用，它为自然科学研究提供价值导向。而科学发展观之"发展"也并非仅仅是主观臆想上的"改变"，更多地体现在"显现"的含义上，体现在保护性开发的含义上。唯有将科学发展观奠基于对这两个基本概念的正确理解上，人类自身的发展才能走上健康的轨道。

三、"和谐社会"理论

"和谐社会"指的是一种和睦、融洽并且各阶层齐心协力的社会状态。2004年党的十六届四中全会正式提出了"构建社会主义和谐社会"的概念。2005年以来，进一步提出将"和谐社会"作为党和国家执政的战略任务，"和谐"理念成为建设"中国特色的社会主义"过程中的价值取向。和谐社会的主要内容是：民主法治、公平正义、诚信友爱、充满活力、安定有序、人与自然和谐相处。

古代中国的和谐思想源远流长，内涵丰富。从字源上看，"和谐"中的"和"也作"龢"，段玉裁注："经传多借和为龢。"东汉许慎的《说文解字》："龢，调也，从龠，和声。""龠，乐之竹管，三孔以和众声也。"意为：众人吹龠，"龠之声须相谐和。""和谐"中的"谐"字在《说文解字》中解释为："谐，洽也。从言，皆声。""言"与"皆"联合起来表示"大家同时开口说话"、"大家异口同声"、"大家一同发声"。

和谐社会从古至今都是人类孜孜以求的一种美好社会。《尚书·虞夏书·尧典》记载有："克明俊德，以亲九族。九族既睦，平章百姓。百姓昭明，协和万邦。黎民于变时雍。"这段话强调的是，首先把自己的宗族治理好，使之团结和睦，上下一心；然后治理自己的诸侯国并协调各诸侯国之间的关系，这样一来，天下臣民都友好如一家。这是一种理想的社会形态，家庭和睦，国家安宁，人人各得其所，各尽其能，彼此没有冲突。

乾卦的《象》曰："乾道变化，各正性命，保合太和，乃利贞。"这是对"利贞"的解释。"乾道"即天道，天道的变化使得万物各得其性命之正。天所赋为命，物所受为性，万物由此而具有各自的禀赋，成就各自的品性，呈现一幅仪态万方、丰富多彩的世界图景。这幅图景并不是混乱无序、矛盾冲突的，而是通过万物协调并济的相互作用，形成了最高的和谐，称为"太和"。天道的变化长久保持"太和"状态，而万物各得其性命以自全，这就是"利贞"了。

儒家大力倡导人与社会之间及人自身的和谐，在历史上影响深远。《中庸》第一章指出："中也者，天下之大本也；和也者，天下之达道也。"；"致中和，天地位焉，万物育焉。"其含义为：中是天下最大的根本，和是天下人共行的原则。达到中和者，天地各在其位生生不息，万物各得其所成长发育。在这里，所谓"致中和"，就是说尽一切努力使社会中各种不同因素安排到一种相对平衡协调的状态，只有这样了，天地间的万事万物才能各得其所，才能繁育和发展。

在秦汉时期，出现了四大构建和谐社会的著名的理想社会构想，这就是大同社会构想、小康社会构想、太平之世构想和公羊"三世说"。对"大同"和"小康"的理想社会构想的描述均出现于《礼记·礼运》中:"大道之行也,天下为公,选贤与能,讲信修睦。故人不独亲其亲,不独子其子,使老有所终,壮有所用,幼有所长,鳏寡孤独废疾者皆有所养,男有分,女有归。货恶其弃于地也,不必藏于己;力恶其不出于身也,不必为己。是故谋闭而不兴,盗窃乱贼而不作,故外户而不闭。是谓大同。""今大道既隐,天下为家,各亲其亲,各子其子,货力为己,大人世及以为礼,城郭沟池以为固,礼义以为纪,以正君臣,以笃父子,以睦兄弟,以和夫妇,以设制度,以立田里,以贤勇知,以功为己。故谋用是作,而兵由此起。禹汤文武成王周公,由此其选也。此六君子者,未有不谨于礼者也。以著其义,以考其信,著有过,刑仁讲让,示民有常。如有不由此者,在埶者去,众以为殃,是谓小康。""大同"和"小康"的理想社会构想虽以儒家的面目出现,但实际上是先秦诸子百家社会理想的概括和总结。"大同"以"天下为公"为总纲领,具有政治制度上选贤任能,生产资料和劳动成果社会公有,反对不劳而获,社会成员平等互爱,社会秩序安定等内容。"大同"是高度的和平与安乐。"小康"以"天下为家"为总纲领,是财产私有、生活宽裕、上下有序、家庭和睦、讲究礼仪的社会,比公有共享、其乐融融的大同社会在层次上要低,但也不失为一种理想的社会状态。

东汉后期道教最重要的经典之一《太平经》中提出了体现下层农民愿望的"万年太平"的理想。"太平"社会理想包括人人劳动、救穷周急、互恤互助、人尽其长,在普天之下消灭"不平",实现"平均"即人人平等内容。对于太平盛世的向往并非道教一家所独有,但道教继承老子之道和传统的天神信仰,对此有自己特有的理解。要想建立太平社会,必须法大道,即依照万物固有的规律施政行事,返璞归真,回归于大道赋予人的朴素之性;必须强调人与自然合一,尽可能地保护自然而不是人为的破坏自然。太平社会构想反映了农民阶级对理想社会的朴素追求,在封建时代具有重要的历史进步意义,但它强调平均而忽视发展,有一定的局限性。

杰出经学家何休(129~182)明确提出"三世"的概念。他认为孔子著《春秋》,是取春秋时期242年"著治法式",将社会治乱兴衰分为三世:衰乱——升平——太平。何休注《公羊传》时,更糅合了《礼记·礼运》关于"大同"、"小康"的描绘,发展成为具有一定系统性的"三世说"。何休的"升平世"相当于"小康"社会,"太平世"相当于"大同"社会。

张诗亚教授认为真正的和谐之道包含了四对关系:人类社会与自然的关系、文化与文化的关系、人与人的关系和人自身内部的关系[①]。

---

① 张诗亚:《和谐之道与西南民族教育》,载《西南大学学报》2007年第1期。

首先是人类社会与自然的关系。这对关系由来久矣。应该说广义的自然在没有人之前就已经有了。所以，人与自然的关系是和谐之道中第一个要关注的。而这个问题我们在认识论上有一个长期的且影响极大的错误，那便是人天的对立。在西方哲学里有一整套这样的东西。西方学统里诚如黑格尔所言一谈西方文化，必然要追溯到古希腊。而古希腊哲学的学统是与中国哲学决然不同的，它早就把人天分离了。西学发展到培根处出现了实验科学的萌芽，奠定了现代科学的基础。现代科学强调实验，强调通过人为控制，让结果再现，来实现证明、证实的目的。在认识论上就是把天地万物都作为实验对象、认识对象。这种认识论对我国影响至深，其直接后果就是消解了我国传统哲学中的天人合一观。这样就把人天关系搞坏了，人与自然的关系就不和谐了。

其次是文化与文化的关系。世界上不同的文化是客观存在的。不同民族的不同文化都是在独特的天、地、人系统中形成的。这些文化在与别的文化交流、融合中保留了自己的特点，形成了自己的民族个性。这些民族个性都是人类思维的结晶，是人类的共同财富，对人类来说不是应该减少的。所以，社会的发展不是以现代化、科学的发展使多样性变少，而是使他们更好地发展其特色。联合国教科文组织也明确地提出了多样化的星球。这对关系的解决是时下社会、宗教、种族冲突的关键。

再次是人与人的关系。人生在世总要与不同的人交往。从宗教信仰、经济基础、文化背景、社会阶层等诸方面来看，人与人是不同的。人不可能脱离他人单独存在，单独发展。个人的生存、发展、完善都是在与他人的相互作用中得到实现的。因此在交往过程中，彼此之间应该存容人、宽人之心。儒家指出的仁、恕、忠正是在调整人与人之间的关系：仁者，两个人也。你把人当人，人把你当人，也就是说人要互相尊重；恕是如心，将自己置于对方的角度去考虑问题，己所不欲，勿施于人，此乃恕道；忠，把心摆正，解决的是上下关系。忠恕二道乃仁。解决好个人在社会中纵向和横向的关系后，人与人之间的关系社会也就和谐了。

最后是人自身内部的关系。人在社会中生活，改变外部环境和调整自身情况。自身有很多欲望，也有很多在与外部世界作用后产生的不适应、不和谐的情感。这不能简单地用皮亚杰的图式理论来解释。人在调整自身适应外部环境的过程中甚至会有抵触、排斥和对抗。这样内在的不和谐就产生了。心理学的看法不过是从一个角度讨论这个问题，而从人类学、文化学角度来看，自身也是一个复杂的系统，也要反映各种各样他文化的东西。就是在吸收他人思想、不同文化的过程中，自身内部的整合从来都不是一帆风顺的，必然有一个矛盾、冲突，甚至压力转内的过程。这时就需要协调自身内部的关系。

以上几方面都认识清楚了，那么构建真正的和谐社会才有一定的基础。所以，民族教育需研究多样性、立体的生态形成的立体的基因、物种、天地系统。这些东西首先要得到保护，让它继续存在、良性发展。而不仅仅是开发。要保护它，要正确认识它，而前提就是要尊重它。对待不同的民族文化、文化心理、生活方式也要用"和而不同"的观点。不是简单地灌输文明，让他们走科学的道路、现代化的发展，而是要使他们构成现代化世界的丰富性，我们发展的多样性，成为我们精神强大的多样源泉。

教育本质上是导向和谐社会的重要支撑，教育既是手段，又是目的。建立和谐社会的根本目的不是为了社会，而是为了发展人。我们的教育说到底，共同点就是和谐、以人为本；不同点，就是多元如何从各种不同的起点、不同的元走向这样一个共同。这个共同又有各种不同，绝不是单一、呆板，而是各具特色，各不相同，共同形成的。

第二节　民族教育优先发展的科学内涵[①]

教育优先发展是国家从全民族的根本利益出发形成的战略决策，它正在逐步成为全民族的共识。那么教育优先发展的科学内涵到底如何理解？在此基础上又如何进一步理解民族教育优先发展的科学内涵呢？民族地区教育优先发展的价值如何定位？这些理论问题的探讨直接关系到教育优先发展的政策制定与执行，关系到"科教兴国"战略能否落实，关系到民族地区整体良性发展的实现。

一、教育优先发展的内涵

什么是教育优先发展？教育优先发展就是要把教育摆在社会各项事业优先发展的战略地位，把教育看作是社会各项事业发展的基础和前提。教育优先发展是在我国基本解决人民的温饱之后，将国家投资的重点、发展的重点放在教育的一种战略选择。这是一种长远眼光的投资，一种可持续发展的投资。就"战略"一词的本质含义来说，全局性、基础性和长远性是其定位的核心依据。优先是与全局中的其他非优先事务比较而言的，是指在长远的多种社会事务不能齐头并进

[①] 王鉴、安富海：《论民族教育优先发展的科学内涵》，载《西北师范大学学报（社会科学版）》2009年第3期。

时，在排序上使某一事务先行。前者是空间上的定位，后者是时间上的定位。一个国家或地区，基于人力资本理论的合理性，必须把教育投资作为人力资本的核心，投资主体增加教育投入的行为取向，以及政府承担发展教育的主要责任，做出增加公共财政用于教育支出的政策选择，实现教育发展处于经济社会各行各业领先的位次。具体表现为，在经济和社会各项事业发展的整体布局上，确立教育适度超前发展的地位；在政府和居民收入水平能够承受的前提下，为教育发展提供尽可能多的财力、物力和政策支持，尤其是财政预算内教育经费拨款的增长速度应不低于同期财政收入的增长速度。保证教育优先形成相对完善的体系、优化的结构、良好的条件、适度的规模和较高的质量，为人民群众提供尽可能多的受教育和选择教育的机会。教育优先发展的内涵，从职能分工上讲，更强调政府的主体角色，政府必须通过决策、组织、实施、评价等政府行为去落实，也只有施之以政府行为，才能带动各行各业支持教育优先的社会行为，从而保证提高民族素质、培养各级各类人才的教育行为的有效实施。同时需要指出，教育的优先发展，不是教育唯一。不能从一个极端走向另一个极端，不能以强调教育去排斥其他事业的发展而造成新的不平衡。如果片面地孤立地强调教育的发展，不顾及国情，不顾及科技与经济的发展，其结果对教育来说是釜底抽薪。因此，不同类型、不同层次以及不同区域的教育，在不同的阶段，优先发展教育也应该采取切合实际的策略。

二、教育优先发展的依据

（一）理论依据

教育为什么要优先发展？这是由教育、人、文化三者之间的关系决定的。人的生长需要吃"两种饭"，一种是"物质的粮食"，另一种是"精神的粮食"。前者主要依靠农业，因为"民以食为天"，所以农业在国家各项事业中居基础地位不可动摇；后者主要依靠教育，教育所传承的文化便是人的灵魂赖以生存的"食粮"，所以教育在社会各项事业中也居基础地位。文化，特别是精神文化，它主要是以人为其载体的，人的存在也便是文化存在的形式，教育不仅要以人为本，也必然地要以文化为本。社会赖以生存和发展的基础在于：第一，人的生产与再生产；第二，文化的生产与再生产；第三，教育在人和文化之间所起的传递和继承作用。人的生产与再生产的质量、文化的生产与再生产的质量均取决于教育发展的水平，因此在现代社会，将教育事业的发展作为优先发展的重点是现代国家的必然选择。其次从教育的功能出发，优先发展教育是人类社会追求卓越的精神生活的必然。"教育的社会功能分为两个方面，即个人与社会。教育、人、社会三者的关系问题，是一个涵盖哲学、自然科学、社会科学的重要理论问题。因为教育的对象是人，而人和人类的自身存在分为个体和群体两种基本形式，即个人与社会。一方面，在人类社会中，个体决定人类本质，社会只是人类的群体形式，人类的发展归根到底总是落实到个体的发展上。"① 因此，教育的作用、功能、意义、价值的发挥，要以促进个体的健康成长、发展为基础。教育作为促进社会发展与进步的手段和工具，是促进人的成长、发展的结果。人的成长与发展是社会发展与进步的条件、基础，没有人的成长与发展，社会无法存在与发展。总之，要使教育为社会进步、发展服务，发展个体是根本。教育对个人的作用概括起来讲，"即表现为人的生存和发展所根本要求的'成人'和'成才'两个方面。'成人'，其基本含义是'文化成人'，任何人的'人生'一开始就是并且不断是一个'文化成人'的动态过程"②。只有教育才能使一个生物态的人逐渐成长为一个"文化态"的人。"成才"，从个人角度来说，是指通过教育的造就和培养，以及自觉的进行文化内化，具有谋生的本领，有了得以自立的条件和参与社会活动的能力；而从社会角度来说，有了一个可用之材，获得了可以使社会生活发展进步的人力资源。教育对社会的作用，从根本上来说，是教育对人的作用所产生的结果和其集中的综合表现。教育对社会的作用，如果站在社会全局的和历史的高度，并且主要从教育的正向功能来考察的话，它主要表现在民族人口素质的提高和社会所需人才的造就两个方面。但教育对国家、社会的作用始终以教育对人的作用为基础，人类的个体决定着人类这一类物质的地位，社会作为人类的群体存在形式，它不是超人类个体的物质存在方式。由于个体决定人类的本质，社会只是人类的群体形式，所以，人的发展归根到底总要落实并首先表现在个体身上。社会的发展进步，靠的是劳动者素质的提高，高素质的劳动者的培养只能由教育去实现。因此，无论从个人发展的角度，还是从国家富强和整个社会进步的角度来说，教育均具有基础性、先导性和全局性的作用，必须优先发展。许多统计资料也反复证明，社会生产力越发展，劳动中的智力因素所占的比重就越大，越要求劳动者具有较高创新精神和创新能力，教育在培养劳动力和提高劳动生产率中的作用就显得越来越重要。从这个意义上讲，教育只能也必须放在优先发展的地位。

（二）政策依据

"文化大革命"结束后，我国各项事业百废待兴，党的十一届三中全会把我

---

① 胡德海：《教育学原理》，甘肃教育出版社1998年版，第308～310页。
② 同上，第315～320页。

党的中心工作转到经济建设上来,邓小平同志以无产阶级革命家高瞻远瞩的战略眼光在20世纪70年代末就提出了"我国要赶上世界先进水平,必须从科学和教育着手"①的著名论断。1982年,他在"一心一意搞建设"一文中指出:"战略重点一是农业,二是能源和交通,三是教育和科学,搞好教育和科学工作,我看这是关键,没有人才不行,没有知识不行。'文化大革命'的一个大错误是耽误了十年人才的培养,现在要抓紧发展教育事业。"② 1987年11月,他在会见朝鲜总理李根模时说:我们的发展很不容易,属于发展战略第一位的就是发展教育和科学技术。邓小平同志深刻而精辟地论证和充分肯定了教育在社会主义现代化建设中的重大作用,强调了要发展经济和实现现代化,首先要发展教育,要把教育摆在优先发展的战略地位上,可以说邓小平同志对我国教育优先发展战略思想在20世纪80年代的最终形成起了决定作用。邓小平同志关于教育优先发展战略思想得到了全党的认可,并被定为我国的基本国策。从党的十二大到十四大都明确规定了教育的优先发展地位。1995年,党中央、国务院召开全国科学技术大会,首次正式提出实施科教兴国发展战略。1996年,在全国人大八届四次会议上,科教兴国正式被确定为我国的基本国策。1997年,党的十五大再次强调了实施科教兴国战略。在党的十六大报告中,江泽民同志进一步指出:教育是发展科学技术和培养人才的基础,在现代化建设中具有先导性、全局性作用,必须摆在优先发展的战略地位。胡锦涛同志在中央政治局第34次集体学习时的讲话中强调:教育是提高人民科学文化素质和思想道德素质的基本途径,是发展科学技术和培养人才的基础,在现代化建设中具有基础性、先导性、全局性的地位和作用。坚持把教育摆在优先发展的战略地位,是我们党和国家提出并长期坚持的一项重大方针,也是发挥我国人力资源优势、建设创新型国家、加快推进社会主义现代化的必然选择。温家宝同志在政府工作报告中也多次强调,教育是国家发展的基石,要坚持把教育放在优先发展的战略地位,加快各级各类教育发展。并在主持召开教育工作座谈会时指出,我国经济持续高速增长,已发展成为世界第四大经济体,我们的国家能否持续繁荣下去,可持续发展的基础和动力在哪里?关键在人才,根本在教育。教育振兴是中国振兴的重要标志。有一流的教育,才能有一流的实力,才能真正成为世界上一流的国家。把教育发展放在更加突出的位置,确立教育兴国、教育强国,这是国家意志,是国家发展战略。不仅是我们这一代人的任务,也是今后几代人的任务。

---

① 《邓小平文选》(第二卷),人民出版社1983年版,第37页。
② 《邓小平文选》(第三卷),人民出版社1993年版,第9页。

三、民族教育优先发展的内涵及原因

(一) 民族教育优先发展的内涵

什么是民族教育优先发展？民族教育优先发展包括两层含义：一是把民族教育事业作为全国教育事业发展的重点，优先发展；二是把民族教育作为民族地区的各项事业的重点，优先发展。民族教育优先发展要彻底改变教育优先发展就是教育投资优先发展论的错误观念，树立教育优先发展是人的全面发展和经济、社会和谐发展的科学发展观，变教育投资优先论为观念、政策和法规的全面优先。

(二) 民族教育优先发展的原因

民族教育为什么要优先发展？这是由民族教育的特殊使命及其民族地区的特殊性所决定的。中华民族是由56个民族组成的大家庭，其中55个少数民族都有其特殊的发展历程和独特的文化内涵，这些特殊的历史和独特的文化不仅对其本民族有着特殊的意义，也对整个中华民族的发展有着十分重要的意义。

1. 历史及自然环境的特殊性

在漫长的封建社会里，由于历代王朝对少数民族的歧视、排挤、进行残酷的政治和民族压迫，加上地主阶级高利盘剥，使少数民族灾难深重；再者，他们大都居住在"边"、"山"、"散"、"宽"地区或祖国的边疆地区，这些地区普遍气候恶劣、生产落后、交通不便。特殊的历史进程和不利的自然条件阻碍了民族地区经济社会的健康发展。

2. 民族地区地理位置的特殊性

民族地区的民族团结与社会稳定关系到国家的和平统一。多年来，国内外敌对势力对我国实行"分化"和"西化"，利用民族和宗教问题搞颠覆和分裂活动。国外一些组织积极在西部民族地区开展重大项目的资助与研究，也不能排除其中掺杂着的政治因素。维护和保持民族地区的稳定，加强民族团结，增强整个中华民族的凝聚力和向心力，挫败国内外敌对势力分裂我国的阴谋，关键的一条就是把民族教育放在优先发展的战略地位，开展民族认同感和中华民族的凝聚力等方面的教育。

3. 少数民族教育的特殊性

少数民族的教育在今天肩负着培养人，传承本民族文化、国家层面的现代文化和世界性的普适文化等多重使命，少数民族教育具有特殊性。首先，少数民族的教育就其总体来说，具有基础差、起步晚、发展不平衡、与主流社会不一致等特点。由于自然环境的恶劣，导致社会经济发展的滞后，进而使文化教育的发展失去基础。所以这种处境不利不是某一方面的不利，而是一种综合性的不利，各种不利因素相互影响，产生恶性循环。民族教育的多重使命、民族教育不利的处境和由此造成的教育机会之不均等，必须通过"优先发展"和"补偿"的政策加以解决，唯有这样，才能真正缩小主流社会与少数民族社会之间的差距，也才能真正维护和加强我国的民族团结。其次，少数民族教育具有传承民族文化的特殊任务。在社会发展过程中，少数民族生成各自的文化生态，从而汇集形成了多姿多彩的民族文化架构。然而，社会现代化使民族传统文化受到很大的冲击，民族教育现代化、学校化的过程，使民族文化传承与教育的关系割裂。作为少数民族知识结晶与生存智慧的民族文化不能有效地传承，而且现存的学校教育在传承现代科学知识、普适知识的过程中，轻视并遗忘了本土知识、地方知识的价值，这样长此以往民族文化就面临消亡的危险。文化的多样性对于人类就像生物的多样性对于自然界一样具有重要的发展价值和生存意义，因此，我们应予以保护，而保护民族文化的使命必须由少数民族教育来承担。

第三节 民族地区教育优先发展的价值定位

教育优先发展，是基于教育的社会功效后显性提出的；民族地区教育优先发展，是基于民族地区历史和自然环境的特殊性，以及少数民族地区教育的特殊性提出的。因此，民族地区教育优先发展的价值定位应基于少数民族"人的发展"而给予价值定位。

一、从以物为中心转到以人为中心[①]

从本质上说，从"以物为中心的发展"到"以人为中心的发展"的转化的发生并不是人类的自觉选择，而是一种被逼入绝境后的被动选择。也就是说，造成人类不得不转化的，是"以物为中心的发展"难以为继了。一味地向"外部世界进军"，"向大自然索取"已经行不通，人类的社会发展不得不转到"以

---

① 张诗亚：《论教育发展从以物为中心到以人为中心的转换》，载《教育评论》2001年第2期，第4~7页。

人为中心的发展"上来。然而，目前盛行的则是"以物为中心"的教育发展观。"以物为中心"的教育发展观有两大误区：以经济为中轴和科学（自然科学）至上。

所谓经济中轴，便是一切从经济发展出发，一切又归结到经济发展那里。一个典型的提法便是，建立与市场经济体制相适应的教育新体制，或者教育要适应经济体制的改革与发展，其核心就是教育要为经济发展服务，要适应经济改革。我们只要稍做思考就应明白，经济发展只是物质层面的发展，物质层面的发展不可能是发展的终极，而只能是为实现终极目的而必须具备的条件。任何发展，归根结底，只能是为了人类本身。当我们一味强调"以经济为中心"、"教育要为经济发展服务，要适应经济改革"等之际，实际上是颠倒了这两者的关系。因为，教育从本质上说，只能为了人自身的发展。既然教育的本质是人自身的发展，那么，人有好多个方面的发展可能，教育便有好多种功用。其中的任何一种功用，无论其多么重要，它都只是一种功用，都只是教育本质的一种外显形式。如果我们承认，"人是万物之灵"这样一个命题，那么，我们就得承认，人自身的发展——尤其是人的精神的发展——是无限的。在无限面前，任何了不起的"用"，都是有限的，都是人的发展的无限的本质，即教育的一时、有限的外显形式而已。因此，不能因追求一时的功用而影响，乃至伤害其根本。当古代希腊的斯巴达人把其事关国家存亡的"军国民教育"推到极致，以至于不惜牺牲国民素质发展的根本之际，其最后得到的不仅是国家的解体，而且，还招致了整个种族及其文化的衰亡。这种以经济为中轴的教育观只看到了教育的"用"，即其可为经济服务的一面，而没看到教育的"体"，即教育的本质在于发展人自身，其片面性显而易见。

所谓的科学至上便是指，在科学技术与教育的关系上，教育作为科学技术的基础而存在，并为其服务的这样一种观念。一种典型的说法便是"科学技术的基础是教育"，以及"教育是发展科学技术的摇篮，也是科学技术转化为现实的生产力的中介"，"在当代世界新格局中，国际间以综合国力为基础的经济竞争，在很大程度上是科学技术的竞争，……而归根到底是教育的竞争。哪个国家的教育发展，哪个国家就有人才，也就能在激烈的国际竞争中取得战略主动地位。"这类提法，反映出了一个普遍的趋势，即当前的国际竞争的着眼点因要发展科技而都开始重视教育的这样一个趋势。是的，因发展科技而重视教育确实是国际趋势，但是，难道因为是"国际趋势"其在理论上就必然正确了吗？也即是说左邻右舍都这样做，我也这样做了便天然合理吗？诚然，科学技术的发展需要教育，但是，教育的存在并不只为科学技术。既然教育的本质在于发展人自身，那么，科学技术的发展最终也必须是，也只能是为了人自身的发展。这意味着，一方面，科学技术作为第一生产力，其所直接或间接创造的巨大物质财富是服务于人的；另一方面，科学知识、科学精神、科学方法等，在人的现代化发展过程中，也将起到无可替代的、至关重要的作用。如同教育具有巨大的经济功能、政治功能等一样，教育也具有巨大的发展科学技术的功能。但这绝不意味着就该只把教育定位为"科技的基础"。

这种以经济为中轴和科学至上为特征的"以物为中心"的教育观，不仅在谁为谁服务的关系上，犯了主次颠倒、以偏赅全的错误，而且在认识上犯了一个重物轻人的错误。所谓重物轻人，是指这种观念，重视物质层面的经济发展甚于重视人自身素质提高的教育发展，重视以自然为研究对象的科学技术，轻视甚至根本看不见以人的自身的发展为研究对象的教育科学。持这种观念者常常是用"系统论"的观点，"科学地"认为，经济与教育、科学技术和教育分别是社会大系统中的不同子系统，因分工不同而各司其职。但是，这是一种什么样的分工呢？这里我们着重讨论科技与教育的关系，因为，"精神文明建设"的强调已经有了一个不能一味重视物质文明（经济）的共识，而对科技与教育关系的认识，还较为模糊。目前推行的可持续发展战略，就是为了不再重蹈以浪费大量自然资源、污染环境、破坏生态为沉重代价，来取得经济发展的旧的"以物为中心"的发展覆辙，这一选择的着眼点就是超越。那么，超越所依靠的是什么呢？对于人口多，资源人均占有量少的我国而言，变人口包袱为人口动力是唯一出路。关键在于，在现实条件下我国教育怎样才能实现超越。即是说，教育发展怎样才能完成从"以物为中心的发展"到"以人为中心的发展"的根本转换。

就如经济的发展有一个从粗放型向集约型的转换一样，教育发展也有一个类似过程。包含了教育者和受教育者、教育环境、教育媒介（教材、教法等）几大要素的教育构成，其基础无疑是物质的。即是说，首先需要教育投入，这包含人、财、物的投入。这是中国教育发展长期未得到根本解决的一个严重问题，也是中国教育的进一步发展所必须要解决的首要问题，但却不是中国教育完成从"以物为中心的发展"到"以人为中心的发展"的关键，如同经济有了投入之后并不意味着其发展质量的必然提高一样。解决教育投入、扩大受教育者规模以及转变应试教育等的关键，说到底，是政策问题，其着眼点只在人自身素质发展的外在条件方面。即便从经济观点看，要大面积提高教育系统整个投入的效益——要依靠的只能是教育科学。没有关于人自身素质提高的科学的发展，哪来的人自身素质的提高？这就如同土地没有分下户之前，政策是关键；一旦分下户，粮食的增产只能依靠农业科技。因此，教育先行，必须教育科学先导。

综上所述，民族地区教育优先发展在价值定位上，必须从"以物为中心"转到"以人为中心"，这是民族地区实现整体良性发展的必要的、先决的条件。

二、从"现代教育"到"共生教育"

我们今天所谓的现代教育,实际上应该是与过去很好地嫁接、与之融为一体的自然转化的教育,而不是硬塞给民族地区的所谓现代化教育。社会性质可以被改变,但人们所依赖的天地系统却无法改变。人无法改变天地万物与它共生的系统,它还要生长,它永远要和他形成这种乡土几千年的历史与自然共生的关系,极深的集体精神、集体意识。它已经内化到一个民族的深处,所有的藏传佛教的各种各样的菩萨不仅仅是菩萨,早已不是印度来的佛教,已化入藏民族许多符号系统的深层,与之整合为一体,融合为藏民族几千年文明的东西,已经是包括了如何处理自然、如何处理人、如何处理社会、如何处理其他文化与如何处理人内因自身,其背后的形态只不过不是你熟悉的方式罢了。

其实,任何一个社会无论是过去社会、现代社会,叫什么社会形态并不重要,人类的生活最基本的东西却是无法改变的。教育所要面临的几个关系是无法回避也无法超过的,即:人与自然的关系、人与人文化社会群体之间、社会制度之间,社会文明之间的关系;人与人的关系、个人与个人的关系、男人与女人、老人与小孩等。各种关系,都关系到个人内心深处的意志、情感,这些关系调节好就是和谐的本质。它与自然的关系没有变也变不了,它受制于环境。在高原生长的东西绝对不会产生于平原。我们应充分认识现行教育与过去的生活、现在生活、过去教育等之间的联系,绝对不能以推行现代化教育的名义去割断与过去生活教育经验之间的关系。

少数民族地区如何才能将自己的特色、优势和自己的文化结合起来,办出有自己特色的教育来,这是我们民族教育中核心的问题。民族教育的根在民族文化,多元文化是我国民族教育的基本特征。国外的东西不一定就是好的,我们需要在引进、借鉴的同时,又要发扬自己的优势和特色。民族教育任何时候都要有并强调自己的特色。人的发展绝对不是能依靠科学找到一个通用的公式的,人是有个性的,我们必须提供个性化的教育,培养个人个性化的能力。因此,教育科学应该吸收其他各门学科的营养,使每个学生都发挥自己的优势和特长,走出有自己特色的人生道路来。

民族地区教育优先发展说到底必须面对现实,紧密结合民族地区的实际情况,去找到最近发展区,也就是发展的潜在可能性,它可能的生长点,继而才去设计其发展、才去进行教育。具体说来,就是以自然与人文的独特基因来融入现代化的潮流,来抓住独特的自然与文化形成的"人"的发展,继而来促进、改善经济和社会发展水平。那么,这就需要一种新的教育,即"共生教育"。针对西部民族地区独特的生态系统，处理好与所处环境的"共生"；处理好与其他民族、文化相处以及对待自己的文化和现代化发展中形成的"文化共生"。通过这样的教育培养出来的人对自然是尊重的、对其他文化是尊重的。他既知道自己的特点，又能吸取别人的长处。这样的教育才是"内生"的，才能真正促进民族地区的发展。

第四节 民族地区教育优先发展新思路
——"共生教育"之阐释

一、基于自然和人文特点的民族地区教育发展的新思路

民族地区发展的特点取决于民族地区的特点，如果说民族地区的特点是自然人文资源富集与经济科技滞后并存，那么民族地区发展的特点则表现为多类型并存与发展水平的参差巨大。而民族地区的特点和贫困农村的特点有相似之处，其贫困并非是绝对的，自然和人文这两大资源往往相当丰富，尤其是民族地区。说自然资源丰富是因为地下有矿藏，同时因通常在山区，于是有森林、河流以及各种各样的资源。现在很多贫困地区开发出的自然资源的旅游足以证明它有独特之处；人文资源往往是数以千年形成的文化传统，形成的民族特色。这两者在民族地区的广大地区非常普遍。民族地区的地下资源占全国资源蕴藏量的63%，就西南少数民族而言，民族种类达36个之多，不同的文化、不同的类型，其人文资源相当丰富。在这里，我们看到的是自然与人文两大资源的富集是与经济和科技的贫乏并存的，用现代科技去衡量它，它是落后的，用现代经济指标去评量它，它是落后的，它的贫乏往往是后者而非前者。

实质上，民族地区发展的任务就是要把自然与人文的东西转化成经济发展的东西，把自然与人文优势转化成经济发展的优势。那么，如何把自然与人文的发展优势转化成经济的发展优势呢？转化成社会水平的发展优势呢？实际上只能靠教育，教育是这一转化的"活"的关键。因此，当国家实行"两免一补"，基本解决教育经费问题之后，教育投资严重不足的问题再也不像以前那么严重了，相对来说，已经有了一个转化的基本条件。所以，核心问题便变成了：我们到底需要什么样的教育？当我们把教育定位在只是"脱贫致富"的手段的时候，我们实际上忽视了民族地区"人"的发展。没有民族地区"人"的发展，是谈不上民族地区教育的发展，更谈不上民族地区贫困农村的"脱贫致富"的。而现在，

我们以传统的思路去指导"脱贫致富"、"西部大开发"之际，有一个根本的误区与危险，就是以追求效益和速度的经济发展模式正在破坏自然与人文资源的优势。比如迫不及待地开矿和建坝等都是对山体、对水体的破坏。同时，大力发展旅游资源，使得很多民族和贫困地区为旅游而旅游，大搞"农家乐"、大搞旅游式的"文化秀"，完全不顾一个民族文化产生的背景、土壤和当地百姓的心理。如果说，破坏山体、水体等自然资源是在自然基因上正在吞噬和破坏贫困地区，使贫困地区更加贫困，那么，大搞所谓的伪"民族文化秀"等旅游经济的开发便是对文化基因的吞噬、侵蚀和破坏。我们大谈的"资源优势"、"边贸优势"、"旅游优势"、"劳动成本优势"等，其鼓励和提倡的都是这样一种"脱贫致富"的思路。他们在这种观念支配下，要教育做的就是：成为工具及如何把以上的优势通过教育的转化变成现实的发展。只把教育看成职业教育，这是天大的谬误！

这一误区的根源是什么呢？长期贫困，急于致富，要同全国人民共同进步是一个很强的动力，本无可厚非，但很容易因贫困饥渴症导致的强大欲求促使经济上的急功近利。而"脱贫致富"，"治贫先治愚"的传统思路更是助长了这种东西。再加上，行政区划的各自为政，管理模式上的长官意志，认识方法上的学科藩篱等。所以，上述三种原因导致这种传统模式盛行，使我们的教育实际上没有得到应有的发展，因为它没有重视"人"，没有从当地文化特色和具体情况出发，没有结合实际来发展教育。这种教育是外发的，是自上而下的，是贯彻的、推广的、达标的这样一些自上而下的东西，所以势必事倍功半。

那么，我们如何解决这个问题呢？所谓的新思路是什么呢？说到底是以自然与人文的独特基因来融入现代化的潮流，来抓住独特的自然与文化形成的"人"的发展，继而来促进、来改善经济和社会发展水平。这种教育就是"共生教育"。西部民族地区的自然资源往往是富集的，但同时它的生态系统又是极其脆弱的。2008 年的汶川大地震给人的教训就是如此，山清水秀背后又是生态极端脆弱。因此，如何和你所处的环境自然"共生"，是我们教育理念中一个至关重要的问题，而不是简单的引进项目、上大工程去破坏这些自然基础。另一方面是在与其他民族、其他文化相处以及对待自己的文化和现代化发展这些问题中形成的文化"共生"。一个是自然"共生"、一个是文化上的"共生"。这两个问题解决好了，我们就能解决我们的教育基本立场，就不是简单地贯彻、推广和利用教育自上而下的外来的学校制度，而是能够把当地的自然与人文的东西融合成一个很好的培养基去培养和发展贫困地区的教育。总之，所谓的民族地区教育发展的新思路便是本书提倡的"共生教育"，这个问题到了非提出来不可的地步了。我们的文化基因的流失和破坏、我们生态的崩溃、污染的加剧，诸如此类的问题已经使得我们必须从根本上改变这一状况了。

实现共生教育对学校教育系统的要求是克服单纯的工具式的技术教育、职业教育等强调应用性教育的短视做法，发展民族的人文教育，确立以人文价值为中轴的民族教育理念。这样的民族教育需要着力处理好民族与民族间的关系、文化与文化间的关系，而根本上是共生的教育，也就是要承认和尊重各民族基于特定历史和自然条件而创造并发展出来的文化的多样性、差异性。

二、共生教育的内涵①

万物和谐、天人合一思想贯穿于中国传统文化中，体现了老祖宗对天、地、人的根本认识和基本观点。西周末年的使伯就已经认识到，由不同元素相配合，才能使矛盾均衡统一，收到和谐的效果。五味相和，才能产生香甜可口的食物；六律相和，才能形成悦耳动听的音乐；善于倾听正反之言的君王，才能形成"和乐如一"的局面②。《中庸》说："万物并育，而不相害，道并行而不相悖，小德川流，大德敦化，此天地之所以为大也"③。北宋哲学家张载提出"天人合一"的命题，认为儒者"因明智诚，因诚致明，故天人合一，致学而可以成圣，得天而未始遗人"（《正蒙·乾称》）。"乾称父，坤称母，予兹藐焉，乃浑然中处。天地之塞，吾其体；天地之帅，吾其性。民，吾同胞；物，吾与也"（《西铭》）。其意为天地犹如父母，人与万物都是天地所生，都由气所构成，气的本性也就是人和万物的本性。人民都是我的同胞兄弟，万物都是我的朋友。这种观点肯定人是自然的一部分，人与自然统一于物质性的气④。显然，这是十分深刻的自然与人文共生的思想。

在西方，共生（Symbiosis）这一范畴首先出现于生态学领域。在生态学中，"共生"指两个不同有机体之间有益的至少是无害的相互关系。此后，科学家在许多植物、动物中发现了广泛存在的共生现象⑤。共生作为一个普遍的生态现象和生物学中的一个重要概念，其内涵的丰富与价值的延展已从生物学拓伸到更广泛的研究领域，"人类的共生状态是同人类的自我意识不可分的，即共生是人自我需要的产物，是自求的结果。"⑥ 在当前时代背景下，由"人类中心主义"的思想根源导致的人类生存的困境——生态破坏、资源紧缺、环境污染等人与自然

---

① 孙杰远：《论自然与人文共生教育》，载《教育研究》2010 年第 12 期，第 51~55 页。
② 张岱年、方克立：《中国文化概论》，北京师范大学出版社 2004 年版，第 293 页。
③ 高柏园：《中庸形上思想》，台北东大图书股份有限公司 1988 年版，第 130 页。
④ 张岱年、方克立：《中国文化概论》，北京师范大学出版社 2004 年版，第 288 页。
⑤ 金炳华：《哲学大辞典（修订本）》，上海辞书出版社 2001 年版，第 454 页。
⑥ 李建华：《受动与主动：道德情感的社会性发生》，载《湘潭师范学院学报》2000 年第 7 期。

的关系失衡更凸显出人类社会对共生哲学的迫切诉求。

共生的哲学是一种关系的思维方式,不但承认"自我",还要肯定"他者"的独立价值,以及"自我"与"他者"之间不容忽视的相互依存关系,即"自我"或"自我"所在的群体,与周围的一切生命或非生命存在,以及与之建立的关系联结,在接纳异者、相互碰撞、相互共容、共同生长中形成一个互利、平衡、发展的整体。

自然与人文共生的理念是对当前人类困境的直接观照。这里所描绘的自然与人文相融的图景,实则就是自然与人文共生理念的阐释。自然与人文共生有两个层面的含义:一是人与其外部世界的共生,即人类发展与自然生态发展的共生系统;二是人与其文化生活世界的共生,即文化与文化碰撞交融中的共生系统。自然与人文的共生,即是一个在理解自然、尊重自然的基础上建立起的人及其文化与自然相适应的和谐相融的系统——自然为文化培育、人的发展创造了环境;文化涵养了人的特质,并通过人的作用潜移默化地维持了自然生态;人对自然生命的感通和对文化生命的认知,即是与自然和文化的和谐共生。

共生哲学是当代教育文化范式的重要基础。"历史上,形成了人类与自然之间、多种文化之间和谐相处的自然生态与文化生态,教育活动延续与维持着自然基因与文化基因的复制及其功能的发挥。"[①] 因此,对于自然与人文共生的教育文化范式的梳理和界定,以教育为转化机制,在分析自然与人文资源的基础上重设教育的功能定位,以消除在当前时代需求环境中教育价值观和教育实践导向所出现的偏差。

自然与人文共生教育是凸显共生教育内涵的更具体化的表达。它将确立自然、人与文化三者之间的共生关系,并将教育作为转化自然与人文资源可持续利用的机制。自然与人文共生的理念通过教育的转化体现其重要意义,即"教育应当立足于区域独特的人文生态与得天独厚的自然环境,着眼于构建自然和人文良性互动的系统"[②]。

"民族地区的教育需研究多样性、立体的生态形成的立体的基因、物种、天地系统。这些东西首先要得到保护,让它继续存在、良性发展,而不仅仅是开发。要保护它,要正确认识它,而前提就是要尊重它。这些应该有相应的教育即共生教育,来予以保证。"所谓"共生",解决两个问题:一个问题是人类自身的生长同它外部世界的良性发展形成一个共生互补的系统。而非以所学知识去征服自然,以所学本事去挖矿、去纯粹地作资源上的攫取。这个"共生"解决人与自然的关系,是人与自然的"共生"[③]。另一个问题是与其他民族、其他文化

[①②] 孙杰远:《教育的文化范式及其选择》,载《教育研究》2009年第9期。
[③] 张诗亚:《共生教育论:西部农村贫困地区教育发展的新思路》,载《当代教育与文化》2009年第1期。

相处以及对待自己的文化和现代化发展这些问题中形成的文化"共生"。

三、共生教育的基本特征[①]

（一）生命关怀的基本理想

共生即共同生成、生长，共生教育的基本理想就是对生命的观照。生命的观照既是对自然生命的关注，又是对文化生命的延续，既是对人的自然生命的保护，又是对人的精神生命的张扬。

（二）空间维度上自然与人文相融

捷克教育家夸美纽斯提出"自然适应原则"，认为人是自然界的一部分，人的教育必须适应自然。这要求人们从自然中寻找教导工作的恰切秩序，要"小心地注视自然的作用"和"步随自然的后尘"。[②] 同时，教育作为一种社会实践活动，它又建立在人类文化活动的基础上，文化的价值决定了教育的目的和实践方式。抽离了文化基质的教育是空洞虚无的，教育必然需要文化价值的支撑。因此，自然与人文共生教育在空间维度上涉及自然与人文的各种因素和条件，既兼顾环境三生态的保持，又根植于人类文化的底蕴，融合成一种全面支持和发展教育的培养基。

（三）时间维度上自然与人文的共同生长

既然自然与人文共生是对生命的关怀，那么必然要在时间维度上促成生命的丰富和生长。因此，它要解释的不仅是自然与人文共教育的状态还要呈现一条"如何共生"的时间轨迹。也就是，探寻自然、文化与人三者之间的紧密依存，以及人与自然、人与文化、文化与文化之间共同发展的机制。

四、共生教育的维度和层次[③]

民族地区的共生教育是指内蕴于各民族教育中的处理及协调人与自然、人与

[①] 孙杰远：《论自然与人文共生教育》，载《教育研究》2010年第12期。
[②] 夸美纽斯：《大教学论》，人民教育出版社1984年版，第105页。
[③] 蒋立松、吴红荣：《西南民族共生教育中的生态伦理及其价值》，载《当代教育与文化》2010年第6期。

人关系的观念和实践。共生，就其本质而言，强调的是一切生命形式的相互依存和共同发展。《易经》说"生生之谓易"，承认了事物发展、变化的基础是让一切生命有其生存的机会。人的发展总是在两个基本的维度上展开的：自然空间和社会文化空间。因此，人与自然、人与社会的相互关系如何，便内在地规定了人的发展的方向和特征。民族地区所处的自然与社会文化空间内涵丰富、类型多样，故而在民族的演进历程中生成了用以协调人与自然、人与社会的文化传统。民族教育也正是在这两个基本的维度上形成了自身的教育实践传统，并以此构建起人与自然、与文化的共生关系。

共生教育之所以构成民族教育的核心，是由于民族教育所面对的自然与人文系统的特征所决定的。就个体的生长而言，民族教育是民族成员个体实现濡化和社会化的手段，就民族群体而言，教育是实现文化传承和群体延续的重要途径。不管怎样，教育对个体的型塑和文化的传承，其功能都是在特定的自然与人文环境中得以实现的。因此，民族教育所要解决的便是如何处理和协调人在这种环境中的各种关系问题。在解决人与自然关系问题上，民族成员从长期与自然相处的实践中培育了与自然和谐相处之道，而在解决多元文化中本文化与它文化的关系上，民族成员也培育了和而不同的文化观念。民族地区的共生教育便是一种和谐的教育，它所努力建构的，便是在人的发展过程中以和谐为核心的人与其外部自然与人文空间的共生关系。

在围绕上述三个维度的共生关系上，民族教育有着十分丰富的内涵。这些教育内涵可以划分为观念体系、知识体系和表达体系三个部分。这三个部分密不可分，观念体系是共生教育的基础，知识体系是共生教育的具体内容，表达体系则是共生教育的表现形式，三者之间形成了一个类似同心圆的结构。对于共生教育的理解，应当同时在这三个部分寻求其意义的阐释。这一同心圆结构与共生教育的三个基本维度相互对应，构成了民族地区共生教育的基本模式。

第三章

民族地区教育优先发展指标体系研究

衡量民族地区良性发展和教育发展应有相应的指标体系是支持本研究"民族地区教育优先发展可促使民族地区整体良性发展"主体假说的第二个次生假说。本章通过对教育指标体系概念、内涵、基本原则的讨论,审视现有的指标体系,针对民族地区的特殊性,构建民族地区新的教育指标体系。

第一节 教育发展指标体系的概念及内涵

教育指标在相当长的一段时间里作为社会指标的一部分,其作为独立研究概念始于1975年美国国家教育统计中心统计服务处马利·高乐弟主编的《教育状况》的出版和1987年11月美国教育部与OECD在华盛顿召开的"教育指标国际会议",但在随后的一段时间里,学者们关注的问题是教育指标体系的设计和教育报告,而教育指标是什么很少有人关注,对此,美国北卡罗来纳大学的理查德·耶格教授在讨论了十几个指标定义后指出,指标的含义并不清晰一致,矛盾抵触多于简单明了。教育指标的概念问题是一切教育指标研究的前提,它决定着教育指标的性质、目的、功能、设计、使用等一系列后续问题。辨析教育指标概念,有助于教育发展指标的构建。

一、教育指标的概念争议

教育指标概念的争议基本上是在"标志+变量"或"准则+数值"的框架下出现的纷争。大体来讲,教育指标的争议主要涉及它是评价指标还是统计指标,是描述指标还是分析指标,是中立指标还是立场指标。[①]

(一) 评价指标还是统计指标

"从评价学的观点来看,指标是一种具体的、可测量的、行为化的评价准则,是根据可测和可观察的要求而确定的评价内容。"[②]

教育指标的概念不同学者的解释不同,"教育指标的建立在本质上是导入政策考量及全国教育制度管理的概念,其目的在描述教育制度各重要层面的现状、表现及其健康情形。"[③]

我国台湾学者孙志麟在弥合教育指标是统计指标抑或评价指标概念的两种观点时指出:"教育指标系衡量教育系统状况或表现的一种统计量数,提供相关的教育信息,据以理解或判断教育发展的程度。教育指标可以显示或反映教育系统的发展特征、健康情形与变迁趋势。"[④]

但是,教育指标就是统计数字和变量吗?沙维尔森、麦克唐纳尔和奥克斯指出:"教育指标是反映教育系统重要状况的统计数字,但并不是所有关于教育的统计数字都是指标。只有当统计数字成为衡量标准时,它才能称为指标。换句话说,它必须通过几个重要特征的报告来反映整个教育系统的大量信息。"张芳全教授则认为变量是研究者为使社会现象或属性具体化而进行的操作性定义,指标则是一种随时空变化的指引、描述或控制社会现象的信息,与变量相比,指标具有稳定和价值判断的意味。"指标对于社会现象进行数值说明之后,会有特定情形价值判断,而变量则否,变量仅对于变动属性进行界定与说明。"这些看法,应该就是对孙志麟教授所下的定义中所限定的,指标所提供的信息可以作为"理解或判断教育发展的程度"的重要依据,可以显示或反映教育系统的"发展特征、健康情形与变迁趋势"。

---

① 邬志辉:《学校教育现代化指标研究》,东北师范大学出版社2008年版。
② 陈玉琨:《教育评价学》,人民出版社1999年版。
③ 王保进:《教育指标基本概念之分析》,载《教育研究资讯》1996年第3期。
④ 孙志麟:《国民教育指标体系构建之研究》,载《台北师范学院学报》1997年第13期。

（二）描述指标还是分析指标

教育指标概念的实质性问题是，究竟该是无理论框架地运用指标测试教育系统的运行状况与发展趋势，还是在某种理论框架下运用指标来测度教育系统呢？显然，它关涉的是"教育指标应该是什么"的判定。

在早期的社会指标研究中，人们对社会指标的定位基本上是社会现状的事实测度与数据收集。社会指标研究的先驱者之一、美国社会学家奥格本认为，社会指标应该报告事实，应该呈现数据和趋势，而不是发表意见，社会指标应当尽量避免解释、避免提供政策建议。1933年，由奥格本领导的社会趋势研究委员会发表的、被一些人誉为"社会科学最高成就"的厚达1 600页的统计报告《美国最近社会趋势》，作为社会测量的第一份官方文件，它涵盖了诸如人口、卫生、教育等在内的诸多领域的社会状况，对整个社会趋势提供了一个百科全书式的两卷本的统计资料。这种注重描述、归纳和事实之社会趋势的研究取向影响了随后几十年的教育指标研究。所以，他们的教育指标观是"归纳—描述"取向的，注重从教育事实中归纳指标，而不是从某一理论框架或模型出发来构建指标。以事实为取向的描述指标虽然提供了关于社会状况与趋势的大量统计数据，但是这些数据对于理解和解决当时经济大萧条时期的诸多社会问题却只提供了非常有限的见解。

20世纪60年代初期，经济学领域采用了"演绎—分析"取向的经济测量方法，这种方法对经济政策的管理非常成功，尤其是1964年肯尼迪"减税政策"的成功使得社会学家们发现，经济指标之所以完美，是因为它们都是经济模型中相互关联要素的一部分，指标值的每一次变动都会告诉我们一个有意义的经济运行状况。他们认为，只有在一定的理论框架下探求指标之间的因果关系，为指标进行的数据测量和收集才是有意义的、有价值的，才能为政府制定教育政策提供真正的帮助。因此，兰德明确地指出："我打算用社会指标一词指这样的社会统计数字：（1）它是一个社会系统模型（包括社会心理、经济、人口、生态）的组成部分，或者是其中的某个特定的部分或过程；（2）它可以在不同的时期进行收集和分析，并能累积成一定的时间序列；（3）它可以汇总和分解成与模型的说明相适应的各种层次。不论它是以口头的、逻辑的、数学的形式还是以计算机的仿真的形式出现，社会系统模型都是对社会过程的设计。关键是，把社会统计数字归为社会指标的标准是其提供信息的价值，这个价值源于在社会过程概念化过程中依据经验得出的、经过证实的关系。"兰德的定义除了在"数据的收集要形成一定的时间序列"这一点上与前人有重复之外，在其他许多方面都是颇有新意的，比如社会指标是社会系统模型或社会理论的一部分，社会指标的统计数字应该可以依据社会系统模型进行加总和分解，有价值的社会指标所提供的信息应是社会过程概念化过程中经过证实的关系；等等。约翰斯通甚至更为明确地指出："指标是理论发展的基本单位。"在约翰斯通看来，完整的理论构建至少要包括四个阶段：一是陈述或尝试性描述被研究现象；二是辨识与某一现象相关的核心概念；三是把概念的操作性定义转换成可测的变量；四是数据收集与指标构建的规划。通常，在第二个阶段所使用的"核心概念"都是非常宽泛的，如智力、教育质量、教育现代化、全面小康教育等，因此需要第三个阶段对这些概念进行操作性定义，并转换成可测量的具体变量。但不幸的是，概念的操作性定义通常是不完整的，经常会出现用个别变量来代替概念本身的现象，结果导致了大量失却概念本真含义的数据采集。因此，他认为指标要比变量更适合于代表一个概念，作为理论构建的基本单位，它应该用来在各领域或各子系统之间建立联系。

描述性指标的倡导者认为，指标的功用就是描述现实问题的症状，从而激发决策者和公众做事、创造变革，至于决策者和公众如何做事、如何进行变革，那不是指标能解决的问题。然而，分析性指标的建议者却认为，虽然以上说法是对的，但却是不充分的，指标应该为"什么样的政策能在实际中起作用"提供证据。其实，以上两种观点之间的纷争，主要是关于教育指标三个基本问题的纷争：一是关于教育指标的性质和目的问题的分歧。分析指标论者认为教育指标应该是指导性的，应该指引决策者去做什么；描述指标论者则认为教育指标应该是描述性的，应该强调被别人忽视的问题状况。二是关于教育指标研制方法问题的分歧。分析指标论者倡导演绎的取向，认为教育指标应该建立在抽象模型的基础之上，形成可检验的假设。比如，教育公平指标应该在检验各种关于教育不公平致因的理论方面发挥作用，而不只是简单地测量教育不公平的程度。"仅仅聚焦于症状的指标是不能解决实际问题的。要想改变症状，就必须形成一个导致症状原因的理论并不断地检验这一理论。""如果指标只是告诉我们现实的状况而没有添加任何'事情为什么会这样'的洞见，那么由指标构成的报告就不会轻易地导致有效的行动。"而描述指标论者支持归纳的取向，他们倾向于在作出理论概括之前先收集教育系统状况的数据。邓肯是典型的指标归纳论者，在《向社会报告迈进：下一步》一书中他深刻地指出："'理论家'说：'让我们殚精竭虑地思考一下，究竟什么是我们想要测度的？我们又基于何种理由必须测度它？这样，我们对应用观察的方式来做什么会比较有把握。'而'归纳论者'却认为：'不管理由如何，让我们先试试，看看能不能测度某些事物，然后将测度标准化，使之达到可接受的信赖水平，最后再研究这些被测度的数值如何变动。如果我们对这些能够有所了解，那么我们就会明白为什么最初要做这些测度。'"邓肯认为，我们迫切需要社会变迁和教育变迁的实证测度，而不断进步的技术能力也使这些测度成为可能。三是关于教育指标功能问题的分歧。分析指标论者认为，指标作为一种工具，只有当它成为更大的教育行动计划的一部分时才是有意义的。因为当某一指标项目完成了最终报告以后，人们不由自主地要提的问题是：下一步我们应该做什么？在社会指标研究领域有这样一种说法，即"能测就能做"。而描述指标论者却认为，指标所提供的信息可以改变公众对事物的认识与理解，但它与行动之间的联系却是很微弱的，尽管指标报告的作者希望政策制定者能遵行自己的研究成果并产生积极的结果，但指标本身对是否能导致有效的行动常常是不清楚的。从历史上看，政府机关虽然已经掌握了大量的统计数据，但这些数据却并没有影响政策的制定，卫生统计数字并没有成功地救命。事实上，公共机关的最初行动常常是建立在轶事性消息基础上的，而后才开发指标以改进、修改或调整政策。所以，指标有时并不导致行动，有时行动还要先于指标的开发。

描述指标与分析指标之间的冲突并不是根本对立、相互排斥的，更准确地说，两者之间的争论主要围绕"哪一方面应该具有优先性"，即究竟是理论框架优先还是实证测度优先？是演绎逻辑优先还是归纳逻辑优先？是原因分析优先还是事实描述优先？是行动指导优先还是症状呈现优先？虽然指标的研究者一直努力地收集数据，并对任何可量化和可测度的方面进行测度和计算，但他们不得不面对的问题是如何将这些数据转换成可理解的、有意义的信息。所以，约翰斯顿博士的评论是非常中肯的，她说："如果为了避免耽于理论的臆测而无所获，就转向对事实的实证分析，迟早还会回到同一个问题上，那就是'我们所设法观察与测度的事情究竟有何意义'……我们必须回过头来关心理论的问题，因为如果没有理论，我们为继续收集和分析不断增多的统计资料所作的努力，可能会降为一种'任意的实证主义'，只是提供无意义的事实和无重点的指标，而且研究所得的结论，其造成问题可能远较所解答的为多！"爱德加·邓把这种大量令人迷惑的、未经解释的、无法构成任何意义的统计信息称为"知觉的超载"。所以，指标不仅要提供大量的信息，更重要的还要凸显信息的意义与价值。

（三）中立指标还是立场指标

在现代主义者的思想中，教育指标是中立的、客观的、无立场的。尽管豪瑟在对指标的定义中说"社会指标不仅包括对社会方面的定量测量，还包括根据规范进行的解释，借此，统计数字代表着进步或退步"，但是，这里的"根据规范进行的解释"是在社会测量之后进行的。也就是说，教育指标对教育状况的测量是没有价值涉入的，只不过在解释和分析测量所得的统计数据时才引入了价值观。谢尔登和摩尔也持类似的观点,他们说:"对带来公众认可变化负有责任的人来说,社会指标的概念是有吸引力的。不管进步还是退步,这类指标将根据某些规范准则对社会领域某些部门的当前状态和过去与未来趋势两方面给出一个解释。"斯通说得更清楚:"社会指标通常是建立在定量观察基础上的概念,它会告诉我们感兴趣的社会生活方面的某些事情,或者在其中发生变化的一些信息。从这些信息意欲表明的处境或如何变迁的意义上说,它是客观的;从社会或不同群体关心指标意欲表明的客观立场及其变化的意义上说,它又是主观的。"

斯通把社会指标的建构过程明确地分成了两个部分,一是客观的定量观察与测量,一是主观的定性解释与分析。尽管对统计数据的定性分析和规范化解释需要一个价值结构,甚至对同一组统计数据可以依据不同的价值观作出完全相反的诠释,但是依据指标所测得的统计数据本身却是客观中立的,是无立场的,只不过是人的解释给它赋予了立场。

后现代主义者完全不同意现代主义者的主张,他们认为,不仅对教育指标数据的解释是负载着价值的,就是对教育系统的定量观察与测度本身也是意识形态化的。在美国卫生、教育与福利部部长科汉指导下编写的《向社会报告迈进》一书中曾含蓄地表达了这样的观点,即"社会指标是具有直接规范意味的统计数据,它能对社会主要层面的状况提供简明、广泛和平衡的判断。在所有情况下,它都是对福利的直接测量,并受解释的支配"。显然,这里注重的不仅是解释的规范化,同时也看到了统计数据本身"具有直接规范的意味"。考布和李克斯福德更直白地说:"所有严肃的指标活动都是政治性的。决定计算什么和如何计算的每一个举动都包含着价值判断。因为所有的指标都负载着价值或传达着潜在的寓意。指标报告无论如何是不能中立的。尊重每一个指标潜在的价值观或理念会导致更加全面的显示。但是,不作分析或不作解释并不会使指标报告中立化。"罗西和吉尔马丁也认为,指标的数据收集过程并不是中立的,任何实证调查的设计都是在一定的价值观念指导下进行的,"我们只能得到我们预先想发现的东西",因为"当我们选定一组特定的观察值或测度值作为某种重要现象的指标时,事实上,就是将我们对现实的感受加入某种程度的选择。当我们决定事实的哪些层面值得注意之后,这些指标可能就会分散我们对其他层面的注意,尤其是那些难以量化的层面"。我们想调查什么、测度什么本身就是价值选择的结果。

设计与选择指标以及给指标赋权重的过程是受指标开发者的价值观影响的,尽管这一过程可以是开放的,可以接受持不同意见者的质疑和挑战,但是指标建构的过程存在着价值观的斗争是毋庸置疑的事实。所以,任何指标都不是无立场的,相反的,它们都是意识形态的产物。正如伯特兰·德·儒弗内尔所说的:

"统计资料的设计者的确是哲学家,尽管他们不情愿承认这个称呼,但他们充分了解,如果采用另一组不同的概念,就会看到事实的另一个层面。"

现代主义者还认为,教育指标应该是对教育系统状况的客观指示,因此所有的指标都应是客观指标,即对有关教育系统或教育现象的特定行为或状态进行说明。而后现代主义者则认为,教育指标不应仅仅对教育系统或现象的客观状况进行说明,还要对教育的利益相关人的感受、态度和评价进行测量,即运用主观指标。因为客观的存在状况与主观的心理感受经常是不一致的,仅仅运用客观指标并不能真实地反应教育的实际状况,也不能满足教育政策制定者对决策信息的完整需求。比如,要建构教育公平指标体系,除了要对诸如经费、师资、设备等客观资源进行指标设计外,还要考虑社会公众对教育公平的主观感受,在很多情况下,恰恰是公众的不公平感受才导致对政府教育政策的不满意。总而言之,后现代主义相信,教育指标不仅是有立场的,而且还要针对教育利益相关人的立场设计主观指标,只有这样才能还教育指标以本来面目。

总之,近年来教育指标问题逐渐引起学界的重视,并发表了大量相关研究成果,但对教育指标究竟是什么鲜有深入的分析与探讨。笔者认为,教育指标作为一种研究工具,它可以服务于多种多样的目的,从不同的视阈或目的出发,就可以形成不同的认识。那种期望对教育指标下一个具有完全共识性定义的想法,要么会陷入思想性的肤浅,要么会落入常识化的抽象。在笔者看来,真实地呈现学术界的多元化讨论与纷争,倒是对教育指标概念的最清楚的认识。因为仅仅提供单一认识的传统做法,虽然从表面上看是清楚的,但从实质上看却是片面的,它蔑视了教育指标概念的开放性和发展性。虽然现在提供的多元纷争认识在表面上看是模糊的,但从实质上看它给我们留下了无限想象与思考的空间,为进一步深化认识奠定了思想资源基础,同时有助于改变目前混乱地使用教育指标概念的现象,增强指标研究的自觉性。

二、教育指标体系的内涵

张良才教授认为:教育指标是衡量教育系统状况或表现的一种统计量数,提供相关的教育信息,据以理解或判断教育发展的程度。[①] 教育指标可以显示或反映教育系统的发展特征、健康情形与变化趋势。这与孙志麟教授是一致的。由于单一指标难以完整呈现复杂的教育现象,因此需要构建教育指标体系,通过联结一系列相关指标,提供结构化信息,测量教育系统中的复杂成分,并追踪变化趋

---

① 张良才、孙继红:《国内外教育指标体系分析与比较》,载《教育学报》2009年第6期。

势，弥补指标的不足。联合国《社会和人口统计体系》中把"体系"定义为：由一些有规律的互相作用或互相依赖的形式联合起来的物体的聚集物或集合物。麦克尤恩和乔（McEwen，Chow）认为教育指标体系中的指标相互依存、彼此联结，可反映教育目标及其优先顺序。纳托尔（Nuttall）对教育指标体系的定义包含三层含义：一是教育指标体系不是教育指标的简单综合，而是一种根据理论模式汇集各种教育统计量数，对教育系统状况进行的精确描述；二是教育指标体系不仅仅是单纯统计数据的汇合，而是以指标组合的形式显示教育系统中各部分的情形及其之间的相互关系；三是教育指标体系中选取的指标必须兼顾逻辑性与实证性，透过该指标体系便可对教育的现况进行诊断，发现存在的问题并指引改革的方向。张钿富综合各方观点将教育指标体系定义为系统地将教育指标加以结合，以便测量教育系统中各个复杂成分，进而为教育决策者提供更完善的教育信息，为其作出合理可行的决策及教育评价提供客观标准的机制。由上可知，教育指标体系是一系列有内在联系的教育指标的组合，而教育指标是教育指标体系形成和确立的基础。

教育指标体系具有以下特征[①]：一是涉及整个教育系统的运作，其功能在于描述、报道教育制度的状况及变迁；二是监控教育资源的分配与使用范围，包括从基本的单位教育支出，到复杂的教师学科知识，以及学生的学习表现等；三是包括教育结果的测量，也涵盖与教育结果有关的输入及过程部分；四是可提供各指标间关系的分析，据以探讨教育资源投入与学生表现的关联；五是可提供教育问题分析的各个环节，以利于对教育系统作整体理解。

第二节 民族地区教育优先发展指标确立的基本原则

教育指标的研制具有从特定的视角出发的特点，所以教育指标的取向具有多样性，诸如教育统计指标、教育督导指标、教育规划指标、教育绩效指标、教育公平指标等[②]，不同指标代表着不同的研究倾向，因此，民族教育发展指标的价值定位应具有"航标"的"隐喻"，同时也应具备一定的评价功能。

秦玉友认为，教育指标领域确定的原则有比较性原则、简约性原则、影响性原则、公平性原则、量质结合原则[③]。除了上述几个原则外，还应注意到我国民

---

① 孙志麟：《国民教育指标体系建构之研究》，载《台北师范学院学报》2000年第13期。
② 邬志辉：《学校教育现代化指标研究》，东北师范大学出版社2008年版。
③ 秦玉友：《教育指标领域基本问题反思与探究》，载《当代教育科学》2005年第8期。

族地区教育优先发展应充分重视教育供给和需求的均衡,同时,民族地区教育优先发展既要依赖于国家扶持和政策援助等外在因素,又必须依靠民族教育自身的内在因素来完成,即内因思维论和外因思维论[①]。

具体来说,确定具体教育指标领域首先要研究确立教育指标领域应该遵循哪些原则。这对指标领域的确定起着方向性的作用。从这些领域比较两个地方的教育发展水平时,能够评量两地教育水平的高低。这就是说教育指标领域的确立要遵循比较性原则。当然指标领域不是越多越好,要抓关键性的指标领域,这要求教育指标领域遵循简约性原则。教育指标领域和指标领域内的具体指标并不是简单地给教育"量身高",而是要影响教育发展,体现影响性原则。教育事业,特别是义务教育作为公共事业,要体现公平原则。另外,教育指标领域也不能只关心能量化而忽视不能量化的东西,要遵循量质结合原则。

一、比较性原则

描述教育发展水平必须找到参照系。我们认为完成这一任务可以通过三条途径,一是建立教育发展常规指标,与之进行比较;二是与处于相同社会发展水平的同质教育进行比较;三是与处于不同发展水平的同质教育进行比较。然而每个地方的教育都不相同,因此,我们只有确定基本一致的教育指标领域,在每个领域中的具体指标理想情况下应该因被测量教育的不同而有所选择和进行必要调整。教育发展水平在国家之间、不同文化区域之间进行比较时,要考虑到文化差异、政治特点,因此具体指标肯定会有所不同,在具体指标上不能过分强调"高"与"低"的差异,而不注重"有"与"无"的差别。因此,比较性原则要求我们在教育指标领域相对统一的基础上,具体指标要考虑到必要的差异。也就是说,比较性原则要求指标领域的一致性与具体指标的开放性相结合。

二、简约性原则

教育指标领域要数量适度,同时必须包含关键性领域,也就是教育指标领域制定必须遵循简约性原则。在教育指标领域确定过程中深入贯彻这一原则是有相当困难的,但没有简约性就不会有所谓的指标领域。指标领域的确立要进行必要的归纳,抽象出所谓共同教育指标领域。全面的描述只是录像机能够做到的事情,但评价电影的优劣也是从几个人们所熟知的维度出发的。简约化不是要否定

---

① 邬志辉:《学校教育现代化指标研究》,东北师范大学出版社 2008 年版。

全面，而是说指标领域无法回避简约。但我们不认为简约化具有无限合理性，因为一个好的教育实践并不是仅仅考虑是否符合教育指标领域，一个好的教育从来就不是一个只等着别人来评价的教育。

三、影响性原则

教育指标领域和指标领域内的具体指标的作用绝不是简单地给教育"量身高"，量完作一个简单的记录就行了。教育指标领域或这些领域内的指标要对教育有改进功能。这就要求教育指标体系能够对教育发展和改进进行积极干预，因为教育指标体系对教育发展本身就构成一种评价，这种评价不应该是消极评价而应该是一种影响性评价。教育指标领域和具体指标对教育发展水平的评量，应该为描述出教育和教师的发展水平和发展协调度、为教育的发展与改进提供一个平台。

四、公平性原则

教育发展不是孤立的，一方面它可以促进整个社会的发展，另一方面社会发展也为教育发展提供了条件和要求。必须注意教育发展所依赖的社会发展。教育发展的程度要和社会教育发展的程度相匹配，否则教育发展将失去它的应有之意。教育优先发展是需要提倡的，但教育与社会的对称互动要求教育不能过分超前发展，教育必须通过政府均衡发展政策调解实现普遍民主化之后才能奔向全面优质化。之前，优质化和民主化总是一对矛盾，政府往往因为同时承担教育优质化与教育民主化的双重责任而不堪重负。处于优质教育之列的教育发展是有条件的，这种条件主要是可以优先获得或者已经获得教育发展所必需的投入和师资。他们的投入特别是在硬件上的投入，与他们获得的教育成就往往相关很小，或者根本不相关，而教育投入还过分集中地投向优质教育。在具体教育指标领域中要反映公平理念。即使教育经费占到 GDP 的 4%，也要保证这些经费的应用效率，要在保安全和保工资的下限的同时，要规定上限。而现在教育经费实行的是扶强抑弱的配置方式，重点学校占用了过多的教育经费。

五、量质结合原则

在教育指标的性质方面，现有的成果更多的是注重量化指标，只有为数不多的成果谈到质的指标。如国家教育发展研究中心谈松华、清华大学袁本涛曾提出了衡量教育现代化定性指标和衡量教育现代化实现程度的定量指标。其他研究成果一般把注意力集中于量化指标，这种指标有利于区域纵向比较和不同地区间的横向比较。但在包括中国在内的教育发展不平衡国家的教育研究中，同一个数字对不同地区有不同含义，有些数字必须配以描述性的文字说明，才能反映出发展指标的本真含义。

量化这个概念是工业化和科学化的概念，并不完全符合我国实际情况。首先，我国从社会文明差异看，农业文明、工业文明和后工业文明并存，必须考虑工业化特点对农业文明的适用程度；其次，就科学化本身而言，科学化在教育中的局限性也逐渐表现出来。基于这两方面的考虑，我国的教育指标领域与具体教育指标更需要量化与质化相结合。量化与质化相结合是确定教育指标领域和具体教育指标应该考虑的，但我们在研究教育指标时往往更注重可量化的指标，而对无法量化的指标没有给予充分重视。

教育中存在许多不能量化或不能科学量化的领域，教育文化就是其中的一个重要指标领域。教育发展的过程，就是结构重组与文化再生的过程。教育文化作为教育发展的一个重要领域，需要用生态的统整的眼光考察，单凭量化的指标领域，往往并不能反映出教育发展的全面水平。当然，质化并不是一定要用描述性语言，如统计对教育的"整体感觉较好"的学生所占的百分比，就是一个质化指标用量化方法处理的例子。

第三节 民族地区教育发展现有指标体系的构成

一、我国现有教育统计指标

我国的教育统计和评价指标系统是国家对教育事业进行宏观监控的重要组成部分。它是从20世纪80年代以来逐步完善的年度统计指标体系，共4类77项，这些指标主要侧重于教育现状的描述，对整个国民教育水平、结构及其支持条件的评价和监测，多为基础性、结构比例性指标。

（一）四类指标体系

（1）综合教育程度（10个指标）。如教育总投入占GNP的比重，15岁及以上人口平均受教育年限和人口文盲率，小学学龄人口平均期望受教育年限，未成年中小学生犯罪率等。

（2）国民接受学校教育状况（28个指标）。如学龄人口入学率、在校率、留级率、辍学率、保留率、考试及格率、体育锻炼达标率、毕业班学生毕业率、升学率、九年义务教育普及率、学校平均规模等。

（3）学校办学条件（38个指标）。一是师资方面，包括专任岗位合格率、学历合格率、学历达标率、平均任教年限、师生比；二是学校条件指标，如生均校舍建筑面积，中小学校标准化校舍比重，实验室、图书馆达标率，体育场馆达标率，生均学校占地面积；三是教育经费方面，如教育财政支出占GNP的比重、政府财政支出中教育支出的比重、生均预算内教育经费、生均教育经费指数、生均教育事业费用、公用经费比重；四是学校教学仪器、设备实验指标，包括理科教学仪器配备达标率，卫生、音乐、体育、美术器材配备达标率，办公家具设备配备达标率，等等。

（4）教育科学研究（1个指标），即学校科研人员比重。

这一套指标体系，在全面客观地反映、描述教育发展的运行状况方面起了很大的作用，为我国教育发展做出了很大贡献。

（二）指标体系评价

我们不得不承认，我国教育指标体系仅仅停留在对教育发展现象的一般性描述层次上，缺乏全面而深刻的分析，在某些方面存在着一些问题，需要我们认真思考。

一是我国教育指标体系实际上是一种教育统计数据的集合，指标之间缺乏内在的逻辑联系，其本身没有一定的理论基础，也没有自己的理论分析框架。

二是我国在描述教育发展情况时，并没有通过指标来分析当前人口、社会、经济发展与教育的互动关系。一个国家的教育发展离不开国家人口、经济发展与教育的互动关系，也离不开国家人口、经济和社会的支持，孤立地看待教育发展显然是有失偏颇的。

三是反映教育产出与效率的指标薄弱。制定教育指标体系的目的是评价教育质量，提高教育资源使用效率，为国家制定教育发展的政策提供依据，但在我国的教育指标体系中未见到产出指标，因此我们无法衡量我国义务教育的质量，无法评价扩招后高等教育的质量。同时反映教育资源使用效率的指标不完整，无法知道是否存在浪费过大、效率不高的现象。

四是我国教育指标体系并未借鉴或采用联合国教科文组织制定的《国际教育标准分类》，使我们无法将我国的教育发展同世界其他国家进行比较，无法真正认清我国教育在世界中所处的地位，无法充分借鉴其他国家教育的先进经验。

二、地方教育评估指标状况

教育评估指标的目的在于监控教育实施情况，明确教育发展目标，找出问题和不足。这类指标主要是地区教育评估指标。如天津市区（县）教育发达程度衡量指标体系，北京市区（县）政府巩固"两基"落实"两全"全面实施素质教育评价指标体系（一级指标为领导和管理、运行机制、环境和条件、附加指标），河南省普通中小学办学水平评估指标体系（一级指标为办学方向、学校管理、教育质量、办学条件）；江苏省义务教育实施水平评估方案（一级指标为办学方面、学校管理、教育质量、办学条件、附加性指标）；云南省义务教育档案（学生情况、教师情况、校舍、设备情况）等。

为了解民族地区教育发展指标具体设定现状，我们选择了德宏州瑞丽市作为考察对象，深入实地，与其教育局相关领导和工作人员进行了座谈，并收集了大量的第一手资料和文献。

（一）瑞丽市简介

瑞丽市地处云南省西部，德宏州西南部。距州府芒市103公里，为东起上海西至锐利的320国道终点，是昆（明）瑞（丽）公路与中印公路（史迪威公路）的交汇处。其东连芒市，北接陇川，西北、西南、东南三面与缅甸克钦邦、掸邦山水相连，村寨相望。瑞丽城区距缅甸国家级口岸木姐4.5公里，距缅甸南坎32公里，距缅甸水陆码头八莫138公里，距缅甸仰光981公里。有瑞（丽）木（姐）、瑞（丽）南（坎）、瑞（丽）八（莫）、畹（町）九（谷）4条跨境公路，是中国对缅贸易的最大口岸，是通向东南亚、南亚的重要门户。瑞丽市有2个国家级口岸，2个经国务院批准的经济合作区，是西南沿边对外开放的国际商贸旅游城市。国境线长169.8公里，有界碑（附碑）65座，大小渡口和通道36个，是云南边境界碑最密集和渡口通道最多的地段，开通中缅陆水联运大通道及泛亚铁路西线的内陆港，中缅油气管道的入境口岸。全市总面积1 020平方公里，山区面积占80%，坝区面积占20%。山区平均海拔1 000米，坝区平均海拔760米，瑞丽市人民政府驻地勐卯镇，海拔780米。

2009年，瑞丽市辖4区3乡3镇，即瑞丽经济合作区、姐告边境贸易区、畹町经济开发区、畹町经济合作区，户育乡、姐相乡、勐秀乡、勐卯镇、弄岛镇、畹町镇，29个村委会，212个村民小组，274个自然村，11个居民委员会。辖2个国有农场，即瑞丽、畹町国有农场。

2009年，瑞丽市总人口（含在瑞丽居住半年以上中国籍人口）16.99万人，比上年年末增加1 515人，增加0.9%；人口自然增长率为7.47‰；人口密度167人/平方公里，比上年年末增2人。在总人口中：少数民族人口约有7.83万人，占46.1%。其中：傣族56 113人，景颇族13 874人，德昂族1 821人，傈僳族938人，阿昌族251人，其他民族5 267人。年内，全市户籍人口12.37万人，其中非农业人口4.72万人。

1952年，经中央人民政府政务院批准设瑞丽县。1990年，国务院批准瑞丽县为旅游开放县。1992年6月9日，国务院决定将瑞丽设为中国沿边开放城市，实行沿海地区的一些开放政策；6月26日，国务院批准撤瑞丽县，设立瑞丽市（县级）。1999年2月8日，经国务院批准撤销畹町市，将其行政区域并入瑞丽市，设立畹町经济开发区（副县级）。

2009年，瑞丽市实现生产总值（GDP）24.81亿元，其中：第一产业增加值5.14亿元；第二产业增加值5.53亿元；第三产业增加值14.14亿元。非公有制经济创造增加值12.5亿元，占生产总值的50.4%。人均生产总值14 674元，居民消费价格指数（CPI）101%；商品零售价格指数101.9%。全年完成社会消费品零售总额10.9亿元；对外贸易进出口总额60.16亿元。财政总收入7.74亿元（市本级财政收入）；财政一般预算收入1.98亿元。城镇居民人均可支配收入13 544元；农村居民人均纯收入3 766元。

（二）瑞丽市教育发展指标状况

《瑞丽市教育事业统计分析资料》从综合分析部分、小学部分、中学部分、职业中学部分、幼儿教育部分、学生少数民族情况六个方面描述了瑞丽市教育发展状况。其中综合分析部分主要包含小学、中学、大学、幼儿园、培训机构五个大项，内容包括入学率、巩固率、升学率、在校生基本和其他情况（包括中小学生）、教师学历情况、危房情况等项目。2009年瑞丽市统计公报中教育部分所涉及的主要内容如下：2009年，瑞丽市有各级各类学校80所。有公立学校55所，其中，完中1所，职业高中1所，初级中学5所，完全小学32所，单小、教学点15个，幼儿园1所。有民办学校25所，其中，小学2所（其中1所附设初中），幼儿园23所。在校学生27 716人，其中小学在校生14 583人，初中6 396人，普通高中1 178人，职业高中555人，学前教育5 004人。有在册教职工1 662人。小学专任教师学历合格率为99.88%，初中专任教师学历合格率为100%。4~6周岁幼儿入园率为86.57%，7~12周岁适龄儿童入学率为99.81%，初中阶段入学率为98.59%，7~15周岁残疾儿童、少年入学率为82.05%。小学辍学率为0.01%，初中辍学率为2.93%，初中毕业参加中考升学率为50.4%。

从上述资料中可以看出，教育事业统计及统计公报主要是对教育情况的现状进行描述，而民族教育的特色并不明显，只是在在校生基本情况中有民族学生的数量统计。而且，往往忽视少数民族教育的特殊性投入问题，所以在大投入中起不到内在的民族教育效益，在民族教育中需要解决的实际问题往往得不到解决，因而起不到实际效果。现在国家和政府对民族教育的投入比过去增加了几倍，基础设施、办学条件都比过去有所改善，瑞丽的教师队伍的数量和质量也比过去强很多，可是民族学校的教育教学质量和办学效益却不见有明显提高。在同样的教育体制下，许多民族学生还未读完初中就辍学，有的民族学生读完初中升不了学，所学的知识回到农村用不上或不会用，但又不愿参加生产劳动，就在社会上游荡。这种投入与效益反差的民族教育很值得我们深思。我们对民族教育的投入是为了能够培养更多更好的少数民族有用人才，但在中小学各学科课程标准的统一要求下，民族学生虽然能读能写，但不明白意思，少数民族学校的教学进度要比汉族学校慢，其收效也就可想而知了，且少数民族学生和汉族学生的教育成效差异也较大。

因此，民族地区的教育发展投入也要切合实际，不能搞"一刀切"。各少数民族在经济文化发展水平、生产生活条件、语言文字、风俗习惯、宗教信仰、心理状态等方面存在着许多差别和特点。这些反映到民族教育上来说，就是各地区、各民族之间原有的基础不同，发展也极不平衡。我们在研究和探讨民族教育的发展时常会忽略各民族间的差异，存在着对民族教育特殊性方面认识不足的问题，具体表现在民族学校的办学形式、课程设置、教材及其教学内容基本上与汉族学校一样。这样一来，我们对民族教育所采取的政策和措施就缺乏针对性而效果甚微。因而，民族教育的发展是由它的特殊性决定的，这就要求我们采取的发展民族教育的具体方针政策和措施、教育体制和办学形式等，应根据各少数民族的不同情况，提出不同的要求，作出不同的规定，采取不同的措施，只有这样才能取得民族教育中的投入效果，才有利于民族教育的发展。

第四节　民族地区教育优先发展指标体系设计

一、民族地区教育优先发展指标体系的框架分析

民族地区教育优先发展指标体系所研究的领域应从教育发展水平的各个维度出发，对其各个层面进行分析。世界银行、联合国教科文组织、联合国经济

合作与发展组织等都重视具体的教育指标领域（类别、部分）（具体情况见表3-1）。他们都给出了具体教育指标领域，并在这个领域框架下列出每个领域的具体指标，当然也有些国家和地区并没有列出领域，而是直接给出具体教育指标。如泰国的社会指标体系中就有对教育指标的类似描述，认为教育指标主要包括以下几个方面：学龄儿童毛入学率、入学率、辍学率、降级率、成人识字率、班额、生师比。

表 3-1　　　　　　　　国际组织教育指标领域简表

组织名称	具体指标领域
世界银行	教育投入、受教育机会、教育效率、教育成果、性别与教育
联合国教科文组织	教育供给、教育需求、入学与参与、教育内部效率、教育产出
联合国经济合作与发展组织	教育背景、成本、资源与学校过程及教育结果

世界银行、联合国教科文组织、联合国经济合作与发展组织等列出的具体教育指标领域实际上是系统模式，可以按生产部门"投入——过程——产出"三段模式进行简单化描述。但是又不能停留在这样简单的描述上。这方面约翰斯都恩提出一个比较有概括性的分析框架，这可以说明世界银行、联合国教科文组织、联合国经济合作与发展组织的教育指标领域设计思想。约翰斯都恩认为，过去的社会经济政治发展会影响教育输入、过程与输出，而教育输入、过程与输出又会影响到未来的社会经济政治发展。在构建国家层面的教育指标体系中，这个模式虽然以教育系统本身为主，但同时也强调教育系统和社会经济政治的关联性。

我国教育统计公报也渗透出我国教育发展水平的评价思想，同时也可以看出一些具体的评价维度（教育指标领域）。天津市教育现代化课题组提出一些教育指标领域（教育信念化、终身学习、教育对经济发展的贡献、教育投入、教育发展成就、教育质量与效益、教育公平、教育国际化）。相关统计和研究对确定我国的民族教育优先发展指标领域具有重要指导作用。但是如有研究者提出的那样，我国教育统计公报距离严格意义上的教育发展体系还相差甚远。借鉴国际组织和对教育发展指标的相关研究和我国的一些研究，通过对各民族教育调研所积累的大量数据的分析，有学者认为，教育发展应该包括以下几个主要指标领域[①]。

[①] 秦玉友：《教育指标领域基本问题反思与探索》，载《当代教育科学》2005年第8期。

（一）教育背景领域

在研究教育指标领域时，教育背景领域是常常被忽视的领域。脱离教育发展的社会经济政治背景谈教育发展是不恰当的。现在的中国教育是工业化建制下的教育，这是我们把国外教育指标研究成果借鉴和推论地运用于中国的基础。但中国广大民族地区还远没有达到工业化建制的标准。因此，在研究民族教育背景领域前，有两个理论必须明确。其一，在民族地区，对教育经费而言，是以一种农业文明支付能力的支出来承担工业文明消费水平的教育投入。其二，大国教育的理论定位，中国教育的"大"可以从两个方面考察：人口和学龄人口数量巨大（量上的差异）；城乡社会经济政治与教育文明水平差异巨大（文明的质的差异）。

（二）教育投入领域

这里的教育投入主要是指对教育以"资金"的形式的投入，以物质折旧形式的投入。教育投入是教育发展的现实基础。但当教育投入达到一定水平时，教育投入边际效益就不明显了，甚至当教育投入达到某一高水平时教育投入的边际效益极其有限。所以在我国现阶段，民族教育投入的底线标准和使教育能够达到最大边际效益的教育投入标准都是应该注意研究的。研究教育投入的底线标准对一些条件不好或需要外部帮助的民族教育正常运行具有重要意义；研究教育投入的最大边际效益有利于科学地干预某些盲目扩大教育投入的行为。

（三）人力资源领域

人力资源领域，主要是指教师。教师作为人力资源，不仅要看他们的静态素质，还要看他们素质的呈现。也就是说，对教育实践而言，教师作为一种人力资源不仅是潜在的而且是现实的。教师素质的呈现与师生比有关，生师比过大，教师无法把握课堂，教师的素质就很难显现出来。教师年龄结构、性别结构也是影响教师素质显现的重要因素。从教学实践的意义上讲，教师素质呈现方式和显现程度是有意义的。教师具备某些所谓的新知识，不过是改变了其语言系统。而教育的发展，是靠改变实践。另外，我们研究还发现，教师文化、教师教学与发展（学习）方式都影响教师素质的显现，这些都是应该充分考虑的。

（四）教育产出领域

教育产出，是指学生在接受一定阶段的教育后达到的水平（学生所取得的总体成就）和社会对他们的接纳程度（为上一级培养了多少合格的毕业生，为用人单位培养了多少合格人才）。教育应该完成它所定位的产出目标，否则教育产出就会很低。当然教育有许多产出我们无法评量，比如学生对社会和家庭的影响。有许多学生接受教育后对父母、对社会产生积极或消极的影响，这些可以算做教育产出，但往往因无法评量而被忽略了。另外，教育对学生的性格态度等的养成作用也是教育产出的重要方面，但是教育产出指标领域中评量它们也很困难。

（五）教育效率领域

教育效率领域，包括在校学生的保留率、教育产出与教育投入的比例等。教育效率领域是一个教育发展中应该引起重视的领域。巩固率和留级率是教育效率领域的重要方面。目前留级率在我国并不多见，因为义务教育阶段留级现象很少。巩固率仍是目前教育中的一个重要问题。当巩固率低于一定水平时，可以认为某地的整个教育都是失效的。这种情况下，教育指标就不能仅把学生的巩固率作为一个指标来看待。教育产出与教育投入之比也是教育效率领域的一个重要方面。学生进步程度或学生被社会的接纳程度与教育投入之比是教育效率中的一个重要指标。学生进步程度可以体现教育因起点不同而取得教育结果不同的合理性，避免只看教育产出而忽视学生起点和教育投入的片面性。

（六）教育文化领域

教育不仅是一种物质存在，而且是一种文化存在。教育发展过程不仅是一个结构重组和制度健全的过程，也是一个文化再生日趋生态化的过程，民族文化领域应该成为教育指标领域研究的重要内容。一个好的教育领导应该是"文化"的领导，他应该能培育和领导教育文化。民族文化主要从教育活动中体现出来。从教育文化领域来看，教育要在文化层次整合所有教师为完成既定的教育目标而努力，而不是靠单独的经济手段和其他手段。组织文化包括物质（物质以什么样的文化方式被利用）、行为、制度、心理、观念与精神的不同方面，这里我们注重的是教育作为一种组织文化存在的统合程度和作为一种生态文化存在的生态合理性。

二、民族地区教育优先发展指标体系

（一）民族地区教育优先发展指标建构设想

我们通过对民族地区教育实际进行调查发现，在民族地区教育事业统计分析资料中主要包括小学、中学、大学、幼儿园、培训机构五个大项，内容包括入学升学率、在校生基本情况和其他情况（包括中小学生）、教师学历情况、危房情况等项目。其中，具有教育投入（含存量）的项目在学校（中小学）其他情况中得到体现，而民族教育的特色并不明显，只是在在校生基本情况中有民族学生的数量统计。为此，我们针对民族教育的特点，对民族教育优先发展指标选择的模式采用"供给—供给过程—供给结果—供给情景"的模式，具体可以参看表3-2。

表3-2 民族地区教育优先发展指标体系

领域	指标（一级）	指标（二级）
优先发展的供给	政策规划	民族地区教育发展的各种法规
	财政经费	财政性教育经费占财政支出比重
		财政性教育经费占GDP比重
		民族地区教育专项经费支出
		人均教育经费
		生均教育经费
		生均预算内事业费
		生均公用经费
		生均预算内公用经费
		教职工人均年收入
		教职工工资占事业性经费的百分比
	基础设备	大班额比例
		超大班额比例
	基础设备	生均仪器设备值
		生均校舍建筑面积
		生均教学行政用房面积
		危房面积比例
		每百名学生拥有计算机台数
		建网学校比例
		教学实验仪器达标学校比例
		体育运动池（馆）面积达标学校比例
		体育器械配备达标学校比例
		美术器材配备达标学校比例
		音乐器材配备达标学校比例

续表

领域	指标（一级）	指标（二级）
优先发展的供给	人力资源	学历合格教师比例
		小学大专以上、初中本科及以上学历教师比例
		小学高级及以上职称教师比例
		初中一级及以上职称教师比例
		30岁及以下、31~40岁、41~50岁、51岁及以上教师比例
		代课教师占岗位教师比例
		幼儿园教师中高中及以上学历、大专及以上学历教师比例
		幼儿园专任教师与保健员之比
		小学生师比
		初中生师比
		高中生师比
		中职生师比
	教育对口支援	培训师资
		支援经费
		教师支教
优先发展需求的结构与过程	社会背景	国内生产总值（万元）
		地方财政一般预算收入（万元）
		地方财政一般预算支出（万元）
		人均国内生产总值（元）
		人均财政收入（元）
		人均财政支出（元）
		行政区域土地面积（平方公里）
		人口数（万人）
		乡村人口（万人）
		从业人员总数（万人）
		年末单位从业人口（人）
		乡村从业人口（人）
		职工平均工资（元）

续表

领域	指标（一级）	指标（二级）
优先发展需求的结构与过程	社会背景	农民人均纯收入（元）
		城镇居民人均可支配收入（元）
		居民家庭支出中教育、文化支出所占比例（%）
		15 岁及以上人口中非文盲比例（%）
		15 岁及以上女性非文盲比例（%）
		15～24 岁人口识字率（%）
	教育基本情况	学校数
		在校生数
		招生数
	教育基本情况	毕业生数
		特殊教育附设特教班在校生数
		特殊教育随班就读在校生数
	教育获得与参与	学前教育毛入园率
		小学招生中接受学前教育的比例
		小学毛入学率
		小学净入学率
		初中毛入学率
		初中净入学率
	教育获得与参与	高中毛入学率
		高中净入学率
		小学辍学率
		初中辍学率
		高中教育阶段学生在普通教育和职业教育中的分布
优先发展的结果	教育产出	六年级学生的保留率
		初中毕业率
		初中升学率
		高中毕业率
		高中升学率
		中职就业率

续表

领域	指标（一级）	指标（二级）
优先发展的结果	教育产出	科研活动的教师参业率（参与国际、国家、省、州、县课题研究）
	教育满意度	教育公平
		教育收费
		教育过程
		教育质量
优先发展的情景	民族文化	少数民族学生比例
		民族教师比例
		双语教育师资培养培训、教学研究、教材开发和出版支持
		课程资源（地方民族文化对学校的渗透）
		家庭教育
		社会教育
		宗教教育
		口传知识的教育
		校园文化中的民族特色
		毕业生为地方民族服务状况

（二）民族教育优先发展指标解释

民族教育优先发展指标包括优先发展的供给、优先发展需求的结构与过程、优先发展的结果、优先发展情境四个领域（11个一级指标）。

1. 优先发展的供给领域

优先发展的供给领域包括政策规划、财政经费、基础设备、人力资源、教育对口支援。

第一，政策法规。把政策规划列入，主要基于我国民族教育有一定的政策法规，滕星先生认为，民族教育立法应遵循党性原则、法制统一原则、平等民族原则、因地制宜综合协调原则、实事求是原则、一般性与特殊性相结合原则[①]。

第二，财政经费。包括财政性教育经费占财政支出比重、财政性教育经费占GDP比重、民族地区教育专项经费支出、人均生均预算内公用经费、教职工人

---

① 滕星：《民族教育通论》，教育科学出版社2001年版。

均年收入、教职工工资占事业性经费的百分比10项指标。

民族教育是准公共产品属性，任何教育支出的直接受益者都是受教育者本人，从这个角度考虑，教育的收益是可以分割的。但教育不能完全由私人市场来筹资，政府的出资和经营是必要的。此外，教育除了其可分割的私人利益外，还具有重要的社会利益，这些利益从受教育者本人外溢到社会的其他成员。因此，既然教育投资不仅可以获得较高的社会效益，而且具有较显著的外部效益，那么政府就应该对教育进行投资。

（1）财政性教育经费占财政支出比重、财政性教育经费占GDP比重、民族地区教育专项经费支出，主要是测量反映教育投入状况和资金利用效益，测定一国投资与教育的财富所占比重，不管国家贫富如何悬殊，民族教育经费与人均GDP之比应大体相当。同时，根据舒尔茨的人力资本理论，教育支出属于一种投资，它能促进经济增长，提高劳动生产效率，有助于社会的发展，并减少社会的不公平；财政性教育经费占财政支出的比重是教育投资的主要部分。教育投资占财政总支出的比重，是确定教育投资比例的重要指标，作为一种刚性指标，它标志着国家政府在教育投资方面的水平和努力程度，在一定程度上也体现了民族地区教育优先发展战略的落实程度。

（2）人均教育经费、生均教育经费、生均预算内事业费、生均公用经费、生均预算内公用经费，这几项指标反映各级各类教育中学生接受教育过程中能真正获得的公共经费资助，这与民族地区的经济发达程度有关系。

（3）教职工人均年收入、教职工工资占事业性经费的百分比主要反映教职工的工资待遇，民族地区教职工的工资和待遇是影响教师教学质量的一个客观因素，考察民族地区教师的工资收入及占事业性经费的比重，是为了测量教师的工资对教育积极性的影响程度，同时体现出民族地区对教师职业的重视程度。

第三，基础设备。包含大班额比例、超大班额比例、生均仪器设备值、生均校舍建筑面积、生均教学行政用房面积、危房面积比例、每百名学生拥有计算机台数、建网学校比例、教学实验仪器达标学校比例、体育运动池（馆）面积达标学校比例、体育器械配备达标学校比例、美术器材配备达标学校比例、因预期才配备达标学校比例13项指标。

（1）大班额比例、超大班额比例是测量教育资源配置是否均衡的状况，反映教育设施总量、学校布局是否合理等方面的情况。

（2）生均仪器设备值是指直接面对学生、用于教学的仪器设备值，反映学生占有教学资源的情况。

（3）生均校舍建筑面积、生均教学行政用房面积、危房面积比例是办学条件的重要指标内容之一，这三项内容在一定程度上反映民族地区教育发展的现状。

（4）每百名学生拥有计算机台数是对教育现代化中信息化装备的考察，该指标也是国家和学校教育投入的指标。

（5）建网学校比例反映教育的信息化水平，以及在信息社会教师和学生在校获取信息的难易，进而反映出教育的时代性和先进性。这里的校园网是指以多媒体和现代网络技术为基础，为学校学习、教学、科研和管理活动服务的校园内局域网络环境。

（6）实验逐渐被引入教学之中，用教学实验仪器达标学校比例来衡量政府和学校对实验教学的重视程度及教学投入情况。

（7）体育运动池（馆）面积达标学校比例、体育器械配备达标学校、美术器材配备达标学校比例、音乐器材配备达标学校比例，这几项指标是衡量民族地区在教育投入过程中对学校基础设备的关注程度，以及对教育硬件的投入情况及分配效率。

第四，人力资源。在这里，人力资源主要指教育所提供的教师情况，包括学历合格教师比例，小学大专以上，初中本科及以上学历教师比例，小学高级及以上职称教师比例，初中一级及以上职称教师比例，30 岁及以下、31~40 岁、41~50 岁、51 岁及以上教师比例，代课教师占岗位教师比例，幼儿园教师中高中及以上学历、大专及以上学历教师比例，幼儿园专任教师与保健员之比，小学生师比，初中生师比，高中生师比，中职生师比 12 项三级指标，其中学历结构、职称结构、生师比是民族地区教育供给的情况描述。

（1）学历合格教师比例。小学大专以上、初中本科及以上学历教师比例，幼儿园教师中高中及以上学历、大专及以上学历教师比例，幼儿园专任教师与保健员之比，这几项指标反映教师素质情况，教师素质直接关系着教育质量。

（2）小学高级及以上职称教师比例、初中一级及以上职称教师比例，这两项指标也是反映教师素质的一项重要内容，在民族地区教师职称结构一直存在偏低等情况，高级职称人数较少。

（3）30 岁及以下、31~40 岁、41~50 岁、51 岁及以上教师比例，主要测量教师年龄结构，反映教师队伍的年龄梯度。

（4）代课教师占岗位教师比例主要衡量教育资源投入状态，代课教师是教育资源投入不足状况下的一种不得已的选择，因为教育经费严重不足、工资低廉的代课教师成为解决农村学校师资缺乏的选择。

（5）小学生师比、初中生师比、高中生师比、中职生师比。师生比是指各级教育（包括小学、初中、高中、中职）中平均每个教师所教的学生数。这个指标根据教师总数和学生总数大小之间的关系来测量人力资源的投入，通常应该用国家规定的或国际通用的生师比标准来测量生师比的水平，一般国际上的标准为一个教师负责20~30个学生，从一个侧面说明国家师资力量方面的投入力度。

第五，教育对口支援。由于历史、自然、经济、社会等多方面原因，民族教育的基础较为薄弱。发展民族教育，除了民族地区自力更生，国家采取措施给予扶持外，还需要沿海、内地和经济发达地区给予大力支援。教育对口支援即由经济发达及教育实力较强的一方对经济不发达或教育实力较弱的一方实施援助的一种政策性行为。目前大部分是由中央政府主导，支援与被支援的地方政府及学校为主体的一种模式。主要包括培训师资、支援经费和教师支教3个指标。对民族地区的教育对口支援协作主要是援助性质，但也可与双方的经济技术协作和物资交流等结合起来，以做到"优势互补、互利互惠、长期合作、共同发展"。这3个指标是对内地与民族地区教育对口支援的内容和形式多种多样及在不同地区有不同特点的概括。

2. 优先发展需求的结构与过程

优先发展需求的结构与过程包括社会背景、教育基本情况、教育获得与参与3个一级指标。

第一，将社会背景列为指标是体现因地制宜原则，因为民族分布区域广，具有大杂居、小聚居的特点，同时，在不同区域社会经济发展水平不一，把各地经济社会中的指标列入（19项二级指标），可以对不同区域的民族教育优先发展情况作比较。

（1）国内生产总值、地方财政一般预算收入、地方财政一般预算支出、人均国内生产总值、人均财政收入、人均财政支出，是反映民族地区经济状况的指标。早在1993年中共中央和国务院颁布的《中国教育改革和发展纲要》就提出，到2000年年末，国家财政性教育经费占GDP的比例达到4%。民族地区经济发展状况在很大程度上是民族教育发展赖以支撑的物质基础——教育经费的前提，通过对比民族地区GDP与支出，在一定程度上可以反映其是否把教育放到优先发展的位置。

（2）行政区域土地面积、人口数、乡村人口、从业人员总数、年末单位从业人口、乡村从业人口，是对民族地区行政区划及从业情况进行的必要说明。

（3）职工平均工资，农民人均纯收入，城镇居民人均可配收入，居民家庭支出中教育、文化支出所占比例，这几项指标说明收入与家庭教育投入的关系，反映出在居民收入中用于教育的支出所占的比重，侧重于从受教育者个人角度衡量对教育的重视程度，民族地区居民收入及在教育、文化上的支出在一定程度上反映了教育供给的情况。

（4）15岁及以上人口中非文盲比例、15岁及以上女性非文盲比例、15~24岁人口识字率，是反映人口文化素质的综合指标。该指标中15岁以上受教育人口群体占总人数的比例，其中 15~24 岁人口识字率是指该年龄段即人口接受正规学历教育的结束，开始投入到社会工作中，反映了成年人和劳动力的教育存量情况。

第二，教育基本情况，是反映某一地区学校数、在校生数、招生数、毕业生数等方面的情况，含6个二级指标，反映民族教育资源配置的效率。

（1）学校数是反映民族地区学校布局情况。民族地区由于地理位置的原因，大多数山区存在居住分散，交通不便，这种环境因远离经济社会发展中心，加之农村牧区城镇化过程缓慢，影响到教育的空间结构布局。为方便各族儿童就近入学，学校布点只能像"满天星"一样小而散，这对民族地区的教育发展造成了不利的影响。

通过调整民族地区学校布局结构，为推进民族地区教育发展提供组织平台。民族地区教育因人口分布疏密问题而导致空间结构不尽合理，因生源的流动而导致普教与职教结构的失调，因学校布点不均而导致规模与效益低下。这种教育组织结构是不利于教育发展的。因此，要调整民族地区基础教育发展的思路，走"适当集中，扩大学校规模，优化布局"的道路，为推进民族教育提供良好的教育组织基础，该指标实质上是反映这一情况的。

（2）在校生数。考察对象包括学前教育、小学、初中、高中以及中职在校学生人数。

（3）招生数。招生数是指新学年开始时，实际招收入学的新生数，不包括重读生和复读生。

（4）毕业生数。毕业生数是指上学年内，具有学籍的学生学完教学计划规定的全部课程，考试及格，实际毕业的学生数。

第三，教育获得与参与主要参照国家基础教育统计指标情况，对学校、学生情况进行描述，包括学前教育毛入园率、小学招生中接受学前教育的比例、小学毛入学率、小学净入学率、初中毛入学率、初中净入学率、高中毛入学率、高中净入学率、小学辍学率、初中辍学率、高中教育阶段学生在普通教育和职业教育中的分布11个二级指标。

（1）学前教育毛入园率、小学招生中接受学前教育的比例。毛入园率是学前教育在学人数（不考虑年龄）占国家规定的年龄组成 3~5 岁年龄组的人口数的百分比。这两项指标测量的是幼儿接受学前教育的总体水平。入园率的数据应包括公办的和私立的两种，没有或只有很少教学内容的托儿所不应包括在统计中。

（2）小学毛入学率、小学净入学率。毛入学率是指某一学龄内不分年龄的小学在校生占符合国家规定的小学学龄人口的百分比，它表明了小学总体的入学水平和能力，如果没有分年龄的在校生数，通常用这个指标代替净入学率。此外，用这个指标和净入学率对比，可以反映在校生中超龄生和低龄生的比例。

毛入学率高表明提供的入学机会多。毛入学率为100%，表明这个国家基本上能够适应小学学龄儿童的入学要求。当这个值超过了90%时，总的能力已接近对国家规定的小学学龄人口普及率。

净入学率是指符合国家规定的小学学龄在校生占相应人口数的百分比。它是小学学龄儿童接受小学教育程度的精确测量。更为精确的总和指标应该是分年龄的入学率，可以表明某一特定年龄人口接受教育的程度。

（3）初中毛入学率、初中净入学率、高中毛入学率、高中净入学率，这几项指标指的是中等教育各个阶段年龄的学生总数与官方规定的中等教育适龄人口的比例。

（4）小学辍学率、初中辍学率。辍学率指辍学学生占学生总数的比率，国家为了控制学生辍学规定了辍学率，也叫控辍率。该项指标主要涉及民族地区教育负担及教育公平问题。

3. 优先发展的结果

在优先发展领域分为教育产出、教育满意度两个一级指标，其中教育产出是对教育投入的效率进行评价的指标。

教育满意度指标是指公众对教育的事前期望与实施后所得到实际感受的相对关系。评价内容主要由教育公平、教育收费、教育过程和教育质量4个二级指标组成。

4. 优先发展的情景

在优先发展的情景中将民族文化列入。张布和先生认为，"民族的文化是民族教育的养分，是把一种教育视为民族教育的根本所在。在民族教育当中，如果民族文化缺位了，它就会失去被称为民族教育的根基，就无法谈及民族教育的质量问题。"[①] 在教育优先发展指标中加入民族文化是体现民族教育优先发展能够在多大程度上满足民族社会及民族成员的教育需求的情况。只有在民族文化适切的前提下，才能对民族教育优先的结果做出评价，才能真正反映出民族教育深层的内涵。民族教育优先发展指标中民族文化共采用了少数民族学生比例，民族教师比例，双语教育师资培养培训、教学研究、教材开发和出版支持，课程资源，家庭教育，社会教育，宗教教育，口传知识的教育，校园文化中的民族特色，毕业生为地方民族服务状况10个二级指标。

（1）少数民族学生比例。该指标指少数民族学生在学校就读的人数，反映民族地区少数民族子女接受教育的现状。

---

① 张布和：《民族教育质量评价体系的理论探索》，载《大学研究与评价》2008年第12期。

（2）民族教师比例。该指标反映少数民族教师从教情况，体现民族地区师资资源配置状况，也是双语教学的一项重要内容。

（3）双语教师师资培养培训、教学研究、教材开发和出版支持。该指标是作为民族地区的双语教育发展的一项重要内容，通过采取一系列政策措施，加大投入改善少数民族地区办学条件，着力加强少数民族教师培训、研究、教材开发和出版支持，能大力推进少数民族地区的双语教学，提高民族素质，利于加强民族文化交流，使各民族不断适应现代化建设和经济社会发展的需要。

（4）课程资源。课程资源主要指民族地区有利于实现课程目标的各种要素来源以及实施课程的必要而直接的条件。包括校内课程资源和校外课程资源，体现着地方民族文化、传统文化作为教学资源的开发和利用，以及对学校的渗透。

（5）家庭教育。家庭教育是指在家庭生活中，有家长（其中首先是父母）对其子女实施的教育。民族地区的家庭教育涉及生活常识、伦理教育和生产技能教育等内容，以及家庭成员（包括父母和子女等）之间相互的影响和教育形式等。

（6）社会教育。社会教育是指学校和家庭以外的社会文化机构，以及有关的社会团体或组织对社会成员所进行的教育。包括民族地区社团组织中的道德伦理教育及生产技能培养，社会舆论教育和社会教育的主要形式。

（7）宗教教育。反映宗教文化对民族地区的学校教育、家庭教育和传统文化的传承和影响，涉及宗教常识的传承、宗教礼仪的传承、宗教典章制度的传承和宗教哲学的传承等。

（8）口传知识的教育。该项指标反映世代相传的以口头传承和表述的具有民族历史积淀和广泛、突出代表性的民间文化对教育的影响，包括诸如口传的性观念教育、口传的生育经验教育和育儿习俗与经验教育等。

（9）校园文化中的民族特色。体现学校对于民族地区传统文化的理解、借鉴和少数民族教育的取向，涉及师生课外活动的民族特色、校园物质文化的民族特色等。

（10）毕业生为地方民族服务状况。跟踪、反馈毕业生在当地就业、服务状况，既反映学校教育的输出效率，又体现学校为地方发展提供人才智力支撑。

第四章

民族教育与文化的问题研究

在民族教育发展中，民族文化起着重要作用。它既是民族地区教育发展的起点，又与民族地区学校教育有着一定的冲突。新中国成立之后，为了更好地发展民族教育，在民族地区兴建大量现代学校，实现学校教育与宗教的分离，但同时也出现了一些问题，"在学校化运动的过程中，由于注重了数量、规模、形式等，而导致学校数量上去后质量难以提高，即民族地区的学校缺失了民族特色和民族地区的特色，表现出了照抄照搬的特点；就民族成员来讲，在看不到学校教育的社会功能之后，慢慢对它失去了信任和支持，甚至怀疑现代学校教育。"[①]随着我国对民族教育的重视，对少数民族文化的保护成为民族地区学校教育的重要任务。尽管如此，现代化的推演导致的保护和传承民族文化的危机与现代学校教育传承传统文化低效性的矛盾日益突出，亟须做出相应调适和对策建议。这也是民族地区教育优先发展首先要考虑和解决的问题。

第一节 民族地区学校教育与传统文化间的冲突

当文化全球化的冲击引起少数民族文化保护和传承的危机，而民族地区的学

---

① 王鉴：《当前民族文化与教育发展所面临的主要问题及对策》，载《民族教育研究》2010年第2期，第5~9页。

校教育作为传承民族文化的重要途径不得不承担这个历史重任时,学校教育中传承民族文化的条件不足、某些传统文化观念与学校教育理念的背离等因素都导致民族地区学校教育与传统文化之间的冲突。

民族地区学校教育与传统文化之间的冲突可以大体划分为两类,一类是由于学校教育暂时缺乏与传统文化互融共生的条件导致的冲突。如学校缺少民族教育师资传承本民族的文化,因为本民族教师由于对自己民族文化比较熟悉,更易于与学生交流,是传承本民族文化的最佳人选;再比如没有体现民族特色和文化的课程作为学生了解本民族文化的载体,这一类冲突我们暂且称其为技术性的冲突,通过一定的教育调适可以慢慢缓解或者消除这类冲突。另外一类冲突是民族文化的观念完全与现代学校教育的理念背离。我们现代的学校是传授科学文化知识的场所,严禁在学校中宣扬宗教和有神论思想,但是某些民族文化往往带有宗教色彩和体现有神论的倾向,因此这类的传统文化不能作为学校教育的内容,我们称这一类为观念性的冲突,无论采取何种措施都不能解决,只有通过学校外部途径让学生了解这类文化。本节讨论的学校教育与传统文化之间的冲突主要是技术性冲突,而观念性冲突是不可调和的矛盾,在教育内部无法解决。

一、学校教育的排他性和少数民族文化的边缘化

民族地区的学校教育尽管有其特色,但是与非民族地区的学校教育并无二致,当前应试教育主导下,学校教育的核心是传授考试知识,而且现代学校教育的排他性把处于边缘的民族文化传统排除在课程知识之外,少数民族学生在学校中几乎没有机会接触自己民族的传统文化。另外,现代学校教育的功利化倾向严重,一切以考试为中心,学校的课程设置、作息时间的安排都是为了知识传授效率的最大化,作为全面发展重要组成部分的体育、美育和劳动技术教育都被忽视了,民族传统文化的境地可见一斑。

随着全球化的到来,外来文化正步步侵蚀少数民族的传统文化。西方发达国家不仅在政治、经济上制约着发展中国家和落后国家,在文化领域也在逐渐渗透,民族地区的年轻一代接触外域文化后便被深深地吸引住,对本民族传统文化的敏感度却在减弱,在文化上的"崇洋媚外"导致少数民族的传统文化正在被同化,民族文化传承迫在眉睫。与此同时,我们也渐渐看到民族传统文化的价值。民族文化是少数民族地区的人们在其独特的生活环境中经历千百年的沉淀形成的人类智慧的结晶,有的文化传统展现了人类与大自然的和谐共生,他们的生活、生产方式没有造成环境破坏,世世代代在那里繁衍生息;有的展现了灵巧的手工技艺;有的展现了高明的医学智慧;还有的描述了与外敌的抗争等等,这些

传统民族文化中都蕴含着教育意义,生活之道、处世之道、积极的生活态度、乐观的精神面貌,这些都可以从民族文化中发掘。苗族的丰富、精美服饰文化和银饰文化,都能够激发学生了解苗族的发展历史,探求苗族的文化内涵,这不仅有利于形成民族认同感,更让人懂得和谐共处的自然观。摆手舞会是土家族比较流行的一种古老舞蹈,包括狩猎、军事、农事、宴会等70多个舞蹈动作,节奏鲜明,动作优美,舞姿朴实,情调健康,不用道具,有着鲜明的民族特色和浓厚的生活气息,教育学生持积极的生活态度和乐观向上的精神。

民族文化传承的迫切性以及民族文化的重要意义把学校教育推向传承民族文化的前台,然而由于学校教育评价体系的单一化模式、民族师资缺乏、没有相应政策支持等因素的影响,学校教育对传承民族文化的热情并不高,即使教学计划中有关于民族文化传承的内容,学校也可能会"灵活处理"。造成这种后果并不是某个学校领导的意愿,而是现代学校教育将作为边缘文化的少数民族传统排除在外。"少数民族文化不能进入学校课程领域说明现代学校教育具有强大的排他性。这种排他性与四个方面的因素相关。其一,文化中心主义。城市'文明人'始终以文明者自居,以居高临下的姿态审视少数民族文化,将其贬斥为原始、落后。这种文化中心主义的自大心态与现代学校教育的功利性合谋,将少数民族文化不断边缘化。其二,文化的商业功利性。地方政府重视文化旅游是因为'原始风貌'或'原生态'的文化能满足城市文明人的猎奇心态。为了生存,一个群体甘愿受商人摆布出售自身文化,让陌生的猎奇者欣赏他们所谓的原始文化。其三,高度集中的教育管理制度。课程设置和教材编写权历来控制在中央和省级教育部门。地方教育部门因为习惯遵循上行下效的行动惯例,也很少主动在政策许可范围内大胆尝试。其四,少数民族缺少话语权。"[①]

二、学校教育缺乏专门的民族文化课程教材

民族地区的学校一直使用表达主流民族文化的教材,在我们国家体现的就是汉族文化,根本没有主动开发具有本民族特色的地方课程或者校本课程。"民族地区学校的人文课程主要以汉族历史和汉族文化为主,很少反映少数民族的历史和文化……学校教育虽然是民族历史文化传播的重要场所,升学制度、文化观念、师资力量、教学设备至今仍然制约着少数民族地区学校的课程改革。"[②] 当前学校教育的内容大都是国家课程,针对特定地区、特定民族文化的课程尚未开

[①][②] 张蓉蓉:《教育与文化传承:贵州少数民族教育存在的两个问题》,载《贵州民族研究》2006年第4期,第157~160页。

发,这就造成学校教育的内容与少数民族学生的生活实际脱离。民族地区学校教育所传承的知识并没有什么特殊性,这是因为那些原始性的知识往往通过"规范"作为过滤网,将发生于原生态背景中的原生态文化一概滤出,只剩下一元的、主体的、标准化的知识内容。"由于民族教育的复杂性,双语教学与多元文化课程的问题正在受到教育领域的重视。我国民族教育政策的重心正在由重数量、重硬件建设向重质量、重软件建设转变。"① "但在民族教育中,仍普遍存在某些教学内容脱离学生的社会文化背景和实际生活需要、脱离学生的学习能力。无法满足少数民族学生带有地域性、民族性的发展需要,而教学内容主要体现在课程设置和教材之中。当前民族地区的课程设置和教材主要是照搬主流民族地区的课程设置和教材,在大多数民族地区基本上都是人教版的教育标准课程实验教材,涉及少数民族生活习俗的较少,这样容易使少数民族学生从心理上对教材中的内容产生排斥性。因此在课程设置方面贯穿"多元文化整合教育"理论是十分必要的。"②

尽管随着国家保护传统文化意识的觉醒,各民族地区开发了具有本民族特色的校本课程,但是由于其他保障体系尚未建立,校本课程普遍处于一种"隐身"的状态,民族学生还不能系统的了解本民族的文化知识。由于缺乏本民族文化的熏陶,导致少数民族地区的学生"汉化"程度较深,而且他们似乎对这种文化的同化已习以为常。一项相关研究表明,对于少数民族的"汉化"(主要指服饰、饮食、语言、观念、行为等方面),有 66.2% 的少数民族师生表示认同。26.9% 的师生认为无所谓,只有 5% 的师生表示不认同,另外有 1.9% 的师生有其他不同的看法。③

三、民族教育师资匮乏,师资民族文化素养堪忧

许多民族地区学校的师资虽然充足,但是只是在教学、考试、升学层面上的,对少数民族学生的文化传统有较深入研究的教师少之又少,而且很多民族学校的教师有相当一部分不是本民族的人,那么即使有现成的民族文化的教材,教师也不见得能够地道的讲给学生。因此,民族地区师资存在数量严重不足和质量

---

① 王鉴:《当前民族文化与教育发展所面临的主要问题及对策》,载《民族教育研究》2010 年第 2 期,第 5~9 页。
② 马文静:《多元文化整合教育与民族文化传承及发展》,载《民族教育研究》2011 年第 4 期,第 23~26 页。
③ 钟丽芳:《论少数民族文化在学校教育中的传承》,载《中国民族教育》2007 年第 5 期,第 4~6 页。

相对较低的问题。"从数量上看，师资还相对匮乏，许多学校都是其他任课教师（主要是音体美教师）兼任民族文化传承课，有时也会从校外请一些民族文化方面的专家来校授课，但这两者之间因缺乏沟通而使授课内容缺乏统一性、连贯性。从质量上看，现有师资专业条件不足，无法胜任教学；教师的研习活动不足，相关资讯缺乏。"①

民族教育师资匮乏、师资民族文化素养不高与民族地区少数民族的观念有关。信息时代的到来使得即使是最偏僻落后的地区也开始了解外部世界，我们也能通过各种渠道了解世界各国的民族与文化，当今世界上真正意义上的原始部落已经不多，他们或多或少都沾染了现代化的东西，外界对原始部落也不再感到神秘，这一切都与外界信息的沟通有关。随着我国的高速发展，民族地区不再是我们原来认为的那样闭塞、落后，少数民族同胞也了解了外面的世界，并从民族地区走出来看到了多元的文化，当面对外来所谓现代、时尚文化的冲击，民族传统文化显得软弱无力，许多年轻人盲目崇拜西方文化，没有读懂自己民族文化的深刻内涵，对本民族文化的认同感较低，所以不愿意继续留在土生土长的民族地区从事民族教师的职业。与贫穷落后的民族地区相反，一些民族地区少数民族生活较富足，而该地区的教师待遇相对普通居民来说较低，这也会导致本民族的人不愿从事教师这一行业，如西双版纳某些傣族地区的学校中几乎没有傣族老师，这些傣族居民过着较为富足的生活，没有必要通过教师这个职业谋生，而且当下的生活与本民族的传统文化关联不大，他们也没有意识要承担起传承傣族文化的重任。

现今民族教师的文化素养不高与师范教育中关于民族文化知识的渗透不足有关。通过对一些师范院校课程设置的了解，发现在课程中很少包括民族文化课程的教材，从而使得这些未来的教师在求学期间接触不到相关传统文化，当他们走上工作岗位，面临着传承民族文化的教学任务时，不了解民族文化成为影响学校传承民族文化的瓶颈。教师是民族文化传承最重要的一环，有了民族文化课程、有保障资金投入等硬件条件，但缺少熟知民族文化的教师，其他的一切保障条件也只是摆设，所以只有培养出有较高民族文化素养的教师这一软件，才能保证文化传承的顺利进行。

四、教育活动中民族文化的缺失

民族地区学校教育的特殊性就是教育活动体现本民族文化特色，学校教育活动中要体现民族传统文化的要素，最终在教育活动中传承民族文化。现代学校的

---

① 井祥贵：《纳西族学校民族文化传承机制研究》，2011 年西南大学博士学位论文。

工具主义倾向较为严重，学校成为传递主流价值和文化的场所，一切为升学和考试服务，忽视了一直处于边缘的少数民族文化，在民族地区的学校也是如此。"在中小学民族文化传承教育中往往有两种形式：一是直接方式，二是间接方式。所谓直接方式，就是指开设专门的民族文化传承课程，把教育内容编成教材，通过教师的传授让学生理解并熟记规定的学习内容的方式。间接的方式，是指不开设专门的民族文化传承课程去传授既定的教育内容，而是通过各学科的教育，同时开展民族文化传承实践及课外活动等全面性的教育活动来实施民族文化传承教育的方式。直接方式和间接方式各有利弊，单靠一种方式往往难以取得理想的效果。直接方式和间接方式的综合运用，似乎可使民族文化传承教育达到理想的教育效果。但事实并非如此，这两种方式的综合运用，也会使二者互相推卸责任，造成'形式上的重视'而'实际上的忽视'的后果。在我国民族地区的中小学工作中，存在着轻视全部教育活动中的民族文化传承教育的现象。这是因为，在设置了民族文化传承课程以后，一些学校的中小学教师在原则上或口头上强调民族文化传承教育，但在实践中却嫌麻烦，把民族文化传承教育的重任全部推给民族文化传承课程。与此同时，在未设置民族文化传承课程的一些中小学，学校领导和各科教师也未必重视民族文化传承教育，出现了表面上强调全部教育活动中的民族文化传承教育，而实质上忽视民族文化传承教育的倾向。"[①] 现实的状况是民族文化课程没有合适的民族教师讲授，该工作一直处于别科教师兼任的状态，抑或只有摆设没有实质；而民族文化传承实践活动和课外活动由于比较"浪费时间"，其实施状况也不令人乐观。如果较为乐观的看待教育活动中民族文化的传承，我们会质疑所谓传承的民族文化是否保证了民族文化的完整性，文化从广义上来说可以分为器物层面、制度层面和观念层面，现代学校中民族文化活动大部分是一种表面的展示，让学生看到该现象的存在，而没有更深层次的让学生挖掘现象背后的观念所指。传承民族文化最终目的是让学生领悟到本民族文化背后所体现的先民的智慧和热爱生活的精神，现在的民族文化课程和民族文化进校园活动只是传递了器物层面的文化，其观念层面，甚至制度层面的东西鲜有涉及。如果民族地区学校的教育活动是一种形象化的工程，根本没有触及民族文化的实质，民族文化在教育活动中依然是缺失的。

五、教育评价中民族传统文化"失语"

我国民族地区学校教育的评价制度与内地汉族地区并无二致，也是以汉文化

[①] 曹能秀、王凌：《试论教育中少数民族文化传承面临的问题与挑战》，载《当代教育与文化》2010年第1期，第14~18页。

为主的主流文化为评价标准。在民族地区学校，民族文化大多不是学校教育所要求的考试科目，在这种单一的评价标准下，许多教师和学生迫于应试的压力，也很难对走进校园、课堂的民族文化真正重视。"不同民族文化传统中走出来的学生，其所积累而形成的学习能力、认知能力是各不相同的，在对这种占有不同文化资本的民族个体进行评价时，理应遵循差异性原则。然而，由于民族传统文化基本上不是现代学校教育所要求的考试科目，所以我国民族地区学校评价制度依然是仅用单一评价标准进行评估。民族文化即使进了校园、课堂，但因缺乏相应的评价体系作保障，故而很难引起广大师生的真正重视。"[1] 当前学校的工具主义和实用主义倾向制约着在学校中传承少数民族文化，传承民族传统文化既不能作为教师工作能力的指标，也不能反映学生成绩的好坏，它只是可有可无的选修课或者应对上级检查的形象课。在各种升学率、分数增长率等硬性指标的压迫下，从校长到教师再到学生都围绕着考试科目下工夫，传统文化由于没有列入考核的范围，成为软性的指标，可以完成也可以不完成。在一项纳西族学校民族文化传承的研究中，研究者调查了教师认为在学校传承民族文化面临的主要困难，如表4-1所示：

表4-1　　　教师认为在学校传承民族文化面临的主要困难统计表

选项	被选频数	占被调查者总数的百分比（%）
经费不足	93	81.6
缺乏政策支持	78	68.4
缺乏指导	37	32.5
教师不积极	25	21.9
学生没兴趣	14	12.3
学校以主课学习为主，无暇顾及	80	70.2
家长不支持	9	7.9
其他	3	2.6

资料来源：井祥贵：《纳西族学校民族文化传承机制研究》，西南大学博士学位论文2011年。

由表4-1可以看出，70.2%的被调查教师认为是由于主课的学习而冷落了民族文化的传承，仅次于"经费不足"一项，尽管多数教师选择"经费不足"可能表达民族地区学校办学条件和教师待遇的不满，但也基本反映了当前民族地区学校的事实。另有很多教师选了"缺乏政策支持"一项，这其中隐含了教师

---

[1] 井祥贵：《民族文化进校园的若干问题论略》，载《民族教育研究》2012年第5期，第51~54页。

对当前缺乏相应的评价制度来保证文化传承的不满,如果民族地区有更完备的、因地制宜的教育政策,在学校中有效传承民族文化就不是什么难事。研究者还对教师进行了关于学校评价制度访谈,有的教师说:

"我们也没有办法,现在无论是评优还是绩效工资,最终都要拿学生的成绩来衡量老师。家长也是这样看待老师的,你学生的成绩好,你就是个优秀的老师,反之,你就是不合格的,甚至社会上的一些人也持同样的观点。所以,我们也觉得很有必要在学校中传承民族文化,学生也感兴趣,可是现实是各方面又依成绩论英雄,可是学生考试不考民族文化,没办法……。"[1]

单一的学校评价制度是学校传承民族文化的一个突出的问题,缺少了"民族文化考试"这根指挥棒,即使教师和学生对民族传统文化多么感兴趣,他们都缺少传承的动力。

六、学校的制度化时空布局不利于民族文化传承

现代学校教育的最大特征是制度化,所以学校的空间和时间都经过严密的制度化处理,最终实现教学效率的最大化。

(一)学校教育传承民族文化的时间有限

学校教育只是人的发展的一个有限的时间阶段,人的发展的大部分时间还是在校外,在这相对较短的时间内,学生要尽可能多的掌握科学文化知识和生活技能,因此学校中的时间经过严密的划分,课程排列密集,规定了每一时刻学生该学习什么。如前所述,由于现代学校考试制度的单一化模式,为了争取最好的考试成绩,学校几乎将所有的时间用于传授考试知识,只有非常有限的时间学习其他非考试科目,在高中阶段就连学生的课外活动时间也被剥夺用于文化课的学习,在民族地区这一状况并没有明显改变。我国少数民族文化丰富多彩,很多优秀的文化传统亟须传承下去,学校的文化传承不可能包含本民族的所有优秀文化,即使把大量的民族文化纳入学校传承的范围也只是浅尝辄止式的表面传承,对于少数民族文化的深刻内涵却忽略了。在教学时间一定的情况下,大部分教学时间用于知识传授和教学评价,传承民族文化的时间极其有限。不管我们给予民族地区的文化传承多好的优惠政策、多么充分的资金投入,也不管我们怎样开展校园民族活动,留给民族文化传承的有限时间决定了其他传承措施不能发挥其应有效果。学校制度化的时间安排与传承民族文化构成了矛盾,连最起码的时间保

---

[1] 井祥贵:《纳西族学校民族文化传承机制研究》,西南大学博士学位论文2011年。

证都没有，何谈传承民族文化？

（二）学校教育传承民族文化的空间有限

学校的空间是相对封闭的，封闭的物理空间不仅仅是一种有形的约束，其中蕴含着某种社会制约，即规定了在其物理空间中的行为规范，这与时间的划分一样，防止学生的精力用在与学习无关的活动上，保证科学知识的顺利传递。前面讲到，传承少数民族文化可通过直接方式和间接方式，直接方式即通过民族文化课程教材让学生了解，间接方式即通过学科教学中渗透或者在民族文化活动中体验。少数民族活动是间接方式的重要组成部分，因为我国的少数民族文化丰富多彩，其千百年的存在并不只是通过文字的记载，有些民族没有自己的文字，那么文化的传承就得依靠口传相授，那年轻一代直接参与到民族文化活动中就必不可少，在民族活动中感受、体验本民族智慧的结晶的同时也传承了本民族的文化。民族文化中的很多东西是需要我们在民族活动、节日仪式等现场亲身体验，但是从学校教育空间的社会层面来说，学校是传递知识的场所，其基本职能就是让学生在最短的时间内学习人类最多的文化知识，这就决定了在学校物理空间中教学是最主要的任务，至于民族文化活动则是学习之余的事，更不用说在校园开展隆重的民族活动供学生体验。尽管也有民族文化活动进校园的倡导，但这只是在有限空间中开展民族文化活动的片段，有些只是器物层面的展示，至于效果如何则很难说。

七、民族教育缺乏相应的民族文化传承教育体系

关于民族教师教育的培养和培训体系中都缺乏民族文化的相关内容。当前教师培养和培训的课程体系都是关于教育的理论知识，不管是民族地区教师还是非民族地区的教师，培养和培训的模式大致相当，没有根据特定地区教师的实际需要安排培养和培训计划。民族地区学校面临的重要任务就是传承民族文化，但是由于教师没有受到专业的民族文化传承教育，也就很难担此重任。造成这种后果的原因主要是人们对少数民族文化的重视程度不够，现代学校教育制度是西方的产物，我们在将现代学校引入中国的时候，也同时移植了西方的教育理念，认为学校是传播科学的场所，所以现在的学校往往与生活世界分离，是相对游离于实际生活世界的科学世界。现代教育体系没有顾及我国的实际情况，尤其是民族地区的实际状况，没有有关民族文化传承的师范教育内容，就不能培养出合格的民族教师，也就制约着民族地区学校教育传承少数民族文化。

"缺乏相应的民族文化教育及人才培养体系是民族文化教育传承方面存在的

重要问题之一。第一,教育领域对民族文化的传承缺乏足够的重视和价值认知,教育与民族文化的保护、传承存在脱节现象。大学中缺乏与民族文化传承相关的学科,教学用语及教学内容与母语及本民族文化脱节,接受到相关培训和学习的人就更少。在这样的教育体制下,少数民族人才的培养必然受到制约,民族传统文化的传承也会受到很大的影响。第二,学校教师缺乏多元文化整合教育理论知识与教育教学能力的专业训练。教师是教育工作的组织者,教师的素质决定着教育的质量。由于忽视了对多元文化整合教育理念的培养,教师在授课过程中缺少多元文化整合教育的理论与教育经验,造成教师自己无法应对多元文化整合的教育教学情境,无法辨别学生不同文化的行为模式,不能正确使用学生所熟悉的教学模式,从而影响到民族教育质量的提高。"[1]

现今的民族教师培养模式中,不论理论还是实践训练都没有突出民族教师培养应有的特点,民族教师不仅仅传授科学知识,同时也承担着传承民族文化的重任,培养民族教师必备的民族文化素养是民族师范教育的应有之义,这要引起教育领域的重视,逐步改进现有民族教师的培养体系,为学校教育传承民族文化输送人才。

第二节 民族地区学校教育与文化的调适

基于上一节中有关学校教育与民族文化之间冲突的认识,民族地区学校教育需要做出相应的调适——不仅让学校教育接纳传统文化,而且让民族传统文化更好地适应学校教育。

一、调适的必要性

(一)"位育"思想对民族地区学校教育的启发

潘光旦先生最早提出"位育"一词,"位育"的主导思想是针对特定地区、特定人群实施适合的教育,这就为民族地区学校教育到底该如何办提供了指导,民族教育要注重民族文化传统以适应少数民族的心理、贴近他们的生活。潘先生

---

[1] 马文静:《多元文化整合教育与民族文化传承及发展》,载《民族教育研究》2011年第4期,第23~26页。

认为简单地讲外文中的 adaptation 翻译为"适应"是不合适的,他认为,如果只是把它译为"适应",是强调了对环境、对改变自己的这些方面的要求,没有体现人同时也在改变环境,生物也在改变环境,实际两者都产生了相似的变化①。按照费孝通先生的话说,早在 20 世纪 30 年代就从山东孔庙大成殿的"中、和、位、育"中取了"位育"两个字来代替 adaptation 的翻译"适应"。他认为在社会位育的两个方面,"位"即是秩序,"育"是进步,"位"者"安其所者","育"者"顺其生也"②。潘先生的"位育"并非随意嫁接和组合,而是隐藏着必然的联系。从字源学的角度看,"位"的甲骨文是"𠊧",它是由"立"(𠀎)演变而来的。"𠀎"底下一横表示"地",上面像"人"形,表示人站在地上的意思。"位"就是"立"的地方,就是"安其所也",它是秩序,是定位,体现了前后左右的关系。"育"者,"遂其生也",是进步,是发展,而不能"逆其生"③。民族地区的学校由于其所处的特殊位置,决定了必须要处理好学校与人、环境的关系,最本质的是处理好学校教育与民族文化的关系,处理好了这个关系,民族地区的学校教育也就能办好了。民族地区的学校教育应该与非民族地区的学校有所差别,毕竟它存在一个少数民族文化问题,不要与其他地区学校攀比高分率和升学率,而是应立足现实、立足本地,考虑清楚民族地区的学校教育到底应该发挥怎样的作用,不是仅仅照搬发达地区的办学模式和经验,这样只能导致学校教育与传统文化更大的冲突。

(二) 转变民族教育的功利主义倾向

民族教育的功利主义倾向表现在两个方面,一是民族地区学校教育也追求升学率,教育过程强调传授知识的最大效果,一切教学都为考试服务,这就造成了学校只重视考试科目的教学,对于民族文化这样的非考试知识很少理会,尽管有时也会应景式的开设民族文化课,但是并没有起到传承民族文化的作用。二是民族地区的少数民族同胞看待教育的功利化趋向,他们认为接受学校教育是为了将来有一份稳定的工作和可观的收入,此外,一些家长还总对教育的价值抱有"立竿见影"的期望。长期以来,读书总与"铁饭碗"连在一起,只要读书就会有好工作、高收益、做城市人等看得见、摸得着的实际价值,即重视教育的工具价值④。对于民族地区的学校来讲,我们首先要转变这种错位的教育理念,尽管

---

① 贺能坤:《西藏农牧区教育调适研究》,2010 年西南大学博士学位论文。
② 张诗亚:《强化民族认同:数码时代的文化选择》,现代教育出版社 2005 年版,第 30~31 页。
③ 张诗亚:《"位育"之道——全球化中的华人教育路向》,载《西南师范大学学报(人文社会科学版)》2006 年第 6 期,第 53~55 页。
④ 贺能坤:《西藏农牧区教育调适研究》,2010 年西南大学博士学位论文。

追求高升学率、高分率是普遍的现象，但是作为民族地区的学校应该根据本地区的特殊需求开展教学，尽管这会遇到一些阻力，也没有相应的政策支持，但是在日常的教学过程中应该逐步渗透这种非功利取向的教育观念，注重民族文化的保护和传承；对于少数民族同胞来说，要让他们指导基础教育阶段的学校教育主要是为将来孩子的发展提供基础，它不像职业教育、高等教育可以短时期内看到回报，但是基础教育是学生进入职业教育和高等教育的必经阶段，孩子进入学校接受教育不仅仅是为了将来的生活、生存，更是为了学生个人的发展，民族地区学生的发展需要对本民族的传统文化有所了解，只有学生接受了本民族的文化精华，他才是该民族之所是，才更有利于其发展。

二、调适的可能性

民族地区学校教育与文化传统的冲突并不是不可调和的，导致现有冲突的存在主要是学校教育没有处理好自身与外界、自身内部各方面的关系。"冲突理论认为，社会冲突无处不在，但冲突并不可怕。相反，冲突还有积极的功能。"冲突学派的代表人物刘易斯·科塞认为，"冲突的结果常常导致变迁，冲突能够刺激革新，有利于维持系统的稳定，增加系统的内聚力。"[①] "当冲突频繁而且暴力程度较低时，冲突将提高系统内部的弹性，协调程度与外部对环境的适应能力。"[②] 所以说，冲突的存在并不见得是一件坏事，学校教育与传统文化的冲突是传承民族文化的历史必然性和民族教育传承民族文化的不切适性的结果，调适二者的冲突既能实现传统文化的传承，也能践行民族地区学校教育的"位育"之道。一般来说各系统之间存在相互吸引和相互拒斥两种作用。这两种作用的变化一直伴随着系统间的调适，调适进程大致分为三个阶段[③]：

一是相互拒斥阶段。在这一阶段，不同的系统间差异很大，系统之间的拒斥力大于张力，系统之间相互拒斥。具体表现为系统相对孤立、相对封闭，系统间的相互影响小，吸引力也小，一系统的变化不会对另一系统产生过多变化。系统特征以"不适应"为主。

二是相互融合阶段。随着系统的不断开放，各系统间实现信息交换和物质交换，相互间的差异越来越小，系统间的矛盾逐渐缩小，出现部分拒斥、部分吸引的情况。系统特征表现为"半适应"状态。

---

① 何景熙、王建敏：《西方社会学史纲》，四川大学出版社1995年版，第214～215页。
② [美]乔纳森·H.特纳：《社会学理论的结构》，吴曲辉等译，浙江人民出版社1987年版，第127页。
③ 贺能坤：《西藏农牧区教育调适研究》，2010年西南大学博士学位论文。

三是相互调适阶段。系统在相互交换的基础上，不断实现能量、信息的交换，系统间的吸力逐渐增大，并大于拒斥力，实现系统间的良性循环。系统特征以"适应"为主。但这一阶段不是禁止不变的，而是变化的，从一个调适阶段向新的调适阶段不断前进。民族地区现代学校教育与原有的系统间必然呈现这种运动，学校教育系统总是会与民族地区的经济、文化、社会等系统发生联系，期间有冲突也有融合。从目前民族地区教育来看，学校教育与传统文化"冲突"与"融合"共存，但是"冲突"占主要部分。随着民族地区社会系统的不断变化，现代学校教育也必然与变化着的各社会系统间实现信息和物质交换，经历着一个从不适应到适应的调适过程。

三、调适的前提预设

（一）对民族教育的正确理解

现如今我们对教育的理解、对民族教育的理解都偏差了。教育是一项使人向善的社会活动，其根本目的是促进人的发展，而现实状况是教育成为谋求高薪优职的工具，这本无可厚非，但是在学校教育过程中往往抛弃了人的发展这一根本目的，追求升学率、填鸭式教学等功利化取向层出不穷，这种本末倒置的做法源于人们对教育的错误理解。对教育的错误理解必然导致误解我国的民族教育，民族教育是我国教育领域重要组成部分，担负着民族地区的教育大业，民族地区的学校教育不仅要传播国家主流知识，还负责传播地方性知识，即本地区的传统文化。少数民族都有自己发展的历史和民族艺术，在文化全球化的视野下，民族教育必须承担起保存和传承民族文化的重任，因此民族教育不仅包含国家规定的知识，更应该包含本民族和其他民族地区不同的文化知识，培养自己民族的传承人和接班人，即教育应具有民族文化的特征。

"发展民族教育绝不是为了单纯地服务于地方经济的发展，那是一个国家和地区的教育需求；绝不是简单地追求入学率的提高，那是一个国家和民族的教育需求；最核心的任务是从学龄儿童的年龄特点、心理特点出发，通过提供满足学龄儿童需求的教育，才能从根本上促进人的发展，促进人的幸福，促进人与人的和谐。这是发展任何教育的第一使命，是讨论教育的前提条件。有了人的发展，继而再谈人如何为经济发展提供智力支撑、为民族地区的稳定做贡献、为民族文化的传承等其他任务才有了基础。由于大部分少数民族地区面临经济水平落后、社会稳定等特殊情况，我们在发展民族教育过程中常常赋予教育发展经济、维护社会稳定的使命，这本身没有错，但我们常常让这些神圣而伟大的使命占据了首要地位,而忘记了教育的终极目标是促进人的发展这一根本性的命题。研究什么样的教育才能促进民族学校教育的发展,到底要促进民族学生发展哪些方面等,切实将教育定位于人的发展,民族地区的经济发展、社会稳定发展等才有了基础。"①

(二) 对民族文化传承的正确理解

我们知道少数民族文化是各民族在千百年的生活实践中总结出来的生存智慧,它远不像表面看来那么简单,而是蕴含着丰富的内涵。在全球化风靡的时代,少数民族文化的保存遇到了危机,在外来文化的侵蚀下,传统文化正在逐步消失,如不精心保护并传承下去,后代将只能从影像和文献上看到这些人类的智慧结晶,不能领会其背后的观念。民族地区学校传承少数民族文化与培养少数民族人才不但不是相悖的,而且是培养人才的重要组成部分,少数民族的人才不仅掌握科学文化知识,还应该传承本民族光辉历史和文化。

"在人与文化的关系上,几百年来一直处于'以人为本'或'以文为本'的两极对立之中,产生了'人至上'和'文化至上'两种对立的价值观念。'人至上'论者坚持以人为本,强调人在文化社会中的主体地位,认为人是发展社会文化的根本动力。而'文化至上'论者坚持以文为本,强调文化在人类社会中的决定作用,认为文化是推动包括个人在内的社会发展的根本动力。这两种对立的价值观念在处理人与文化的关系问题上,形成了两种不同的行为模式:一种行为模式体现为尊重人、爱护人;另一种行为模式体现为尊重文化、尊重知识。这两种价值观念和行为模式均有其合理性。事实上,人与文化是紧密结合、不可分割的。人是文化的主体,文化是人的本质的外化。强调人的发展并不是否定文化的导向作用;强调文化的导向作用,但不能否认人的发展。②"前文我们已经对教育的正确理解做了论述,教育的本质是促进人的发展,而人的发展是离不开文化的,少数民族地区的传统文化如此丰富多彩,那么学校教育为什么不结合本地区的文化特色去教育人、发展人,而只是简单地以知识增长促进人的"发展",所以现代学校不仅把教育误解了,也把人误解了。有的研究者就指出:"人的发展与文化发展是互为前提和基础的,是两个永无止境的相互结合、相互促进的历史过程。一方面,人的发展为文化提供了主体支持。无论是发展物质文化,还是发展精神文化,都离不开人这一主体。另一方面,文化发展是人的发展的前提条

---

① 贺能坤:《西藏农牧区教育调适研究》,2010 年西南大学博士学位论文。
② 包景泉:《民族学校文化建设背景下的民族教育改革》,载《民族教育研究》2007 年第 6 期,第 72~75 页。

件。人是用文化武装起来的自觉主体。离开了文化，人就不能成为自觉主体。文化的发展是人的发展的推动器。可见，人的发展与文化的发展是辩证统一的。"[①]

四、民族教育调适的指导理念

民族教育调适要处理好以下几个关系，一是国家知识与地方知识的关系，民族文化可以说是地方性知识的具体体现，民族地区现代学校不仅要传播大众化的知识，也要兼顾地方性知识，实现国家知识与地方知识的共存；二是传统与现代的关系，学校是现代的产物，学校中传播的东西以现代科学知识为主，传统文化的东西相对较少，因此要平衡二者的比例；三是共性与个性的关系，民族地区的学校教育要突出其民族特色，不应该像其他地区的学校一样，当然各地方的学校共性是必然的，都是在我国教育方针指导下办学，民族地区的学校应在共性中寻找个性，在国家政策允许的范围内突出自身特色。以上三对关系具体体现如下：

（一）国家与社会

各个少数民族有自己独特的天地人文系统，对于生于斯长于斯的少数民族个体来说，其知识的形成基础、构成内容及作用于生产、生活的方式均会带有这一特殊生境的烙印。换言之，形成于民族地区这一独特生境里的"地方知识"便成为每一个个体认同和接受教育的基础。正如有学者所言："'地方知识'往往是某一个特定族群对生活世界的理解与解释，经由族群绵延繁衍，它本身就充分具备合法性足以获得认同与肯定。"[②] 的确，生活于民族地区独特生境中的每个个体，对地方知识有着丰富的体验和实践体验，他们正是靠着世代传承的各种地方知识实现了生命的延续。与此同时，作为中华民族重要组成部分的少数民族除了民族认同以外，还必须接受国家层面的教育，以实现其对中华民族—国家的认同。这就涉及如何处理国家知识（普适性的科学文化知识）与地方知识间的关系问题。我国的民族教育完全符合国家层面的教育，无论是教育目标、课程设置还是评价标准、教育发展模式都按统一的标准开展。这对于提高国民的整体文化素养、促进各民族的国家认同具有一定的现实意义，然而，这却忽视了地方知识的重要性，造成学校教育内容脱离少数民族生活实际，学生对学校教育失去兴趣，进而造成一系列民族教育、教学问题。鉴于此，民族学校教育应努力寻求国

[①] 周晓阳、张多来：《现代文化哲学》，湖南大学出版社2004年版，第413页。
[②] 周德祯：《排湾族教育——民族志之研究》，五图图书出版公司2001年版，第209页。

家知识与地方知识的平衡点，兼顾国家与地方的利益，培养完满、全面的人。

（二）传统与现代

正如前文所析，少数民族传统教育"存在于民族体内，扎根于民族社会的生产生活之中，是一种'同步内生型'教育"①，它远在现代学校教育进入民族地区之前就已存在。这种传统教育"无论是在教育过程、教育内容，还是教育主体的自由性、教育场域的开放性等方面，都对我国民族教育开展有深刻的启迪意义。"② 典型的"内生"则是"传统的"，而"传统的"即是少数民族在与其独特的自然和人文环境的长期互动中，逐渐适应这一系统的智慧结晶。因此，发展现代教育并非意味着要与传统教育决裂，而是要建立在传统的基础上，从传统那里获得发展的动力。在世界多元化发展的当下，教育需要做的乃是引导不同民族在融入现代化的同时而不失本民族的特色。在处理传统与现代的问题上，我们需要教育人类学的"他者"眼光来理解当地文化，"少数民族现实的教育与发展正需要这种眼光，以便于从少数民族自身的角度理解教育、理解其教育的需求。避免用主流文化的眼光去看待少数民族的教育，从而认为少数民族落后、其文化应该淘汰、应为主流文化所替代。"③ 在发展民族地区学校教育过程中，切忌简单地进化论式线性思维：认为过去的都是错误的、落后的，而今天的都是成功的、先进的，民族的现代化就是要抛弃传统。

（三）共性与个性④

教育的理想是发展人，发展人的什么呢？无外乎两个方面：一是发展人之所以为人的共性，二是发展人之所以为人的个性。无论来自哪个民族、哪种文化背景的人，教育的功能均在于使个体得到全面发展，这就是发展人的共性。同时，教育还应促进人的个性的发展，尤其是文化个性、民族个性等，这是一个民族区别于另一民族的重要标志。因此，发展共性并不等于可以忽视个性，并不等于教育让所有的人最终成为同一种人；而是让人在发展过程中始终保持自己的个性。换句话说，发展共性并不意味着对所有的人施以相同的教育，发展个性也不意味

---

① 么加利：《西南民族地区校内外教育系统功能研究》，载《西南大学学报（社会科学版）》2007年第3期，第59~63页。
② 井祥贵、卢立涛：《纳西族勒巴舞的文化内涵及教育启示》，载《四川民族学院学报》2010年第6期，第37~40页。
③ 郭志明：《民族教育：传统融入主流——专访西南师大张诗亚》，载http://learning.sohu.com/20040816/n221556884.shtm，2004年8月16日。
④ 贺能坤：《西藏农牧区教育调适研究》，2010年西南大学博士学位论文。

着对每一个不同的个体施以完全不同的教育。只有发展共性与个性并重的教育，才能使人的发展实现"和而不同"。

费孝通先生提出了著名的"中华民族多元一体"论，这个"一体"是指整个中华民族，"多元"强调的是不同的民族。放在教育系统，就意味着共性的教育和个性的教育。对一个国家一个民族而言，有共性的东西，如教育性质、教育方针、根本目标、教育体系等宏观方面，在这些方面坚持统一性、共同性、一体化；在这个共同性的前提下，又注重体现因民族不同、地域不同、生产方式与生活方式等方面不同而呈现的个性需求。在具体目标、教育内容、教学方法、教学用语、办学形式、教育管理等方面坚持特殊性和多样性。

早在1950年周恩来总理就指出："我们的教育是民族的，要有民族的形式……具有民族形式的教育，才易于被人民接受，为人民所接受。教育如果不注意民族的特点和形式，就行不通。"1951年批准通过的《中央人民政府教育部关于第一次中国民族教育会议的报告》指出："少数民族教育必须采取民族形式，照顾民族特点，才能很好地和少数民族的实际情况结合起来。"[1] 这里强调的民族特点和民族形式，实际就是教育的个性。少数民族地区的学校教育在国家教育方针的指引下，不仅传授国家规定的文化知识，还应该体现个性，即与其他地区学校教育的差别，那就是突出其文化特色。每一个民族的文化都是唯一的，各民族之间的文化有共性，但是他们之所以区分如此明确乃是他们各民族的文化都有其个性的一面，所以要在共性中融入个性，突出教育的民族特点。

第三节 民族地区学校教育的定位

当前我国教育发展呈"大一统"的趋势，学校传播的文化以汉族文化为主，只注重了共性，而没有考虑到各地区的、各民族的个性。诚如武尔夫教授（Christoph Wulf）所言："事实上我们具有的与文化科学的知识都与文化的民族传统紧密相关，思想和科学在历史进程中孕育和成长，相关的研究成果试图通过不断的合作来突破国家和民族的界限，促进跨民族的发展进程，这一过程既存有共性，也留有差异。"[2] 因此，民族教育要体现对学生的人文关怀，即注重对其民族文化素养的养成，注重少数民族教师专业发展，不仅仅是教学能力，还要熟

---

[1] 周恩来：《周恩来选集（下卷）》，人民出版社1984年版，第17页。
[2] ［德］克里斯托夫·武尔夫：《教育人类学》，张志坤译，教育科学出版社2009年版，第180页。

知本民族的文化传统。

一、民族教育凸显对学生的人文关怀

民族教育最终是为了少数民族学生的发展，而民族文化在学校教育中的缺位无法实现民族教育对学生的人文关怀。少数民族学生从小就在本民族文化的熏陶下成长，其心理特点、思维方式都受传统文化的影响，无民族文化特点的学校教育可能使学生无法适应学校生活，因为学生在学校中不能学到他们想要的东西。潘光旦先生在其《教育与位育》一文中，非常赞同的介绍了英国剑桥大学为增加毕业生应对现代社会的能力而进行的课程改革以及罗格教授对中国学校教育和留学生派遣脱离中国实际需要的看法。并写道："以前种种，知识'办学'，而不是'教育'。教师不能使人'安所遂生'，不如逸居而无教，以近于禽兽之为愈，因为它们的生活倒是得所位育的"[①]。而在其题为《忘本的教育》的演讲中，潘先生更进一步指出："教育的唯一目的是在教人得到位育……安所遂生，是一切生命的大欲……所位与所由育的背景，当然是环境，环境可分为二：一是体内的环境，一是体外的环境。体外的环境，就人而论，又可分为两种：一是横亘空间的物质的环境，二是纵贯时间的文化的环境。教育的目的又当然在设法使我们和这两种或三种环境打成一片，使相成而不相害"[②]。潘先生认为教育就是要人与物质环境、文化、他人之间的相生相成，而不是割裂开来。至于什么是真正的教育，潘先生在《说乡土教育》中说道："教育虽是一个人与历史、人与环境相互感应的过程，从教育的立场说，要教育来促进位育的功能，却不能不分一个本末宾主，因为教育的对象终究是人自己，而不是历史、环境。我们不得不假定人是本，历史是末，人是主，环境是宾。……所以讲求本末的教育才是真正的位育的教育，也才是真正的教育，不求位育，不讲本末的教育根本就不配叫做教育。此种教育也因此有由本及末、由远及近的三个步骤。第一步是关于人的，其间又可以分作两部分，一是关于一般人道的、关于人与非人的界限分别的。二是关于个别人的，关于我与非我的界限分别的。此一部分教育的目的在于取得对于自己的了解，进而对自己的控制。第二步就涉及十字街的交叉点与其邻近的地带了，这就是题中所说的乡土教育了，其间必然包括到乡土的历史和地理。第三步才是一般的历史地理教育。如果第一步包括一切关于人与社会的学问，第二步、第三

---

① 转引自潘乃谷：《潘光旦释"位育"》，载《西北民族研究》2000年第1期，第3~15页。原载《华年》第1卷第14期（1932年7月16日）。

② 转引自潘乃谷：《潘光旦释"位育"》，载《西北民族研究》2000年第1期，第3~15页。原载《华年》第2卷第43期（1933年10月28日）。

步里的'史'就包括一切的人文科学,而两步里的'地'就包括一切的自然科学①。从潘先生的字里行间我们知道,教育首先关注的是人,而不是其他,本末倒置的教育不是真正的教育,民族地区的教育也是如此,民族文化的绚丽多彩理应成为学校教育学生的重要资源,在其中实现对学生的人文关怀。

二、民族教师应具备的专业能力

首先,应培养民族教师正确的民族教育观。什么是正确的民族教育观,我认为应该是对传统教育理念的批判性认识。从哲学上来看,对传统的批判应以后现代哲学为主流,后现代哲学反对传统的逻各斯主义、强调差异、关注边缘,在教育观上体现为反对将学生按照统一的标准训练,强调因材施教和学生的差异性,关注处于边缘的民族地区教育、学业成绩较差学生等。民族教师应该适当的以后现代的观点看待教育,后现代教师"并非以知识基础的权威走进教室,不是教学生透过教科书或课文让学生获得永恒不变的客观真理,而是让学生自行体验其信念与价值的暂时性。不是让学生形成逻各斯中心式现代主义具有森严、傲慢、顽固不化、好争辩及自成一体等特点,而是让学生具有讲究关联性、生态论、谦逊、对话性以及神秘性等特征,坚信事物的表面也含有一个深层结构,而要真正理解事物的表面,必须研究这个深层结构。"② 少数民族教师应树立这种理念,即不拘泥教授学生固定的知识,而是教会学生怎样思考的方式,让学生对同一个问题从不同角度审视;对自己民族的文化有正确的认识,传统民族文化是重要的教育资源,教师不要局限在国家课程的框架内,在教学过程中将这些教育资源有机地融入其中。

其次,培养民族教师较高的多元文化素养。每个民族都有其民族特色,教师的素养显然应该包含民族文化素养。"一个没有民族性的民族,就如同一个没有灵魂的肉体,只能屈从于衰败的规律,只能消亡在另一些保存着自己独特性的其他肉体之中。"③ 民族教师是民族教育中的重要行为主体,他们是否具备多元文化素养决定民族教育能否传承民族文化,所以如何使民族教师具备多元文化素养是摆在当前的重要议题。"通过改善在职教师在教学中改进其课程规划以提高职前教师的多元文化素养、鼓励在职教师在教学中改进其课程设计模式,继而增进师生之间或学生之间的文化认识、鼓励在职教师参与民族教育研究等都是不错的

---

① 转引自潘乃谷:《潘光旦释"位育"》,载《西北民族研究》2000 年第 1 期,第 3~15 页。原载《政学最言》,观察社 1948 年。

② [加拿大] 大卫·杰弗里·史密斯著:《全球化与后现代教育学》,郭洋生译,教育科学出版社 2000 年版,第 148 页。

③ [俄] 乌申斯基:《人是教育的对象——教育人类学初探》,人民出版社 1989 年版,第 5 页。

增进教师多元文化知能的途径。简而言之，关注多元文化形态中个体文化背景、民族心理和民族意识等特点，将培养不同民族创新精神和内源性发展动力视为己任的多元文化教师，与多民族社会基本要素的密切配合与互动交流，不仅为个体发展从而为族群的发展奠定了基础，也为民族地区多元文化课程建设提供了汲取'活的'教育资源的途径。"①

三、民族教育的应然价值体现

民族地区的学校教育到底应该发挥怎样的价值，从现有的教育理论和时间来看，民族地区学校积极将民族文化融入课堂、将民族文化活动引进校园，这都初步体现了民族教育的应然价值。之所以是初步体现了其价值，主要是当今民族地区的学校教育依然以传播主流文化为主，少数民族文化传承只是零星点缀，各民族地区的学校在考试的主导下，仍强调升学率，办学模式照搬非民族地区，这些都不是民族学校教育应体现的价值。美国人类学家恩伯夫妇（Carol R. Ember & Melvin Ember）在其著作《文化的变异——现代文化人类学通论》中提到："我们认为，当前的教育体系在使学生懂得所传授的知识都带有试探性这一点上，没有为我们树立一个好榜样。教师常常把所传授的知识当成绝对的真理灌输给学生，在低年级中尤为突出。很少有人把知识的不可靠性告诉学生，其结果是学生对研究问题的过程几乎一无所知……任何科学知识都是试探性的，有待于未来的修正。"② 受现代化的影响，现代学校俨然成了一部部生产统一规格学生的车间，学校运行机制的统一划一以及评价体系的单一化模式不能不导致学生的标准化"生产"。然而我们要明晰，现代化在人类的历史长河中还只是很小的比例，有的学者指出："人类出现在地球上已有两百万到五百万年的时间了，在这些年代里，99%的时间人类多是靠采集野生植物，猎取野生动物和捕鱼来获取食物的。农业是相对晚期才出现的现象，只能追溯到大约一万年以前。而工业化农业或机械化农业才出现不到一个世纪！理查德·李（Richard Lee）和欧文·德·沃尔（Irven De Vore）指出，迄今为止在地球上生存过的八百亿人中，有90%的人是狩猎——采集者，6%的人是农业生产者。作为工业社会的成员，我们属于剩下的4%。"③ 教育是一种农业式的劳动，它不是追求效率，而是追求效果，现代化

---

① 倪胜利：《西南民族智力资源可持续发展的教育文化战略》，载《民族教育研究》2010年第5期，第10~14页。

② [美] C. 恩伯，M. 恩伯：《文化的变异——现代文化人类学通论》，杜杉杉译，辽宁人民出版社1988年版，第14页。

③ 同上，第146~147页。

固然能够加快学校的发展，但是也带来了问题，这一点我们必须认清。

　　苏赫姆林斯基对理想的学校有过这样的描述："美丽的校园中的每一设施都经过科学的精细安排和布置，该校的物质环境凝聚着每一个学生的闪光的智慧，浸透着每一个学生的辛勤和汗水，能激发起每一颗心灵对周围的一切无比的关心和挚爱……走进校园，像是走进了一个诗意的世界，一个精神王国的美丽的宫殿，这里为学生的求知欲的满足打开着一扇扇的窗扉，处处展现着浓郁的、高尚纯洁的精神氛围"。[①] 尽管这是一种理想状态，但是却体现了学校对学生的人文关怀。对于民族教育来讲，让民族学生了解本民族文化传统，弘扬本民族的文化价值观、信念及民族精神，应当是民族教育的应然价值体现。

[①] ［苏］苏赫姆林斯基：《帕夫雷什中学》，教育科学出版社1981年版，第122页、第168页。

第二篇

实践探索与论证

第五章

民族地区学校撤并与寄宿制问题研究

随着我国综合国力的提升和对教育事业的重视，国家对学校教育的投入不断增加。尤其基础教育阶段，我国已经真正实现了免费九年义务教育，并且对学校和学生发展的各项经费和补贴不断增加。自从2001年国家正式出台中小学布局调整政策之后，在全国范围内掀起了农村中小学撤点并校运动。本研究所选取的 M 县也不例外，而且学校撤并的幅度更大，尽管并校取得了一定的成效，但是却带来了更多、更严重的问题。

第一节 民族地区学校撤并问题研究

教育政策是国家干预学校教育发展的重要手段，本节所谈的中小学布局调整政策是一项重要的教育政策，对我国基础教育的发展产生了重大影响。自20世纪90年代以来，针对生源持续减少，地方政府财力有限，大量村办小学重复建设，教育资源配置不合理等现实原因，中小学布局调整在各地逐渐展开。2001年5月国务院颁布《关于基础教育改革与发展的决定》，在该文件中正式提出了中小学布局调整政策。这一决定出台后，全国各地中小学掀起了一场急速的撤并运动。2000~2010年这十年间，我国农村小学减少了52.1%；教学点减少了6成；农村初中减幅超过1/4。相当于平均每天消失63所小学、30个教学点、3

所初中，每过 1 小时，就要消失 4 所农村学校①。随着学校的不断集中，家校之间距离变远，在此过程中产生了一系列衍生问题，其中最为突出的是校车安全问题。例如 2011 年 11 月 16 日甘肃省发生的重大校车交通事件，造成 21 人死亡（其中幼儿 19 人）、43 人受伤的严重后果②。由此引起国家和社会的高度重视，同时也吸引了研究者的高度关注。国家针对撤点并校导致的各种问题先后出台了一系列政策进行调节，但是由于短期内并没有遏制住全国范围内中小学并校的热潮，同时并校过程中出现的一系列问题也没有得到有效的解决，因此，国家于 2012 年暂停了这项政策。以下以云南 M 县为例，阐释撤并校中存在的主要问题。

一、云南 M 县集中办学的实施及现状

（一）集中办学的尝试

1984 年 M 县县委、县政府召开教育工作会，制定了《关于加速和改革 M 县普及小学教育的意见》、《县、区、乡三级教育管理意见》，转发了县教育局《关于开展创建三层次文明班校，为人师表活动的通知》。通过在 MH 乡小学试点后，县教育局制定了《中小学教职工责任制》和《中小学管理及奖惩办法》。坚持"因地制宜，调整布局，合理布点，集中办学"的原则。建立撤并校点和新增校点审批制度，以集中办学为重点，克服在收缩校点中的盲目性、片面性，做到有计划、有步骤地实施。同时制定了"半日制向全日制过渡，四年制向六年制过渡，分散向集中过渡"的管理措施，使学校布局日趋合理，教学管理逐步规范。MZ 乡率先实现了曼央龙、曼扫、曼燕、嘎拱的集中办学，接着 MH 乡曼打、MA 乡贺建、南朗和、DL 镇曼彦等学校也实现集中办学。加强寄宿制学校建设，1984 年全县开办 25 所省定半寄宿制高小，3 000 名贫困学生享受补助，全县六年完学率有所上升。为解决傣族、布朗族儿童入寺当和尚与普及教育的矛盾。从 1985 年起，教育部门办的学校采取"收进来，办进去"的方法，收纳和尚及佛爷入学，为他们单独办班或编混合班，在个别佛寺办教学班等，妥善协调了宗教与教育的关系。适龄和尚入学率逐年提高，1991 年全县校内外和尚总数 3 276

---

① 齐国艳：《21 世纪教育研究院发布〈农村教育布局调整十年评价报告〉》，载《社会科学报》2012 年 12 月 11 日（3）。

② 郭金金：《校车事件中媒体报道特点及互动性分析——以甘肃校车事件报道为例》，载《东南传播》2012 年第 8 期，第 173~175 页。

人，校内外适龄和尚 1 744 人，在校适龄和尚 1 294 人，入学率为 74.2%，初步解决了"普六"的一大难题。①

1986 年《中华人民共和国义务教育法》颁布，其中提出了关于农村学校布局调整的相关要求："义务教育事业，在国务院领导下，实行地方负责，分级管理……地方各级人民政府应当合理设置小学、初级中等学校，使儿童、少年就近入学。"全县开始有计划地实施普及初等义务教育和扫除青壮年文盲工作，农村小学教育教学工作从混乱和瘫痪中走上正轨，从而推动了全县农村小学的布局调整和教育教学质量的提高。据县教育局统计，全县 1989 年有校点 409 个，比 1979 年的 417 个，减少 8 个，教职工 1 183 人，比 1979 年的 762 人，增加 421 人，全县小学入学率为 78.3%，比 1979 年的 74.5% 上升 3.8 个百分点，1989 年巩固率为 83.5%，比 1979 年的 81.5% 上升 2 个百分点②。教学质量方面 M 县一小、M 县乡小学 1987~1990 学年连续 4 年获全州同类学校小学升初中综合成绩第一名。M 县的一些半寄宿制小学被省教育厅评为"优级学校"。GLH 乡、XS 镇、MH 乡分别于 1987 年、1989 年、1990 年按原标准实现了普及初等义务教育和扫除青壮年文盲工作，分别得到州、县人民政府的认可和表彰。

（二）集中办学全面推广

20 世纪 90 年代 M 县把发展教育事业、培养人才、提高民族整体素质摆到了优先发展的战略地位，积极贯彻落实"两基"工作，到 1998 年全县各乡镇完成了"两基"任务。

1996 年，教育局制定的《M 县教育发展规划及 2010 年远景目标》中，提出积极进行集中办学，扩大办学规模，提高综合效益。教育局以调整校点布局为方向，遵循"从需求看调整，从投入看效益"的原则，按照"整体规划，宜并则并，先易后难，先坝区，后山区"的分步推进集中办学。截至 1999 年年底，全县小学和教学点由 1990 年 246 所和 176 个，调整为 1999 年的 247 所和 113 个。在这次学校调整中，小学增加 1 所，教学点减少 63 个。其中完全小学由 39 所增加到 67 所，增加了 28 所；高小点由 109 个增加到 132 个，增加了 23 个。1985 年入学率、巩固率、毕业率，分别由 89.5%、87%、53.2% 上升到 2000 年的 97.51%、95.56%、85.38%③。

集中办学的实施主要分两个步骤，第一，在 20 世纪 90 年代初县政府提出在抓"普六"的同时做好调整农村小学布局，收缩校点，集中办学规划。各乡镇

---

① M 县教育志编委会：《M 县教育志》（内部资料）2009 年，第 23 页。
②③ 中共 M 县委员会、M 县人民政府：《M 县五十年历程》（内部资料）2001 年，第 360 页。

在县教育主管部门和教育督导部门的指导下，反复向农村干部群众宣传集中办学的现实意义和历史意义，让干部群众明确合理布局校点，集中办学是在新的历史时期充分利用和开发教育资源，避免重复投资，减轻农民负担，加强学校内部管理，提高办学效益，服务社会主义经济建设的一项重大举措。通过大量宣传动员，提高了各级干部、各族人民群众对调整布点，集中办学的认识。实现了"要他集中办学"为"我要集中办学"的转化。第二，对辖区自然村的地理位置、农户人口、经济状况、民族结构、村际间的距离等进行调查论证。按"整体规划，宜并则并，宜增则增，合理布局，分步实施"的原则。通过协商提出调整撤并校点，集中办学方案，并付诸实施。如嘎拱小学率先将7个校点合并成一校，发展成拥有19个教学班772名学生规模的村级九年制学校。

（三）集中办学取得的成效

在实施集中办学的过程中，MZ乡嘎拱村小率先将12个自然村的6个校点合成一校，发展成拥有16个教学班、604名在校生的村级完全小学。1993年，县委、政府在MZ乡召开集中办学现场暨表彰会，推广嘎拱经验。接着在全县掀起集中办学、集资办学的高潮，推动了全县集中办学进程。MH乡党委领导亲自为集中办学的6所学校选划校址100余亩；MM乡"八八小学"由8个校点合并为一所完小后，教学质量明显提高；DL镇曼轰完小由5个校点合并后成绩突出被评为县级"文明单位"。2000年，全县小学由1985年的486个校点减少到358个校点，净减128个校点；学生由28 695人增加到43 088人，净增14 393人；完全小学由原来的25所增加到67所，净增42所。1985年入学率、巩固率、毕业率分别由：89.5%、87%、53.2%，上升到2000年的97.51%、95.56%、85.38%[①]。集中办学达到了校点减少，规模扩大，班额增加，学生增多，普及率提高，办学条件改善，教育质量逐步提高的目标。教学质量的提高，激发了群众集资办学的热情。1990~1998年，MZ乡干部群众累计集资300余万元，在有关部门的支持下，建造了17幢砖混结构拥有82间标准教室的教学楼。完全小学由1990年的1所，增加到1998年的11所。小学毕业生由1990年的170人增加到1998年的820人。入学率由79.1%提高到98.7%；完学率由17.5%提高到82.25%。1992年集中办学后各民族不仅团结和睦，教学质量也在逐年提高。1993~1996年，连年教学质量评比获全县同类同级第一名。MH乡曼打小学有4校点合并后，入学率由原来的80%上升到100%[②]。

---

① 中共M县委员会、M县人民政府：《M县五十年历程》（内部资料）2001年，第360页。
② M县教育志编委会：《M县教育志》（内部资料）2009年，第24页。

（四）中小学布局调整政策实施的步骤与进程

第一步，由县教育局相关人员通过对基层学校的教师和学生的初步调查，了解乡镇上的学校和村寨里的学校情况。因为这些学校的老师和学生对周围村寨的情况最熟悉。第二步，把下边的意见、想法收集上来，整体宏观地草拟县域学校布局调整规划。第三步，再把草拟的规划方案发到地方并问卷进行调查，征求意见。根据意见对草拟的规划进行调整，接下来再征求地方意见，这样要通过七八次的沟通才能最后确定下来。第四步，将该计划报送县政府，由县政府通知涉及撤校的乡镇，同时相关乡镇通知相关村寨对撤并学校的家长进行征求意见。最后一步，教育局将规划召集县上十余个与学校教育发展的相关政府部门对布局调整规划进行讨论，涉及的各个部门（发展、财政、审计、住建局、纪委、监察、环保等），只要和教育沾点边的，规划通过后并报送县政府，由县政府向州教育局进行审核，通过后交给县政府，由县政府报送州政府，再由州政府交由省教育厅审核，审核后交由省政府审批，通过后政府将会配备相应的资金进行学校撤并规划的实施。

2012年9月国务院办公厅出台《关于规范农村义务教育学校布局调整的意见》，指出暂停全国范围内的中小学撤点并校。为了避免违反国家的政策规定，同时又为了顾及当地的现实状况，采取了政策落实上的变通。因为许多校舍建设项目在第一轮集中办学规划中已经基本建设完成，这些教学设施如不使用将是二次的浪费。M县的集中办学依然在缓慢的进行中，现在他们对此不称集中办学，也不称学校布局调整，而称"自愿流转"，每名集中过来的学生都要签订"自愿流转协议书"，如图5-1所示，其中很重要的原因是他们对集中办学的价值非常之大，把现在又并校产生的衍生问题归为政策配套经费的不足，而不认为政策本身存在任何问题。另外也是为了避免有限教育资源的二次浪费。

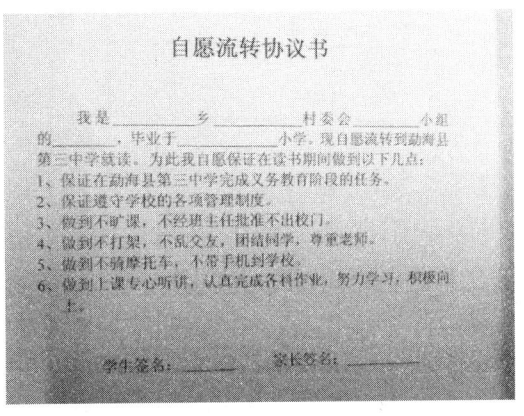

图 5-1 自愿流转协议书

表 5-1　国家与地方集中办学状况

层级	年份	小学					初级中学					合计			
		学校			学生			学校			学生			学校		学生	
		数量	减少数	减少百分比	数量	减少数	减少百分比	数量	减少数	减少百分比	数量	减少数	减少百分比	数量	减少百分比	数量	减少百分比
全国	2001	49.13			12 543.47			6.66			6 514.38			55.79		19 057.85	
	2012	22.86	26.27	115	9 695.90	2 847.6	29	5.32	1.34	25	4 763.06	1 751.3	37	28.18	27.61 98	14 458.96	4 598.89 32
M县	2001	431			36 685			16			7 573			447		44 258	
	2012	105	326	310	23 193	13 492	58	14	2	14	11 339	-3 766	-33	119	328 276	34 532	9 726 28

注：全国数据来自于全国教育事业发展统计公报，学校和学生数的单位是万，M县数据来自于县教育志和实际调查，其中M县数据初中学校数量包括九义学校（因为九义学校初中部的撤并与独立初中的撤并意义相似）。

代表乡镇中小学布局调整规划如表 5-2、表 5-3 所示：

MH 镇：总人口 31 755 人，全镇面积 329 平方公里，7 个村委会，5 个在坝区，2 个以山地为主。

表 5-2　　　　　　MH 镇小学布局调整进程及原来规划

年份	学校数 合计	完小	小学点	一师一校教学点	教师数	班数	学生数
1951	1						90
1975	48						4 138
1979	34						3 066
1980	27						2 021
1983	43						2 406
1988	29						2 216
1991	30	10					2 817
1997	29	3					3 644
1999	27	4					3 720
2000	26	4					3 551
2001	25	4					3 406
2002	29	5					3 437
2003	28	6	19	3	176	115	3 345
2004	24	4	16	4	171	102	2 938
2005	21	5	14	2	169	108	3 114
2006	16	6	7	3	164	99	3 104
2007	14	6	8	0	161	98	3 077
2008	14	6	8	0	162	93	2 863
2009	7	6	1	0	162	73	2 766
2010	7	6	1	0	159	66	2 465
2011	7	6	1	0	149	65	2 503
2012	6	6	0	0	143	63	2 491

预期目标近两年合并成 2 所小学，分别为镇中心小学和 MG 小学（距离镇中心小学 5 公里）。

BLS 乡：总人口 20 470 人，全乡地处山区，面积 1 016 平方公里，是滇南最为地广人稀的边境民族乡。

表 5-3　　　　BLS 乡小学布局调整进程及原来规划

年份	学校数				教师数	班数	学生数
	合计	完小	小学点	一师一校教学点			
2008	42	1	32	9	162	93	2 863
2009	42	1	34	7	162	73	2 766
2011	36	2	28	6	149	65	2 503

预期目标近两年合并成 2 所小学，分别为镇中心小学、曼因小学和吉良小学。

二、学校撤并后的成效

（一）学生角度

1. 学生短期流动数量明显减少

学生短期流动属于地方性称谓，是指学生间断性的离开学校，时间或长或短，短则几天，长则几个月。从 M 县教育局负责"控辍保学"的相关人员了解到，我国现在所规定的辍学并没有完全包括学生短期流动的情况。所以每年 10 月向国家报送的辍学率很容易达到国家对学校学生在学率的要求。但是实质上的辍学——学生短期流动数量却非常多。学校教师找到流失学生回学校上课已经成为民族地区学校中的一项重要的工作任务。为此许多学校成立了"控辍保学"工作小组，专门负责检查学生逃学情况和找学生回学校上课的任务。中小学布局调整后，学校不断集中，由于集中后的学校普遍采取封闭式管理，校园四周筑有高高的围墙，学校大门配有保安全天看守，学生普遍吃住都在学校。每天下晚自习后由每班看管晚自习的教师将学生排队清点好人数，然后将学生带进宿舍区交给宿舍管理教师看管，并且确定好交接时的学生人数，接着将宿舍区的大门关闭，由宿舍管理教师看管学生在宿舍区域内活动，并监督他们按时睡觉。由于对学生管理的比较到位，所以，学生短期流动人数明显减少。

以 XD 乡为例，某年级在册学生八十多人，原本有两个班级，其中有四十多人长期处于短期流动状态，于是合为一班。2013 年 9 月被撤并到 M 县第三中学后，登记在册的 80 多人中有 60 多人到校上学，短期流动的学生减少了一半，而另一半长期短期流动的学生，有些去了泰国、缅甸等地打工。[1]

---

[1] M 县第三中学书记访谈记录，2013 年 10 月 18 日。

2. 学生学习兴趣提高

集中办学后，由于国家和地方投入了相对充足的办学经费，学校的硬件设施大为改善，所以学生可以享用完备的现代化教育设施和教学设备。例如，美丽的校园、现代化的教学实验室等。同时教师相对充裕，所以国家规定的课程可以得到全面开设，包括音乐、美术等不受学校重视的非升学考试科目。

在访谈的过程中，了解到学习成绩好的学生普遍喜欢集中后的这个学校，因为这个学校管理严格，老师负责任，教的也比较好，所以可以学到很多东西。有些比较重视教育的家长，集中办学之前，就已把孩子送到好一点的学校读书。例如 BLS 乡一个偏僻寨子里的学生，在就读幼儿园的时候就被父母送到 BLS 乡上中小学的学前班住校就读，从那里接着读小学，2013 年已经四年级了。MZ 镇原 ME 九义的一名小学生，在 ME 九义学校中学部撤并之前就已经来 M 县第三中学住校就读了。其主要原因就是转到的学校教学质量更好些，可以学到更多的东西，也有的家长认为这样的学校管理的严格，可以避免孩子学坏。

3. 多民族学生共校，有利于学生学好普通话

随着社会流动性增大，普通话在民族地区越来越受到重视。调查时了解到，他们普遍认为讲好普通话是每个人生存和发展的基础。一方面，民族地区外来人口越来越多，不同民族相聚于此，普通话已经逐渐成为当地不同人群交流的通用语言。例如调查时了解到，有些偏远地区的家长不会讲普通话，去县城购物经常带着自己在学校读书的孩子陪同去，原因在于孩子在学校学会了讲普通话，可以担任他们的翻译，因为在县城做生意的普遍是来自全国各地的人，他们普遍不会讲当地的民族语言；另一方面，民族地区外出做生意和打工的人越来越多，会讲普通话已经逐渐成为他们谋生的基本条件。

随着办学的不断集中，不同民族学生共校的情况越来越多，普通话已经逐渐成为学校日常生活和教学的重要交际语言。教师为了顾及全班不同民族学生，采用普通话授课，学生为了与不同民族学生交流，也需要学好普通话，从而提高了学生运用普通话的能力。

4. 远离家庭，利于学生安心学习

少数民族耕种的土地主要是山地，属于粗放型的农业生产，基本无法使用现代的机械化设备耕种，需要大量的人力投入。而学生，特别是中学生往往成为家里农忙时的重要劳动成员。学生放学回家帮助家里干农活是一件常事，特别到了农忙时节，甚至有些家长会让孩子耽误正常的上学时间留在家里干农活。集中办学后，学生远离家庭，便减少了家庭对学生的影响，可以保证学生每天有充裕的学习时间在学校里安心的读书。

5. 传承民族文化

伴随着学校布局调整政策在民族地区的展开，寄宿制学校的广泛建立，学校

教育对民族文化传承的影响日益凸显。一些学校开始重视民族文化传承教育，开展了一系列教授学生民族代表性文化的活动。例如，MH镇小学通过民族舞蹈课程开设，传承民族文化。学校有专门教师教授学生民族舞蹈。该小学在西双版纳州举办的学生民族舞蹈比赛中取得了全州第二名的好成绩。集中办学后，有利于教育资源配置，学校配备了专业的民族舞蹈教师，开设专门课程教学生学习舞蹈，也有利于民族文化的有意识传承与保护①。

（二）教师角度

1. 改善教师的生活环境，提高教师的工作热情

撤并校以前，偏远山区的教学点环境普遍非常艰苦，这些教学点的教师基本无一人来自本寨子或周边寨子，他们往往孤身一人来到这些偏远的村寨教学点任教，工作和生活环境非常艰苦。县教育局的一位督导曾这样描述：

很可怜我们乡下的老师啊，单师单校，一个人在那里教书，尤其是女老师，一个人住在学校，一到晚上，四周静悄悄的，周围都是大山，有时偶尔可能还会时不时的传来几声动物的恐怖叫声，整个教学点就她一个人，甚至会经常害怕得哭起来，她们真是太不容易了②。

这些外来教师在村寨里没有亲人，同时受到城市化进程的影响，基本都在县城购房，距离近的，交通方便的学校，教师在晚上没有工作任务的情况下，每天都回县城的家住。例如，像MH县第三中学的大部分教师基本上每天都会往返于县城和学校一次。而偏远山区的教师普遍每周回家一次，除非遇上大雨而造成公路塌方或山体滑坡道路阻塞。

由于教学点普遍位于交通不便的偏远山寨里，生活和工作环境非常艰苦，上级部门一般都分派年轻男教师到教学点工作。一旦进到这些教学点，又很难被调出来，时间久了这些男教师只能娶本寨农民做媳妇，从而形成教学点的"单边户"（夫妻二人一方是教师，另一方是农民的家庭）。

教学点的教师普遍表示厌倦了这种生活环境，失去了进取心，许多基本属于混日子状态，完全失去了工作热情。

中小学布局调整政策推行以后，学校不断集中，教师从山上的教育点移到坝区学校，不再是独自一人孤独无助地守在教学点。同时在集中办学政策推行的过

---

① MH镇小学教师访谈记录，2012年10月23日。
② M县教育局陈督导访谈记录，2013年10月15日。

程中，国家和地方政府不但投入大量资金改善学校硬件设施，而且在距离县城较远的学校还建起了教师公寓，使教师的生活环境大为改善，教师普遍表示对现在的工作和生活环境很满意。

2. 改善教师的工作环境，提高教师的教学成效

集中之前教学点学生生源少，每个教师统揽每门课程，同时教师的水平和精力有限，所以每门课程的教学质量都不高。集中办学后，每个学校开设不同的年级，同一年级还可能有几个班级；学校教师增多，尤其教授同一门课程的教师增多，他们相互学习和交流的机会增多，可以分享教学与教研成果和处理教学难题的经验。这样，有利于教师自身素质和教研能力的不断提升，也使学校教学质量明显好转，现在 MH 镇的教学质量已经由原来的全县倒数第一稳步提升到第五名。

（三）家庭角度

1. 多了一份清静，少了一份担忧

自从集中办学之后，由于寄宿制学生数量大幅增加，寨子里学龄儿童的身影越来越少。对于这里的初中学生，他们普遍喜欢骑摩托车，特别是傣族学生更是如此。他们以前平日上学都会骑摩托车。另外傣族基本都生活在坝区，地势平坦，这些学生一有时间就会三五成群专门出来在公路上飙车，所以非常危险，经常会发生交通事故。

由于受到小乘佛教的影响，父母与当小和尚的孩子之间多了一层"反向优势关系"。这种"反向优势关系"主要体现在每逢缅寺举行的节日活动和宗教仪式时，这些父母会向自己做小和尚的孩子跪地朝拜，这种奇异的关系必然会在日常生活中产生一定的影响，直接制约了父母对孩子管教的权限与力度。

集中办学后，尤其是初中生，由于家庭与学校之间距离变远，普遍住校，周末才可以回家，有些距离学校特别远，交通又不方便甚至几周才能回一次家。这些寄宿制学校主要采取封闭式管理，平时不允许学生随便出入校门，学生只能周末回家才有机会骑摩托车，这大大降低了学生出现交通事故的概率。对学生的管教责任更多地从家庭和缅寺转移到了学校，在某种程度来说，对于这些家长也是一种解脱。

2. 利于对学生不良行为的规训

随着社会的发展，文化的变迁，特别是现代学校教育的介入和发展，寺庙教育传播宗教信仰的功能逐渐弱化，西双版纳傣族表达其信仰的赕佛仪式也越来越多地加入世俗化的成分，更多地像一种民间娱乐活动，宗教的成分越来越少。缅寺教育式微，学校教育效果不佳，造成他们精神财富的积累十分缺乏，在面临当下物质财富极大丰富的今天如何健康的成长成为一个极其重要的问题,尤其现阶段的中学生。增加法律约束是必要的,而法律知识与意识的习得唯有通过学校教育才能有效掌握。因此,采取集中办学、封闭式管理是处理这个问题的最有效方法。

三、学校撤并后的弊端分析

由上可知,M县通过对并校取向的中小学布局调整政策的实施,取得了一定的成效,"促进了当地教育的短期发展","有利于教学质量的提升"。但是,从全面培养人的教育来看,尤其作为民族地区,从当地教育长期可持续发展和民族文化传承与保护来看依然存在许多严重问题。

(一)影响民族宗教文化的传承

民族文化是我国主体文化的重要组成部分,尤其许多优秀民族文化,它的作用是不言而喻的。在许多少数民族传统文化中,对教育影响最大的莫过于宗教。在云南西双版纳的傣族,全民信仰小乘佛教,"皈依佛祖"是傣族文化心理的重要内容,"送子为僧"至今仍很风行,傣族男子七八岁时,就要进寺庙为僧,经过2~10余年的和尚生活后,方可还俗成家立业。而未入寺庙当和尚者,被称作"岩令"(意为"不懂规矩的野人"),视为"异端",这种人成人后不但难以娶妻,父母死了也无人来为其念经超度灵魂。通过对一些傣族学生的调查发现,傣族民众中今天仍然流传,他们普遍认为如果不进寺庙学习老傣文,那么成为老人的时候不会念经将是一件很丢人的事情。据西双版纳州统计资料显示:和尚由1981年的655人激增至1984年的6 309人,绝大部分是学龄儿童。许多男学生离开学校,涌进寺庙。据统计,MZ区曼根寨7~12岁的男孩,有40%入寺当了小和尚。[①] 但是"边疆的学校日常生活,对于他们的宗教信仰漠不关心。""在我的教育过程中,所有的老师都教我马克思主义和辩证唯物主义,我通常不同意他们在宗教和历史上的观点。尽管我在学校学到了许多新东西,但我并不赞成学校的一切,我对于自己的信仰不会改变。"(一位傣族僧侣学生所述)[②]

M县的并校对傣族小乘佛教影响很大,加剧了缅寺教育的式微。自从现代学校教育进入傣族地区以来,学校教育就与傣族和布朗族的缅寺教育之间存在许

---

① 王锡宏:《云南边境民族教育调查综述》,载《民族教育研究》1989年第1期,第84~96页。
② [美]白杰瑞、滕星、马效义等译:《文化·教育与发展——全球视野下的中国少数民族教育》,中央民族大学出版社2011年版,第234~235页。

多冲突。包括生源上的冲突、时间上的冲突、教学内容上的冲突、学生人生观上的冲突与和尚生身份上的冲突[1]。其中最直接的是时间上的冲突。从传统意义上说，小孩一般七八岁升和尚，然后正式入住缅寺生活和学习，平时不许离开缅寺，这与孩子的正常上学时间相冲突。

（二）学生之间冲突增多

随着民族地区中小学不断集中，多民族学生共校的情况越来越普遍，不同民族学生之间的冲突时有发生。例如，MG 小学招收 MH 镇 MG 行政村下 12 个寨子中的 11 个（10 个傣族寨子，1 个布朗族寨子），该小学在 2009 年合并了该村的其他三个教学点，这些教学点学生刚撤并到 MG 小学时，问题很多，其中最主要的是学生之间的打架问题。"这些来自于不同寨子、不同民族的学生，一个个像牛一样，谁看谁都不顺眼，经常相互斗。学生间打伤后老师处理不了的就找家长，严重的时候还找过上面的相关领导下来处理。一般具体处理办法是打者赔钱。"[2] 再如 M 县第三中学，每次学校组织的校内足球比赛结束后，通常会引起双方肢体上的冲突，这时，教师要及时疏导赛场上的队员，避免双方之间的摩擦。

平时学生之间冲突发生后要及时彻底解决两者之间的冲突问题，以免引起"死灰复燃"。当短时间说服不了冲突双方之间的矛盾的，教师则把学生始终带在身边，直到他彻底体悟和解为止。调查时了解到，2010 年 M 县第三中学的一个佤族学生与一个傣族学生由于平时的一些矛盾和摩擦没有得到及时的解决而引发了学生之间的暴力冲突，使得两个同班同学反目成仇。随着这次冲突程度不断加重，后来直接引起两名学生所在寨子之间的暴力冲突。类似的事件在布朗山乡也发生过，几年前格朗和乡某中学傣族和哈尼族学生冲突，而后发展到两个家庭的冲突，再后发展到两个村寨的械斗冲突，最后升级为族群冲突，最终还是公安机关的介入才得以平息[3]。

对于源自于同一个寨子的学生之间的冲突容易解决，而对于源自不同寨子、不同民族的学生之间的冲突要格外重视，否则将会波及更多的群体，甚至是寨子与寨子之间的群体冲突。因为一些寨子之间本身就存在一些看法与隔阂。这也是一个文化背景差异大小的问题，如果两者的文化差异小，容易理解，即使有了矛

---

[1] 陈荟：《版纳傣族寺庙教育与学校教育共生研究》，西南大学西南民族教育与心理研究中心 2009 届博士学位论文，第 67~75 页。
[2] MH 镇曼国小学校长访谈记录，2012 年 10 月 23 日。
[3] 张婷：《西双版纳多民族学校中不同民族学生发展状况比较研究——以勐海县第三中学为例》，西南大学西南民族教育与心理研究中心 2011 届硕士学位论文。

盾也能在一个合理的标准上比较容易和解；如果文化差异大，解决问题的理想标准差异会增大，那么和解也会变得更加困难①。

民族学生之间的冲突不同于一般意义上的学生之间冲突，他将直接影响民族之间的和谐关系问题。学校即是社会的一个缩影，学校内不同民族学生间的交往状况在一定程度上也将影响社会中各民族之间的交往状况。如果学校内不同民族学生间的冲突未得到及时疏导和有效解决，那么就会影响社会中各民族的交往，还会对我国和谐民族关系、和谐社会的构建产生不利影响，特别是边疆地区，甚至会威胁国家安全。美国政治家亨廷顿指出："当今世界，不同的民族、不同的国家之间最根本的区别不在于经济而在于文化，国与国之间经济、政治、外交、生活等方面的矛盾冲突归根到底乃在于文化之间的矛盾和冲突。"② 由此可见民族学生之间冲突问题至关重要。

（三）教育资源二次浪费

调查时发现，在集中办学的实施过程中，并校后腾空的教学点处于资源浪费的状况。例如，曼拉小学的校舍刚刚建立两三年，撤并后，这个崭新的教学楼就变成了养猪和养鸡的场所。按照最初集中办学的大步骤规划，计划集中后的教学点投入了大量的资金，由于政策的暂停，导致建成后的学校设施不能得到充分的利用。例如M县三中，已经规划建成可容纳两千多人的学校，笔者在2012年上半年考察时该学校正在对校园设施加紧建设和完善之中，当时仅有1 200名左右的学生，2012年下半年笔者再次去考察时，该校已按照国家集中办学政策，基本完成了布局调整。而这时刚好赶上国家出台政策暂停中小学布局调整，结果面临整栋教学楼和学生住宿楼闲置，截至2012年9月中小学布局调整政策暂停，M县第三中学已经建成容纳2 400名学生规模的寄宿制学校，共有48间教室，而截止到2013年将原计划并入的三所学校并入后，学校规模才刚刚达到现在的1 759人。依然有641人的容纳空间，所以现在还闲置着许多间教室和宿舍。

与此同时，集中后的学校又面临着校舍不够问题，如调查的ME学校，学前班儿童被安排在临时用竹子搭建的简易教室里上课。

（四）家庭负担加重

由于集中办学，家庭距离学校变远。学生无论是住校还是每天由家长接送，这都给家庭增加了经济负担。例如，曼拉村委会下辖五个寨子，两个哈尼族寨

---

① M县第三中学校长访谈记录，2012年3月31日。
② [美]亨廷顿，《文明的冲突与世界秩序的重建》，新华出版社1999年版，第13页。

子，三个傣族寨子，建有一个学校，并入 ME 九义学校后，五个寨子是距离 ME 九义学校最远的寨子。由于学前班学生年龄比较小，五六岁左右，因此家长上午七点半左右将孩子送到学校，然后在教室外面等候 11 点放学再带孩子回家吃午饭，下午两点半再将孩子送到学校，等到三点再接孩子回家。因需要家长全程陪同，所以浪费了家长大量时间，还浪费了骑摩托车的油钱。孩子每天还需要花费十元的零花钱，另外还耽误了家里做农活的时间，其中一个家长指出，长期下去家庭都会变穷掉。由于 ME 九义学校位于 214 国道旁，车流量大，即使上小学都要家长接送才能放心。家长介绍，以前孩子在曼拉小学上学时，由于寨子车少，并且离家很近，孩子每天自己走着上学就可以。

我们这里多为山路，只能骑摩托车，由于多为山路，与东部地区相比，同样的距离摩托车耗的油都要多。另外，我们这里比较偏僻，同样的油运到我们的村寨里运输成本都要高很多，所以这里村民买的油价格也要高。一般四五公里的路程，每天就要花掉五元左右的油钱。总之，同样距离的集中办学，在我们这里将会给我们家长增添更多的经济负担①。

此外，随着集中办学的不断推进，寄宿制学校越来越多。寄宿制学校的问题在下一节集中讨论。

综上所述，从 M 县这个个案集中办学所表现的有利因素看，它对于办学成本的节约、学生学习成绩的提高等都是十分有利。但是这种只考虑经济效益、只看重物质层面满足的学校设置，难以长久发展下去。因为它忽视了民族教育的根本目的、民族地区的长远发展，没有从精神层面的高度来审视民族地区的集中办学问题。民族地区学校教育的目的在于培养真正的民族人，培养同时适应民族文化与主流文化的人。因此，应加强民族地区小规模学校的发展，促进学校与社区的融合，才能解决民族地区学校教育发展滞后的问题。

第二节　民族地区学校寄宿制问题研究

民族地区寄宿制学校是针对民族牧区、边远山区和经济落后地区招收少数民族学生的一种特殊办学形式。在县城或乡镇以上的地方开办寄宿制民族中小学，

---

① ME 村村民访谈记录，2013 年 10 月 21 日。

实行全日制中小学教学计划，以公办助学金为主，辅以困难补助或减免学杂费和书本费。根据国家基础教育"分级办学，分级管理"的原则，寄宿制民族中小学办学经费由各级人民政府负责。办学形式分为省办、地（州）办和县办等几种形式，国家在经费、师资和设备等方面给予特殊照顾。为适应不同地区、不同民族的特点和需要，寄宿制民族中小学办学模式也有所不同，可分为普及型（贫困和特别贫困少数民族地区普及六年义务教育的需要）、提高型（少数民族地区培养中、高级人才的需要）和特色型（少数民族地区培养特色型人才的需要，如开办文体班、职教班、女童班等）等几种模式[①]。

一、民族地区寄宿制学校的发展历程

从民族地区寄宿制学校的发展历程来看，国家在政策、资金、师资、教学设备和生活设施等方面都给予最有力的支持。

新中国成立后，党和国家根据少数民族和民族地区的迫切需要，为发展民族教育事业，提高各民族的文化素质，在民族地区创办民族寄宿制中小学。通过采取一系列特殊性政策和措施，民族地区寄宿制学校得到了快速的发展，极大地改善了民族地区的教育状况，培养了一批少数民族干部和各类专业人才，促进了民族地区经济文化发展。十年"文革"期间，极"左"路线开始肆虐，根本不顾各地的实际情况，错误地鼓吹在牧区和山区大力发展马背学校，否定符合民族地区特点的民族地区寄宿制学校，致使民族教育事业受到很大的破坏。1980年，教育部、国家民委在《关于加强民族教育工作的意见》中重新提出："对于大多数文化教育十分落后的民族，特别是对于边远地区、牧区、山区的民族，必须采取特殊的办法，在相当的时期内，集中力量，办好一批公办的民族中小学，给予较多的助学金，特别要大力办好一批寄宿制学校，采取由国家管住、管吃、管穿的办法。对这些民族中小学，在经费上要给予必要的照顾，调配较好的教师，校舍和教学设备也要好一些，把这批民族中小学办好了，就可以确保出一批人才，奠定进一步发展的基础。同时，还可以发挥各方面的积极性，实行多种形式办学。"[②] 这一文件的出台，翻开了我国寄宿制民族中小学发展的新篇章，它是我国寄宿制民族中小学发展的一个新的里程碑。此后，各地积极贯彻落实这一文件精神，使寄宿制民族中小学校得到较快恢复并获得很大发展。

2002年7月第五次全国民族教育工作会议明确指出要重点支持有关省（区）

---

① 王嘉毅等：《西北少数民族基础教育发展现状与对策研究》，民族出版社2006年版，第160页。
② 金东海：《少数民族教育政策研究》，甘肃教育出版社2002年版，第69页。

对民族寄宿制中小学校舍、学生宿舍及食堂的建设和维修工程，进一步改善民族地区办学条件。2003年9月，教育部民族教育司、国家民委教育司联合举办的全国民族教育工作研讨会提出，在今后一个时期，山区、牧区、高寒山区的寄宿制中小学将作为当地教育的重中之重，加大人力、物力和财力投入，以进一步改善寄宿制中小学办学和生活条件。

2003年9月，全国农村工作会议通过了《国务院关于进一步加强农村教育工作的决定》提出继续推进中小学布局结构调整，努力改善办学条件，重点加强农村初中和边远山区、少数民族地区寄宿制学校建设，改善学校卫生设施和学生食宿条件，提高实验仪器设备和图书装备水平。2004年为实现西部地区"两基攻坚计划"的完成，在国务院领导下，教育部、国家发展和改革委员会、财政部三部委联合颁布了《西部地区农村寄宿制学校建设工程实施方案》，共同组织实施"农村寄宿制学校建设工程"。从2004年起，用4年左右的时间中央财政投入资金100亿元，帮助西部地区新建一批以农村初中为主的寄宿制学校；同时，在合理布局、科学规划的前提下，对现有条件较差的寄宿制学校和不具备寄宿条件而有必要实行寄宿制的学校加快改扩建的步伐，并重点补助未"普九"地区农村寄宿制学校建设。

据教育部公布的统计数据，2006年全国中小学共有寄宿学生近3 000万人，西部地区小学、初中的寄宿学生最多。西部地区小学寄宿学生占10%，中西部地区初中寄宿学生比例都在40%以上，农村地区寄宿学生的比例更高，西部农村寄宿学生比例达到52%。其中，西藏、广西、云南3省（自治区）的比例超过70%。《中国教育事业发展状况报告》显示：从2004年至今，全国共新建、改建、扩建农村寄宿制学校2 400多所，"两基"计划完成后，中、西部23省、市、自治区将新建、改扩建寄宿制学校7 727所，增加寄宿生204万人。[①]

国家通过实施少数民族地区寄宿制学校建设和"农村寄宿制学校建设工程"，确确实实建设了一批好的民族地区寄宿制学校，使其教育条件、师资质量都能得到大幅度改善，缩小了校际间的差距，提高了民族地区寄宿制学校的教育教学质量，最大限度地为每一位少数民族群众子女提供充分受教育的机会，最大限度地满足少数民族群众对优质教育资源的需求，最大限度地关心、支持、帮助少数民族学生成才，对民族地区基础教育的发展起到了极大的促进作用。

对于教育水平很低，教育资源严重不足的民族地区，在教育公平和教育均衡发展的原则指导下，寻找适当的投入方式，进行大量而有效的投入，是民族地区

---

① 《教育部要求做好农村中小学布局调整工作，切实解决边远山区学生上学远问题》，载《中国教育报》2006年6月13日。

尽快完成九年义务教育，全面提高劳动者素质的关键。针对民族地区人口稀少、交通不便的客观条件，国家开办了民族地区寄宿制学校。这一政策的推行，既可以免除学生每日往来学校的长途跋涉，确保其人身安全，又可以使寄宿制学校中的师资相对集中，给学生的学习和生活进行全方位、全天候的指导，学生之间也有更多交流和学习的机会。"实践证明，举办寄宿制中小学是普及初等教育，发展民族教育的一种好的办学形式，它有利于提高学龄儿童入学率和巩固率，有利于集中师资加强教学，提高教学质量，有利于教师的进修提高，有利于集中力量改善办学条件、开展勤工俭学活动，使学生在德、智、体三方面得到全面发展，对于繁荣和发展各民族的经济文化，增强民族团结，巩固边疆，也有重大战略意义"[1]，所以国家投入大量资金建设西部寄宿制学校，以发展西部教育。国家的政策倾斜和资金投入，为寄宿制学校的发展奠定了良好的基础。但我们必须清醒地认识到：寄宿制的发展不仅仅是硬件建设问题，而更为关键的是它的软件建设，只有把寄宿制学校与少数民族地区的实际相结合才能将物质投入的效益发挥到最大，实现民族地区寄宿制办学模式的良性发展[2]。

二、民族地区寄宿制学校存在的问题

民族地区寄宿制学校，在一定程度上促进了民族地区基础教育的发展，但是，还存在着一些问题。调查时了解到，一名副校长抱怨新建学生宿舍楼的一个不好处是走廊在楼内，中间是走廊，走廊两边是房间的格局，与以前的宿舍楼相比，不利于教师一眼就可以观察到整栋宿舍楼学生的整体情况，并便于保持随时观察所有学生。这样不利于对住宿学生的监控和管理。这类似于福柯所比喻的学校如同监狱，扭曲了教育的根本价值，这也源于管理教师的稀缺，也反映出对良好情况的养成、学生管理的科学、有效等一系列问题。

在福柯看来，现代学校广泛使用的严格而精细的时间表脱胎于修道院的生活安排方式，因为近代的西方学校一般都有教会的背景。最初的"互教学校"就如同"一台强化时间的使用的机器"，其初衷在于"促进学习进程"和培养"做事敏捷的习惯"。现代学校广泛使用的时间表对有关学习和生活的时间进程作出了明确而具体的规定和要求，其"唯一目的是……使儿童习惯于又快又好地完成一项作业，通过讲求速度来尽可能地消除从一项作业转到另一项作业时造成的

---

[1] 赵沁平：《加强寄宿制学校管理工作保证民族教育持续健康发展》，《中国民族教育》2004年第6期。

[2] 白亮：《关于西北民族地区寄宿制学校办学若干问题的思考》，载《当代教育与文化》2009年第3期。

时间损失。"① 福柯认为，正是时间表的广泛使用，学校里的时间就变成了"有纪律的时间"，②即精确、专注、有条不紊和令行禁止的时间。此外，时钟的嘀嗒声还能够营造出一种天然的紧张气氛，让人自然产生一种紧迫感，从而起到对人的督促和激励作用。但是，学校不应是监狱，学生不应是囚犯，用教育家洛克的话说，"每一名学生都是一张张有待书画的白纸，"用一种管教囚犯的方式方法来教育一名天真无邪的学生这本身就是学校教育的莫大悲哀。倘若如此还何谈教师、何谈教育，这是一种教育无能的表现。《纽约客》杂志在对阿桑奇的人物素描中写到他的妈妈，她不让儿子参加当地学校，因为她害怕"正式的教育会灌输对权威的变态尊重"。她会为儿子后来的行为感到骄傲。阿桑奇不仅是一个黑客，甚至可以说是一个老式的无政府主义者，相信所有的统治机构都是孵化堕落的，所有的公共声明都充满了谎言③。

民族地区寄宿制学校的主要问题表现在如下几个方面：

首先是寄宿制学校中少数民族学生的数量正在减少。当学校教育未在民族地区开办，少数民族学生一般进寺庙接受宗教教育（比如，傣族的和尚生），现代学校开办后，出现了寺庙与学校争夺生源的问题，尽管这一问题有所缓解，但是少数民族学生对学校教育的认同度不高，虽然国家投入大量的人力、物力和财力大力发展民族地区的学校教育，少数民族学生依然不愿意进入学校接受教育。以甘南藏族自治州夏河县为例，夏河县藏族中学就位于闻名遐迩的拉卜楞寺对面，但是有大量的学龄儿童在拉卜楞寺出家接受寺院教育，而夏河县藏族中学却存在着生源不足的问题。还有一个原因导致民族地区学校生源不足，由于受地区经济发展的影响，民族地区的青壮年大都外出务工，其孩子也跟随父母进城读书，这也就导致了"有学校无学生"的状况。

其次是民族文化传承遇到阻碍。虽然学校是传承民族文化的重要途径，但是学校毕竟是以传授主流文化知识为主的场所，有些民族文化传统由于与学校教育理念的冲突，不能通过学校教育传承，这就必须通过家庭教育和社区教育弥补。民族地区寄宿制学校的建立虽解决了学生上学难的问题，但是学生大部分时间都在学校中，渐渐与自己的生活世界疏离，甚至会对自己的民族文化产生疏离感。"传统"的传承依赖于"制度化"的培养读书人的教育机制，但更重要的是根植于普通百姓一代一代在日常生活经历中的"言传身教"。在有几千年使用文字的传统，并有士大夫的思想意识渗入乡村的中国社会中，乡民的仪式行为无疑深受读书人的影响。但许多礼仪习俗得以传承不替，其更本质的根源来自普通百姓的

---

① [法] 米歇尔·福柯，刘北成等译：《规训与惩罚》，三联书店2007年版，第174页。
② 同上，第170~171页。
③ 胡泳：《信息、主权与世界的新主人》，载《读书》2011年第5期，第111~120页。

日常生活，来自相对"非制度化"的家庭与社区内部的"耳闻目染"[①]。"民族地区寄宿制学校建立之后，把作为民族文化传承主体的儿童集中到了现代学校，这就造成了民族文化传承主体的缺位。这种文化传承主体的缺位，对于整个民族传统文化是一种巨大的冲击，同时对于少数民族儿童的成长也有一些影响。民族地区的自然生态环境和传统文化生态具有启迪学生智慧和心灵的特殊教育作用。特别是许多交通不便的偏远地区都保留了很多对于学生来说美好的自然生态和文化生态，少数民族学生可以在日常的学习和生活中就能够接近自然、亲近自然。然而，寄宿制学校的建立使学生远离了自己熟悉的社区和文化，少数民族学生传统文化的根被切断了。"寄宿制学校的学生与日常生活的疏离也必然导致学校教育与家庭教育、社区教育的分离，降低了家庭和社区对学生的教育影响，这也不利于学生的成长与民族文化的传承。"学校离家远了，需要寄宿，原来学校和家庭一体化的学习生活环境没有了，与父母亲人朝夕相处的亲情依靠没有了，而所有这些儿童身心发展极需的情感缺失又无法在集中办学的校园里找到替代，于是不少学生便在情感上陷入无依无靠的困境，这是寄宿制学校的学生最难跨越的心理障碍。"[②]

  民族地区寄宿制学校是国家解决当前民族教育中个别问题的权宜之计，不能因为寄宿制学校确确实实解决了当前的一些问题就大力倡导，也不能因为寄宿制学校带来的一些问题而取消。就目前来看，寄宿制学校对于民族边远地区的教育发展起到了推动作用，随着民族地区社会的发展，民族地区寄宿制学校是否继续存在，还需视具体情况而定。

[①] 黄平：《乡土中国与文化自觉》，三联书店2007年版，第189页。
[②] 白亮：《关于西北民族地区寄宿制学校办学若干问题的思考》，载《当代教育与文化》2009年3期。

第六章

民族地区教育优先发展的人力资源研究

人力资源是能够推动社会经济发展的具有智力和体力、劳动能力的人的总称[①]。它具有时效性、再生性、能动性等特点。人力资源的质和量决定了一个国家或地区经济和社会的发展水平。发展民族地区经济必须以开发民族地区人力资源为前提条件,而提升民族地区人力资源水平又需要以民族教育作为重要保障。本章在梳理民族地区人力资源开发现状的基础上,重点探讨民族地区人力资源的特征和问题。

第一节 民族地区人力资源开发的现状

人力资源开发就是对人的潜能进行发掘,促进人的脑力、体力、知识、技能的提高,从而促进一个国家或民族经济社会的发展,最终实现人本身的全面发展。人力资源开发与人力资本投资有着共同点,都是在人的正常体力和智力、心理素质等的基础上,依靠后天的教育培训等途径完成。但是人力资源开发有着比人力资本投资更丰富的内涵,是通过教育、培训等手段和途径提高劳动者当前和未来智力水平及劳动技能的一种有计划、连续性的工作。人力资源的开发对象范围更加广泛,不但包括现有各行业所有的从业人员,同时还包括随着年龄增长自

---

① 萧鸣政:《人力资源开发的理论与方法》,高等教育出版社2004年版,第41页。

然产生的新增劳动力。

一直以来，对区域人力资源的评价点有很多不同观点，大多数的评价研究主要涵盖数量和质量两个方面。有学者特别强调了教育环境对于人力资源开发的重要性，如加里·贝克尔，L.舒尔茨等。但到目前为止，由于不同研究对区域范围的选择不同，统计口径的差异，大量研究数据难以获得等原因，学术界还尚未形成对区域人力资源进行评价的统一指标体系。综合以上观点，结合我国少数民族地区的具体情况和统计数据的可获得程度，本书从人力资源的数量、质量、开发环境等方面选取了 11 个指标，试从总体上分析少数民族地区的人力资源状况。所有数据主要采自近几年的《中国统计年鉴》、《中国民族统计年鉴》、《中国教育统计年鉴》、《中国人口和就业统计年鉴》以及各省区的统计年鉴，人口统计以 2000 年人口普查资料为准[①]。

一、人口数量和质量

（一）人口数量

2006 年，少数民族省区总人口为 15 082 万人。其中 15～64 岁年龄段人口所占比重均在 70% 左右，与全国水平差异不大。除内蒙古外，各省区从 1990～2006 年的人口自然增长率均高于全国平均水平，少年儿童抚养比也高于全国平均水平（见表 6 - 1）。

表 6 - 1　　　　　　　人口数量和自然增长率

地区	人口数（人）*	0～14 岁	15～64 岁	66 岁及以上	15～64 岁占总人口比重	少年儿童抚养比	人口自然增长率	少数民族人口比重
全国	1 192 666	220 280	862 690	109 696	72.33%	25.52	5.28	—
内蒙古	22 180	3 598	16 853	1 728	75.98%	21.35	3.96	21.70%
广西	43 311	9 629	29 789	3 892	68.78%	32.32	8.34	38.90%
云南	41 359	9 387	28 860	3 112	69.78%	32.53	6.90	33.87%

---

① 本书数据除特别说明外，均来源于《中国人口和就业统计年鉴 2007》（国家统计局人口和就业统计司编，中国统计出版社出版）、《中国统计年鉴 2007》（国家统计局编，中国统计出版社出版）、《中国民族统计年鉴 2007》（国家民族事务委员会经济发展司、国家统计局国民经济综合统计司编，民族出版社出版）、《2000 人口普查分县资料》（国务院人口普查办公室、国家统计局人口和社会科技统计司编，中国统计出版社出版）和中国统计出版社出版的 2007 年版各省区市统计年鉴。

续表

地区	人口数（人）*	0~14岁	15~64岁	66岁及以上	15~64岁占总人口比重	少年儿童扶养比	人口自然增长率	少数民族人口比重
西藏	2 574	631	1 779	165	69.11%	35.45	11.70	96.83%
青海	5 049	1 140	3 556	352	70.43%	32.07	8.97	46.30%
宁夏	5 539	1 336	3 874	330	69.94%	34.49	10.69	35.46%
新疆	18 681	4 206	13 233	1 242	70.84%	31.79	10.76	60.38%

注：*人口统计以2000年人口普查资料为准。2006年全国人口变动情况抽样调查样本数据，抽样比为0.0907%。少数民族人口比重采自《中国民族统计年鉴2007》、《青海统计年鉴2007》、《云南统计年鉴2007》。本节表格数据，皆来源于王鉴、张海：《我国少数民族地区人力资源现状及开发研究》，载《西北师大学报》（社会科学版），2010年第6期。

（二）人口的身体素质状况

平均预期寿命指一个人口群体按照某一时期分年龄死亡水平，平均能够存活的年数，是反映人口身体素质状况的重要指标。根据2000年人口普查资料，民族地区人口的平均预期寿命比1990年明显增加，但仍低于全国平均水平。内蒙古、广西与全国差异较小，西藏、云南、青海、新疆的人均预期寿命较短。

（三）人口的平均受教育年限和文盲率

根据2000年人口普查资料，各省区平均受教育年限与1990年相比均有提高。云南、青海比全国平均水平低1.29年和1.5年，西藏则低4.19年，其余各省区与全国水平基本相近。西藏、青海、宁夏、云南、内蒙古的文盲率高于全国水平，而新疆、广西的文盲率近年来一直低于全国平均水平。其中，西藏文盲率高达47%（见表6-2）。

表6-2　　　　　　　　平均受教育年限和文盲率

地区	平均受教育年限（年） 合计	男	女	文盲率（%） 合计	男	女
全国	7.62	8.14	7.07	9.08	4.86	13.47
内蒙古	7.76	8.22	7.27	11.59	6.98	16.53
广西	7.57	8.02	7.07	5.3	2.07	8.85
云南	6.33	6.95	5.66	15.44	9.32	22.15
西藏	3.43	4.15	2.69	47.25	34.38	69.47

续表

地区	平均受教育年限（年）			文盲率（%）		
	合计	男	女	合计	男	女
青海	6.12	6.92	5.26	25.44	15.69	35.87
宁夏	7.03	7.71	6.32	15.72	9.47	22.25
新疆	7.73	7.94	7.5	7.72	5.74	9.87

（四）人口的受教育程度

受教育程度指调查对象所受到的最高一级教育。青海、云南、宁夏的未上学人口比重较大，云南和青海的初中人口比例过低，云南的高中人口比重约为全国平均值的一半。西藏各种受教育程度人口比例均大幅低于全国平均水平。另外，新疆、内蒙古、青海、宁夏的高层次人才相对丰富，而广西、西藏相对缺乏（见表6-3）。

表6-3　各种受教育程度人口占该地区6岁及6岁以上人口比重　　单位：%

地区	未上过学	小学	初中	高中	大专及以上
全国	10.37	33.28	38.35	12.44	5.56
内蒙古	10.58	27.97	38.22	15.31	7.93
广西	8.06	39.80	38.19	9.95	4.00
云南	17.98	47.63	24.71	6.30	3.37
西藏	45.54	42.96	8.49	2.12	0.89
青海	22.64	34.29	25.09	10.88	7.11
宁夏	16.17	33.46	31.67	11.89	6.82
新疆	8.08	34.94	36.03	12.20	8.75

（五）十万人口中在校生人数

在义务教育阶段，民族地区每十万人口中在校生人数多于全国平均水平。在高中阶段，仅内蒙古和宁夏略高于全国平均值，其余各省区人数都较低，西藏和云南最少。在高等学校中，7个省区都较大幅度低于全国平均值，云南、西藏、青海的数值最少（见表6-4）。

表6-4　　　　　每十万人口中各级学校平均在校生数　　　　　单位：人

地区	小学阶段	初中阶段	高中阶段	高等学校
全国	8 192	4 557	3 321	1 816
内蒙古	6 554	4 316	3 379	1 413
广西	9 874	4 920	2 771	1 228
云南	10 163	4 318	2 059	1 042
西藏	11 896	4 626	1 894	1 014
青海	9 614	4 148	2 752	935
宁夏	11 691	4 943	3 406	1 511
新疆	10 438	5 822	2 906	1 416
民族地区合计	10 033	4 728	2 738	1 223
民族地区合计占全国比重	122.47%	103.74%	82.45%	67.33%

（六）各级普通学校生师比

生师比能够反映教育规模和学校人力资源利用效率。在义务教育阶段，西藏、云南、宁夏三省区的生师比略高于全国平均水平。普通高中生师比接近全国水平，普通高校的生师比低于全国值（见表6-5）。

表6-5　　　　　　各地区各级普通学校生师比

地区	小学	初中	普通高中	职业高中	普通中专	普通高校	本科院校	专科院校
全国	19.17	17.15	18.13	22.16	31.67	17.80	17.61	18.26
内蒙古	17.49	14.90	16.25	15.62	25.37	15.54	16.48	14.10
广西	13.41	19.69	19.46	—	24.51	17.19	16.87	17.70
云南	20.37	18.32	16.02	18.80	28.29	17.60	17.91	16.94
西藏	20.65	19.49	17.92	—	34.02	14.11	15.42	10.67
青海	18.56	16.32	14.80	27.33	17.82	14.13	13.28	17.27
宁夏	21.05	18.51	17.43	23.07	45.02	17.27	16.44	18.84
新疆	15.57	14.60	15.00	9.06	24.92	16.69	16.74	16.59

（七）专任教师数及其学历差异

少数民族省区专任教师数量合计为高等学校8.4万人、中等学校61.21万人、小学75.73万人，分别占全国的7.8%、12.62%和13.55%。在普通初中教育阶段，省区专科以上学历基本接近全国水平，广西、云南的本科以上学历仅为

25.34%和38.38%，低于41.10%的全国水平。在小学专任教师中，云南外的各省区专科以上学历都接近全国水平，广西、云南、西藏的本科以上学历不到5%，低于9.17%的全国水平，与上海（27.08%）等发达地区的差距更大。此外还发现在幼儿园园长、专任教师的学历方面，广西、西藏的本专科以上比例均低于全国水平，其中本科以上学历比例不及其他5个省区的一半。

二、就业人员素质

（一）就业人员受教育程度

初中及以下教育程度的劳动力占民族地区就业人员的80%左右。新疆就业人员受教育状况整体高于全国平均水平，内蒙古基本接近全国水平，青海、宁夏的未上学人口比重较大，而广西、云南、西藏的整体状况均低于全国数值。新疆、内蒙古、宁夏、青海大学专科及以上比重超过全国水平，而广西、云南、西藏的比例较小（见表6-6）。

表6-6　　　　分地区全国就业人员受教育程度构成　　　　单位：%

地区	未上过学	小学	初中	高中	大学专科	大学本科	研究生及以上
全国	6.7	29.9	44.9	11.9	4.3	2.1	0.23
内蒙古	6.8	27.7	44.2	13.9	5.4	1.9	0.06
广西	3.5	32.2	48.5	10.5	4.0	1.2	0.04
云南	14.2	45.7	30.7	5.7	2.5	1.0	0.07
西藏	44.9	45.2	8.3	1.1	0.5	—	—
青海	18.4	34.2	29.3	10.1	5.6	2.3	0.11
宁夏	14.3	28.3	37.2	11.4	5.8	3.0	0.07
新疆	5.2	31.0	41.7	10.9	7.3	3.5	0.36

（二）民族地区劳动力供给来源

高校和中等职业学校毕业生人数占民族地区劳动力比重较小，并且其人数也仅占全国供给总量的6.41%。此外，民族地区未能升学导致的就业人口比重较大，约占劳动力来源的22.67%。具体来看，各省区在劳动力供给来源上有较大差异。宁夏劳动力供给中，农转非人员占到61.52%。除宁夏外，城镇登记的失业人员是其他各省区劳动力供给的最主要组成，这与全国基本情况一致。未能升学的初高中毕业生是云南、青海、广西、新疆四省区劳动力的第二大来源。此外，高等学校毕业生是西藏劳动力供给的第二大来源和青海劳动力的第三大来源，分别占15.52%和19.36%，并且高于全国平均水平。

第二节 民族地区人力资源的特征与问题

一、人力资源的数量较少

人口增长较快，七省区人口数量偏少，人口总和仅占全国总人口的11.47%。但民族地区人口自然增长较快，各省区少年儿童抚养比普遍较高，人口年龄结构属于成长型。这预示着民族地区潜在劳动力的增长幅度将高于全国水平，形成新的人口红利。也意味着当前阶段需要国家对这一群体的成长与教育给予更多的扶助。

二、人力资源的质量偏低

首先，人口的身体素质较低。1990年和2000年人口普查发现，七省区人口平均预期寿命增加较快，其中五个省区的增加幅度高于全国平均水平，但七省区数值仍都低于全国平均水平。其次，人口的学历素质与全国相比仍有一定差距。七省区中大部分平均受教育年限少于全国平均水平、文盲率高于全国水平。总人口中，未上学人口、小学和初中阶段的受教育人口比重相对较大。每十万人口中，义务教育阶段在校生人数较多，高中阶段人数偏少，高等学校人数均较大幅度低于全国水平。这表明民族地区需要加强其高中教育和高等教育建设，为更多民族地区学生提供受教育机会。再次，劳动力的整体素质不高。民族地区就业人员的受教育程度以初中及以下为主，研究生及以上学历较少。在劳动力供给来源中，中等职业学校、高等学校的劳动力供给比例偏低，由不能升学的初高中毕业生组成的劳动力数量过大。2006年，内蒙古、广西、云南、西藏、青海、宁夏、新疆等省区初中升学率（含普通高中和中职、中专等技工学校）分别为82.2%、69.60%、58.45%、42.5%、75.10%、66.47%、62.7%，有6个省区低于75.7%的全国平均水平。初高中毕业生具有较好文化基础，但因为缺乏职业教育训练而失去了成为高素质劳动力的机会。人力资源分布也不均衡，第一产业就业人口比重过大，第二产业劳动力比重偏少。

三、地区生产总值偏低

对五大自治区和 31 个民族自治州进行相关分析发现，少数民族人口占总人口比重与人均地区生产总值之间呈负相关关系。大部分民族地区的人均地区生产总值和职工平均工资较低。

四、人力资源开发环境有待改善

第一，民族地区人口分布分散，城镇人口比重较低，不利于人力资源的集约开发。2006 年，内蒙古、广西、云南、西藏、青海、宁夏、新疆等省区的城镇人口比例分别为 48.64%、34.64%、30.50%、28.21%、39.26%、43.00%、37.94%，均低于全国平均水平（43.90%），其中西藏、云南、广西三省区城镇人口比例仅相当于全国 1995 年前后的水平。

第二，人力资源开发的教育条件相对薄弱。民族地区经济发展长期落后，教学设施、教学方法和手段较发达地区落后，较低的生师比更符合这里的具体情况。研究发现，大部分地区的生师比接近或低于全国平均状况，但西藏、云南、宁夏三省区义务教育阶段的生师比略高于全国平均水平，表明其师资相对不足。研究还发现，在幼儿园、小学、初中阶段，高学历的专任教师数量较少，比重较低。

第三，民族地区人力资源开发具有较强的自然资源优势。如各级民族自治地方的人口仅占到全国的 13.5%，但其土地面积占全国的 63.89%，草原面积占全国的 75.07%，森林蓄积量占全国的 46.57%，淡水面积占全国的 24.50%，水力资源蕴藏量占全国的 65.93%。各种主要矿产资源占全国保有储量比重较大，其中煤占 37.1%，铁矿石占 24.4%，磷矿石占 40.7%，钾盐占 95.9%，石油和天然气储量丰富。民族地区自然资源非常丰富，人均自然资源占有量大。所以，必须重视通过发挥自然资源优势来提高人力资源的开发水平和效率。

五、民族地区人力资源的地区差异较大

从人口数量和质量来看，广西、云南、内蒙古、新疆人口较多，宁夏、青海、西藏较少，前面四省人口占七省区人口总数的 90%。广西人均预期寿命要比西藏、云南（位于边远高海拔山地地带）分别高 6.92 年和 5.8 年。广西、内

蒙古、新疆的人口受教育年限较高、文盲率较低,而云南、青海、宁夏的人口受教育年限较少,文盲率较高,西藏的平均受教育年限最低,文盲率最高。在劳动力方面,内蒙古、新疆的就业人员受教育水平要好于其他省区。内蒙古的人均地区生产总值和西藏的职工平均工资明显高于其他省区。在劳动力的产业分布中,云南从事第三产业的劳动力比例明显低于其他省区。此外,内蒙古的城镇人口比例要比西藏、云南、广西分别高 20.43%、18.14%、14%。

六、剩余劳动力闲置多、转移难、利用率低

随着我国农村牧区土地制度改革的推进以及农牧业现代化程度的提高,农牧区现有的劳动力总量已经远远超过农牧业生产的需求,产生大量的剩余劳动力,而且主要集中在第一产业,虽然也在向第二、第三产业转移,但转移的比重较小。以内蒙古地区为例,从 1995~2002 年,第一产业就业占整个国民经济就业的比重一直稳定在 52%左右,从 2003~2005 年,第一产业就业的比重上升到 54%左右,而这个时期内蒙古的工业化和城市化发展迅猛,非农产业和城市吸纳农村劳动力的能力本应该伴随着城市化程度的提高而增强,但事实上却是,第一产业的就业占整个国民经济就业的比重在增加,由此可看出,第一产业仍是就业的主要渠道,非农产业和城市吸纳农村劳动力的能力没有加强反而在弱化。农牧区剩余劳动力的迁移状况也不尽如人意,表现为盲目无序地外出务工。这部分人不是依赖市场需求或技术外出,而是依赖血缘、地缘的人际关系,由此,成为自发的盲目流动者。据调查,2003 年内蒙古自治区只有 3.0%的转移劳动力是在政府部门的组织下实现的,而 38.12%的转移劳动力是通过外地亲友或已在外地打工的亲戚朋友的介绍实现转移的,58.19%的农牧民是在别人的示范下自发加入了打工者的队伍[①]。这种不经劳动部门组织、没有保障的无序迁移,一般很难取得满意的薪金报酬。此外,民族地区人力资源的利用率不高,有资料表明,我国东部地区科技人才资源经济效益系数为 1.29,即 1 个人发挥 1.29 个人的作用,西部地区科技人才资源经济效益系数为 0.68,一个人实际上只发挥了 0.68 个人的作用。我国大部分民族地区都位于西部,民族地区人力资源的利用率不高造成了人力资源的浪费。

七、人力资源受教育程度偏低、分布不均衡

民族地区的人力资源普遍受教育程度低,中国统计年鉴(2004)数据表明,

---

① 《我区农村劳动力输出面临的问题与对策》[EB/OL]《中国农业信息网》,2004 年 4 月 26 日。

文盲半文盲人口占 15 岁及 15 岁以上人口比重全国为 10.95%，而西藏高达 54.86%。而且由于民族地区的人力资源的开发和管理存在较多的体制以及技术上的弊端，导致了民族地区人力资源在供给结构、分布结构和使用结构上出现了远比发达地区更为严重的不相适宜的情况。在地域分布上，民族地区的城乡劳动力素质差异较大。农村具有高中以上受教育水平的人口比重明显偏低，具有小学及以下受教育水平人口比重过高。而城市的情况恰恰相反。以内蒙古自治区为例，2000 年自治区的农村人力资源（15~64 岁人口）人均受教育年限为 7.58 年，比全国 7.33 年高 0.25 年，全区城市人力资源人均受教育水平为 10.16 年，与全国 10.12 年基本持平，比农村高 2.58 年。在产业结构中，第一产业从业人员所占比重依然非常大。陈洛的博士论文《中国西部人力资源开发研究》中有关数据显示，民族地区从事第一产业的人力资源占就业人力资源的比重高达 60.6%，高于全国 10.6 个百分点，广西高于全国 10 个百分点，西藏更是高于全国 20 个百分点；第二、第三产业的从业人力资源的比重偏低，平均比全国低 9 个百分点。

八、人才流失严重

舒尔茨认为，由经济上的净收入以及非金钱性满足促使发生的人们迁移（即转移或流动）具有在人力资本投资上进行自我投资的性质。它能促进人力资源的优化组合以及能力的提高。他认为"个人和家庭适应于变换就业机会的迁移"同样也是人力资源开发的重要途径[1]。但民族地区人才的流动并不是人力资源的优化组合，而是严重的人才流失。新疆每年考入内地大中专院校的大学生在 4 500 人以上，但毕业后回疆工作者每年不足 2 000 人。宁夏每年在外地培养的 2 500 名大学生能返回宁夏者不足一半，理工科毕业生返回不到 40%[2]。民族地区缺乏留住人才相应的政策和努力，造成民族地区高层次、高技术类人才向中东部发达地区的单向流动，造成"江山代有人才出，故乡依旧这样穷"的状况。

九、旧的思想观念影响人力资源的开发和利用

民族地区大多位于我国边远地区，交通不便、信息闭塞。再加上当地的人们在长期的生产和生活中形成了自己的一套思想观念，有其独特的生存智慧。但同时也存在着一些落后的、与市场经济的运行规律不符的思想观念，这些观念严重

---

[1] 西奥多·舒尔茨：《论人力资本投资》，商务印书馆 1990 年版，第 8~206 页。
[2] 杨思信：《西北人才流失的现状、成因及对策》，载《兰州交通大学学报》，2004 年第 5 期。

阻碍了人员的合理任用和合理流动，严重制约了人力资源的开发和积极的发展策略的实施。

十、人力资源开发的教育条件相对薄弱

民族地区经济发展长期落后，教学设施、教学方法和手段较发达地区落后，较低的生师比更符合这里的具体情况。研究发现，大部分地区的生师比接近或低于全国平均状况，但西藏、云南、宁夏三省区义务教育阶段的生师比略高于全国平均水平，表明其师资相对不足。研究还发现，在幼儿园、小学、初中阶段，高学历的专任教师数量较少、比重较低。

第七章

民族地区的师资培养研究

  教师在教育传承和发展中发挥着极为重要的作用。东西方文化中，对"师"的认识和解读不一致。在西方，教师成为专门职业，且教师专业是大学必须开设的专业之一。而在中国，古代"师"更讲究其文化内涵，传统文化中"天、地、君、亲、师"体现了"天人合一"的万物运行思想。推及教育领域，"师"首先要探究学问的"中庸"之道，进而对学生讲求因材施教，最终形成"道统"，这是创造、传承、发展文化的关键。教师劳动的本质，是思想与思想的交流，心灵与心灵的碰撞，人格与人格相互影响，这些全是内隐的。英文"meta"一词，就是指形而上，也有译为"元"的，即本质的东西。教师的劳动又是后显的，他们对学生人生发展的影响很大[①]。

  教育质量是教育永恒的主题，教师在其中发挥重要的作用。因此，民族地区教育优先发展的一个有效途径，就是要重视民族地区师资培养，改进民族地区学校教育质量。

第一节 教师专业发展研究

  随着我国教育改革的不断深入，教师专业发展也已经成为我国教育理论界研

---

① 张诗亚：《论"师"》，载《当代教育与文化》2012年第3期。

究的热点问题之一。虽然教师专业发展已经取得了很多研究成果，但是教师专业发展的理想与教师专业发展的现实之间的差距并没有必然地因此而缩小。一方面，有的教师在教师专业发展方面仍然凭借自己的已有经验，导致了教师专业发展的许多研究成果束之高阁，无法与教师的实际密切联系；另一方面，教师又常常依靠固定的思维模式，认为教学似乎只需应用理论，将学者专家对教师专业发展的研究成果，不假思索地应用[1]。民族地区教育专业发展存在着类似甚至更多的问题。对教师专业发展的理论探讨，对于民族地区教师培养途径及方式的调整和民族地区师资质量的提升具有一定的现实意义。

一、教师专业发展的境遇

教师专业发展的研究对于提升教师教学水平、提高教育质量产生了重要的影响，为促进教师专业发展提供了理论依据。综观教师专业发展的研究，我们发现教师专业发展的研究主要是围绕着两个方面进行的：一是对教师专业发展促进方式的研究。也就是后现代专业主义所批评的教师专业发展"外烁论"[2]。这些研究把教师专业发展视为外在要求，研究的重点是给教师专业发展提供哪些外在环境和条件以及如何提供这些外在的环境和条件；二是教师专业发展历程的研究，也就是后现代专业主义所提倡的教师专业发展的"内在发展"思想[3]。这些研究把教师专业发展的本质看作是教师作为主体自觉、主动、能动、可持续建构的内在发展过程。

教师专业发展的研究，大多注重概念的解析和教师实现专业发展的条件和结果，忽视了提升课堂教学效能这个重要的进行教师专业发展的实践活动。虽然我们可以从国内外教师专业发展的研究中找到与教师专业发展的实践相关的命题，但是学者们不但对于何为教师的实践的看法并不一致，而且在论述教师专业发展实践的时候还运用了"实践知识"、"实践性知识"、"教师缄默知识"、"教师个人实践理论"等不同的概念。这些纷繁复杂、涵盖的内容非常多的概念将整体、丰富的教师教学实践切成碎片，塞进人为设定的教师专业发展理论的盒子里，阻止了教师专业发展进行理论与实践对话。同时，教师也习惯于把他们的发展定位在课堂教学实践之外。因此，教师专业发展的研究缺乏教师课堂教学效能这一重要领

---

[1] 赵锦华、刘光余：《目标导向：教师专业发展的行动研究》，载《全球教育展望》2005 年第 12 期，第 28～31 页。

[2] 姜勇：《论教师专业发展的后现代化转向》，载《比较教育研究》2005 年第 11 期，第 52～55 页。

[3] Bullouih R. V., Kauchak D. P., Cruv N., Stokes D. K. *Professional Development Schools Catalysts for Teacher and School Change. Teaching and Teacher Education*, 13 (2) 1997, pp. 153 – 169.

域的研究，由此造成了教师专业发展的研究离教师的"实践"太远，广大教师，特别是中小学一线的教师依然在专业发展理论的边缘徘徊着、迷茫着。

二、教师专业发展的目的

提升教师的课堂教学效能应该是教师专业发展的应有之意，伯登（Burden，P.R.）在对教师专业发展研究后认为，教师的专业发展包含四个阶段的改变，它们是知识增加，导致态度的改变，增加能力，最后形成教学效能的改变[①]。无论是"外烁论"的还是"内在发展"的教师专业发展，都必须把教师专业发展融入课堂教学，内化到课堂教学效能的提升中。其目的就是让教师专业发展在"原生态"的"实践"环境中，挖掘教师专业发展所蕴藏的问题和意义，并在反思自己的教学行为中，更有效地实现教师专业发展。这个"原生态"的环境就是教师的课堂教学，这个"实践"就是课堂教学效能的提升过程。

课堂教学是教师专业发展的实践情境，提升课堂教学效能才是教师最基本的专业活动形式。教师专业发展应该关注教师课堂教学效能的实践形态、运作方式及其提升策略。教师的专业发展应该以复杂多变的课堂教学为场域，以学生和教师双方的共同提高为中心，以提升课堂教学效能为出发点和归宿。具体地说，提升教师的课堂教学效能在以下方面成为了教师专业发展的出发点和归宿：

第一，彰显教师的个性风格。

个性风格是教师专业发展所追求的目标之一。教师个性风格反映了教师的精神面貌，是教师行为稳定的动力系统，是教师专业发展中的核心部分，可以说教师有什么样的内在人格，就会表现出相应的外显行为。教师课堂教学效能的提升过程就是教师对课堂教学经验的体验、修正与内化等复杂的过程，并且是教师对教学过程重新诠释与转换的实践经验的结晶。教师课堂教学效能的经历不同，课堂教学效能实行的环境不一样，因此，教师课堂教学效能的内容、形式和习得方式都具有鲜明的"个人烙印"，这些"个人烙印"在气质、性格、爱好、兴趣、情感等方面彰显着教师的个性风格。可以说，提升教师的课堂教学效能在形成教师的个性风格方面有着独特的作用。

第二，实现教师的自我价值。

以提升课堂教学效能为信念的教师，善于用心观察，并以开放的心态反思和

---

① Burden, P. R.. *Teachers perceptions of the characteristics and influences on their personal and professional development*. [Doctoral dissertation, The Ohio State University, 1979. Dissertation Abstracts International, (40), 5404A]

完善课堂教学行为。在提升课堂教学效能的过程中，教师通过帮助学生获得关于世界和生活的有机整体知识，引导着学生成长，进行着意义创造，分享着教学的快乐，并且在创造与分享的过程中，进行自主超越，提升生命质量，创造幸福人生。课堂教学的高效能，已经成为教师幸福生活的源泉，实现教师自我价值，推动教师专业发展。

第三，诱发教师的教育智慧。

教师专业发展中最为重要的是获得丰富的个人课堂教学经验，找到自己的生长点和专业发展空间，从而不断增长教育智慧，增长教育智慧是教师专业发展所追求的目标之一。教师提升课堂教学效能的实践证明，具有较高课堂教学效能的教师在解决问题时具有敏锐的洞察力，能够与自身的教学经验融合在一起，从多角度把握问题，并迅速做出决策，灵活地解决复杂情景中的问题，表现出了丰富的教育智慧。

第四，提高教师的教学能力。

有学者在研究中发现，教师专业发展的关键是教师教育教学能力的发展，并从教师教学能力发展的角度概括出教师成长四阶段说[1]。教师课堂教学效能对能力的追求和教师专业发展对能力的追求殊途同归。教师课堂教学高效能所不可缺少的是教师思维能力、口头表达能力、组织教育教学活动的能力，这都是影响教师专业发展能力的重要因素。课堂教学效能的提升能够使教师敢于和善于突破已有的经验、超越自我。这一切能够转变教师教育观念，改变教师教学行为，从而使教师的教学更为有效，使教师的教学能力不断地向高层次迈进。课堂教学效能的提升能够极大地促进教师教学能力的提高，实现着教师的专业发展目标。

三、教师发展的作用机制

学者们对教师专业发展有着不同的见解。有学者认为教师专业发展是指作为专业人员的教师在态度、专业知识以及教育教学技能上不断成长的过程[2]。还有学者认为教师专业发展是指教师的专业成长或教师内在结构不断更新、演进和丰富的过程[3]。这种内在结构包括：专业知识、专业技能、专业信念、专业动机态度、专业情感、专业期望、专业发展意识等方面[4]。据此，我们可以认为，教师

---

[1] 罗晓杰：《国内外教师专业发展阶段研究述评》，载《教育科学研究》2006年第7期，第53～56页。
[2] 吴浩明、张晓峰：《专题考察：教师专业发展的有效模式》，载《教育发展研究》2005年第12期，第43～47页。
[3] 叶澜：《教师角色与教师发展新探》，教育科学出版社2006年版，第80页。
[4] 宋广文、魏淑华：《论教师专业发展》，载《教育研究》2005年第7期，第71～73页。

专业发展内在结构的核心部分是专业态度、专业知识、专业能力。因此,教师专业发展对提升课堂教学效能的作用机制的论述从教师的专业态度、专业知识和专业能力三个方面展开。

(一) 教师专业态度对提升课堂教学效能的作用机制

教师对教学观、学生观、质量观、人才观等的需求和价值的考量,激发着教师的内在知觉,增强着教师对课堂教学的理解与感受。教师的专业发展所产生的教师专业态度的不断更新是影响课堂教学效能的提升最直接、最有效的方式之一。教师专业态度对提升课堂教学效能的作用机制一方面表现在通过影响教师教学自我效能感,提升课堂教学效能。专业态度可能左右教师专业的坚持,会对自己的教学充满信心,认为自己有较高的能力来激励学生,在教学行动上表现得较为积极。班杜拉(Bandura, A.)的研究发现对自己的教学效能有高度信仰的教师较可能为学生创造精熟学习的机会;反之,对自己能够建构有利的教学环境的能力感到怀疑的教师,则较可能会破坏学生的自信心与认知发展[1]。另一方面表现在,把教育活动作为一种境界加以追求的教师能够主动地思考和解决问题,在制订教学计划、设计教学方案、选择教学方法时,考虑较多的不仅仅是教学形式上的完美精细,追求的不仅仅是教学环节形式上的流畅,而是重视情感态度和价值观的培养,重视学生学习的过程和方法,并表现出较少的工作压力,从而提升课堂教学效能。

(二) 教师专业知识对提升课堂教学效能的作用机制

随着行为主义心理学日益走向没落和认知心理学的崛起,教师专业发展开始关注教师知识的研究。培根说过:"知识就是力量"。教师知识是教师教学行动的基础,但是有关教师知识对教学效能作用的研究却有着不一致的结论。劳登巴什(Raudenbush, S. W.)与罗宾逊(Robinson, B.)的研究发现教师的专业知识对其教学策略的发展及运用有显著的影响,可能直接或间接影响教学效能[2]。但是,也有研究表明,"教师的本体性知识与学生的成绩之间几乎不存在统计上的关系,并非本体性知识越多越好"[3]。教育的实际情况也表明,某些教师学习了教育理论知识以后,还是不会教书;有些教师虽然达到了一定的学历,工作认

---

[1] Bandura, A. *Perceived self-efficacy in cognitive development and functioning. Educational Psychology*, 28(2) 1993, pp. 117 – 148.

[2] Robinson, B. Teaching teachers to change:the place of change theory in the technology education of teachers. *Journal of Technology and Teacher Education*, 3 (2/3) 1996, pp. 107 – 117.

[3] 林崇德、申继亮、辛涛:《教师素质的构成及其培养途径》,载《中国教育学刊》1998 年第 6 期,第 16~22 页。

真,但是其教育教学效果却不尽如人意;许多教师虽然学历、教龄相近,但是教育教学效果却差异明显。甚至"有时最好的学习者会成为不能帮助学生解决学习困难的糟糕透顶的教师。"[1]

其实,这些研究结果之间并不矛盾。根据舒尔曼(Shulman,L. S.)的观点,教师知识分为学科知识(content knowledge,CK)、一般教学法知识(general pedagogical knowledge)、学科教学知识(pedagogical content knowledge,PCK)、学生知识(knowledge of learners)、教育环境的知识(knowledge of educational context)、有关教育宗旨、目的等知识(knowledge of educational ends,et al.)等七类知识,最能体现教师专业性质的是学科教学知识。劳登巴什和罗宾逊所说的知识也就是舒尔曼所说的学科教学知识,也就是在课堂教学中实践的学科教学知识,而林崇德所言的知识是舒尔曼所说的学科内容知识、教学法知识、学生知识、课程知识等教师知识。教师已经"拥有"的这些知识通常是"回忆性的",是教师在特定课堂教学情境下主动建构与生成的,很难简单地进行传授。杜威(Dewey,J.)说过:"一个孩子仅仅把手指伸进火焰,这还不是经验;当这个行动和他遭受到的疼痛联系起来的时候,这才是经验",从此以后,他知道手指伸进火焰意味着灼伤[2]。因此,并非教师拥有的一切知识都会有"力量",只有与课堂情境紧密相连的、高度系统化了的、加工到自动化程度的、纳入了"核心"知识范畴的、实践中被随时迅速调用的知识[3]才会有"力量",正是这些有"力量"的知识造成了教师课堂教学效能的差异。

(三) 教师专业能力对提升课堂教学效能的作用机制

研究表明,教师专业能力是一个多向度、多侧面、多因素的有机整体。从横向上看,教师专业能力包括教育能力(即对教育对象的人格影响力)和教学能力(即对教育对象理智发展的影响力);从纵向上(即教师专业能力的发展过程)看,教师专业能力包括前专业能力、专业意识及生成能力、专业调适能力[4]。从目前学术界讨论的情况看,它主要包括教师专业的本体能力,即教育能力(对教育对象的人格影响力)和教学能力(对教育对象理智发展的影响力)两方面[5],因此,教师专业能力对提升课堂教学效能的作用机制的探讨也从教师

---

[1] Stephen D. Braokfield,张伟译:《批判反思型教师ABC》,中国轻工业出版社2002年版,第83页。
[2] 约翰·杜威:《民主主义与教育》,王承绪译,人民教育出版社2001年版,第153页。
[3] 万文涛:《论专业化教师的知识结构》,载《教育研究》2004年第9期,第17~19页。
[4] 郝林晓、折延东:《教师专业能力结构及其成长模式探析》,《教育理论与实践》2004年第7期,第30~33页。
[5] 申继亮、王凯荣:《论教师的教学能力》,《北京师大学报(社科版)》2000年第1期,第64~71页。

的本体能力和教学能力来展开。

利用本体能力营造教学氛围。在课堂教学中，教师对学生人格的影响力主要表现在营造教学氛围方面。教师在教室中的组织、计划、师生互动等因素及学校气氛、教学措施、家长支持等均会影响其教学效能。课堂教学的实践证明，能力强的老师会在课堂教学的过程中，恰当地关注学生的表情变化和反应等课堂情境因素。教师专业能力的习得需要大量不同教学情境的浸染，教师在专业发展过程中所形成的专业能力，使教师在课堂教学的过程中能结合个人情感、知识、观念、价值和具体的教学情景，从学生的智慧、情感、意志等多方面考虑教育活动的实效性，调控学生课堂思路，张扬、激发、提升学生的主体性，形成关系友好、浓郁活泼的课堂气氛，有效地激发学生潜能，提升教学效能。

利用教学能力改进教学行为。教师的专业能力的习得过程就是课堂教学效能提升的过程，教师对学生发展的影响力主要是通过教师改进自己的教学行为来进行的。教师在专业发展过程中所形成的成熟而卓越的专业能力，在课堂教学的过程中，都会从其长时记忆库中提取出来隐现于教师的脑海之中的这些专业能力。这些专业能力能够使教师不断地对自身教学行为进行调整，为学生选择生存环境，采用较具挑战性的教学技巧，创造性地选择不同的教学策略及方法，采用多元有效的教学行为，对学生的学习提供有效指导，以适应不同个体的需要。这对提升教学效能起着重要的作用，是提升教学效能的关键所在。

综上所述，教师专业发展与其课堂教学效能的提升紧密相连，课堂教学效能的提升是教师专业发展的关键推动力。把教师教学效能的提升看作教师专业发展的旨归的独特之处在于，强调教师和学生双方在课堂教学中形成的实践的、个人的和社会的意义。把教师专业发展聚焦在课堂教学效能的提升过程中，使教师通过不断的学习、反思和探究来提升其课堂教学效能，既提高了学生的学习成效，促进了学生的发展，也实现了教师自身的发展。

第二节 民族地区双语教学与教师培训研究

为了满足少数民族地区汉语教学的需要，建立适合少数民族学习汉语的科学评价体系，全面推进汉语教学改革，提高少数民族运用汉语的能力，适应生活、学习、工作和社会交往的需要，国务院《关于深化改革加快发展民族教育的决定》指出："少数民族和西部地区教师队伍建设要把培养、培训'双语'教师作为重点，建设一支合格的'双语型'教师队伍"，要"大力推进民族中小学'双语'教学"。由此可见，加强双语教师培训，提高民族地区教育质量，对加强文化认同和各民族之间的理解与和谐发展具有重要的实践价值和现实意义。

一、民族地区双语教学的发展与师资培训的紧迫性

我国少数民族地区双语教学具有悠久的历史，但在不同的历史时期表现各不相同。有研究者将其划分为三个阶段：第一阶段是新中国成立到"文化大革命"前，这一时期以母语为教学语言，教材以汉语、民族语对照翻译为主，教学偏重语法句式和词汇的讲解；第二阶段是"文化大革命"后到 20 世纪 80 年代中期，这一时期的教材在原来的基础上增加了一些口语教材，并注重语言技能训练与语言规律掌握的结合，教学仍然以母语为主，偏重句型教学；第三阶段为 20 世纪 80 年代中期以后，这一时期的教材编制从综合型通用教材发展为各自专用的系列教材，比如精读、写作、阅读、口语等，内容上注意到了思想性、知识性和趣味性。自 2001 年我国颁布《基础教育课程改革纲要（试行）》以来，政府全面启动了基础教育课程改革，教材内容的组织更为多样、生动，教学方法更加注重培养学生的参与和探究意识，培养学生搜集和处理信息的能力、获取新知识的能力、分析和解决问题的能力及交流与合作的能力，全国范围内围绕新理论、新课程、新技术和教师职业道德教育的教师培训迅速铺开，我国的双语教学也进入了一个新的历史阶段，即双语教学中的第四个阶段。

据国家民族事务委员会统计，截至 2007 年年底，全国共有 1 万多所学校使用 21 个民族的 29 种文字开展民汉双语教学，实行双语教学的中小学在校生 600 多万名，使用民族语文进行教学的各类扫盲班、培训班共有 2 500 多所，学员 100 多万名，每年编译出版的少数民族文字教材 3 500 多种，总印数达 1 亿多册。这一方面说明我国在少数民族地区开展双语教学与双语教师培训取得了丰硕的成果；另一方面也说明开展双语教学与双语培训任重而道远，挑战与机遇并存。

为了发展民族教育，我国宪法、民族区域自治法和义务教育法中都明确规定了支持和帮助少数民族发展教育的条款，在陆续出台的《中小学教师继续教育规定》、《关于深化改革加快发展民族教育的决定》、《国家教育事业发展"十一五"规划纲要》、《2003～2007 年教育振兴行动计划》、《2009～2012 年中小学教师国家级培训计划》等一系列纲领性政策文件中都关注到了少数民族教育问题。与此同时，教育部还下发了《关于在有关省区试行中国少数民族汉语水平等级考试的通知》，启动了一系列重大的教师培训项目，支持民族地区教师培训工作。

各地也纷纷出台了相应的政策，支持和发展民族地区的双语教学与双语教师

培训工作，如新疆维吾尔自治区党委、人民政府下发了《关于大力推进双语教学工作的决定》和《关于加强少数民族学前"双语"教育的意见》，启动了《新疆中小学少数民族双语教师培训工程》；青海启动了《2009～2011年"双语"教师培训计划》；内蒙古2008年安排培训了120余万名中小学"双语"教师，等等。

由此可见，为了进一步提高少数民族地区教育质量、提高双语教师的教学能力，国家和地方政府不断加大对"双语"教师培训工作的倾斜和扶持，开展了形式多样的教师培训，取得了喜人的成绩。但是这与少数民族家庭和子女对优质教育资源的需求和民族地区经济、社会、教育发展的需要相比，还存在较大的差距，双语教师总量不足与质量不高仍然是当前实施双语教学最大的困难，也是长期困扰少数民族地区双语教学的瓶颈，双语教师培训工作亟待加强。

二、民族地区双语教师培训政策的类型

从对双语教学与双语教师培训相关政策的分析来看，早期国家层面的双语政策主要体现在《中华人民共和国宪法》、《中华人民共和国义务教育法》、《国家通用语言文字法》、《中小学教师继续教育规定》等宏观重大的政策或决策之中，突出了双语教育在整个国民教育中的重要性，但对实施的路径与质量保障并没有提出具体的要求与指导。自2002年国务院颁布了《关于深化改革加快发展民族教育的决定》以后，国家对少数民族地区双语教师培训的支持更为具体，主要体现在制度上的支持与经费上的保障。一些少数民族地区结合中央政策与地方实际，通过一系列的"政策"、"工程"、"意见"等，积极推进双语教师培训。

（一）"U‒S"（University‒School）合作型

为了提高少数民族地区双语教学的质量、提高双语教师的汉语能力，国家与地方教育部门大力支持和引导大学与中小学合作，特别是加强地方师范院校服务地方基础教育的职能。根据《国务院办公厅转发教育部等部门支援新疆汉语教师工作方案的通知》的精神，教育部采取对口、定点、包干负责的方式和定项目、定任务的办法落实支援新疆汉语教师工作项目。比如，2003～2006年，新疆师范大学、新疆教育学院、和田师范专科学校、乌鲁木齐师范学校等，为全疆培训小学教师1 000名、初中教师3 000名、高中教师1 664名。2004～2007年，北京师范大学等6所部属师范院校，每年招收100名内地新疆高中班应届毕业生，定向为和田、阿克苏、喀什、克孜勒苏4地州培养中学汉语教师。这种培训相对其他培训来讲时间长，具有一定的持续性。

（二）对口支援型

自 2003 年教育部启动"国家支援新疆汉语教师工作方案"以来，国家层面的双语教师培训得到了强有力的支持。2004~2006 年，北京大学、西安交通大学承担了培训 600 名新疆高校、中学教师的任务，每期培训时间为 1 年。北京语言大学 2003~2005 年，承担了培训 645 名新疆中学汉语、英语教师的任务，每期培训时间为 45 天。2007 年，教育部委托西南大学以"送培进藏"、西北师范大学和首都师范大学以"送培进疆"方式开展两地骨干教师的培训。2008 年，教育部委托上海对口云南、江苏对口西藏、广东对口广西、浙江对口新疆、陕西师范大学对口甘肃、西北师范大学对口青海，以"送培到省"、"送教上门"的形式为西部地区培训教师万余名。2009 年，为了提高边境民族地区中小学教师队伍素质，教育部组织东北师范大学对口内蒙古、陕西师范大学对口宁夏、西南大学对口贵州，采取"送培到省"、"送教上门"的集中培训方式，共培训 3 000 名中小学骨干教师，为民族地区中小学骨干教师教育教学能力和水平的提高注入了活力。

（三）考级培训型

1996 年，我国在新疆、内蒙古、吉林、青海等省区的部分学校进行了为期两年的"中国汉语水平考试（HSK）"的试点，试验表明 HSK 的试行对改革少数民族学校汉语教学产生了积极的影响，促进了少数民族汉语教学模式的转变。因此，在第二语言教学理论的指导下，结合我国少数民族学习汉语的特点，教育部组织开发了"中国少数民族汉语水平等级考试"，此为测试母语非汉语的少数民族汉语学习者汉语水平的国家级标准化考试，是可靠、有效、具权威性的汉语水平评价工具，考试成绩可以比较客观、准确地反映应试者的实际汉语水平。但是这种考试也在一定程度上导致双语教师培训致力于教师汉语表达能力的培养，特别是针对考试进行的一系列有针对性的训练，最直接的后果是使双语教师培训走向考级化，使双语教师培训政策在落实的过程中"走了样、变了形"。

（四）"集中培训+远程教育"型

不论是国家层面还是地方组织的双语教师培训，一方面不断加强了集中培训的力度，提高培训质量，培养少数民族双语骨干教师。比如，国家在投入 6 000 万元实施第一期"国家支援新疆汉语教师工作方案"之后，2009 年又投入 4 470 万元启动"二期方案"；新疆 4 年内将有 2 900 名教学一线的"双语"和汉语骨干教师有机会到内地高水平的大学接受一年的培训和提高，进一步提升全区"双语"教师队伍的整体素质。另一方面，国家也利用远程教育技术手段，采取"光盘播放"的方式，通过远程直播课堂完成基本覆盖全部中小学教师的在线培训，进一步扩大了培训的受益面。

（五）"集中学习＋统筹实习"型

双语教师培训与其他教师培训最大的差异在于以语言习得为基础，结合教师专业成长中教育教学需求开展培训。从目前国内外双语教师培训的实践现状与政策来看，历时长、重实践是共有的特征。我国在制定少数民族教师培训政策时，坚持以提高汉语水平为基础、以强化专业知识为关键、以培养汉语授课能力为目标的培训旨趣，一方面加强集中学习培训的质量，另一方面加强受训教师实习基地的建设。特别是"双语"教师教学实习环节，不仅可以反馈培训的效果，帮助培训院校不断调整教学计划，增强培训实效，而且也为参训教师提供了一个锻炼自己"双语"教学能力的舞台，为将来从事"双语"教学工作奠定基础。为此，一些双语教师培训机构纷纷建立了双语教师培训实习基地，在制度上要求受训教师在实习学校跟班听课，并将"听课、评课、说课、讲课"引进教学实践活动之中，切实提高"双语"教师的汉语水平和专业水平。

由此可见，目前主要存在的5种双语教师培训类型带有较为浓厚的实用与"加工"性的色彩，在短期内能够提高中小学教师的汉语表达能力，对双语教师教学能力的提高具有一定的助推作用和价值。但是双语教师培训不能忽视多元文化的冲突与融合问题，需要解决一直生活在本民族文化中的中小学老师在思维方式、语言习惯、文化认同等方面产生的不适应性。

三、民族地区双语教师培训政策的分析与建议

从以上我国少数民族双语教师培训的政策类型与特点的分析中可以看出，双语教师培训的政策对于促进少数民族双语教学具有重大的现实指导意义和引导作用。但如何在少数民族中小学双语教师培训中发挥更大的效益，还需要做进一步的分析研究。

（一）我国少数民族地区双语教师培训政策的分析

1. 双语教师培训 ≠ HSK 等级考试

中国汉语水平考试（HSK）作为可靠、有效、具权威性的汉语水平评价工

具，是衡量学习者的汉语水平的国家标准。但有些地方出现了为"考级"而"培训"的双语教师培训现象。新疆维吾尔自治区颁发的《关于大力推进"双语"教学工作的决定》规定："参加培训的教师应具备一定的汉语水平，非汉语学科，小学、初中、高中教师汉语水平要分别达到3级、4级、5级；汉语学科，小学、初中、高中教师汉语水平要分别达到5级、6级、7级。"双语教师培训的基础是汉语言的学习，但绝非等同于汉语水平考试或普通话培训。教师培训作为成人学习的一种形式，必然要有其相应的特殊性，如知识结构的特殊性、培训对象的特殊性、文化境域的特殊性等。在政策的贯彻落实中，一方面要关注到学习者的工作需要与学习能力，另一方面还要关注到教师培训内容的知识结构与培训方式。

客观而论，HSK级考试下的等级制在一定程度上演绎为双语教师从业的标准，成为双语教师"合法性"的制度保障，实现了双语教师培训的"上位"意识，加速实现了如霍布斯（Thomas Hobbes）的"社会公契"、卢梭的"社会契约"所倡导的对权力的监督，这对于大面积推进双语教学具有重要的管理与现实意义。但是这种政策模式所存在的弊端也是显而易见的，按照伊里奇（Ivan Iuich）的观点，现在这种等级森严的政策制度控制性太强了。而中小学教师的双语教学能力非一蹴而就，尚需一个渐进的过程，需要一个"友好的"教育体制推动双语教师的专业发展，以避免教师被淹没在制度、权威的言论中，从而造成"头痛医头，脚痛医脚"的管理局面，或使教师对培训产生对立情绪。

2. 双语教师培训≠第二语言学习

教师语言能力是进行双语教学的基础，但这种"等级森严"的考级政策在某种程度上是在鼓励和诱使教师为考试而进行语言训练。这种浓厚的应试模式，将双语教师培训工作简单化为第二语言的学习。但是跨文化教师是多元文化教育时代对教师专业的一项要求，一个心存种族主义或者一个没有多元文化教育理念的教师，将不能适应这种多元文化背景下的课程与教学制度，即使是以前在单一文化背景下从事教学工作多年的最出色的教师。双语教师培训除了面临文化冲突对教师专业成长带来的挑战之外，还需要自身知识基础的提升与专业能力的锻造。比如，作为教师本体性知识的学习与研修、作为教师条件性知识考试的水平作为不同年级教师任职资格的硬性规定，知识的掌握与熟练应用、作为教师实践性知识的理解与渗透等，都是双语教师培训中除语言学习之外需要获得的内容，这也是由其特有的职业性质所决定的。

将双语教师培训演化为第二语言学习的倾向性是"HSK等级考试"政策的延伸，这对于一个纯粹的第二语言学习者而言是一个不错的主意。但教师培训作为成人学习的一种方式具有较强的功利性，是"以行动为基础的学习（Action

Based Learning)",是建立在培训需求与任务驱动基础上的学习,相对于语言的学习而言,教师培训在培训任务、内容、方式、管理、评估等方面有其独有的特点。对于接受培训的教师而言,以行动为基础的学习一般要比以讲授为基础的、以材料为基础的和以媒介为基础的学习有效得多,而且也符合成人学习者学习的特点。

3. 双语教师培训≠知识＋汉语培训

双语教师培训作为教师继续教育的一种模式,在政策的倾向性上具有明显的"给教师的知识"的寓意,在实践中必然会形成以一种知识灌输与语言训练为基调的培训模式。在这种政策的导向下,双语教师培训者扮演着给予、施舍教师以知识和技术的味道。这恰恰说明政策制定者忽视了"教师知识",即教师的个人实践知识在专业知识场景和个人环境中的建构与重组。但知识只是教师能够直观看到的教师能力的"冰山一角",而影响教师双语教学能力的深层的问题却潜藏在"冰山之下、深水之中",虽然这些问题难以直观看到,但是对教师的双语教学能力影响很大。

语言是人类思维的工具,母语思维在第二语言学习中的作用不容忽视。语言学习者在第二语言习得时,可以有意识地把思维从母语的基础上转换到第二语言上。就拿知识的学习而言,有些知识是境域性很强的,每个词用于一个新的语境时,就是一个新词。比如,"做"在不同的语境中,有"从事、写、干、缝制、炒"等多种意义,只有在具体语境中才能明确这个词所表达的实际意义。另外,汉语中有许多词都具有丰富的文化内涵,在具体的语言环境里包含特定的文化意义、引申义或比喻义,如"唱高调"、"吃醋"一类词一般暗含言外之意。一个对不同文化和语境缺乏理解的教师是很难准确把握第二语言所表述的意义的。

(二) 我国少数民族地区双语教师培训政策建议

1. 加强少数民族地区双语教师培训的立法

近年来,我国出台了一系列双语教师培训政策,在双语教师培训政策支持、方法指导与资金援助等方面发挥了重要的作用,而且随着双语教学规模的扩大和教学效果的显现,双语教师培训必将成为我国发展民族教育、促进教育均衡和优先发展的一项基本国策。美国《1968年双语教育法》颁布以后,联邦政府每年都给各州拨专款资助实施连续性的双语教师培训计划,例如,1974年,政府特设了"教师全员培训计划基金",1978年,政府又设立了"教育学院院长计划基金",以法律的形式保证了双语教育的实施,表明了双语教育制度化的日趋完善。虽然我国于2001年出台了《国家通用语言文字法》,对教学语言做了一定的要求,但是相关法规还未配套,立法滞后已经制约了双语教育的进一步发展。

2. 制定双语教师资格的国家标准

从目前的政策落实情况来看，双语教师的语言能力与教学水平存在很大的差距，在一定程度上造成双语教师资格标准的混乱，从而影响了双语教师培养与专业发展的效能。美国加利福尼亚州规定双语教师必须具有加利福尼亚教师资格证书、拥有双语教育专家证书或双语教育跨文化专家证书，而且通过能力标准来测试双语教师的趋势也开始实施。2004年，我国启动的"国际双语教学资格证书"项目，全面规划和试行了国际双语师资认证制度，但是针对少数民族地区所进行的母语与汉语为教学语言的双语教学的资格认证尚未出现。因此，制定我国少数民族地区双语教师资格的国家标准不仅对双语教学具有重要的指导意义与实践价值，而且对于促进少数民族地区双语教师的专业发展具有重要的现实意义。

3. 建立教师教育一体化的双语教师培养机制

我国对于双语师资培养分为两个方面：一是高等师范院校培养双语教师；一是采取教师继续教育的方式，通过少数民族地区教师赴内地参加培训、挂职锻炼及内地教师支教等不同方式加以实施。特别是双语教师培训作为教师继续教育的一种方式，在提高教师双语能力方面发挥了重要的作用。随着我国教育事业的不断发展与人们对双语教育需求的不断增长，如何设计和规划教师教育一体化的双语教师培养模式、促进少数民族地区教育发展就显得尤为必要。如在未来教师培养中，依据国家双语教师任职资格与标准培养精通汉语、熟悉主流文化、掌握双语教学方法及双语教育知识与语言学基本理论，具有开发适合少数民族师生的双语课程、提高科学评价水平与教学研究能力的现代双语教师显得尤为迫切。

4. 创新双语教师培训模式

双语教育是一个复杂的系统，从学生个人的认知和学习能力、家庭环境，以及教师的教学安排和教学方法、课堂师生的互动，到政府管理部门及整个社会文化环境的影响，这些微观和宏观的因素都决定着双语教育的成败。随着双语教师培训目标的多元化发展，中小学双语教师培训方式多样化的取向日趋明显。比如，培训时间安排有长有短；培训方式可以脱产面授，也可以不脱产函授，还可以利用电视和网络接受远程教育培训；有自修也有校外的进修，有教育部门安排的集中培训、讲座报告、研讨与交流，也有参观考察、现场观摩等，呈现出课程中心模式、学校中心模式、项目推进模式、中小学与大学合作模式等双语教师培训模式。从国外的经验来看，双语教师培训模式当因地制宜、灵活多样，切不可搞"一刀切"。同时，培训中的方案设计也需要做到因地制宜，如采取以教师需求为中心，语义、语法和语用三结合的培训模式，发挥自下而上的自发动力等，也是双语教师培训成功的重要因素。

5. 培养一支专业化的双语教师培训队伍

双语教师培训与普通教师培训既有共性，也有受不同文化熏陶和教化下的文化差异性，还有教学对象学习基础与语言能力的差异等。这就要求双语教师不仅仅要具备普通教师的任职资格，而且还要符合"双语型"教师的标准，更要有多元文化认同的观念。当然，作为双语教师的培训者也不是天然的培训专家，不论是"立足本土"的双语培训，还是外出挂职锻炼、学习进修，或集中培训等，都会对双语教师培训的培训者提出双重的要求，即多元文化的认同意识与专业引领能力，培训者要熟悉和了解双语教师成长的特征、双语教师培训的需求及知识基础与语言能力等。但是目前双语教师培训者的能力与专业化水平参差不齐，从而影响了双语政策的有效落实与双语教师培训的质量。

第八章

民族地区职业教育研究

职业教育作为民族地区教育优先发展的一个重要组成部分，它直接关系到民族地区人力资源的开发、就业率的提升和劳动生产率的提高，也关系到民族地区"三农"问题的有效解决和反贫困进程的实质性推进。我国少数民族地区，特别是西部民族地区，由于历史、社会和自然条件等原因，经济发展水平相对比较落后，农业生产还停留在推广普及一些初级农业实用技术和科普知识阶段，部分少数民族地区仍保留着原始粗放的耕作方式。这种经济发展状况决定了对职业技术人才的大量需求。在全面建设小康社会、加快推进现代化建设的新时期，党和政府高度重视职业教育的发展。2002年，颁布了《国务院关于大力推进职业教育改革与发展的决定》；2005年10月又颁发了《国务院关于大力发展职业教育的决定》，将职业教育作为改善民族地区经济落后局面，推动我国经济进一步发展及其整体水平提高的一个重要突破口。因此，促进民族地区经济的发展，首先就要提高民族地区的教育水平，尤其是与经济社会文化发展的关系最为直接和密切的职业教育。

第一节 民族地区职业教育的主要问题

由于民族地区自然、历史、社会、文化、经济环境及职业教育决策者、实践者的认识水平与职教水平等方面的原因，职业教育在教育结构、专业设置及教学内容和就业等方面存在着诸多现实问题。

一、教育结构与就业需求不适应

在教育部"以就业为导向,以能力为本位,以服务为宗旨"的政策指导下,多数职业学校都以就业率的高低作为办学的好坏及价值高低的标准。不管条件具不具备,以东、中部某些经济相对发达区经济社会发展的需要,作为自己设置课程的导向。这些地区需要什么样的人,自己就开什么样的专业,为的就是片面、虚高的就业率。忽略了本地经济、社会、文化发展的实际需要。以黔东南州为例,黔东南州各中等职业学校主要开设的专业有22个,但是主要集中在计算机、服装、电子、数控、文秘、酒店管理等专业,学生人数占22个专业人数的82%,而立足本地就业发展的专业,如食品加工、林木加工、民族歌舞、种植与养殖等专业的学生只占5.4%。其中,计算机专业(如果加上文秘和电子商务)的学生数占所有专业学生数的40%,电子电工专业占所有专业学生数的26%,两个专业的学生占所有中职学生的66%。

学校办学以就业前景为准则开设专业和课程,条件较差的学校,一般培训几周、几个月就联系厂家,将学生输送出去了事,把职业教育办成为低层次的就业培训机构。条件较好的学校,虽然学生在校两年时间,但由于条件的限制,也只能是开设更多的文化课程代替专业课时,课程的安排也像普通中学一样,唯一不同的是有几门专业课。其管理模式、学生评价、教师评价同普通学校没有区别。其结果是"种地不如老子、家务不如嫂子",其目的就是输出去打工,成了名副其实的打工教育,学生的发展后劲明显不足,忽视了教育对于人的长远发展的奠基作用,教育的真正价值未能得以体现。

二、职业教育等同于单一技能教育

随着经济的发展和科技的进步,全社会对大学教育质量的判定标准不再单一和局限,变得越来越多样化。人们开始成熟地从学校的办学思路及理念、师资力量、教师的专业技能、学生的就业状况等各方面来评判一个学校的水准。当今,高职教育毕业生的高技能素质和高就业率已逐渐得到全社会的广泛关注和认可,高职教育已逐渐适应市场的需求,具有良好的发展态势。

国际市场的竞争,要求参与者具有较强的综合开发创新和实践应用能力;具有灵活的应变能力和果断的决策能力;具有熟练的语言会话、公关和谈判能力;具有运用现代技术进行信息处理、分析、设计的能力。但是由于民族地区中等职业教育先天不足，只好模仿东部地区的发展模式。专业设置越来越窄，范围越来越小，内容越来越深。虽然都说要培养"一专多能"的人才，但由于学制的缩短、设施设备的不足，造成本专业的东西都难学会，更不用说还有精力学习其他的内容。所培养的技术人才，与熟练劳动力所需的技能要求差距过大，加之地区之间经济发展的速度、质量不一，职业教育的供给总量和生源质量与社会实际需求仍有较大差距。同时职业教育在教学内容、教学方法等方面都存在着知识老化、方法陈旧落后等问题。例如，中等职业教育所界定的"技术应用"以及对理论上的"必需、够用"的原则作简单、片面的理解，教学和研究的学术性不强，任课教师对生产、社会发展实际了解不多，知识老化、方法落后，所培养的学生存在着技能单一，知识面狭窄，缺乏社会发展和科技进步的后劲，难于适应未来社会发展需要的问题。这种状况将难以培养出"入世"及知识信息经济所需要的具有多种知识技能、全面的素质和广泛活动能力的创造性人才。除此之外，学校还忽视了学生人文素养和健康心理的培养。由于中等职业教育更多地关注学生专业能力和技术应用能力的培养，因而忽视了一些非智力的、非技术性的因素，如价值观念、道德水准、意志品格、心理情感等。

三、职业教育等同于国定教材教育

学生的学习是为了就业这一目标，学生的学习定位就放在学习所选择的专业知识上。专业知识学得好一点的，能拿到毕业证和等级证书，用专业知识去打工；次一点的就拿一个毕业证书去打工。由于学生在校只有两年的时间，加之学校教师每天都忙于教学，同时由于学生的年龄较小，因此学校的教学只能围绕教材进行，而且是根据国家规定的教材来进行教学。由于很多教材自成体系，理论性强而操作性不强，不适合中职学生，但是又不得不按照教材进行教学。加之是国家统一的教材，没有考虑到学生的来源和基础，使一些学生想学而不能学，教材深、繁、杂、多是目前中职教材的一大弊病，加上没有好的专业教师和设备，学生的学习困难状况就可想而知了。再加上所学知识基本是离开自己的生活系统和知识系统，学起来就更难，这也是造成中职学生流失率高的一个重要原因。

然而，职业教育的初衷是培养乡土人才。现在为了就业，把大量学生培养成劳务输出的对象，使得教材没有体现本地民族文化的特色，也没有什么民族特色的校本课程。民族地区都在大打旅游牌，民族文化生态牌、原生态牌，但是无论普通教育或是职业教育，都没有这方面的教材及教学内容，即使有一些，也只是作为点缀，给上级部门做个样子。普通教育依然是扎扎实实的应试教育，职业教育依然是实实在在的打工教育。以黔东南自治州为例，开有民族文化课程和专业的也只有凯里市第一中等职业学校的民族导游和民族艺术专业及台江民族职业学校的民歌民舞专业。这些学生主要分配到黔东南州的各旅行社、酒店、宾馆及各县文工团。而这些专业，民族类的课程到目前为止还没有一本像样的教材，都是请歌舞团的老师和民间艺人来讲课，教学效果可想而知。由于开设这类专业需要花大量的人力和物力，同时国家也没有相应的标准，民族地方教材和校本教材的编写十分困难。

四、职业教育学校单向片面办学

职业教育学校专业设置与地方经济关联度不大，同时存在无计划性和盲目性。例如，黔东南中等职业学校开办的专业有 22 个，学生主要集中在计算机、电子电工、服装、文秘等专业，每个专业的人数都在千人以上，特别是计算机专业，如果加上文秘专业（因文秘的主要课程还是计算机），学生人数 6 373 人，占总学生数的 34%，电子电工专业学生 3 839 人，占总学生数的 21%，两个专业的学生占总学生数的 55%。即使根据市场需求来开设专业，从全州各学校的专业统计来看，也存在着很大的问题：一是工科类专业规模所占比例偏低，且有不断缩减的趋势，工科类专业开设范围偏窄；二是石油化工、造纸、造船等行业，全州中等职业学校都没有开设相关的专业；三是我国玩具行业在国内外占有重要的地位，市场上对这类人才有很大的需求，而玩具的设计与制造专业还是空白；四是一些传统专业例如模具制造专业，在就业市场上也有一定的需求，但这些专业目前已很少开设；五是在一些技能人才紧缺专业，如数控、机械维修、电子技术等，招生规模过小，不能满足市场的需求。

专业设置大部分没有与地方经济紧密结合。主要以外出务工型为主，与地方经济有联系的专业有民族歌舞、种植、养殖、林木加工、旅游、食品加工等，学生人数为 2 711 人，占总学生人数的 15%；具体地方民族特色的专业少，只有民歌民舞和食品加工专业，学生人数为 595 人，占总学生数的 3%。

五、富了他乡，穷了故土

民族地区所有的中等职业学校培养的毕业生，90% 被输送到长三角和珠三角就业，造成了农村大量的青壮年离开家乡到外地打工，梦想实现一夜脱贫。民族地区的中等职业学校由于要适应东部沿海企业用工的需求，一般都按照现代化企业的需要开设计算机、电子电工、机械、数控、旅游等专业，这些专业都需要非常专业的技师来任教，但是由于民族地区工资低，聘不到好的教师；同时由于地方财力有限，无法投入经费购买相应设备，只好用文化课来顶专业课的课时。专业课也只是纸上谈兵，因此培养的学生能力达不到东部民族地区企业的要求，更谈不上自主创业的水平，只好降低条件推荐到一些小型企业或一些条件较差的企业去就业。

（一）就业质量低

全州职校的就业率由 2008 年的 86% 上升至 2010 年的 93%，在民族地区的职校就业率是比较高的，但与所学专业对口较少，就业质量不高。在调查中，虽然一次就业没有解决，通过二次推荐基本能解决，可以说经过二次推荐，就业率基本达到 100%。但是，大多数学校都是推荐毕业生到流水线或技术含量不高的岗位，如仓库保管员、质检员、手工操作员等岗位上，与在学校所学的内容基本上没有多大关联，并且是长期在生产线的一个岗位上工作，枯燥泛味，能坚持三个月甚至更长时间的很少。长期处于流动状态，不利于学生职业能力的发展。

（二）劳动报酬少

中职毕业生到东部打工，一般月工资仅有 920~1 000 元，如果加班，每月也只不过能拿 1 500~2 000 元左右（见表 8-1）。除掉生活费、保险金、房租等费用，每月净挣只有 1 200 元左右。工资用于日常开支花销后，一年大致能积攒 5 000~6 000 元带回家，节省一些，最多达到 1 万元左右。靠这些积蓄在本地可以做一些事，要想在外长期发展甚至扎下根，却很难做到。

表 8-1　凯里第一职校 2007~2009 年部分学生就业及其收入情况统计

年份 \ 就业情况	毕业生数	外地就业年均收入（元/年）	当地就业年均收入（元/年）	第一产业年均（元/年）	第二产业年均（元/年）	第三产业年均（元/年）	自主创业年均（元/年）
2007	354	22 000	20 000	18 000	22 000	18 000	30 000
2008	369	24 000	22 000	20 000	24 000	20 000	35 000
2009	380	25 000	23 000	23 000	25 000	23 000	40 000

（三）富家富土难

黔东南地区，青年在家种地一年所挣，不如外出打工两个月所得。于是大量的农村青年都到东部去打工，从而造成农村土地大量荒芜，夫妻分居两地，农村留守老人、留守儿童的空巢家庭现象日趋严重,造成新一轮的社会问题。

这些问题不得不令人反思:是不是民族地区的农村在现代化发展的进程中只有一代又一代的人重复去打工才能建设"小康"农村、"和谐"农村呢?更重要的是,东部大量的企业大都是轻工业,如电子、服装、家电、玩具等,大量招女工,时间长了势必造成农村人口性别比严重失衡。例如,已出现一些40多岁的男青年还没有找到对象的现象。长此以往,会造成一定的社会问题。民族地区中等职业教育对人才的培养仅仅是放在打工层面上吗?难道西南民族地区的开发、人民的富裕只能靠打工来获得吗?更深层次的是只有依靠东部或照搬东部的模式才能发展吗?那么如何培养立于本,居于乡,发于家的人才呢?如何转变"苦与穷"成为"乐与富"呢?

以下选取2008年、2010年黔东南州中等职业学校学生就业情况统计,来分析中职学校学生的就业路径(见表8-2、表8-3)。

表8-2　　2008年黔东南州中等职业学校毕业就业情况统计

毕业情况总概			就业去向		就业去向		就业去向		就业渠道	
毕业人数	就业人数	就业率(%)	类型	人数	产业	人数	地域	人数	产业	人数
3 129	2 700	86	企业	1 731	一产	179	本地	1 259	学校推荐	2 112
			个体	380	二产	992	异地	1 458	中介介绍	21
			高校	470	三产	1 529	境外		其他渠道	566

表8-3　　2010年黔东南州中等职业学校毕业生就业情况统计

毕业情况总概			就业去向		就业去向		就业去向		就业渠道	
毕业人数	就业人数	就业率(%)	类型	人数	产业	人数	地域	人数	渠道	人数
6 940	6 445	93	企业	5 409	一产	2 138	本地	1 899	学校推荐	4 095
			个体	656	二产	1 862	异地	4 546	中介	555
			高校	380	三产	2 445	境外		其他	1 795

从以上两表中可以看出:

其一,一次就业的总体情况较高,2008年达86%,2010年达93%,呈逐年上升趋势。

其二,就业去向中,2008年到企业就业的有1 731人,占总毕业生人数的55%,2010年到企业的有5 409人,占总就业人数的84%,占总毕业生人数的78%,从中可以看出,黔东南中等职业学校学生就业的主流是企业。同时也有一部分学生自主创业,2008年占毕业生人数的13%,就业人数的14%,2010年占总毕业生人数的9.5%，占就业人数的10%，虽然从比值来看，2010年学生自主创业的比例下降，但是由于毕业生人数总量大，超过2008年的一半强，且创业条件又有很多限制，就业人数有所增加。

其三，从就业类型看，一产就业人数从2008年的6.6%上升至2010年的33%，二产就业人数从2008年的37%下降到2010年的29%，三产从2008年的57%下降到2010年38%。从产业分布来看，到2010年黔东南州中等职业学校毕业生一、二、三产业基本上呈平均分布状态。

其四，从就业地域来看，总趋势是外地就业大于本地就业。2008年本地就业的学生人数占就业人数的46%，2010年本地就业的学生人数占总就业人数的29%；2008年到外地就业的学生人数占总就业学生人数的54%，2010年到外地就业的学生人数占总就业学生人数的71%，呈现这种趋势可能是受2008年全球金融危机的影响，沿海地区用工量减少，只有在本地就业，同时由于2010年随着中国经济的回升，沿海企业用工量增加，学生到沿海就业量就增大。

其五，从就业渠道来看，学校推荐就业是主渠道，2008年占学生就业人数的78%，2010年占学生就业人数的64%；中介的作用不大，但也有一定的市场；其他渠道（主要是靠亲戚朋友或家长）的推荐就业2008年的21%上升到28%，说明外出务工的第一代对第二代的影响逐步扩大。

民族地区职业教育数年来巨大的教育资源投入（包括人力、物力、财力等方面的投入），随着大量毕业生的跨区域就业选择和自由流动，静悄悄地流入外地，这不能不说是民族地区教育的巨大损失。民族地区职业教育，直接关系到民族地区个体、经济、社会的发展。目前，民族地区严重的教育溢出（也叫人力资源的溢出效应）不仅导致民族地区职业教育的收益失衡，也制造着社会分化，潜藏着社会隐患。

第二节 共生视阈下民族地区职业教育发展研究

一、共生系统的基本构成

共生单元、共生模式、共生环境是构成中等职业教育发展与民族社区发展共生关系的三要素。中等职业教育发展与民族社区发展共生关系是由中等职业教育发展与民族社区发展共生单元、共生模式和共生环境相互作用的结果。在中等职业教育发展与民族社区发展系统共生关系的三要素中,共生模式是关键,共生单元是基础,共生环境是外部条件。共生模式之所以关键是因为它不仅反映和确定中等职业教育发展与民族社区发展共生系统共生单元之间的生产和交换关系,而且反映中等职业教育发展与民族社区发展共生系统对共生单元和共生环境之间的作用。

共生单元是指构成共生关系的基本能量生产和交换单位,是形成共生系统的基本物质条件。根据中等职业教育发展与民族社区发展可持续发展的研究范畴,中等职业教育发展与民族社区发展系统共生单元包括人口、经济、科技、社会、资源和环境6大子系统。

共生模式,又称共生关系,是指共生单元相互作用的方式或相互结合的形式。它既反映共生单元之间作用的方式,也反映作用的强度,它既反映共生单元之间的物质信息交流关系,也反映共生单元之间的能量互换关系。中等职业教育发展与民族社区发展系统共生模式是指中等职业教育发展与民族社区发展系统共生单元相互作用的方式或相互结合的形式,它既反映中等职业教育发展与民族社区发展系统共生单元之间的作用方式,也反映作用强度。从行为上它可分为寄生关系、偏利共生关系和互惠共生关系。从组织程度上说有点共生、间歇共生、连续共生和一体化共生等多种形式。

共生环境,是指共生关系产生的环境,共生单元以外的所有因素的总和。中等职业教育发展与民族社区发展系统各共生单元之间的关系即中等职业教育发展与民族社区发展系统共生模式是在一定的环境中产生和发展的。中等职业教育发展与民族社区发展系统共生单元之外的所有因素的总和构成中等职业教育发展与民族社区发展系统共生环境。中等职业教育发展与民族社区发展系统共生环境的存在往往是多重的,不同种类的环境对共生关系的影响也是不同的。按影响方式的不同,可分为中等职业教育发展与民族社区发展系统直接环境和间接环境;按影响程度的不同,可分为中等职业教育发展与民族社区发展共生主要环境和次要环境。中等职业教育发展与民族社区发展系统共生环境的影响往往是通过一系列环境变量的作用来实现的。中等职业教育发展与民族社区发展系统共生环境相对于共生单元和共生模式而言是外生的,往往是难以抗拒的。笔者认为,中等职业教育发展与民族社区发展系统共生的主要环境是中等职业教育发展与民族社区发展经济制度环境。共生环境是和共生界面紧密相连的。共生界面是中等职业教育发展与民族社区发展系统共生单元之间信息物质和能量传递的通道,我们认为这种通道主要是经济制度通道。因此,在本节相关界定中,中等职业教育发展与民族社区发展共生界面和共生环境是统一的。中等职业教育发展与民族社区发展系统共生界面的动力是中等职业教育发展与民族社区发展经济社会发展,阻力是资源的减少和环境的恶化。只有动力大于阻力时,中等职业教育发展与民族社区发展系统内部才能实现共生。共生能量用来描述共生单元、共生模式、共生环境相互作用的水平和效果。中等职业教育发展与民族社区发展系统共生的能量是中等职业教育发展与民族社区发展经济社会发展与资源环境共生过程中所实现的人的全面发展。

二、共生系统存在的条件

中等职业教育发展与民族社区发展系统中人口、经济、社会、科技子系统的联系密切。人通过自身的活动与中等职业教育发展与民族社区发展资源、环境发生联系，因此，各子系统之间有稳定的关联度。中等职业教育发展与民族社区发展系统各共生单元之间存在社会经济制度这个共生面。在社会经济制度范围内，人与自然资源、环境可自由存在。一般而言，中等职业教育发展与民族社区发展系统各子系统之间能够满足共生的必要条件。共生的必要条件为共生的产生奠定了基础。但这些条件成立，共生并不必然发生。共生的真正实现还依赖于其他相关条件。

职业学校有智力资源（教师）而社区缺智力资源；学校有信息资源而社区缺乏信息资源；学校有物力资源（主要指设施设备进行教学和一定财力组织课程）而社区没有。反之，民族社区富有民族文化资源（传统的民族歌舞、民族技艺等）而没有变为学校的课程和教学资源；民族社区有各种类型的自然资源而学校却按一种类型进行传授（如民族地区素有"十里不同天、五里不同俗"之称，而我们的教材只按一天一俗来进行，适应性较差）；民族社区有丰富的人力资源而没有纳入学校教育中（主要指需要立足本社区接受教育的社区居民多，而学校却忽视他们的存在，只按常规招生，大多为初中毕业生）；学校推荐学生就业是输往沿海而社区居民又渴望立足社区发展，供需脱节，造成学校发展难（不切合社区的发展需要，都是培养打工仔），学生发展难，老百姓不理解，送子女到职业学校的积极性差，学校招生难，并引起一系列的反应（学校规模小，政府不重视、投入少，学校条件差，社会评价低，教师信心低，致使正常教育教学质量低）[①]。同时，社区由于缺乏智力支持和相应的组织能力，不能立足于社区自身的民族文化和自然资源来发展，只能重复传统的经营和生产方式，发展能力弱，致使民族社区发展难，只好外出打工，这才是重点。

因而对于民族地区中等职业教育与社区共生发展的共生条件是，学校课程的丰富性必须注入社区的民族文化和自然资源，学校必须引导社区、立足社区的资

---

① 杨圣敏：《社会稳定和谐的基础是什么？——一个少数民族社区的案例》，载《北京大学学报（哲学社会科学版）》2008年第5期。

源进行发展；社区经济发展了，社区的人才会看到自身的不足，才主动送子女入学。反过来，职业学校教育随之得到促进和壮大，同时，职业学校教育也会更有特色；社区经济的发展必须立足于相关的教育，一是提高人的素质，二是通过学校挖掘整理社区的民族文化和自然资源，培养社区发展所需要的人才，社区才得以发展。其中的共生内容可以包括如下几个方面：

学校与社区内部共生：课程与民族文化共生，课程与自然资源共生，人与民族文化共生，人与自然资源共生，民族文化和自然资源与人的共生，学校与人的共生（就业、创业及文化与自然保护的共生）。学校与社区外部共生：学校与民族文化、自然资源共生，人与社会及环境共生。

中等职业教育发展与民族社区发展系统中的人口子系统、科技子系统、社会子系统、经济子系统与资源子系统、环境子系统在中等职业教育发展与民族社区发展社会经济制度下相互作用，能够实现人的全面发展，即产生共生能量。当不存在共生关系时，即中等职业教育发展与民族社区为了人自身的发展对资源进行掠夺式开发，则必然造成资源枯竭，环境恶化，最终将导致中等职业教育发展与民族社区居民无法生存。当中等职业教育发展与民族社区发展人在实现自身发展的同时，也需要对资源和环境也进行保护，将其控制在自身的承载力范围内。只有这样，才能实现中等职业教育发展与民族社区发展系统的共生。

在中等职业教育发展与民族社区发展过程中，中等职业教育发展与民族社区发展人对资源、环境的情况进行了解，并据此不断调整自身的行为，同时，资源、环境也会对中等职业教育发展与民族社区发展人的行为做出反应，也就是中等职业教育发展与民族社区发展中各子系统之间的信息是不断获取并累积的。但是，一般而言，中等职业教育发展与民族社区发展系统各子系统之间能够满足共生的充分条件。

三、共生系统的特点

中等职业教育发展与民族社区发展共生系统是一个复杂系统。它除了具有通常系统的一些特点之外，还具有一些重要特点：如复杂性、开放性、参与性、信息不完全与不确实性、空间层次与地域分异性，以及动态演化性等。

从复杂性来看，中等职业教育发展与民族社区发展的共生系统由人口、资源、环境、经济、社会与科技子系统组成，各子系统又由为数众多的元素构成，如经济系统由宏观经济、微观经济、产业、厂商、市场等许多元素组成，而厂商内又含有资本、劳动、技术、产品、收益、成本、利润等要素，并且系统、子系统内部各要素之间以及系统与外部环境之间存在着复杂的非线性相互作用，这些元素及其参数之间的强耦合作用使得系统内部形成了某种内在结构，某些特定的元素及其参数则在变化与运动中形成了稳定的组织模式和作用与制约机制，从而限制或激发系统的演化与发展。此外，其复杂性还表现在中等职业教育发展与民族社区发展共生系统及其子系统的循环运动和系统之间的物质、能量、与信息的交换过程中将会面临着混沌、模糊或无序环境状态。中等职业教育发展与民族社区可持续发展的协调与稳态运行，将建立在中等职业教育发展与民族社区发展人们如何从这个复杂的巨系统中寻找有效的途径和激励政策与机制来引导和促使混沌、模糊与无序的复合系统向协同、有序的协调发展轨道不断的推进与演进。

从开放性来看，中等职业教育发展与民族社区发展的共生系统不是一个孤立的封闭系统，其人口、环境、资源、经济、社会和科技各子系统之间以及中等职业教育发展与民族社区发展外部环境之间存在着多种多样的强烈的相互作用、相互影响、并随时进行物质、能量、信息等的相互交换、相互传递。

从人的参与性来看，中等职业教育发展与民族社区发展的可持续发展强调以人为中心的全面发展。中等职业教育发展与民族社区发展的共生系统是有人参与其中的中等职业教育发展与民族社区发展复合系统，它是介于自然系统与人工系统之间的一类特殊系统，其系统内部的结构与功能与其他类型系统有较大的差别。这种特殊系统既有自然系统的自组织现象，又具有人工系统的组织作用。因此，中等职业教育发展与民族社区发展共生系统的可持续发展受参与其中的人（包括具备高度学习能力的智能人、可以调控自身思维和行动的理性人和具备生态观念的生态人）的价值观念和决策手段与准则的影响很大。基于这一特点，建立人的全面发展观、提高人口素质、保持人口适度增长、树立中等职业教育发展与民族社区发展可持续发展的价值观是实现中等职业教育发展与民族社区发展可持续发展的基础。培植中等职业教育发展与民族社区发展的理性生态人观念，重视人在中等职业教育发展与民族社区发展共生系统的组织与调控作用，用激励、创新来创立正反馈机制、边干边学机制和相适应的制度安排是实现中等职业教育发展与民族社区发展的可持续发展的最佳路径。

从信息不完全与不确实性来看，由于中等职业教育发展与民族社区发展的共生系统是一个错综复杂的巨系统，随着系统中层次结构的变化、系统之间、元素之间与外界环境的关系及其作用的变化，系统中时刻存在着各种随机因素、模糊因素、非线性因素的扰动引起的不确定性。此外，完全掌握系统的所有信息或由于系统的复杂而变得不可行或由于获取信息代价太大而变得不可行。从空间层次与地域分异性来看，在中等职业教育发展与民族社区发展的共生系统中，由于不同中等职业教育发展与民族社区发展子系统间存在着差异，这些差异在时间和空间上的"耦合"，必然呈现出中等职业教育发展与民族社区发展的地域分异性，它表现为同一层次或不同层次中等职业教育发展与民族社区发展之间的分异。其最高层次为洲际中等职业教育发展与民族社区发展共生系统[①]，其次有国家级中等职业教育发展与民族社区发展共生系统，在一个国家如中国国内，由于地理位置、自然环境和经济发展的不平衡，又可分为东部、中部和西部中等职业教育发展与民族社区发展，进一步还可分成省级、地市级、县级等不同层次的中等职业教育发展与民族社区发展共生系统。由于各个层次的任一中等职业教育发展与民族社区发展系统均为开放系统，因此，上一层次中等职业教育发展与民族社区发展可持续发展的实现与否是建立在该中等职业教育发展与民族社区发展中各个下级层次中等职业教育发展与民族社区发展可持续发展实现的基础上，也即每一个低级层次中等职业教育发展与民族社区发展可持续发展的实现与否将影响和制约上一层次中等职业教育发展与民族社区发展的可持续发展，反之亦然。此外，同一层次的不同中等职业教育发展与民族社区发展的可持续发展的实现与否将在不同程度上对其他中等职业教育发展与民族社区发展的可持续发展进程产生直接或间接的影响与制约。

从动态演化性来看，中等职业教育发展与民族社区发展的可持续发展过程既是一个不断发展变化的连续过程，也是一个动态演化过程。这种演化，一方面表现为中等职业教育发展与民族社区发展共生系统趋近并达到均衡（包括中等职业教育发展与民族社区发展可持续发展状态，即各子系统协调发展状态），并且从一个均衡向另一个均衡转换的非均衡过程；另一方面也表现为整个中等职业教育发展与民族社区发展共生系统功能、结构、体制的调整与变动，以及由此引发的中等职业教育发展与民族社区发展共生系统均衡格局的变迁。由于中等职业教育发展与民族社区发展的共生系统的复杂性，其系统的演化行为可能出现多种复杂的形式和格局，其中最常见的形式有多重均衡、路径依赖、锁定等。又由于中等职业教育发展与民族社区发展系统常处于混沌状态，并且存在着非线性相互作用机制和非对称的激励格局，使得系统演化的最终结果不是唯一确定的，存在多重均衡现象。系统演化的趋势、速度及其最终结果，不仅取决于系统的内在结构、系统的共生关系和外部环境等，还取决于系统的初始状态，即路径依赖[②]。同时，中等职业教育发展与民族社区发展系统演化的最终结果还取决于其演化过程中所选择的路径及其演化进程所受外界扰动和冲击强度的大小以及各种均衡状态的稳定程度和持续时间。当系统趋近并达到一个低级均衡状态后，如无足够的

---

① 田敏：《民族社区社会文化变迁的旅游效应再认识》，载《中南民族大学学报（人文社会科学版）》2003年第5期。

② 林钧昌：《城市，我们共同的家——山东省曲阜市西关民族社区记事》，载《中国民族》2006年第9期。

外界扰动或内激发等条件发生,系统将只能停留在这一低级层次均衡状态附近波动而无法上升至最高一层次的均衡状态,这便称为锁定。

总之,中等职业教育发展与民族社区发展共生系统趋近并达到某一层次的均衡以及从一个均衡向另一个均衡转移的转化过程呈现出千差万别、复杂多变的模式和格局,且演化行为也呈现了动态并行性(如同时性、并发性等),其演化的常态,并不仅仅是维持或停留在某一层次均衡状态或围绕其周围的单一趋势的运动,而更多是在均衡状态之间迁移的非均衡过程。均衡也不再是中等职业教育发展与民族社区发展共生系统演化过程中特殊的、静止不变的终极状态,而是系统动态非平衡演化过程的某一层次的中间状态,中等职业教育发展与民族社区发展共生系统的演化就是不断地经历不同层次的中间状态的动态过程。中等职业教育发展与民族社区可持续发展的实现与维护既将寄希望于中等职业教育发展与民族社区发展人们正确地选择中等职业教育发展与民族社区发展共生系统演化的最终路径,也将寄希望于中等职业教育发展与民族社区发展政府正确选择和设计相适度的制度安排和激励机制,来激励中等职业教育发展与民族社区发展建设者加快推动中等职业教育发展与民族社区发展的演化从低层次均衡向高层次均衡的不断转化。

四、黔东南州中等职业学校与社区共建考察

在黔东南地区,中等职业学校学生虽然就业率高,但是对口率低。由于只是学习现代企业所需要的技术去他乡就业,学校教学也基本上是批量生产和批量输出模式,所造成的直接后果就是学生学习难、对口就业难、生存难、今后的发展更难。有鉴于此,部分中等职业学校也在尝试立足于本地的民族文化资源促进学生就业,把民族文化转化为技能,使学生就业有特色,发展有基础,在促进学生发展的同时,也取得了良好的社会效益。

经过考察,对黔东南中等职业学校与社区共建的具体情况进行统计,并对共建的类型和问题进行分析,认为共建面比较广,但也存在一些问题(见表8-4)。

表8-4　　　　黔东南中等职业学校与村联办情况调查统计

学校与社区	人数	专业	人均年收入(元)	核心课程	培训后预计年收入
丹寨职校与高寨村	49	养殖	1 200	农作物生产技术、果树生产技术、蔬菜生产技术、植物与植物生理、植物保护、土壤与肥料	1 800

续表

学校与社区	人数	专业	人均年收入（元）	核心课程	培训后预计年收入
丹寨职校与高寨村	101	养殖	1 180	畜禽解剖与生理、畜禽营养与饲料、畜禽繁殖与改良、畜禽疾病防治、养牛学、养猪学、养禽学、动物防疫与检验技术	1 700
锦屏职校与摆泥村	45	养殖	1 210	畜禽解剖与生理、畜禽营养与饲料、畜禽繁殖与改良、畜禽疾病防治、养牛学、养猪学、养禽学、动物防疫与检验技术	1 750
凯里一职校与南皋村	219（其中养殖124人，种植95人）	种植养殖	1 150	农作物生产技术、果树生产技术、蔬菜生产技术、植物与植物生理、植物保护、土壤与肥料、畜禽解剖与生理、畜禽营养与饲料、畜禽繁殖与改良、畜禽疾病防治、养牛学、养猪学、养禽学、动物防疫与检验技术	1 600
麻江职校与河口村	80	水产养殖	700	动物学、鱼类学、水生生物学、鱼类增养殖学、水环境化学、水产动物育种学、水产动物营养与饲料、水产动物疾病学	900
榕江职校与阳溪村	45	种植	800	作物生产技术，果树生产技术，水果蔬菜贮藏保鲜技术，蔬菜生产技术，植物病虫害诊断与防治基础	1 000
黄平职校与林星村	79	养殖	700	养殖技术基础，动物疾病防治基础，家畜饲养学，养猪技术及猪病防治技术，牛羊生产技术及牛羊病防治技术，禽生产技术及禽病防治技术，畜牧养殖饲料配制技术	900
雷山职校与潘寨村	92	养殖	800	养殖技术基础，动物疾病防治基础，家畜饲养学，养猪技术及猪病防治技术，牛羊生产技术及牛羊病防治技术，禽生产技术及禽病防治技术，畜牧养殖饲料配制技术	1 000

续表

学校与社区	人数	专业	人均年收入（元）	核心课程	培训后预计年收入
剑河职校与邦寨村	33	种植	800	作物生产技术，果树生产技术，水果蔬菜贮藏保鲜技术，蔬菜生产技术，植物病虫害诊断与防治基础	1 100
从江职校与河边村	91		2 400	蔬菜种植方面	3 000
锦屏职校与三板溪村	41	水产养殖	700	动物学、鱼类学、水生生物学、鱼类增养殖学、水环境化学、水产动物育种学、水产动物营养与饲料、水产动物疾病学	900
岑巩职校与开田村	75	养殖	1 500	种草养羊	2 000
镇远职校与瓮址村	108	养殖	1 000	种草养羊	1 500
镇远职校与瓮址村	58	养殖	1 000	种草养羊	1 500
台江职校与老屯村	129	刺绣	1 000	苗族歌舞，刺绣等	2 000

表8-4数据表明：第一，黔东南中等职业学校都在积极地开展学校与社区的共同建设项目，主要体现在种植与养殖及民族文化方面。第二，整个培训的预期效果比较明显。第三，开设的培训内容较多、专业性较强。第四，参加培训的社区人员也比较多。第五，部分教学点能够按照社区居民的生产特点组成相应专业进行培训。

从以上的调查结果来看，职业学校与社区共建主要有以下几个方面：

第一，项目型。主要是以国家"阳光工程"、"雨露计划"，还有"农村劳动力转移工程"等项目进行推动，各职业学校根据各项目的要求积极对社区进行培训，按照计划制订了培训计划，选取了相应的教师和教材，比较有针对性地对社区进行培训。社区为了发展也比较主动地配合学校的教学进行学习。

第二，普及型。各职业学校根据文件的相关要求，同时也根据社区的农闲时间对社区进行比较合理的培训，使社区的居民获得了基本的知识和技能，拓展了他们生存的空间，并且使相应的知识和技能得到了推广和应用。

第三，短期型。因各种知识和技能培训在短期时间内实施，社区居民可利用农闲时间进行集中学习，使培训得到了比较有效地开展。从短期的效应来看，社区居民在实践过程中，无论是预期收入还是实际收入都得到了一定的提高。

此三种类型虽然各有侧重，但并不是完全孤立的，有的学校与社区共建会同时具备以上两种，甚至三种特点。

五、民族地区职业教育与民族地区优秀传统文化的互生共赢

如果说职业学校的本质属性是职业性，那么民族职业学校的特殊性即在于其民族性。民族特色是民族职业学校在与其他职业学校竞争中的优势所在。突出民族性是民族地区职业教育实现跨越式发展的筹码。民族成员都是在民族文化的背景中生存和发展的，对本民族文化有天然的亲近感和熟悉感，对于与民族文化结合的专业必定从情感上更愿意接受和认同。开设具有民族特色的专业，不仅能满足民族成员学习民族文化的需要，而且实现了传承民族文化的目的。如果能在学习民族文化的同时还能依赖民族特色解决个人的就业问题，那将更会激发学生选择民族职业学校和学习民族文化有关的专业的积极性和主动性，对学校、个人以及民族文化的发展都有积极的作用。缺失了民族性，盲目地模仿沿海地区的办学模式，甚至为"他人做嫁衣"的办学，不仅最终只能是沿海职业教育的初级培训基地，或者是成为其附庸，而且还造成民族文化传承后继无人，传统民族文化本身就是资源，关键在于怎么开发和使用。

民族职业学校不仅要培养有知识技能的人才，更要培养学生形成良好的道德品质和职业精神，能将家乡的发展以及本民族的发展与自己职业的发展紧密结合起来，"德技双修"。当下，我们看到民族职业学校学生的就业一再面临困境，其中有外部客观环境的原因，但学生自身也有一定的责任，不切实际地预设未来的职业和职业报酬，一旦不符合自己的职业预期值，马上选择离开，缺乏敬业精神和吃苦耐劳的精神。这不仅会给用人单位造成一定的损失，对学生本人也一无利处。由于不断跳槽，使自己始终陷入从头开始的困境而不断地遭受挫折。因此，对学生道德品质的培养同样是学校的重要教育内容。学校必须与社区教育合作，利用社区中传统文化的熏陶以及潜移默化的影响使学生形成吃苦耐劳，遵守规约的品质以及敢于承担责任的精神，这是学生将来进入职场所必备的态度和应有的道德素养。

因此，未来民族职业学校的发展主要从以下几个方面着手：其一，承担起保护和传承民族文化的重任。要实现民族民间文化的开发和保护首先要通过教育引

导广大群众的认同和参与。我们在谈保护的时候，很多时候是把重心放在"物"上，而忽略了"物"赖以生存的主体——"人"，"人"主要是社区中的人，而不是来自社区以外的政府力量强加推动，保护的重心在人的技术传承，即教育。人民群众是文化的创造者，是文化的主人。如果本民族人民不珍视、不爱惜、不保护、不传承自己的文化，民族民间文化最终还是要中断和消亡。因此，我们要在社区进行民族文化知识的宣传教育和普及，大力营造开发和保护民族民间文化的良好氛围。充分利用各种宣传舆论工具，以及"文化遗产日"和各种节庆活动，组织开展民族民间文化资源开发和保护的系列宣传展示活动，培育强烈的民族文化认同感和内聚力，引导人们关注民族文化，充分认识民族文化的优秀品质、精髓及其在中华文化中的地位和重要作用，由此唤起人们对开发和保护民族文化遗产的热情和共识，形成对民族文化的认同。在日常生活中尊重民族文化，善待民族文化，使国家关于民族文化资源开发与保护的举措转化为每一个公民的自觉行动，使他们自觉自愿地参加到保护人类共同的文明财富的行列中来。将地方政府强制外推式的民族文化保护措施变成民族成员内在的民族文化保护意识和需要，形成民族文化保护意识的"自觉"。其二，合理开发文化资源，打造文化特色产品。民族职业学校要引导当地产业结构的转型，转变民族地区的发展观和文化价值观，通过培养出来的人来科学合理地开发文化资源，实现民族文化的传承和民族文化产业的发展。

  随着现代化程度不断提高，人们追求经济效益，追求物质生活质量的提高，这本无可厚非，物质生活是精神生活的基础，民族文化资源应该能带给人们幸福的生活。只有保障人的生存和生活条件，对民族文化的认同才成为可能，否则再优秀的民族文化在经济利益面前谈保护也是难上加难。民族地区的现代化程度低，对民族文化资源的开发就必须实现民族产品与现代工艺的结合，为民族文化的发展融入新鲜血液，注入新的发展动力。通过民族职业教育实现现代科学技术和民族传统生产技术和文化的共生局面。把民族传统工艺系统地转化为融入现代元素的民族新型产业，不仅为民族成员带来了经济收入，同时还可以实现民族成员对本民族传统文化的再认识，实现民族文化在现时代新的发展。

  少数民族大多是能歌善舞的，丰富的民族传统艺术有着良好的群众基础，独特的地域优势以及浓郁的民族风情，包括少数民族语言、宗教信仰、民俗、服饰和居家饮食等，这些都是当地发展的文化资源，要充分利用这些丰富的人文景观资源，将民族文化产业做大做强，只有依赖职业教育。学生不仅学到文化知识技能，而且还学会了经营、管理。通过职业教育，促进传统的民间手工业技术发展，生产富有民族特色的手工艺品。例如，笔者所在的黔东南苗族侗族自治州，地处贵州东南部。这里居住着苗、侗、汉、布依、土家、水、瑶等33个民族，其中,苗族、侗族人口占总人口的72.3%。是全国苗族侗族人口聚集最多的地方。这里苗族的蜡染工艺、银饰制作、芦笙制作,侗族的锦绣等在国内外享有盛誉。通过开设相关的职教培训课程,聘请专业技师和能工巧匠传授技艺,使民间工艺技术得以系统总结和发扬光大,并培养出本地区有特色的民间工艺发展项目所需要的各种人才,加快地区经济开发;通过开展丰富的社区文化活动,建立文化工作站、组建民族文化专业队伍等,如台江县的岩脚村的刺绣组织、台江县施洞镇的银饰加工协会、从江县小黄村的侗族大歌队、丹寨县的卡拉村的鸟笼协会、丹寨县南皋村的占法造纸协会、麻江县铜鼓村的芦笙和民间剪纸制作协会等,使得民族文化的发展和传承成了有意识的一种活动,范围不断扩大,影响面越来越广。民族文化发展了,民族职业学校的学生的出路也解决了,实现了文化的发展和人的发展的双赢。

因此,民族地区职业教育优先发展应当有一个与社区环境相结合的发展思路:

第一,专业设置社区化。

民族地区素有"十里不同天、五里不同俗"之称。一方面由于地理环境复杂,自然条件也不尽相同。黔东南州海拔从100多米到2 000多米,即使在同一区域,也有山前山后,水边山腰山顶,不同的土壤,不同的气候之分,动植物的生长特点也不一样。另一方面少数民族众多,即使是同一民族,由于长期生长的地域不同,所形成的民风民俗也各不相同。民族地区的中等职业教育如果按统一的模式来进行教育,按沿海地区企业的用人标准来办学,势必失去其民族及其支系的本来面目。学校办学失去其特色,同时受教育者失去其本民族及其本支系的文化支持,最后反而起不到保护和传承的作用。以民族文化来发展经济的社区,如果没有了自己的特色,发展就没有根基,因此无论是以自然资源或是以民族文化资源来开设的专业,都要结合社区的特点来进行。这就要求民族地区的职业教育要有其个性,不但是专业上,更主要的是课程设置上要精细到每一个社区的特点。中等职业学校的专业设置与区域产业结构应是相互支撑,互为导向的关系。区域产业结构的变迁是区域职业教育发展的市场导向,专业结构要真正实现与地方产业结构的有效对接。做到针对性强,适应面广,使之能够适应当前和未来经济发展的需要。

第二,课程设置本土化。

专业设置要强调社会,专业与学生相结合,既要强调市场需要,注重专业知识的完整性,又要符合学生发展的内在要求。民族地区自然条件复杂、民族种类繁多,同一民族民风民俗也各不一样,一方面给课程设置的标准和制定带来了很大的困难,另一方面也为民族地区的职业学校提供了丰富的教学内容。文化不同于工业,不是一本教材、一个标准就可以全实现的,更重要的是民族地区的中等职业教育的课程应来自社区，根据社区的不同特点设置相应的内容，并适合社区的发展。

第三，师资乡土化。

民族社区的"独特性"各不相同，要想使职业学校的师资全面覆盖所设置的全部课程，那是不可能也是不现实的。所以，立足于本地的技师、歌师等资源来上核心课程，才能保证传承不变样，维护其原生发展。台江职校、丹寨职校的学校与社区共建提供了很好的案例。

第四，实践社区化。

实践社区化可以真正促使民族地区中等职业学校培养的学生为本地区的经济发展服务。这种做法一方面可以解决学校资金不足没有更多资金建实习基地的困难，另一方面也解决了教学与经济社会发展脱节的矛盾。同时，由于学生的发展是立足于本社区的自然资源和民族文化资源，因此只有在相应的时空中去实践，才能把知识与技能、技能与经营、文化的传承与保护相结合起来，才能把学与用、生计与生长结合起来。

第九章

民族地区教育信息化问题研究

第一节 民族地区现代远程教育研究

现代远程教育是随着现代信息技术的发展而产生的一种新型教育形式，是构筑知识经济时代人们终身学习体系的主要手段。它以现代远程教育手段为主，综合面授、函授和自学等教学形式、采用多种媒体手段联系师生并承载课程内容。现代远程教育可以有效地发挥各种教育资源的优势，为各类教育的教育质量提高提供有力支持，为不同的学习对象提供方便的、快捷的、广泛的教育服务。采用现代远程教育发展民族教育，是提高民族教育水平、加速民族教育信息化进程、促进民族教育优先发展的有效途径，也是民族教育改革与发展的最佳选择。

一、民族地区现代远程教育发展溯源

1998年，教育部制定了《面向21世纪教育振兴行动计划》，提出实施"现代远程教育工程"，形成开放式教育网络，构建终身学习体系。为实施这个工作目标，2000年，教育部提出要在全国中小学中实施"校校通"工程。所谓"校校通"工程是一项包括课程资源开发、传输、使用及教学管理等项内容的系统工程，其目标是：用5~10年时间，使全国90%左右的独立建制的中小学校能

够上网，使中小学师生都能共享网上教育资源，提高所有中小学的教育教学质量，使全体教师能普遍接受旨在提高实施素质教育水平和能力的继续教育。而"工程"把具体目标定为：2005年前，在东部地区县以上和中西部地区中等以上城市的中小学组织实施上网工程，争取东部地区县以上和中西部地区中等以上城市的中小学都能上网；西部地区及中部边远贫困地区的县和县以下的中学及乡镇中心小学与中国教育卫星宽带网联通，在中西部县和县以下的中学及乡镇中心小学建立远程教育接收点，配备卫星地面接收站、电视机、VCD放映机和计算机等必要设备及基本的教学资源光盘，接收和使用东部地区的优质教育资源；2010年前，争取使全国90％以上独立建制的中小学都能上网，不具备上网条件的少数中小学校也可配备多媒体教学设备和教育教学资源光盘；开发系列的优秀教学课和丰富的课程资源，建设共享的中小学教育资源库，通过计算机网络和卫星宽带网、电视节目、光盘等多种方式提供给中小学；国家将对贫困地区实施"校校通"工程给予支持，同时，积极鼓励社会各界以适当的方式参与"校校通"工程的实施，向中小学，特别是边远贫困地区的中小学捐赠所需设备和教育教学资源，这些地区也要以多种形式筹措资金用于工程的建设。

2000年年初，教育部设立的第一个远程教育扶贫项目"明天女教师培训计划"开始实施，香港周凯旋基金会为这一项目捐资1 000万元人民币，在西部六省区（云南、贵州、四川、陕西、甘肃、广西）建成卫星教学收视点1 040个。2001年2月24日，教育部在"现代远程教育扶贫示范工程项目"的基础上，在贵州省镇宁布依族苗族自治县石头寨中心小学正式启动与李嘉诚基金会合作实施的"西部中小学现代远程教育工程"项目。国家为此安排了7 000万元资金，建设5 000个卫星教学收视点，以推动西部农村教育信息化普及的进程。香港李嘉诚基金会给予大力支持，决定配合行动，再建5 000个"卫星教学收视点"。

2001年，国务院下发了《关于基础教育改革与发展的决定》，文件中要求努力为学校配备多媒体教学设备、教育软件和接收我国卫星传送的教育节目的设备；有条件的地区要统筹规划，实现学校与互联网的连接，开设信息技术课程，推进信息技术在教育教学中的应用；开发、建设共享的中小学教育资源库；支持鼓励企业和社会各界对中小学教育信息化的投入。

2003年9月，国务院在《关于进一步加强农村教育工作的决定》（简称《决定》）中明确提出要实施农村中小学现代远程教育工程，要着力于教育质量和效益的提高，并加快开发农村现代远程教育资源；《决定》提出，农村中小学现代远程教育要以地方投入为主，多渠道筹集经费，中央对中西部地区重点支持，要在2003年继续试点工作的基础上，争取用五年左右时间，使农村初中基本具备计算机教室，农村小学基本具备"卫星教学收视点"，农村小学教学点或学校配备教学光盘播放设备和成套教学光盘。随后，教育部颁行《2003～2007年教育振兴行动计划》，将"农村小学现代远程教育计划"作为推进农村教育发展与改革的重大措施，发挥农村学校作为当地文化中心和信息传播中心的作用，为"三教统筹"、农村科技推广和农村党员干部现代远程教育服务。

2003年，教育部提出通过试点，教育信息化工作的重点是"西部抓工程、东部抓资源"；要推动优秀教育资源向西部输送，促进西部教育质量的提高。因此，"东部资源西部用"将是未来的发展方向。由于西部地区教育资源匮乏，可以充分利用国内已有卫星网将东部优秀的教育资源向西部地区传送，东部发达地区信息化教育产业可以在推动西部信息化教育发展的进程中发挥巨大作用。

至2003年，"明天女教师培训项目"在我国西部六省建成"卫星教学收视点"1040个，"教育部·李嘉诚基金会项目"在西部乡镇以下中小学校总共建成10000个"卫星教学收视点"。而国家投入的专项资金达3.64亿元，为西部地区12个省（自治区、直辖市）和新疆生产建设兵团的农村中小学建设"教学光盘播放点"3万多个，"卫星教学收视点"5000多个，计算机教室380间；项目建成总容量达148GB的教学资源库，内容涵盖了人民教育出版社等7个出版社出版的教材，分为时事中心、课程改革、教研论文、示范课例、教学资源、开心学堂、学生天地和学科实验等14个栏目。同时，国家决定扩大项目的试点内容和范围，自2003～2007年，国家将投资100亿元，在全国范围内实施农村中小学现代远程教育工程，为全国约11万个农村中小学教学点配备教学光盘播放设备和成套教学光盘，使全国38.4万所农村小学初步建成"卫星教学收视点"，给全国3.75万所农村初中装备一间多媒体教室和计算机网络教室。

时至2007年年初，"农远工程"项目"已投入80亿元，覆盖中西部地区80%以上的农村中小学，1亿多名中小学生得以共享优质教育资源"。据新闻报道：至2007年年底，"农远工程"已投入111亿元，其中中央投入50亿元，地方投入61亿元；共配备教学光盘播放设备40.2万套，卫星教学收视系统27.9万套，计算机教室和多媒体设备4.5万套，工程覆盖中西部36万所农村中小学。

至此，农村中小学现代远程教育从20世纪末启动以后已经逐渐形成"明天女教师培训项目"、"教育部·李嘉诚基金会项目"、"西部中小学现代远程教育工程项目"、"农村中小学现代远程教育试点示范项目"和"中西部农村中小学现代远程教育工程"的项目体系[①]。

---

① 罗江华、张诗亚：《解套形与实——教育资源数字化的价值取向研究》，广西师范大学出版社2009年版，第63页。

二、民族地区现代远程教育的实践模式——"一机三用"之"黔江模式"[①]

重庆市黔江区原为黔江土家族苗族自治县,位于重庆市东南部,地处武陵山区腹地,面积2 402平方公里,总人口50.4万,辖30个街道、镇、乡。人口中土家族、苗族占72.8%,汉族杂居其中。黔江在1986年被定为国家级定点扶贫县,此地不仅经济发展落后,且被认为"地广人稀、资源短缺"。

黔江区的"农远工程"是在全国普遍启动"农村中小学现代远程教育项目"前就开始实施的。早期启动的"教育部·李嘉诚基金会项目",其主要目的是通过DVD/VCD或多媒体光盘为载体远程传送数字化教育资源,来缓解农村学校师资匮乏的问题;而后续参与的农村中小学现代远程教育试点示范项目、中西部农村中小学现代远程教育工程主要目的是扶持乡村中小学实施信息技术教育,为中小学生提供学习信息技术和上网学习条件,通过卫星数据广播方式共享优质教育资源,对教师和农民进行远程培训,为当地农民提供经济、市场信息。

(一)"黔江模式"的内涵

黔江区的"农远工程"项目启动伊始就提出"立足学校、服务'三农'"的应用思路,并逐步发展成为"将远程传送的数字化教育资源,采取上课学生用、课余教师用、节假日农民用"的"一机三用"模式。这个模式的核心思想是依托"农远工程"的光盘播放点、卫星教学点与网络教室等"硬件"配置平台,以数字化技术为手段,充分利用东部发达地区提供的教育信息资源,既达到提高各类学校教育质量的目标,又为农民增收致富提供帮助。

依照当地管理部门的解释,"一机三用"中的"一机"指的是"光盘播放点、卫星接收点与网络教室"中的"成套设备",而"一机"也是一个正处于发展中的用语。随着各级政府对"硬件"投入力度的不断加强,不仅"一套"数字化设备可以增为"多套",而且农村学校也在已有应用模式的基础上扩展,"硬件"投放逐年增多。

"上课学生用"将首要目标指向"农村高水平师资缺乏、课程开设不规范"的现实,要求教师使用"与教材内容同步"的卫星教育资源,这些资源采用电教馆统一发放或通过卫星接收点的卫星接收机下载后刻录成光盘的方式,送往农

[①] 罗江华、张诗亚:《解套形与实——教育资源数字化的价值取向研究》,广西师范大学出版社2009年版,第66页。

村小学的光盘播放点；而兼有网络教室、多媒体教室与电视播放系统的配置模式，主要给予乡镇初级中学或者条件较好的中心小学，而这些学校在满足本校学生学习信息技术课程的同时，必须负起管理与指导其他"低级"模式资源应用的责任，并将远程教育资源下载与集合，以期建立基于本地校园网络的教育资源库，随时提供给老师选用。"课余教师用"的目标指向于当地教师基于远程教育资源的自我培训，"农远工程"项目资源库中既提供了大量面向学生的教学资源，也有数量极多的教师培训资源。农民用的是项目的辐射功能，分别利用农村学校的网络教室、卫星接收室、多媒体教室、光盘播放点等平台。在节假日、赶集日，利用"农远工程"，为农民提供实用农业技术培训及农产品供求信息。

（二）黔江模式的发展

黔江区是重庆市最早提出来开展现代远程教育的区（县），2000 年 9 月，刚刚成立的黔江区发布"加快建设覆盖全区现代远程教育网络的决议"、"关于实施科教兴黔战略，深化教育改革，全面推进素质教育的决定"、"关于普及中小学信息技术教育加快实施现代远程教育的决定"等系列文件，积极响应国家关于发展现代远程教育的政策，将"大力发展现代远程教育，构建终身学习体系"列入黔江区国民经济和社会发展的第十个五年计划，并把发展现代远程教育作为黔江区教育改革和发展的主要目标与重要工作。2001 年，教育部批准黔江区为全国现代远程教育的试点区县。几年来，全区 270 所中小学先后全部实施了"教育部·李嘉诚基金会项目"、"农村中小学现代远程教育试点示范项目"和"全国农村中小学现代远程教育工程"等。至 2004 年年底，全区 70 所村小学建起了光盘播放点，95 所学校建起了卫星收视点，11 所学校建起了计算机网络教室，"农远工程"项目覆盖了 30 个镇（乡）和街道办事处的农村中小学。至 2007 年年底，国家、地方政府和学校共投入资金 1 200 多万元，建起了计算机网络教室达 34 个，卫星收视点 246 个，光盘播放点 70 个，全区 6 个班以上的"村小"均进入了卫星宽带网，也为当地区、乡镇两级政府建起了综合信息平台。

2002 年 6 月 29 日，重庆市西部中小学现代远程教育项目开通仪式暨现场会在黔江举行，黔江区提出的"让远程教育资源走出接收室，进入教室，服务教学，辐射村小和进入农户"的应用思路得到上级政府的肯定；同年，黔江区教委提出"农远工程"设备要"专人、专室、专机、专用"的应用管理思路，对应用管理人员的工作量、待遇、职称等加以硬性规定（规定中心小学及中学、一般卫星收视点、村小光盘播放点的项目管理员分别按教师人均工作量的 1/2、1/3 和 1/4 计算工作量，全区统一为项目管理员逐月发放一定数目的津贴，并在晋职、晋级与其他教师同等对待，要求各校必须确保管理员队伍的稳定）。

2003年12月16日，黔江区代表在"西部中小学现代远程教育项目建成暨农村远程教育研讨会"上作示范典型发言，而后，黔江的现代远程教育经验在《中国教育报》等报刊上不断亮相。"远程教育的信息资源就像一股清新的山外来风，吹来了教育教学改革的前沿动态信息，吹来了新的教育观念和教育思想，吹来了先进的教学方法；……他们充分利用远程教育探索应用模式，服务教育教学，服务'三农'，初步实现了资源共享"；而报道声称这种在重庆市全面推广的"一机三用"模式已经取得了非常好的应用效益，"特别是模式一光盘资源的教学应用，在全市得到了广泛的普及，广大农村教师认为光盘资源应用方便，对条件较差的边远农村学校教学很有帮助"。

2005年，在全国农村中小学远程教育现场会上，重庆介绍了以"黔江模式"经验为基础，在全市推广"一机三用"应用模式的具体思路与经验；1月2日，教育部网站发布了黔江区"农远工程"以"一机三用，促进少数民族地区教育快速发展"为题的总结报告，"一机三用"被称为"享誉全市、全国闻名的农村中小学现代远程教育应用模式"；至此，"黔江模式"被升华为"重庆模式"，而这种模式随着外地不断来访的学者、管理人员及教师的推介，各地在"农远工程"项目推进过程中纷纷效仿。

三、远程教育提高双语教学水平的实践

由于语言障碍，在少数民族地区开展远程教育培训时，会使得信息交流不畅，传播效果欠佳，因此实行双语教学显得尤为必要。新疆巩留县和贵州省远程办的实践经验值得借鉴。

（一）新疆巩留县的实践

以新疆巩留县在远程教育中采用汉、维、哈"双语教学"的实践为例。巩留县地处伊犁河谷中部，总面积4 600平方公里，生活着汉、哈、维、回等23个民族，总人口17万人，多民族聚居使语言成为制约经济发展的一项因素。为切实达到各民族语言互通，巩留县根据自治区、州"双语学习"金钥匙ABC计划，结合本地语言交流的实际，拓展培训思路，丰富学习内容，在远程教育培训中采取汉、维、哈相结合的"双语教学"，并在实际培训中进行了广泛应用和探索，取得了良好的效果。

一是终端站点操作员使用"双语"进行辅导，使培训对象能听懂。为了搞好双语教学，县远程办要求各乡（镇）场聘请了2名"双语"教师，对那些有知识、讲政治、懂技术、会管理，在当地有一定影响力，能起到示范带头作用的

种养殖能手建立了档案，颁发聘请证书并给予一定的物质奖励，鼓励他们以"双语"教师的身份走进远程教育的课堂，在双语教学培训工作中发挥重要的作用，通过他们的言传身教和通俗易懂的解说，不但使农村党员干部群众更容易学得会，而且带动了一方产业的发展，进一步推动了农村党员干部现代远程教育培训工作的深入开展，走出一条典型带动、延边辐射的科学发展之路。

二是把远程教育课件进行多语言译制。巩留县远程办积极利用"双语办"雄厚的人力资源，将自治区、州下发以及本地制作的远程教育课件进行维、哈两种语言译制，拿到基层终端站点进行播放，让少数民族群众真正"听得懂，学得会，用得上"，到目前为止，共译制课件8个，翻录300碟。东买里乡莫因古则村在双语教学上尤为突出，由于村远程教育站点和双语幼儿园阵地建设在一起，该村党支部一班人集思广益，创造性的将双语教学连一起，利用双语幼儿园教师丰富的授课经验，在每次远程教育培训中充当辅导员；同时，在幼儿园小朋友的授课中加入远程教育课件观看。现在，莫因古则村成了巩留县远程教育"双语"培训基地，来这里学习的群众一直保持着勤奋好学、努力向上的精神状态，远程教育培训搞得热火朝天。

三是鼓励各民族群众互相说。在培训中各个站点利用远程教育课堂这一主渠道，鼓励广大党员干部群众用汉、维、哈三种语言进行提问和讨论，以提高大家的双语水平，便于优化学习的主动性，实现"课堂学、课下练、课后用"的良好学习氛围。在塔斯托别乡团结村，由于这里的群众能坚持用"双语"进行学习，现在大部分汉语群众能说简单的民语，少数民族群众能看懂汉语课件，很多人还能说出比较流利的普通话①。

（二）贵州省的乡土课件开发②

贵州省少数民族人口众多、分布广泛，由于历史原因，部分少数民族群众现在仍居住在交通闭塞、经济发展滞后、教育水平落后的边远山区，日常交流主要通过本民族的方言进行，有相当一部分少数民族群众听不懂普通话，为深入开展远程教育造成较为严重的语言障碍。

近几年，贵州省远程办一直积极探索加强少数民族和边远地区干部群众远程教育工作的办法和机制，坚持以加大教学课件开发译制为突破口，因地制宜开发译制教学课件，积极采用"双语教学"等形式开展少数民族干部群众的教育培

---

① 巩留县委组织部：《双语教学增强少数民族地区远程教育水平》，载伊犁党建网2012年12月。
② 王邻：《贵州：双语教学提高少数民族地区远程教育水平》，载《贵州日报》2010年8月16日第7版。

训。在黔东南自治州、黔西南自治州、毕节地区、荔波县建立5个省级少数民族语言教学课件开发译制基地，在道真自治县建立省级仡佬族乡土课件制作基地，在沿河自治县建立省级土家族乡土课件制作基地。这7个基地是全省性的课件开发、译制机构，不仅要为本地区少数民族干部群众服务，还要为全省工作服务。这7个基地将按照贵州省远程办的统一安排，承担完成具体的课件开发、译制任务，成为全省少数民族语言课件和乡土课件的开发译制骨干，服务于少数民族地区的远程教育工作。

四、民族地区现代远程教育发展面临的问题研究

远程教育毕竟是一个新生事物，还没有完善的管理模式可资借鉴，也没有完备的政策法规可以遵循。随着远程教育的发展，一些深层次的矛盾和问题逐渐显现，成为民族地区远程教育发展的障碍。

（一）思想观念[①]

少数民族地区受制于当地自然条件和经济环境的限制，信息闭塞，导致部分领导观念陈旧，未能充分认识远程教育对提高全民素质的重要性，因而对远程教育重视不够，存在认识不到位、措施不得力、投入不积极的情况。此外，在少数民族地区，由于目前地区经济中农业仍占主要地位，且有些地区还停留在较为原始的生产水平上，加之地方电大由于办学效益、规模等所限，向民众提供的教育资源较少，宣传力度自然不够，大多数民众对远程教育都还比较陌生，导致了对这一新生事物的抵触情绪。以上种种，严重阻碍了远程教育在少数民族地区的普及和发展。

因此，为了现代远程教育在民族地区的顺利推进，首先必须转变少数民族地区人们的思想观念，加大宣传力度，让他们感受到现代远程教育的魅力，使他们从内心深处真正地接受这一新生事物。

（二）师资队伍

少数民族地区受其经济发展水平、自然条件、周边环境的多重因素影响，无论是教学理念还是师资素质都与发达地区相比差距明显。在现代远程教育的实践中，部分教师的教学理念、教学能力远未达到现代教育技术对于教师素质提出的

---

① 李俊、张婕：《少数民族地区远程教育中存在的问题以及解决问题的建议》，载《科技信息》2009年第5期，第496页。

要求。他们在教育资源的选择、教育环境的设计、教学内容的组织、教学方法的运用等方面，没有体现出远程教育资源的广博性、丰富性及教育性；他们采用的教育教学模式落后，教学方法难以适应现代远程教育对师资素质的个性化要求，加之个别教师对现代远程教育资源缺乏应有的认识，在资源掌控的熟练程度上欠些火候，从而阻碍了学生的个性化发展，没有较好地体现资源的优越性；由于部分教师对现代远程教育了解不多，他们面对应接不暇的教育资源显得茫然无措，无所适从，存在"为用资源教学、而不是为教学运用资源"的现象；部分教师因从未接触过现代远程教育，他们既不懂得如何教学，也不懂得如何运用现代教育技术开发设计适合本地民族地区特色的多媒体课件，对网上教学管理包括主持学生的在线讨论，对学生的学习效果做出指导和评价等同样难以适应①。

因此，加强民族地区教师的现代远程教育技能培训工作不但必要，而且紧迫。当前的培训也有不少，但具体效果和效益似乎不够理想，探索民族地区师资培训的有效途径成为当前学界理应重点关注和急需解决的课题。

（三）学生能力

现代远程教育正在向多媒体、交互式的方向发展，这将对各级各类教育的教学内容、教学方式产生革命性的影响，成为现代远程教育的主流。在这样的学习环境下，学习者要参与现代远程教育进行专业知识学习或素质提高学习就必须具备一定的经济条件和基本技能。而少数民族地区的学习者"先天素质"较低，在现代远程学习的实践中，有的显得无所适从，学习效果大打折扣；另有一部分学生只习惯于接受传统的学习方式，他们对现代远程教育资源的优越性把握不深、理解不透、运用不活，实际应用中显得单一被动，有时甚至是心有余而力不足，很难达到培养多层面人才的教育目标。

因此，在少数民族地区开展远程教育，要充分考虑到学习者的实际，对远程教育资源的投入要符合地方实情，要设计与制作适于少数民族学习者学习的优秀的课程资料和课件，不能让远程教育学习者因无法理解教学内容或不能正确地使用远程教学设施，而致使远程教学与学习者之间脱钩，使学习者失去积极性，影响远程教育的顺利进行。

（四）资源及硬件设施

民族地区经济发展落后，现代远程教育设施建设欠账太多，需要筹集更多

---

① 康帆：《西北民族地区现代远程教育探析》，载《黑龙江民族丛刊》2011年第5期，第162~165页。

资金加快网络硬件设施建设。一是发挥政府在资金投入的主渠道作用。各省、区党委、政府应针对各族群众居地分散等实际，继续加大资金投入力度，配套完善网络硬件设施，使之能够适应民族地区教育实现跨越式发展的战略需要。二是探索企业与学校合作的共赢模式。由政府牵头组织，实现企业、学校之间等在网络资源上的共享协作。比如，可利用企业的资金或技术，同时借助学校的教育资源，在避免重复建设和资源浪费的基础上，使二者之间形成优势互补，从而实现网络运行模式在新形势下的共享发展。三是加快教学软件的开发应用。结合民族地区对专门人才的特殊需求，加快开发与之相符的教学软件，充分发挥远程教育多样性、交互性的特点，使软件开发真正成为民族地区人才培养的助推器[①]。

第二节 民族地区教育信息化发展的两种路径探讨

西部民族地区教育信息化项目的开展，有利于改善教育与经济发展现状，缩小东西部地区的"数字鸿沟"。在众多项目中，政府主导推行的"全国农村中小学现代远程教育工程"（简称"农远工程"）以"投入巨大、覆盖面广、持续时间长"而著称；而由民间企业千乡万才科技公司推进的"千乡万才工程"，也以"要用数码科技改变西部贫穷"的理念与不懈努力而为外界所瞩目。这里的两种路径即是"农远工程"和"千乡万才工程"。

一、两种路径的显著特点

"农远工程"三种"硬件模式"的介入，目标是远程共享东部地区的优质教育信息资源。"千乡万才工程"要打造"西才东用"的"SET"人才，目标就是要引导所有人能用、会用互联网，互联网的普及就是目标。

（一）"农远工程"：共享东部学科教学资源

"农远工程"从20世纪末启动，以青海省为例，截至2008年，共投入资金约2.015亿元，建成教学光盘播放点2 889个、卫星教学收视点2 781个、计算机教室967个，基本实现了播放点、收视点、计算机教室三种模式的覆盖。而该

---

① 康帆：《西北民族地区现代远程教育探析》，载《黑龙江民族丛刊》2011年第5期，第162~165页。

省以省、市两级政府分年度筹措项目建设资金的办法，又发起四个县的"班班通"试点项目。至 2010 年，在湟源、湟中、乐都、大通四个县建成 4 500 套光盘的教学点，并采用分级配送教育资源光盘、卫星接收等多种途径确保教育信息资源的传送。

1. "东部资源西部用"

"农远工程"项目将教育信息资源的建设与共享提升到影响教育信息化成败的高度，其应用"方便快捷地将发达地区优秀的中小学教育资源向西部转移，从而克服地理区域存在的教育差异，推动东西部基础教育的协调发展"。在"资源共享"即可实现"受教育机会均等"等观念的影响下，"农远工程"提出了一些"口号式"理念，如"东部建库，西部修路"、"东部资源西部用"等。而"东部资源西部用"是项目的主要战略目标，被认为是有效利用东部地区教育信息资源支持西部地区教育发展的重大举措。"由于我国东西部经济发展不平衡，造成教育发展的不平衡。因此，充分利用东部资源扶持和推动西部教育的发展，是提高我国整体教育水平，以及提高西部经济发展水平的有效途径"；"西部地区教育资源比较缺乏，阻碍网络教育的发展，只有充分利用先进的教学设备获取优秀的教育资源，才能保证网络教育的顺利实施"。在项目实施中，各地电化教育馆组织教育资源库的建设，负责资源的卫星传送与应用管理；中小学则负责组织教师的应用培训，并对教师的应用加以引导与督促；每所学校都配备了专门的管理员，依照接收时间表定期将来自东部发达地区的学校教学资源、农业经济信息等下载，刻录成光盘，并为教师、学生或农民的应用提供技术帮助。

2. 利用"卫星资源"提升教师素养

"农远工程"是通过卫星远程传送的教育资源（简称"卫星资源"），其构成主要为：教师备课教案、论文、电子书、试题、课件、教学实录、案例等。项目把"基于卫星资源的学习"作为项目推进的重要目标。具体工作分两步完成：第一步是建立教育资源库，通过建立卫星收视点和光盘发放的手段，为教师和学生快速、便利地提供教学资源；第二步是构建基于"卫星资源"的学习环境，引导教师上"卫星资源课"，引导学生能用、会用卫星教育资源，提高自学能力。项目推行数年来，"农远工程"项目的硬件"模式一"——光盘播放点，在西部民族地区的多个乡村确实起到了缓解师资短缺的效用，与学科教材配套的光盘教学资源为部分小学解决了开设英语、音乐、美术、自然与地理等课程的难题；远程传送的教育信息资源，为教育资源匮乏的农村学校增加了教学例证的数量和范围，也在一定层面增加了学生学习的深度与广度。一部分教师已习惯于调用光盘教学资源以辅助教学，项目的实施也在这些地区真正推动了教师素养的提升，也为乡村一些有一定规模的农产品生产专业户提供了信息扶持。

（二）"千乡万才工程"：让每个人都用上互联网

"千乡万才"计划由我国台湾原英业达集团副董事长温世仁、总经理林光信领导的团队提出并实施。项目建构于美国人阿尔文·托夫勒的未来理论，其目的是让互联网走进山寨，并以当地学校为中心扩散，"以校领乡"，提升西部民族地区的教育水平，进而带动当地农民致富。项目为每所会员学校接入互联网，建立学校间的交互平台。其应用活动呈现出以下两方面的特点：

1. 接入互联网，强化"SET"技能

"千乡万才工程"项目运作的首要目标在于要把互联网引入当地，并将其作为当地教师与学生素质提升、农民致富的最佳出路。而在此计划中，人们必须具备"数字才能"，即软件开发与应用、英语会话和计算机打字技能（简称"SET"技能）。"SET"技能的培养，通过利用项目配置的"一见通教室"、"OTschool"软件系统来进行，并鼓励学校以低收费的方式开办针对农民的"SET"培训班，以吸引更多的当地人自觉购买计算机，养成使用互联网的习惯。

2. "西才东用"

"西才东用"是项目应用互联网在会员学校开展的以"西才东用、东工西作、西货东卖、东才西移、西才回流"的系列活动。首先，要求当地学生掌握"SET"技能；其次，分布全国的会员学校、"数码中心"为用人企业按要求宣传和招工，建立基于Web的用工需求与求职信息，并进行数字化的跟踪管理；最后，希望通过"西才东用"输出的劳动力、从"SET"技能训练中受益而升学的大学毕业生等各种人才，在积聚经济实力和知识经验之后，有朝一日能够重返家乡，成为"培养得出来、又留得下来"的家乡建设的生力军。项目首先在甘肃古浪县黄羊川镇的黄羊川职业中学建立了"以校领乡"模式。目前，项目已有天祝县民族中学、惠农区回民学校、鄂尔多斯杭锦旗蒙古族中学等156所会员学校，并为之接入互联网、建立"一见通"教室、培养"SET"人才，并开展"西才东用"活动、发展农民的电子商务。项目针对当地教师与学生的"SET"技能训练取得了一定的效果。另外，项目在各地建立了数码中心，建设了中心网站平台与管理软件系统，通过互联网对所支持的会员实行数字化监控，辅导这些学校进行教育管理、人才培养、人才输出、民族文化保护，同时农民电子商务等活动，也取得了良好的效果。

二、关于两种发展路径的反思

(一)"内容"与"渠道"之争

"农远工程"以"光盘播放点、卫星接收点和计算机网络教室"的硬件配置方式介入西部民族地区的中小学,利用"寄送光盘"或"卫星资源下载"等方式,将东部地区优质教育资源的"数字内容"传送至西部,期望既能解决西部民族地区师资匮乏的问题,也让当地教师、学生和农民享受到发达地区的优质教育资源,其应用活动呈现"内容为王"的特性;"千乡万才工程"提出"人人用上互联网",依托互联网为会员学校营造信息化的教育环境,构建东西部之间的网络沟通平台,开展"培养数码人才"、"西才东用"等活动,以提高西部民族地区中小学的教育水平,并通过当地教师—学生—农民的人际关系脉络,提升农民素质以减低贫困,其应用呈现"渠道至上"的特性。

"信息化"的形实之争由来已久。"内容为王"和"渠道至上"便是信息时代的流行术语。前者译自英文"content is the king",其主张认为,信息技术的快速发展产生了信息资源的载体变革,它带来的"海量复制"可以方便地将知识共享给每个人。而正是知识共享改变了人的命运,"信息穷人很快就会想成为信息富人"。在信息社会,"内容提供"是网络互联互通的主要目的,人们通过网络浏览、查询信息,用网络来互动沟通。"人人可以创造、获取、使用和分享信息和知识,使个人、社区和各国人民均能充分发挥各自的潜力,促进实现可持续发展并提高生活质量"。"渠道至上"(channel is the king)之理念与"内容为王"针锋相对:媒介的重大影响力在于它们通过建构一个传媒环境影响到绝大多数人的思想及行为,具有重大意义的不是媒介的内容,而是媒介技术与媒介本身。此观点强调:网上的信息资源不是太少,而是太多,而个人仅需要适合于自己的信息;"Web2.0"时代的互联网,每个用户都成了"数字内容"的提供者,互联网不再依靠专业人士提供"内容",而是借助大众用户产生的"内容"而自我发展,因此互联网的普及才是人们的第一位需要。此种理念把互联网的普及放在第一位,主张"让每个孩子使用互联网"。

与上述两种观念相契合,在推动西部民族地区教育信息化发展的进程中,人们或推"实"或重"形"。推"实",即推崇优质教育资源之"数字内容"的订制与推送。教育信息资源因"数字复制"而易于获取,而所谓优质教育资源之"数字内容"的持续积累和深度应用便能直接促进欠发达地区整体教育水平的提升。重"形",即推崇互联网的普及,主张不断改善网络技术,使网络能进入每所学校，为每个人所用。此主张认为，互联网是人类生活方式的延伸，其构筑的数字化学习方式更引发了学习革命，这也完全可以引领欠发达地区的学校教育快速发展，甚至推动其由农业社会向信息社会转型。

于是几个迫切需要解决的问题便展现出来：在教育信息化的过程及其应用活动中，是数字化之形式"至上"还是数字化承载之内容"为王"？哪一个能助其事半功倍？换言之，是"数字内容"的订制与推送重要还是"数字渠道"的架设与普及重要？"数字渠道"或"数字内容"是否能够引领或决定西部民族地区教育的发展？仅强调某维度的主导地位，其实践效果又如何？有无推广价值？

（二）"内容为王"的主张滋生"同质化"之弊端

如果从为学科教学服务、为考试服务的视角观察，现有的以"教材、教案、教学实录、课件、试题"等为主导的"农远工程"信息资源体系无疑有其应用价值。在教育领域中，教材一直作为支撑教学活动正常开展的重要产品，"忠实于教材"成为教师"教"与学生"学"的核心原则。"农远工程"项目实施中，一些中小学教师抱怨卫星资源与教材不配套，也是出自于这样的惯性思维。教材出版商也在多个版本的竞争中，力争在"内容"的可用性、权威性、全面性、生动性等方面做足功夫，也与其他利益团体合作开发与教材配套的教学参考书、学生辅助读物、试题集、教案等，形成了一个针对学校教学的"内容提供"体系。

"农远工程"俗称"百亿工程"，教育信息资源的建设及后续硬件升级等投入更是价值不菲，但是卫星教育资源总的使用频率较低，存在"地域性适应问题"。具体应用呈现"教师倦怠、资源浪费"等普遍现象。针对这种情况，有人提出要转变思路，"教育信息化：标准至上，应用为王"。"应用为王"的提法似乎在关注"教育者、学习者"，主张能把最适当的内容提供给尽可能多的需求这种内容的人，主张用"库"与建"库"同样重要。但这里面有几个关键词要搞清楚：一是"适当"，什么样的内容是适当的，即适合教育活动的；二是"需求"，谁最需要？如何通过技术路线满足这种需要？

在"农远工程"项目中，资源"内容"的聚集与远程传送以"优质教育资源"的面孔出现。我们讨论优质教育资源的共享，有两个论题无论如何都是无法摆脱的：哪些教育资源可称得上是"优质"的？这个教育"优质"资源的评判标准是什么？谢维和认为，优质教育资源应该包括以下5个方面：即学校的文化资源、学校的制度资源、学校的物质资源、优质的教师资源、学校的特色资源。在文喆看来，优质教育资源要符合"能够全面贯彻国家教育方针，能从每位学生的实际出发，积极引导他们实现可能的最佳发展"的原则。

然而，该项目远程提供的教育教学资源，不过都是应付升中小学考试、高考及学历教育的类型。重点学校建立的教育资源站点针对种种考试进行补习辅导，开发的教育资源库仅是名牌学校的课堂教育在网上的简单延伸，实际上就是把这些学校的教师教案、备课笔记、教学重点和难点、例题分析、试题、疑难介绍等内容搬上网站。更为重要的是，"农远工程"项目提供的远程资源体系中，大量"同质化"的东部学校教学资源，并不一定适合西部民族地区学校的教学场景；教学实录也被证实不完全适合于少数民族学生使用。项目资源的聚集与应用理念并没有兼顾西部民族地区独特的自然与人文环境，其教育信息化仅注重"外来的"所谓优质教育资源，并未植根于"生于斯、长于斯"的民族文化传统。

如此，西部的孩子应用先进的视频网络系统，和东部"名校"同步上课，提升的仅是学校声誉或学生考试成绩而已。人的生长与其自然环境、血缘和价值观息息相关，教育是人的教育，抛开人所生存与依赖的自然与人文环境，片面追求标准化与统一性，是无意义的。西部多为少数民族聚居区域，学生所处的生存环境和所浸润的文化氛围，并不与东部类似，不从其现实与独特的资源环境出发，不考虑其民族文化背景，此种简单的"拿来主义"，对教育整体发展并无太大益处。

（三）"渠道至上"理念催生"数码人才"之歧义

"千乡万才工程"通过互联网的普及推动"数码人才"的培养，而具备"打字、英语与软件操作"才能的学生一旦离开了乡土，却很少有人愿意重返故里致力于家乡建设。这便暴露出此种信息化教育最大的缺陷：即将"人才培养"等同于人之"数码技能"训练。如此，项目遭遇"资金瓶颈、应用人群严重分化、电子商务低迷"等问题，就不足为怪了。

教育信息化的发展绝不仅仅是"渠道畅通"就能够解决所有问题。一般而言，信息技术应用于教育，其发展应有三个阶段："硬件"阶段是教育技术发展的初期，其重心在购置"硬件"设备上；当"硬件"具备之后，要有效地使用之，必须将注意的重心转向相应的"软件"阶段；当"硬件"、"软件"这两者都具备之后，又产生了一个如何使之设计、开发、应用等符合教育情境，符合教育及心理等规律的问题，而这些相关学科的理论知识和认知规律等是看不见、摸不着的"潜件"阶段。我们往往过多地夸大"硬件"、"软件"即"计算机、互联网接入"的决定性意义，而忽视了"技能接入、精神接入"的影响力。此种"技能接入、精神接入"，有点类似于张诗亚教授所述的"潜件"，前者指由于教育和社会支持不够而导致数字化技能的欠缺，后者指因缺乏兴趣、或新技术缺乏吸引力、或产生计算机焦虑而导致的基本的数字化体验的缺失。

夸大"硬件"与"软件"中的任意一个，都将陷入类似"形式决定内容"还是"内容决定形式"的争论。因此，那种认为把信息技术推进到西部民族地区，通过互联网构建一个"东西联结"的沟通平台，便能建立起该社会超越工业社会而进入信息社会的发展观，被外界称为"数字乌托邦"，也就在所难免。同样，认为实现了计算机或互联网的"校校通"，再辅之以行政管理的强制性"要求"（如考核教师的教育信息技术能力、指令应用于课堂的数量、应用考核与职称晋升绑定等），就能达到预期，这样的想法也是不切实际的。

因此，仅以"信息化渠道"衡量教育信息化发展水平是不恰当的。信息化"硬件"普及了，新型的教育教学形态却未能如愿盛行。如此教育与信息化的简单整合，只能越发增加二者的隔膜，导致"两张皮"现象。教育信息化设施的"不用、少用和滥用"，以及维护不当造成的损失，也使得巨额投资产生惊人的浪费。

以上谈到的是教育信息化促进民族地区教育发展的理想状态和实践探索。现实中，教育信息化确实对少数民族地区的教育发展起到了巨大的推动和提升作用。然而，由于我国的少数民族多聚居于老、边、穷的偏远山区，受地域条件、经济发展、思想观念和文化历史等诸多因素的制约，民族地区教育信息化的发展步伐明显落后于城市尤其是东部和沿海发达地区，并呈现出许多发人深思与亟待解决的问题。

第三节　民族地区多媒体教学研究

随着多媒体网络技术在教育中的应用越来越广泛和深入，少数民族地区也越来越深切地感受到了教育信息化浪潮冲击的力量，从而也对教育信息化产生了强烈诉求。立足民族地区教育的实际，结合我国教育信息化的时代背景，重点探索基于信息技术的多媒体教学手段在促进民族地区教育优先发展过程中的应用，并关注这一过程中存在的问题，思考相应的对策。

一、民族地区应用多媒体教学的理论思考

民族地区教育发展离不开教学媒体的现代化，多媒体教学方式在民族地区教学领域的应用前景极其广泛。它使得民族地区的教学策略、教学方式和学习方法

都发生了较大的变化。但是，在民族地区推广和应用多媒体教学，不能盲目地照搬其他地区的，而是应该认真分析民族地区的现实状况，紧密结合教育教学的实际和少数民族地区学生的特点，开发各种高质量的多媒体教学软件，探索有效的教学模式和教学策略，从而不断提高教学质量，培养学生的创新能力。

（一）民族地区教与学的现实特点

1. 办学条件相对落后，教学资源匮乏

我国少数民族大多数地处相对封闭、偏远的地区，社会发展步伐缓慢，经济条件落后，同时又受制于天地自然系统的束缚，同外界的信息、文化交流不够频繁，现代教育技术设备比较落后，教学的软硬件资源相对匮乏。这些直接影响了少数民族地区教育的发展。

2. 师资队伍素质不高，教学质量较低

由于我国少数民族地区的教学工作环境较为艰苦，在引进人才和留住人才上均有较大困难，所以师资不但数量短缺，而且质量也难以尽如人意，教师群体在教学经验、学历、职称和专业进修等方面都没有达到要求。师资短缺和素质低下直接导致了教师的教学任务繁重和教学质量的滑坡[①]。

3. 学生素质差异较大，学习能力不足

同汉族学生相比，民族地区的学生家庭经济条件较为落后，学习能力和综合素质有待提高，即使是民族地区的学生之间，也因其来自不同的少数民族，他们的语言、文化背景及个体素质等方面都存在着较大的差异。

通过以上三点可以看出，民族地区的教学有着不同于其他地方的特点，而这些特点正决定了在民族地区多媒体教学不能生搬硬套其他地方的固有模式，而是应该结合当地的实际情况，利用现有的教学条件，分析教师和学生的实际，创新多媒体教学模式。

（二）民族地区应用多媒体教学的理论思考

1. 利用多媒体进行分层教学，提高学生学习兴趣

诺贝尔物理学得奖者杨振宁博士曾经说过："成功的秘诀在于兴趣。"瑞士著名教育家皮亚杰也认为："所有智力方面的工作都要依赖于兴趣。"兴趣对激发学习积极性和鼓舞学习动机都起着决定性作用。多媒体辅助教学改变了传统的课堂以教师讲授为主的教学模式，使抽象的、枯燥的学习内容转化成感觉、视

---

① 敖斯其其格：《刍议多媒体教学在少数民族地区大学英语教学中的应用》，载《佳木斯教育学院学报》2012年第2期，第253、256页。

觉、听觉为一体的动感内容。在多媒体教学环境中,学生可以自主地选择自己感兴趣的学习材料,并身临其境的感受模拟的英语语言环境,甚至可以达到人机对话的目的,让少数民族地区的学生也能通过现代化的教学手段进行学习。此外,学生们还可根据多媒体教学系统提供的不同的学习评价标准来制订自己的学习计划,教师也可通过系统反应的学习结果了解学生的学习情况,这样,可以解决由于认知水平和师资力量的不足而无法完全融入课堂的问题,使更多学生参与教学过程,提高教学质量。多媒体教学做到了以学生为主体,充分考虑学生差异,重视学生的实际情况和自我评价的教学目标,使得不同学生获得符合自身特点的最有效发展[1]。

2. 多媒体课件内容的编排应考虑少数民族学生的认知特点

民族地区的学生知识基础薄弱,学习能力较低,所以在多媒体课件制作时,要考虑学生的理解、识记和记笔记的过程。不仅要进行恰当的讲解,还要进行恰当的切换,并指导学生做笔记的技巧。

3. 利用多媒体优势,融知识性、思想性与趣味性、艺术性于一体,培养学生的思维能力

教师要充分发挥多媒体直观、生动、声色兼备、静动结合、信息量大等优点,善于利用多媒体课件拓宽学习维度,积极创设问题。通过利用多媒体课件对学生注意力的吸引作用,让学生在教师的引导下充分发挥学生的主观能动性,让学生自主发现问题、探索问题、解决问题,促使他们主动获取知识,培养能力。同时要注重知识性和思想性,注意利用本土资源优势,结合民族地区特色,激发学生的思想情感。

4. 发挥教师主导作用,多媒体手段与传统手段恰当结合

教师要进一步提高计算机操作水平和多媒体课件制作能力,强化现代教育技术素质。同时注意发挥自身主导作用,把多媒体教学手段和传统教学手段有机结合起来。多媒体教学与以往教学相比有着独特的优势,对提高课堂教学实效起到了促进作用。但它并不能完全取代传统教学手段,传统教学也有着自身的优势性。比如,它有利于教师主导作用的发挥,便于教师组织、监控整个教学活动进程,便于师生之间的情感交流。其次,传统的板书仍然有其不可替代性。再次,教师在学生中适当走动,增加师生交流,有利于培养师生感情。最后,在教学活动中,如能用传统教学方法讲解清楚的内容,就不必花大力气制作多媒体课件,以最小代价获取教学最优化效果。总之,多媒体教学不是为了赶时

---

[1] 敖斯其其格:《刍议多媒体教学在少数民族地区大学英语教学中的应用》,载《佳木斯教育学院学报》2012年第2期,第253~256页。

毙,应付检查和评比,不能单纯为用而用,只有树立正确的教育教学观念,把多媒体辅助教学与传统教学结合使用,优势互补,取长补短,才能取得更佳的教学效果①。

二、民族地区应用多媒体教学的案例分析

当前民族地区应用多媒体教学的模式很多,比较典型的两大类:一是利用多媒体辅助各学科(英语、物理等)的课堂教学;一是利用多媒体进行汉字字源识字的双语教学。下面以"西部少数民族地区双语教学新途径——原生语境再现多媒体字源识字教学研究"项目为案例,分析民族地区多媒体教学应用的成功经验。

多媒体字源识字教学方法,是由西南大学涂涛教授于 2005 年经过实证研究后提出的一套有效的新的识字教学方法。该教学方法是要充分挖掘汉字以形表义的内在特点和规律,顺应受古人造字之原始思维影响而形成的特有的华族心理和思维模式,利用多媒体技术再现古人造字时的原生语境(原始情境),从追溯汉字字源入手,对象形字、指事字、会意字、形声字等(如图 9-1 汉字形体演变示意图)进行有针对性的分析,揭示其形体结构的内在机理,建立形音义的有机联系,从而完成汉字的识记。

原始图画　甲骨文　金文　篆文　隶书　楷书

图 9-1　汉字形体演变示意图

藏族儿童双语发展的认知结果很大程度上依赖于藏族社会网络对同识字有关的语言活动的重视程度。在藏区双语教学中引入这种识字方法,希望能通过使用"藏汉双语版"多媒体字源识字教学软件,改善藏区儿童学习汉语的效果,激发他们学习汉语的兴趣。在设计开发多媒体教学软件时,必须考虑的因素有:系统设计方面,使用图形化的界面,让初识汉字的藏族学生可根据藏语提示单击按钮进行学习;软件制作方面,选择和创建同藏族牧区生活相关的媒材,贴近学生的现实生活;教学单元设计方面,考虑藏族学生对汉语的接受程度和学习动机,确

---

① 韩德燕:《浅析边疆民族地区高校思想政治理论课中的多媒体教学》,载《传承》2012 年第 12 期,第 38~39 页。

定适当的学习步调；在制作双语内容时，应考虑藏语与汉语的互译差别，以及学习者所属的藏语语系。考虑到藏区实际因素，该软件在制作时以课堂辅助型教学软件为前提进行开发。

在情境教学原则的指导下，软件中设计了一个主角人物，创建了一个有趣的"汉字乐园"，将识字教学环节包含的识字、讲故事、猜谜语和游戏等多样化元素，融入在软件中的"学习屋"、"游戏城"、"智慧宫"三个场景中。每个模块的内容都配有藏汉两种语言的解说，藏族学生可以根据藏语提示进入学习模块，选择学习内容。

在藏汉双语课堂教学中，教师应从学习者需求入手确定课堂学习目标、选择教学策略、设计教学环境以及完善教学评价方案。首先，明确教学目的是让学生通过学习逐渐具备用汉语进行交流的能力。其次，充分考虑学生的多样性，采取灵活多样、富有弹性的教学策略。再次，明确教学环境在语言学习中的重要性，注重教学环境的设计，让学生在一个完整、真实的问题背景中，产生学习的需要，并凭借自己的主动学习，亲身体验从识别学习目标到达成学习目标的全过程。最后，在教学中应该不断改革和完善教学评价方案，除了书面考试，可适当增加形式更加灵活的评价方式，比如小组对话练习、情景表演等。

藏汉双语课堂教学设计，应该坚持教师的主导作用，在了解学生特点的基础上，对学习内容的整体性和结构性进行再认识，关注学生的学习动机和情绪，采用多元评价方法，以期达到良好的学习效果。

基于多媒体字源识字系统的识字方法在小范围藏汉双语教学中已经取得成功。实验证明，使用该识字方法能够有效改善藏族儿童识记汉字的效果，增强学生的学习动机。藏族学生通过该识字方法，将汉字的音、形、义有机联系起来，改变以往机械记忆汉字，全靠死记硬背的现象。从教师的角度来说，运用多媒体字源识字软件，能够弥补教学资源不足的情况；同时也能拓宽教师的视野，提升教师的人文素养，为藏区教师提供有效的教学辅助。

但是，在实验中还存在很多问题。首先，该识字法只是初步的实验验证阶段，缺少完整的教学设计，如教材开发、教案设计等；其次，该软件中的部分素材超出藏族儿童的生活经验范围，一些教学素材来源于汉族文化，无法很好地支持教学；最后，还必须考虑教师运用该识字系统教学所带来的额外工作量的问题。解决好这些问题，可以帮助藏族儿童尽快过好"汉语关"，为藏区少数民族儿童双语教学奠定基础[①]。

---

① 涂涛、李彭曦：《少数民族地区双语教学新途径——藏区双语多媒体字源识字汉字教学研究》，载《中国电化教育》2012年第3期，第22~25页。

三、民族地区多媒体教学面临的问题

不可否认，民族地区应用多媒体教学确实取得了不少的成绩，多媒体教学对于民族地区教育思想观念、教学方式和方法、教学效果都带来了革命性的影响。然而，在具体的应用过程中，却也存在着不少问题和缺陷值得我们思考。

（一）错误观念导致了多媒体技术的误用和滥用

很多教师认为运用了多媒体进行教学，一切的问题就会迎刃而解。多媒体就是万金油。因此在教学中，不考虑教学内容和学生的实际，而是生搬硬套，"满堂电灌"。对于多媒体技术的滥用和误用，直接导致了学生的厌烦情绪，降低了学习兴趣和学习效果。有研究者对某民族地区学校学生的调查得知，有30.92%的学生认为视听环境太丰富了，无法把注意力集中在课程内容上。28%的学生反映在多媒体教学课堂中学生参与教学活动相对少了，有43.34%的学生认为没有明显的变化。多媒体教学一个突出的特点就是在单位课时内提供的信息量增加了，69.53%的学生反映了这一点。但由于信息量大、速度快而引起了一些负面影响，课件演示速度太快，记不下笔记（占53.72%），细节太多分不清重点，不知如何记笔记（占17.83%），直接拷贝课件的占6.77%，能记下重点和难点内容的占22.57%（比例不算高）。相当一部分学生不能掌握课程的重点、难点内容（占18.06%）；32.05%的学生不能当堂理解课堂所传授的知识，所占的比例相当大。对于知识的记忆情况也是由于讲课速度快，对所传授的知识印象不深，课后就忘（31.38%）。66.82%的同学认为教师在运用多媒体教学过程中过分强调以计算机为中心，忽视了师生之间的互动交流[①]。

这些都是由于教师的教育理念落后所导致的，因此要发挥多媒体教学的最佳效果，对任课教师进行在职培训，转变他们传统的思想观念，树立正确的现代教育技术观显得尤为重要和迫切。

（二）教师的教育技术能力薄弱

教师自身的教育技术能力是影响多媒体教学的重要因素。少数民族地区师资队伍水平与汉族地区相比，还存在较大的差距。他们的现代教育技术能力较为薄弱，在应用多媒体教学过程中，常常显得力不从心，无所适从。

[①] 赵颜、李光荣、蒋珍连：《民族地区高校多媒体教学应用效果调查及研究》，载《中国成人教育》2008年第10期，第8~9页。

因此，加强少数民族地区教师教育技术能力的培训势在必行。一是要提高教学设计的能力。科学的教学设计是使媒体发挥应有作用的关键因素，否则，再好的媒体设备也只是流于形式。多媒体教学不等于课件教学，不能仅仅将教材内容搬到屏幕上演示。教师应采用更宽的教学思路，结合课程和教学内容的特点，发挥教师的教学能力，发挥教师的主导作用和感染力，把握好课堂教学的进度和节奏，积极调动教和学两方面的因素，让学生在教师的引导下积极主动地学习，让课堂教学达到最佳的教学效果。二是多媒体课件制作的能力。教师应以教研室为单位进行审核，建立教学资源库，方便教师共享教学资源，互相借鉴，以最佳形式展示本学科的教学内容，保证课件的质量。三是多媒体设备的操作能力。教师要适应现代教育技术发展的要求，学习计算机基础知识以及网络使用的基本知识，熟悉多媒体教室的相关的软件及硬件设备的操作，做到得心应手，发挥多媒体的最佳教学功效。同时，教师要科学、合理、适度地使用多媒体。教师在选择媒体时，首先要了解媒体的本质、特点、教学功能及基本结构，再结合实际课程和教学内容，将多种媒体集合起来综合考虑，取长补短，提高课堂教学效果，达到提高整个教学质量的目的①。

（三）学生信息素养较差

少数民族地区的学生信息素养不高，在多媒体教学的课堂中往往显得难以适从，疲于应付各种复杂的技术操作，对于教学内容的掌握效果很差。很多同学认为教学内容过多，没有足够的时间思考问题，不利于思维能力的培养；还有的学生认为单位时间内提供的信息过多，难以接受和消化。这些现象一方面说明了教师运用多媒体的方式不当，另一方面也说明了学生信息素养的低下导致了对于多媒体教学方式的不适应。民族地区应该加强学生的信息素养教育，通过开设专门课程、资源共享等适合本地特点的有效形式培养学生的信息技能，提升他们在现代化教学环境下的学习能力。

---

① 韩德燕：《浅析边疆民族地区高校思想政治理论课中的多媒体教学》，载《传承》2012 年第 12 期，第 38~39 页。

第十章

民族地区课程改革研究

民族地区课程改革一直是我国基础教育课程改革的重要组成部分。课程居于教育的核心地位,是实现教育目的的重要途径和组织教育教学活动的最主要的依据,同时也是集中体现和反映教育思想和教育观念的载体。基础教育课程改革,不是纯粹主观意志的产物,而是人们对特定社会政治经济发展的客观需要所作的主观反应。在20世纪与21世纪交替之际,为顺应国际发展形势和满足中国社会发展对数以千万计的具有创新精神和实践能力、高素质劳动者的需求,我国教育界经过精心的设计和缜密的论证,有序地掀开了新一轮基础教育课程改革。时至今日,这场全方位的课程改革通过分阶段、分层次、分学科和分地域的实验,已在国内各中小学全面深入地展开。民族地区课程改革也是其中的一部分。研究者从各个层面对民族地区课程改革展开研究,以期构建适合民族地区天地系统和人文系统的独特的课程体系,促进民族地区教育质量的提升,实现民族地区教育优先发展的宏伟目标。本章主要研究民族地区课程改革的价值取向和知识选择以及文化适应性,探索民族地区课程改革的路径。

第一节 民族地区课程改革的价值追求与取舍[①]

课程改革离不开对改革主体的价值追求与取舍的讨论。课程改革的价值取向

[①] 金志远:《民族知识传承与民族基础教育课程改革价值取向》,载《民族教育研究》2006年第5期,第33页;《"谁的知识最有价值"命题对民族教育课程知识选择的意义》,载《民族教育研究》2011年第6期,第10页。

是改革主体在改革活动中根据自身需求进行价值选择时所表现出来的价值倾向性。换言之，它指同时存在若干种课程改革价值方案或意向，以实现自己所追求和向往的价值理念和目标。课程改革的价值取向在改革活动中具有重要作用。它不仅通过影响课程目标、课程结构、课程内容及课程实施等领域，进而对整个课程改革进行定向和调控，而且通过影响课程改革主体，使其依照自身的价值理念和目标去展开课程改革活动。民族基础教育的价值取向和任务就是一方面让少数民族学生学会融入现代化主流文化社会所需要的基本知识、技能、态度与行为方式；另一方面是让他们也掌握本民族拥有的民族知识、技能、态度价值观与行为方式。

一、民族地区课程改革的价值取向

民族课程改革价值取向的一个重要内容是民族知识。民族知识不是研究民族本身的知识，它不研究民族本身的发展演变和规律，而是指一个民族共同体所拥有的知识和知识系统。是各少数民族在千百年的生产生活实践中经过不断沉淀、积累起来的生活习惯、风俗观念、宗教信仰、语言文字、文学艺术、生产技术等方面知识经验的总和。这种从深厚的民族生活的土壤中生长出来的、具有较强的地域和地方性特征的地方性知识（Local knowledge），是与具有"全球意义"和"放之四海而皆准"的"共通性知识"相对的，是某一区域的人民或民族在自己长期的生活和发展过程中所自主生产、享用和传递的知识体系，包括以文字形式保存的地方文明和以非文字形式保持的地方民俗、习惯、信仰和思维方式。基于此，民族地区课程改革的价值取向的表述如此。

（一）民族知识是民族基础教育课程的核心价值取向

第一，广博的民族知识对少数民族的生存和发展是不可或缺的。作为一种地方性知识的少数民族本土知识，不仅促进了人类知识多样性的发展，同时也是凝聚本土少数民族社会的力量源泉，是民族认同的主要标志，这是少数民族本土知识的内在价值。第二，丰富多彩的民族知识能够弥补现代科学知识的不足。科学技术并不是唯一的，多种多样的民族文化为我们创造丰富多彩的科学技术提供了肥沃的土壤。"我们所生活的这个地球上，不同的国家、民族、地区都有自己千百年流传下来的文化。在这些文化中都有自己独特的对自然、对人与人之间以及人与社会之间的理解和看法，这其中的智慧、经验都是其他文化难以完全代替的。事实证明在人与自然的关系上，西方文化是一种错误，为了纠正这一错误，科学家们正在努力用更高级的科学技术去解决自然生态上所面临的问题。但许多问题仅仅只用科学技术是无法解决的,这里面重要的还是一种文化的观念以及人对自然的一种态度和理解。同时,科学只能解决线性方面的问题,而非线性方面的生态问题,许多落后的民族在某些方面做得也许比现代科学更合理。"①

(二) 多元化知识是民族基础教育课程知识选择的价值取向

民族地区基础教育课程改革,离不开对各类知识的选择。在传统的知识分类中,一般分为自然知识、社会知识和人文知识,并没有把民族知识涵盖在内。在民族地区课程知识的选择上,往往更注重前者,而忽略了后者。在新一轮的基础教育课程改革中,学者们提出了多元化知识的选择应成为民族地区课程改革的价值取向之一。即注重自然知识和民族自然知识、社会知识和民族社会知识、人文知识和民族人文知识的并存,将各民族积累下来的丰富的民族知识重新纳入民族地区学校课程及教学内容之中。

二、民族地区课程改革的知识选择主体

在民族地区课程改革的研究中,有学者根据英国19世纪的教育家斯宾塞提出的"什么知识最有价值"和20世纪的美国教育家阿普尔提出的"谁的知识最有价值"两个命题,对民族地区基础教育课程改革中关于课程知识选择主体的变化展开了讨论。

(一) 两个经典命题涵盖的不同研究主题

"什么知识最有价值"着重于从知识内部的关系考察课程问题,人们力图从既有的知识范式中选出其认为最有价值的知识作为课程内容,这个命题影响了100多年的课程史,决定了课程理论的走向。"谁的知识最有价值"从课程与社会的关系出发来考虑知识的选择问题,将知识的教育价值放在广阔的社会背景中进行考察。前后两个命题的变化,反映了世界课程研究重心的转移,课程并不仅仅被认为是知识和学术问题,实质上也是权力控制的主体问题。

在民族地区课程知识的选择上,以往更注重"什么知识最有价值",学者们将很多精力和时间聚焦于课程知识内容的选择上,试图从有人类以来所积累的丰富经验中找出最有价值的东西作为课程内容和学校要传授的知识。人们将浩瀚的知识分类为自然知识、社会知识和人文知识,并根据国家教育方针和教育目的等

---

① 张庆善:《中国少数民族艺术遗产保护及当代艺术发展国际学术研讨会论文集》,文化艺术出版社2004版,第527页。

重组以上知识，进行分科教学。选择什么样的知识进入课程教授给下一代，固然非常重要，可在这个过程中，却忽视了"谁来选择知识？选择谁的知识？其间的选择标准是什么？谁来制定这个标准？"等关乎课程知识选择和重组的核心命题。"谁的知识最有价值？"这一命题的提出，再度掀起了人们研究课程知识选择的热情，进而探究课程知识选择背后的权力主体问题。从一个具体而繁杂的课程知识内容选择和重组的研究转移到更为抽象或隐蔽的课程选择权力控制主体的问题上来。

（二）课程知识选择主体的三个变化

基于上述两个经典命题的分析，课程知识选择主体具有如下三个变化：

一是课程选择视野从无主体向有主体发生变化，即从不分谁的视野向谁的视野开始转变。主张应从课程与社会的关系出发来考虑知识的选择问题，将知识的教育价值放在广阔的社会背景中进行考察。注重研究课程知识的社会建构中，其背后的社会政治、文化和思想在学校教育中的渗透和控制。

二是课程知识选择主题从无主体向主体问题发生变化，即从不分谁的问题向谁的问题的转变。从"什么知识最有价值"到"谁的知识最有价值"使我们可以明显地看到课程知识选择主题的转移，即由课程知识的本身转向课程之外的政治问题或者说是课程与政治的关系问题，课程知识选择突破技术层面、操作层面转向政治、经济和意识形态的层面，以追寻课程背后的意义。

三是课程知识选择方法论从无主体向主体方法发生变化，即从不分谁的方法向谁的方法转变。"什么知识最重要"隐含着知识选择的标准问题，"谁的知识最重要"偏向于探究课程知识的主体问题。在这两个命题之下，都离不开课程知识选择的方法。在课程的社会建构中，随着对"谁的知识最有价值"的回答，在课程知识选择时会采用谁的什么方法，自然就清晰明了。

（三）民族教育课程知识选择中的悖论

我们在现实中考察"什么知识最有价值"和"谁的知识最有价值"之时，不难发现二者之间存在悖论。针对这一问题，我们从以下几个方面剖析了民族教育课程知识选择中"什么知识最有价值"与"谁的知识最有价值"的悖论。

1. 课程知识选择视野中一元化现实与多元化理想的悖论

"什么知识最有价值"体现了一元化主体或无主体视野，而"谁的知识最有价值"则体现了多元化主体视野。在民族教育课程知识选择视野中应从"什么知识最有价值"向"谁的知识最有价值"转变，确立主流一元视野与非主流多元视野的融合。但在现实的课程知识选择中，主流的一元视野占据主导地位甚至处于垄断地位，并掌握着话语权，而非主流的多元视野处于边缘地位，几乎没有话语权。课程知识选择视野还处于"什么知识最有价值"的层面，而缺乏"谁的知识最有价值"的视野和意识。因此，民族教育课程知识选择面临诸多困惑：在课程知识的统一化、单一性和课程知识的多元化之间，课程权力如何平衡？如何控制课程知识的同一化、单一化，彰显课程知识的多元化？以什么样的标准来选择课程知识？怎样才能对多元文化知识进行合理选择？

2. 课程知识选择主题中"单一知识"现实与"多元知识"理想的悖论

"什么知识最有价值"体现"单一知识"的倾向，它体现了单一或无主体的知识观，而"谁的知识最有价值"则体现知识的多元化主体倾向。课程知识选择从"什么知识最有价值"向"谁的知识最有价值"的转变，促使民族教育课程知识选择主题，由一元化主体或无主体问题的"什么知识最有价值"向多元化主体的"谁的知识最有价值"主题转变。我国课程知识的选择需要加强研究知识背后的多元主体的权力问题。而我国民族教育课程知识选择中，过于强调知识的客观性和确定性，价值无涉性，还始终坚持着单一主体或无主体的"什么知识最有价值"的知识观层面，而对具有多元主体的知识的民族性和文化性的研究相对忽略，这样对少数民族的民族知识和本土知识等多元知识不够重视。我国是一个多民族多文化的国家，大小民族一律平等。但我国的教育却是单一文化的产物，缺乏多元文化的彰显，没有较好地传承多元文化。我国过去实行的是国家统一的课程计划，在国家课程计划、教学大纲、教材中虽然有对少数民族文化、历史、地理、文学、习俗、艺术等方面的反映，但非常有限。因此，在民族教育中"什么知识最有价值"，一致的答案是科学。此种单一知识观与"谁的知识最有价值"的多元观发生矛盾和冲突，存在悖论。

3. 课程知识选择方法论中单一方法现实与多元化方法可能的悖论

"什么知识最有价值"体现单一方法或无主体方法的倾向，它体现了课程知识选择单一或无主体的方法观，而"谁的知识最有价值"则体现了课程知识选择方法的多元化主体倾向。课程知识选择从"什么知识最有价值"向"谁的知识最有价值"的转变，促使民族教育课程知识选择方法，由一元化主体或无主体方法的"什么知识最有价值"向多元化主体的"谁的知识最有价值"方法及方法论转变。可是，在民族教育实践中，课程知识选择的方法至今仍处于"什么知识最有价值"的单一方法或无主体方法的状态，还缺乏"谁的知识最有价值"的选择方法的权力主体思考。缺乏谁的选择方法的主体意识，缺乏追问这些知识选择方法代表着"什么价值"、"谁的价值"，很少追问知识选择方法价值背后的民族、文化、政治与阶级的含义。

三、民族课程知识选择中的权力区分

从"什么知识最有价值"一元的视野向"谁的知识最有价值"的多元主体视野转变。民族教育课程知识选择应该建立怎样的知识理论？课程在知识选择过程中采取拿来主义的态度，还是采取立足本土、自主发展的态度呢？如何处理外来知识和本土知识的关系？如何处理知识自主与知识霸权的关系？如何建立新的知识学习评价标准？对这些问题的回应，使其中暗含的权力问题得以凸显。而对这个问题的剖析，具有重要的理论和现实意义。

（一）民族教育课程知识选择应有的权力主题

从研究主题的基础来看，一直以来，教育学和心理学关于课程知识的研究都是建立在"知识是客观中立"这一前提之上的。从教育学、课程论视角研究知识问题，几乎不涉及权力问题。虽然以前也描述课程是一定时期政治经济的产物，但比较空泛，过于简单化。以往谈课程受到社会政治经济的制约，没有揭示这种制约要通过课程权力才能发挥作用。人们过于关注"什么知识最有价值"的问题，知识与权力的关系问题未能成为研究的主题。民族基础教育课程知识选择要跳出纯粹课程教学的框框，应将课程知识选择放在社会变革、经济发展和文化变迁的大背景中去考虑。研究者们主张在民族基础教育课程知识选择中，在宏观上研究外来知识与本土知识、主流文化知识与非主流文化知识、公共知识与个体知识、科学知识与人文知识平衡选择的权力及其机制问题；在微观上，要研究单一性知识与多元性知识、客观性知识与主观性知识、确定性知识与不确定性知识、普遍性知识与地方性知识、显性知识与隐性知识、中立性知识与价值性知识平衡选择的权力及其机制问题。

（二）民族教育课程知识选择方法论的权力维度

一直以来，我们对课程理论和课程实践的关注，基本上集中于工具理性的层面，即集中于许多技术问题的探讨，仍处于"什么知识最有价值"的方法论层面，很少关注知识选择与权力的关系问题。很少关注民族基础教育课程知识与权力逻辑的因果关联性，由此导致了研究视角、研究主题和研究方法的缺失。课程研究的关键在于到底谁的知识能够进入课程，而不是在课程中如何编制知识。或者说前者是更基础性的，如果进入课程的并不是最有价值的知识，那么再好的编制和设计都是没有任何意义的。而民族教育领域一直未曾对课程知识选择的发展

变迁、价值取向与运作模式进行反思,不能不说是研究的一个缺失。以此为出发点,民族教育研究应从知识社会学角度来展开对课程知识选择的研究,实现从"什么知识最有价值"一元方法向"谁的知识最有价值"的多元方法转变,基于这种认识和考虑,以权力为维度,为民族教育课程知识选择研究找到一个新的理论生长点。

第二节 民族地区课程改革中的文化适应性研究[①]

我国民族众多,文化类型多样。在民族基础教育课程改革中,始终面临着如何处理主流文化与少数民族文化之间的关系问题,也就是以汉文化为代表和载体的文化与少数民族文化为主体的文化的关系问题。

一、民族教育课程改革过于注重主流文化的传承

自新中国成立至今,我国在基础教育领域经历了八次课程改革。通过前七次课程改革,我国基础教育取得了巨大的成就,基础教育赢得了整体教育质量和全局效益;培养了学习者扎实的基础知识和基本技能;培养了学习者较强的逻辑思维能力;注重培养人的深厚历史感和厚重的文化底蕴。但有学者指出,这些成就在民族教育中是在丢掉本民族的文化传统和文化个性的前提下获得的,出现了民族文化传承断裂现象,课程片面体现了主流文化。这里的主流文化又称主导文化,是指在一个社会群体中占主导地位,对社会和群体的总的经济政治文化的前进方向起决定作用的文化。它确定了一个社会的基本文化特征和主要的风俗习惯,决定着其他文化的地位和影响。与之相对应的另一种文化,具有民间色彩,通常不以书面形式展现,如风俗、习惯等,这就是非主流文化。

在以往的课程改革中,基础教育课程设计一直是在单一文化价值观念的支配下进行的,通过课程学生所了解的只是一种观念、一种意识形态,主要表现在过于突出主流文化知识。一些学者对主流文化价值观主导下的主流文化为中心的课程提出了批评,认为这种课程是以占主导地位的民族(多数民族)的经验、文化、历史、观点等为中心的课程,忽略了其他民族、种族、宗教等族群。这样不

---

① 金志远:《新一轮课程改革背景下少数民族文化传承与民族基础教育课程改革》,载《民族教育研究》2009年第5期,第54~55页。

仅对主流文化之外的族群的学生造成伤害，对于主流族群的学生也会有负效应。这种单一的课程文化安排背离了《教育法》中关于教育应当继承和弘扬中华民族优秀的历史文化传统，吸收人类文明发展的一切优秀成果的精神要义。

单一的课程文化问题体现在以下三个方面：一是课程知识结构不合理，各民族知识文化体现不够平等。二是课程生活脱离民族生活的实际。生活方式是文化的表征，一个民族的生活及其方式就体现一个民族的文化。脱离一个民族的生活就等于脱离一个民族的文化。我国民族教育及其课程很少联系少数民族生活。许多关于以往课程和教材内容的考察研究已充分证明了这一点。三是在课程制度上搞"一刀切"，没有充分考虑我国民族文化的多样性和差异性，也即民族性没有得到应有的区分和重视。

尽管学校教育体系越来越完备，为民族地区培养了各级各类人才，但在民族文化传承方面却无能为力。虽然在民族地区学校中开设了民族语文课，但它远未将民族文化丰富的内容包纳其中。在课程设置上，更是走一条翻译与引进的道路。由于学校教育课程与民族地区实际及民族文化之间的断裂，使得学校教育体系表现出越来越多的问题，如入学率难以真正提高、辍学率居高不下、学生学习兴趣不浓等。由于面临巨大的升学压力，少数民族小学的教材仍使用汉族版本的全国统编教材，致使民族传统文化的传承找不到正规的渠道，民族文化的传承内容基本处于缺失状态。同时少数民族在现代主流文明的影响下又在竭力保持民族文化，重视民族文化的传承，这又导致民族教育中一系列问题的产生。反思我国民族教育中的诸多问题，最关键是没有将学校教育之"根"植于民族文化之"土"中！[①]

二、新课改试图寻求主流文化和少数民族文化之间的平衡

要解决主流文化与少数民族文化之间的冲突，新课程改革要摆脱原有视野的局限，跨入新的视界中去，确立主流文化与少数民族文化相整合的课程文化观和方法论。

（一）构建主流文化与少数民族文化并存的文化观

从各门学科的课程标准中不难看出新课程改革特别强调文化因素在各学科中的渗透。新课程改革对文化的高度关注，提出了最直接的民族文化传承的要求。因此，在民族教育课程改革中处理好主流文化和少数民族文化的关系成为一种理性的诉求。

---

① 王鉴：《民族地区基础教育课程改革问题与探索》，载《中国民族教育》2007年第2期，第35页。

主流文化与少数民族文化以各自不同的方式和作用，共同影响和制约民族基础教育课程的改革和发展。在民族基础教育课程改革中，一方面，主要是通过对本民族文化的传承、发扬，直接推动少数民族教育和文化的进步和发展；另一方面，通过积极主动有选择地借鉴、学习、吸收主流文化包括主体民族（汉族）以及各民族文化的积极因素，对民族文化的传承和发扬起重要的补充作用，以利于民族基础教育的课程改革，以利于民族基础教育质量的提高。因为，保持民族文化多样性是人类不可推卸的责任，各民族优秀文化应该得到充分的尊重。

首先要树立融入少数民族文化智慧的主流文化课程文化观。在一个多民族多文化国家，主流文化的发展有赖于各个文化的相互促进，主流文化的发展也从其他文化中汲取养料，因此主流文化中要充分地吸收少数民族文化智慧，这样才能丰富自己。其次，树立融入主流文化观念的少数民族文化课程文化观。少数民族文化也有它的局限性和不足，对一个国家整体来说更是如此。为了一个国家的整体利益，必须以主流文化观念来筛选、组织和提炼非主流的少数民族文化。况且只有这样少数民族文化也才能改造自己、提升自己。最后，要树立民族化的主流文化观的课程文化观。主流文化是从各个非主流文化中提炼出来的，并引领着非主流文化，因此主流文化只有紧紧依托包括少数民族文化的各个非主流文化，才能深入人们的生活，为人们所接纳。主流文化只有民族化才具有亲和力、感染力和影响力。

（二）处理好主流文化与少数民族文化的互动关系

处理好主流文化与少数民族文化的互动关系，需要落实到课程目标和课程体系中。在新课程目标与少数民族文化传承方面，一是注意新课程的知识与技能目标对强化和挖掘本土知识的重要性；二是意识到民族基础教育课程实施的基本途径是教学，但要摒弃传统教学中将教学视为教师忠实而有效地传递课程内容的保守观念；三是在民族基础教育课程中重视情感态度和价值观的培养。在新课程体系与少数民族文化传承的安排上，一是通过国家课程和教材来传承少数民族优秀文化。二是通过地方课程和教材来传承少数民族文化。三是通过校本课程来传承少数民族优秀文化。

第三节　民族地区课程改革的探索

由于民族地区经济社会文化形态的多样性，民族地区课程改革中，难免会出现很多问题或困难，阻挠或影响民族地区课程改革的整体推进，进而影响我国基础教育课程改革的步伐和效益。本书通过实地调研和实验，为民族地区课程改革中诸多问题和困难的解决，提供多种类型的课程建设模式。

一、以地方课程与校本课程为特色的甘南藏族地区课程改革

在国家课程计划、教学大纲、教材中虽然有对少数民族文化、历史、地理、文学、习俗、艺术等方面的反映，但毕竟有限。为了解决这个问题，一方面在民族语文课及教材中增加反映民族文化的内容，另一方面通过乡土教材的开发与使用来扩大民族文化教育的范围。甘肃省正是考虑到藏族教育的特殊历史与现实特点，重点抓住藏族教育中的地方课程与校本课程，积极探索多元文化教育的课程模式。先后在甘南藏族自治州和天祝藏族自治县开展五省区藏文教材编译工作会议，将过去藏语文教材只重视语言文字学习的重心转向了藏族语言与文化相结合的重心，对九年制义务教育藏语文教材的内容全部进行了重新审订，计划列入与藏族文化关系更为密切的、适合藏族学生使用的藏语文内容。通过跨省区联合开发地方课程的模式，增加民族教育中民族文化的内容、扩大使用范围，又可为进一步探索其他民族地区的地方课程开发提供典型的个案。针对藏区内部存在的差异，甘肃省考虑甘南藏族的历史与现实情况，在开发地方课程的同时，加强校本课程的开发与使用。在甘南藏族自治州开发了《藏族文化》的校本课程，分小学低年级与高年级两册，以双语形式较为系统地介绍了甘南藏族的生态地理、人文历史、文学艺术、风土人情、民族团结等。同时，借用中英甘肃基础教育项目在甘肃少数民族地区培训师资的课题，联合开发了甘南双语师资培训的多元文化教材，为民族地区基础教育课程改革培养特殊的师资创造了条件。

二、以学校发展为特点的临夏回族地区课程改革

甘肃省将国外教育援助项目的精神要义和基础教育课程改革的主旨结合起来，在甘肃省临夏回族地区开展了课程与教学改革实验。将项目中的师资培训、教材编写、教学方式变革、学校发展等与课程改革的目标与任务融为一体，探索出一条以学校发展为标志的课程改革成功之路。为了促进小学一、二年级学生语言的发展，项目同时还开发补充读物。这些读物是正式课程的补充，但意在对正式课程予以支持和扩展，兼备校本课程的特点。为低年级学生编写的读物，着重采用生动有趣的图片和符合儿童兴趣的设计，尽量使用浅显易懂的语言，注重帮助孩子的语言发展。内容多为当地的故事、神话。读物还有意识地改变一般教材

中男女性别、残疾人和少数民族的固有形象，使学生形成多元文化的意识与态度。同时参与式教学核心理念是"以儿童为中心，平等参与"，由于它主要是在大量的教师培训基础上逐步推进，改变传统的讲授式、填鸭式的教学方法，使课堂上教师的角色由讲解者变为指导者、合作者，学生由接受者成为探索者、练习者；它要求课堂组织和教学形式灵活多样，实现师生互动和生生互动；它要更多地照顾到学生的个体差异，让学生自己寻找问题的答案，通过各种有趣的活动来吸引每个学生的注意。通过这些措施，课堂教学发生了可喜的变化，教师教学方式多样化，学生乐于参与课堂教学，教学真正成为有效性活动，极大地推动了民族地区基础教育课程改革。

三、以双语教学为突破口的东乡、裕固族地区课程改革

在甘肃省的东乡族自治县和肃南裕固族自治县的基础教育课程改革中，重点是如何培训新课程改革需要的双语师资问题。经过几十年的探索，基本形成了以民族语言为辅助教学语言的比较稳定的双语教学模式，而双语师资的培养更凸显其重要性。汉族双语师资和本民族双语师资的侧重点不同、专长不同，培养的学生语言发展的方向也就不同。20世纪五六十年代从全国各民族院校抽调来的汉族双语教师大量补充到民族地区支教。既解决了民族学生的汉语问题，又培养了汉族的双语师资，确实发挥了应有的作用。20世纪八九十年代培养了一批留得住、用得上的本土化双语师资队伍，但却导致了汉语教学水平的滑坡。进入21世纪，又在不断探索民汉双语师资的培养模式。这可作为新时期民族双语教师计划的一项特殊政策。况且，民族地区双语教学中存在的还不仅仅是师资培养模式的问题，教师的数量远未解决，质量问题更是无从谈起。一方面是大量的代课教师被地方教育部门所招用，另一方面是大中专毕业生难以就业，眼睁睁地看着这"一堆土"就是不能去填那"一个坑"。甘肃省政府在这些民族地区实行双管齐下的政策，一方面从根本上解决民族地区师资数量的问题，将合格的大中专毕业生经考核录用后直接安排到民族地区中小学工作；另一方面，培养民汉两种类型的双语师资队伍，通过新课程的专业培训提高民族教育的多元文化知识与能力。"十五"期间，每年从甘肃省内中小学抽调100名左右的优秀教师到民族地区支教，每期一年，民族地区每年选派100名左右的教师和管理人员到省内发展较快的地区学校挂职学习。"十一五"期间，在继续执行原来优惠政策的基础上，加大对民族地区的财政支持力度。新增加民族地区州县的财力补助，每年达7 700万元。这些优惠政策为民族地区进一步发展教育事业、培养合格师资创造了良好

的条件①。

第四节 民族文化课程建设研究

近年来，为扶持人口较少民族地区的发展，国家有关部门先后制定和出台了包括《扶持人口较少民族发展规划（2005～2010年）》等在内的一系列政策和措施，在国家扶持人口较少民族发展系列政策、社会主义新农村建设系列政策以及基础教育发展系列政策的推动下，人口较少民族教育发展迅速。人口较少民族地区基础设施和人民生活水平得到较大改善的同时，包括语言文化在内的民族传统文化资源却正在以极其惊人的速度流失。

各少数民族的文化发展问题，从来就不是单一的文化发展问题，而是关系到人类的文化多样性、中国国家安全和现代化建设的重大问题，应该引起全社会的高度关注，并得到及时妥善的处理和解决。作为民族地区教育核心的课程及民族文化课程建设，在保护和发展民族文化方面扮演着重要角色，必不可少。

一、民族文化课程的内涵

近年来围绕课程改革，学术界对"课程"这一核心概念做出了多种判断，或认为课程即学科或教学科目的总和、课程即有目标或有计划的教学活动、课程即预期的学习结果，或认为课程即学习者的经验、课程即复杂的会话、课程即社会的改造。不管是哪一种界定，都不足以囊括"课程"的全部，只是人们在不同的社会环境中或不同的处境中提出了自己对课程的看法。根据当前民族地区课程建设的相关实践和成果来看，民族文化课程建设涵盖了地方课程和校本课程。所谓地方课程，又称地方本位课程，是指地方各级教育主管部门根据国家课程政策，以国家课程标准为基础，在一定的教育思想和课程观念的指导下，根据地方经济、政治、文化的发展水平及其对人才的特殊要求，充分利用地方课程资源而开发、设计、实施的课程。关于校本课程，有两层含义：一是使国家课程和地方课程校本化、个性化，即学校和教师通过选择、改编、整合、补充、拓展等方式，对国家课程和地方课程进行再加工、再创造，使之更符合学生、学校和社区

---

① 王鉴：《民族地区基础教育课程改革问题与探索》，载《中国民族教育》2007年第2期，第35～36页。

的特点和需要；二是学校设计开发新的课程，即学校在对本校学生的需求进行科学的评估，并充分考虑当地社区和学校课程资源的基础上，以学校和教师为主体，开发旨在发展学生个性特长的、多样的、可供学生选择的课程。

二、民族文化课程建设的发展历程

我国民族文化课程经历了民族语文课程建设时期、乡土课程建设时期、民族文化课程建设时期三个阶段，取得了许多成绩，促进了民族文化的传承和发展。

（一）民族语文课程建设时期

自新中国成立后，民族文化保护和民族文化课程就得到党和国家的重视。1951年9月召开的第一届全国民族教育大会指出：少数民族教育的内容和形式问题、课程教材问题，既要照顾民族特点，又不能忽视整个国家教育的统一性。少数民族学校的教学计划、教学大纲应以教育部的规定为基础，结合各民族的具体情况加以变通和补充。从20世纪50年代起，在国家一系列政策的指导下，少数民族各级各类学校按当地少数民族的需要开设了民族语文课。1956年6月召开的第二届全国民族教育会议又进一步强调要加强汉语文课的开设和民族语文在教学中的使用。各民族地区的中小学和师范学校在译用或采用全国通用教科书的基础上，自编出本民族语文教材和民族学校汉语教材及民族语文补充教材；编译出一套比较完整的民族文字教科书和教学参考书；民族学校在设置汉语文、民族语文课的基础上，逐步探索双语教学的理论及运作模式。

（二）民族乡土课程建设时期

20世纪80年代中期，我国经历了一次中小学教学计划、课程、教学大纲和教材的大改革及大调整。当时，为了改变教材在不同程度上存在的脱离民族、地区、学校和学生实际的状况，提倡教材应当从先前人民教育出版社一统天下的"一纲一本"教材转变到体现地方特色的"一纲多本"教材上来，力争使中小学有多种教材可供选用，提倡各地编写地方教材，包括乡土教材、中小学劳动（劳动技术）教材和本地需要的补充教材，国家课程一统天下的格局开始改变。在国家一系列重视民族语言和乡土课程编写政策的指引下，八省区蒙文协作、五省区藏文协作、三省区哈文协作、东北三省朝文协作组织成立并开始工作。随后八省区协编的蒙文教材、五省区协编的藏文教材、三省区协编的哈文教材、东北三省协编的朝文教材进入课堂，民族文字教材的出版工作也得到了加强。

少数民族文字教材工作座谈会也明确指出民族文字教材内容一定要注意民族特点和地方特点，要适应多种形式办学的需要。鼓励和倡导没有本民族文字而独有语言的民族应以本民族语言辅助教学。民族文字教材建设还要提高质量，教材编译工作不能停留在翻译统编教材上。民族教材要立足于自己编写，这是民族文字教材编译工作的发展方向。民族教材特别是语文和历史教材中，应根据各个年级的不同情况，适当选编本民族的一些优秀作品，或本民族发展历史的内容。在政策的鼓励下，乡土教材的开发使民族地区学校课程逐渐多样化，课程内容更适应不同民族、地区、学校和学生的需要。

（三）民族文化课程建设时期

20世纪90年代以来，随着对国外课程研究的深入、文化多样性价值的彰显及乡土教材本身局限性的凸显，民族教育课程由单一设置语言课程转向语言课与文化课相结合，教材也由最初的民族语文和汉语文编写而转向各科教材民族文字与内容相结合的编写，这是一次认识上的飞跃。当时，多元文化教育作为世界教育的新潮流，引起世界各国政府的高度重视。多元文化教育及课程理论为我国民族文化课程的建设提供了新的视角。在这种背景下，我国学者也开始介绍和研究国外的多元文化教育和课程理论。黄政杰教授主译了詹姆斯·林奇的《多元文化课程》；万明钢教授介绍和研究了美国多元文化教育课程的设计原则；王鉴教授研究了西方国家跨文化教育中的课程设置问题。此后，以西北师范大学为代表的许多大学和科研机构开始大量介绍国外多元文化教育及课程理论。随着对国外多元文化教育及课程理论的研究和对多元文化教育及课程理论内涵认识的不断深入，一部分学者开始关注国外多元文化教育及课程理论的本土化问题，并结合费孝通先生的民族理论提出了中华民族多元一体的民族教育理论和课程设置模式，涌现出许多关于民族文化教育和课程建设的理论著作。如滕星教授的《文化变迁与双语教育》、王鉴教授的《民族教育学》等。国家民委和教育部也非常重视这方面的理论研究和政策引导。靳玉乐教授主持的"西南少数民族地区基础教育多元文化课程发展模式研究"、王鉴教授主持的"我国民族教育政策体系研究"、孟凡丽教授主持的"西北少数民族地方课程开发研究"、张学强教授主持的"中国少数民族教育与美国多元文化教育比较研究"等教育部人文社会科学重点研究基地重大项目就充分说明了这一点。

进入21世纪以后，随着基础教育课程改革的深入和学者们对我国民族文化教育课程特殊性认识的进一步加深，我国民族文化课程问题研究开始逐步向分析问题、解决问题方面转化，先后涌现出许多以民族文化课程为选题的硕士、博士论文。其研究过程中也呈现出在"中华民族多元一体"的原则下，以多元文化教育理论为基础，着力建构本土化民族教育课程的目标、途径与模式①。

三、民族文化课程建设存在的主要问题

（一）民族文化课程的目标问题

民族文化课程的目标究竟是为保护民族文化，还是促进教育公平和学生的健康发展，抑或是通过保护民族文化来促进教育公平和促使少数民族学生在社会化过程中获得成功？学术界的认识还不一致，至少可以说表述得还不够清晰。许多关于民族文化课程目标的讨论都会强调文化多样性的重要性，比较认同保护民族文化、传承民族文化，关于少数民族学生的发展问题虽然也会涉及，但没有作为重点进行论述。这种关于民族文化课程的研究又人为地建构了一种二元化的结构关系，使民族文化课程成为独立于少数民族学生的实体而存在，二元化的研究范式永远解决不了课程"无人"化的问题。这种非此即彼的二元化的分析方法使原本应该丰富多彩的民族文化课程变得冷漠、枯燥、缺乏人性，最终沦为"文化传承的工具"。我们认为，民族文化课程的首要目标是关注人的发展，关注少数民族学生的健康成长，是在继承民族优秀文化的基础上，培养既具有强烈民族精神又适应多元文化社会发展要求的现代人才，其次才是民族文化的保护和传承。当然民族文化传承和少数民族学生的发展也不是非此即彼的二元对立关系，但二者之间"人"的成长和发展始终是目的。事实上，只强调保护和传承民族文化而忽视人的发展的民族文化课程理论构建模式与我国的教育目标和多元文化教育理论的初衷也是相悖的。民族文化课程的设置只有真正把关注少数民族学生作为整体人的全面发展放在首位，才会改变民族文化课程二元对立的研究局面，才会实现民族文化课程促进教育公平、保护少数民族学生的教育选择权、保护民族文化、传承民族文化的目标，也才能培养出既能适应社会发展要求，又具有现代意识的民族人才。

（二）民族文化课程理论研究问题

20 世纪 90 年代初，我国学者开始介绍国外多元文化及课程理论。多元文化教育及课程理论的引介为我国民族文化教育及课程的研究注入了新的血液，丰富了我国民族教育理论，打破了我国民族教育课程长期以来局限于民族语言的思维

---

① 安富海：《国民族文化课程建设存在的问题透视》，载《民族教育研究》2010 年第 2 期，第 26～27 页。

定式，推动了我国民族文化课程的建设步伐。然而，统计发现，1990~2009年这19年来，我国关于民族文化课程的研究主要以介绍国外的研究成果和方法为主，并且大多停留在对其基本理论的综述上，缺乏对自身理论的构建。有学者检索发现，2001~2009年期间关于多元文化教育研究的497篇论文中，介绍国外的与构建自身的篇数之比为5:3，而且在介绍国外多元文化教育及课程理论方面还存在国内研究者互相引用得多，真正介绍国外新近理论的少的问题。如关于多元文化课程理论的研究主要还停留在对20世纪90年代初期所翻译的詹姆斯·班克斯（James A. Banks）和詹姆斯·林奇（James. Lych）的著作的讨论上。近年来，一些教育部人文社会科学重点研究基地，如西北师范大学西北少数民族教育发展研究中心、西南大学西南少数民族教育与心理研究中心等承担了一批关于民族文化课程研究方面的课题，在民族文化课程的理论研究方面也取得了许多新的成绩。但总体来说，还存在着针对性的个案研究比较少、研究也不够深入具体等问题。我们认为，今后关于民族文化课程理论的研究，要继续介绍和研究国外多元文化课程理论的最新成果，但要将着眼点放在我国民族文化课程理论的建设上。也就是说，要有针对性地介绍和研究，要对国外的理论进行本土化的改造[1]。

（三）民族文化课程内容问题

民族文化课程应该反映本民族的地方性知识。但如何反映？哪些地方性知识应该进入民族文化课程？哪些人有参与筛选的权利等。对这些问题的追问就会触及民族文化课程开发主体的问题。调查发现，由于对民族文化课程开发主体认识的错位，致使现有的民族文化课程成为一种专家预设的课程。课程内容缺乏与本地人生产生活息息相关的地方性知识，或者说课程内容没有反映民族文化的精华，使民族文化课程失去了它的价值和意义，处在名存实亡的境地。其问题的根源在于民族文化课程开发的过程是一个"民族文化持有者"意见缺失的过程，课程专家们根据国家课程开发的程序，按照自己对民族文化的认识进行取舍，最终形成的民族文化课程只能是"你们"的课程，而不是"我们"的课程。地方性知识是地方人生产生活智慧的结晶，融化在地方人生产生活的各个细节之中。它生生不息地影响和引领着地方人的生存和发展，对地方人生产生活有着不可替代的价值和意义[2]。因此，作为"局外人"的课程专家在进行民族文化课程开发

---

[1] 安富海：《我国民族文化课程建设存在的问题透视》，载《民族教育研究》2010年第2期，第27~28页。

[2] 王鉴：《地方性知识与多元文化教育之价值》，载《当代教育与文化》2009年第4期，第1~5页。

的过程中,不仅要借助"文化持有者的内部眼界"去认识和理解地方人的地方性知识,还应该求教于"文化持有者",与他们进行协商,尽可能地使课程开发者与课程消费者达成一致,最直接、最本真地反映地方人的地方性知识。

(四) 民族文化课程政策研究问题

课程政策是由政府部门颁布并负责实施的,一定时期内关于一定教育阶段的课程目标、目的、设置、管理等方面的文件,它是协调人们在课程领域中行动的准则。课程政策的核心是课程权力分配（如课程政策制定权、课程决策权、课程编制开发权、课程专业自主权和课程实施权等）,而课程权力的分配方式、内容的变化又会引起不同利益团体利益分配的变化。课程政策对整个课程改革有着重大影响。然而,我国关于课程政策研究尤其是民族文化课程政策研究则相对滞后,不能很好地、及时地为政策的制定提供切实有效的理论支持,致使民族文化课程的建设得不到全面的政策支持。虽然自20世纪50年代开始,我国政府就根据民族地区特殊的文化与历史状况对民族地区的课程采取了特殊的政策——国家课程+民族语文课程,即在国家统一的课程计划基础上,开设民族语文课,其重点在于民族语言与文字的学习。新课程改革后,又提出了三级课程的管理体制,即国家课程+地方课程+校本课程。这些特殊的课程政策对保护民族文化、提高课程的适切程度起到了一定的促进作用。但从课程政策研究的现状来看,还存在明显的二元对立的思维方式,这种研究范式会影响民族文化课程建设及其课程目标的实现。在民族文化课程政策研究方面应该超越集权与分权的二元对立思维方式,以变控制为参与、变寻求差异为寻求共识、变两极思维为共有思维,进一步强化与优化课程政策相关人员的课程权力表达能力,从而使国家、地方和学校之间,教育行政官员、教育理论研究者和教育实践者之间,以及教师、家长和学生之间在课程权力及其相关问题上保持双向互动关系,而不是简单的单向命令与执行关系,使他们都能够积极地参与课程制定的过程,表达各自的愿望,共同为我国民族文化课程建设作出贡献①。

---

① 安富海:《我国民族文化课程建设存在的问题透视》,载《民族教育研究》2010年第2期,第28～29页。

第十一章

民族地区教育发展的案例研究（一）

案例研究是解剖麻雀、以点概面的研究方法，即可以从一个个案出发探求一个民族区域或民族群体教育优先发展的困境与对策。本章选取贵州黔南的毛南族、瑶族和黔东南地区少数民族，云南的拉祜族，西藏藏族、内蒙古蒙古族为例，分节探讨其学校基础教育、职业教育中存在的相关问题，论述少数民族语言学习与选择、双语教育等问题。

第一节 云贵少数民族基础教育问题案例研究

案例一、贵州毛南族地区学校教育发展研究[①]

对贵州毛南族地区的学校教育的记载可追溯到清代，民国时期该地区的学校教育有了一定发展，尤其是新中国成立以后，在国家各项政策和资金的支持下，毛南族地区的学校教育有了长足的发展，取得了一些成绩。当前国家把教育放在优先发展的地位，对少数民族地区的教育更是优先中的优先发展，大力发展民族

---

① 黄胜、代鸣、黄泽梅：《贵州毛南族地区学校教育发展的历史、现状梳理》，载《铜仁学院学报》2010年第1期，第77~91页。

教育以促进民族地区经济、社会的发展。

贵州毛南族具有悠久的历史和独特的民族民间文化,猴鼓舞、舞火龙、板凳舞、拦门歌、剪纸等具有毛南族民族特色。2008年贵州毛南族人口数为32 824人,主要居住在黔南布依族苗族自治州的平塘县、独山县、惠水县等地。平塘县的毛南族主要居住在卡蒲、者密和大塘3个乡(镇)28个行政村。其中,卡蒲毛南族乡是贵州省唯一的毛南族乡,2008年有人口13 311人,其中毛南族13 031人;者密镇2008年有人口19 662人,其中毛南族人口13 881人;大塘镇毛南族人口231人。独山毛南族主要居住在羊凤乡,2008年全乡有14 785人,其中毛南族1 118人,其余有近400名毛南族散居在城关、麻万、上司、尧梭等乡镇;惠水县毛南族主要居住在高镇镇及和平镇公路沿线7个村,2008年毛南族人口2 197人。梳理贵州毛南族学校教育发展的历史和现状,能以史为鉴和发现问题,对搞好贵州毛南族地区学校教育的下一步优先发展具有重要参考价值。

(一) 新中国成立后贵州毛南族地区学校教育

新中国成立后,各级人民政府为了发展民族教育,采取了一系列特殊政策和措施,从多方面对贵州毛南族学生和毛南族地区民族学校给予支持。一是放宽入学年龄。从1952年起,民族生入小学年龄放宽1~2岁,1956年又按省教育厅的规定,民族生入小学年龄放宽2~6岁。二是照顾升学录取分数。1977年国家恢复招生考试制度后,为使少数民族学生能升入中等专业以上学校学习,规定民族生报考中专的加10分,报考中师的除加10分外,若家庭为农业户还再加10分。贵州毛南族地区的学生均享受这一政策,近年来有许多毛南族学生考上各级各类高校。三是在经济生活上予以照顾。例如,中央对农村义务教育阶段家庭经济困难的人口较少民族毛南族寄宿生实行生活补助发放,每季度250元/生,使不少经济困难的毛南族学生得以正常学习。卡蒲毛南族乡2009年秋季农村义务教育阶段家庭经济困难毛南族寄宿生生活补助发放情况为:卡蒲小学261人,发放金额65 250元;摆旁小学156人,发放金额39 000元;摆卡小学21人,发放金额5 250元;新关小学212人,发放金额53 000元;甲翁小学111人,发放金额27 750元;沙坝小学9人,发放金额2 250元;河中小学247人,发放金额61 750元;课寨小学62人,发放金额15 500元;亮寨小学15人,发放金额3 750元;卡蒲中学529人,发放金额132 250元。卡蒲毛南族乡共有毛南族中小学寄宿生1 684人,计发放金额405 750元。此外,惠水县高镇中学2008年秋季农村义务教育阶段家庭经济困难寄宿生生活补助共发放138人(其中女生65人),发放补助金额34 500元。

近年来,在贵州毛南族地区得以实施的重要民族教育发展政策还有:扶持人口较少民族政策、国家贫困地区义务教育工程、国家西部地区"两基"攻坚计划（2004~2007年）、农村义务教育阶段学校教师特设岗位计划、国家两部地区"两基"攻坚计划、农村寄宿制学校建设工程、农村中小学现代远程教育工程、教育信息化工程、中小学危房改造工程等。这些政策对毛南族地区的教育发展起到了重要作用，推动了毛南族地区学校的快速发展。例如，毛南族居住集中的平塘县者密镇的者密小学新中国成立后发展非常迅速。1952年，者密小学得以复课。1953年，设一至三年级3个班，有学生316人，其中一年级学生174人。1956年，学校改为完小，有学生198人，教师8人。1968年，者密小学附设初中班1个班。1978年，经州教育局批准，者密小学为县重点小学。1980年，初中班发展为5个班，有学生240人，并予1981年改设为者密中学。是年学校开办学前班。1983年，者密小学设8个班，有学生344人，教师14人。1991年，者密小学设8个班，有学生291人，其中女生101人，少数民族学生270人，少数民族学生占学生总数的92.8%；有教师24人，其中女教师12人。2001年，者密小学有12个班，有学生553人；其中女生231人，少数民族学生553人；有专任教师28人。2009年，者密小学设10个班，有学生457人，其中女生210人，少数民族学生457人；有专任教师31人。

同其他民族地区的教育一样，贵州毛南族地区的学校教育是随着经济的发展、社会的进步而逐步发展的。既经历了"文化大革命"的中断，也经历了教育经费短缺、代课民办教师问题、应试教育、素质教育改革、新课程改革、"普九"、"两基"等重要教育历程。尤其是2000年以来，毛南族地区的学校教育发展迅速，分别顺利通过了各级政府的"普九"、"普实"、"两基"等验收工作，教育发展呈现出新局面。

2009年9月底，平塘县卡蒲毛南族乡适龄儿童1 214人，入学1 198人，入学率98.6%。初中阶段适龄少年770人，初中就读人数698人，适龄少年已初中毕（结）业人数63人，13~15周岁入学率96.4%，初中阶段入学率103.4%。15周岁人口数259人，已完成初等教育人数249人，完成率96%。17周岁人口数241人，已完成初级中等教育人数208人，完成率86.3%。15周岁人口中文盲、半文盲率为0。15~50周岁人口数7 432人，其中非文盲人数7 304人，非文盲率98.2%。

2009年9月底，平塘县者密镇适龄儿童1 790人，入学1 780人，入学率99.4%。初中阶段适龄少年1 131人，该乡在初中就读人数1 019人，该乡适龄少年已初中毕（结）业人数67人，13~15周岁入学率96%，初中阶段入学率110%。15周岁人口数359人，已完成初等教育人数358人，完成率99.7%。17周岁人口数352人，已完成初级中等教育人数259人，完成率83.8%。15周岁人口中文盲、半文盲率为0。15~50周岁人口数11 201人,其中非文盲人数10 794人,非文盲率96.4%。

总之,新中国成立后贵州毛南族地区的学校教育取得了巨大进步,发展成效明显。

(二) 贵州毛南族地区的学校教育的特点及问题

1. 贵州毛南族学校教育发展符合当地社会发展实际

以贵州毛南族地区小学生数量变化为例,近年来小学生数量总体逐步减少,2002年、2009年卡蒲毛南族乡分别为1 397名和1 119名、者密镇分别为2 274名和1 646名、大唐镇(羊方小学)分别为131名和81名。小学生数量的逐步减少,这主要是因为实行计划生育以来,贵州毛南族地区人口结构发生变化导致学龄人口逐步减少。因此,贵州毛南族的小学教育发展速度、发展规模、发展质量及水平等与当地的经济社会发展水平基本一致。

2. 教育质量的提升与绝对水平的低下

贵州毛南族地区的教育质量一直在逐年提高,特别是近十多年来素质教育的实施对教育质量的提升起了积极的推动作用,但由于诸多主客观因素的制约,农村教育尤其是毛南族地区的农村教育质量尚在低水准徘徊。以毛南族地区小学中还存在复式班级为例,2001年、2009年卡蒲毛南族乡分别为3个和3个,者密镇分别为7个和7个。这主要是因为一方面毛南族地区本身一直缺少教师;另一方面是在校学生人数减少,有的农村学校有的年级只有1~2名学生,单独开班存在种种困难。复式教学对教师要求很高,教学难度很大,往往教学质量难以保证。

3. 教师队伍建设问题仍然较多

首先,毛南族地区生师比偏高。卡蒲毛南族乡2001年小学生师比例为25.4∶1,2009年小学生师比例为24.3∶1;者密镇2001年小学生师比为22.5∶1,2009年小学生师比为18.5∶1;大塘镇(羊方小学)2001年小学生师比为25.3∶1,2009年小学生师比为27∶1。从教育部教育统计中的数据得知,2001年全国小学生师比为21.64∶1,2009年全国小学生师比为18.38∶1。因此,贵州毛南族地区的小学生师比总体上远远高于全国平均水平。

其次,仍然存在代课教师问题。卡蒲毛南族乡的代课教师从2001年的13名减少到2009年的0名;者密镇的代课教师从2001年的14名,减少到2009年的5名;大塘镇(羊方小学)的代课教师从2001年的3名减少到2009年的2名。贵州毛南族地区虽然代课教师数量有所减少,但这是在国家逐步清退代课教师的情况下仍然存在的问题,这需要有关方面引起高度重视、抓紧妥善解决。

最后，教师队伍呈现诸多问题。贵州毛南族地区教师队伍除了数量总体不足外，还存在骨干教师奇缺，学科不配套，音乐、体育、英语等学科老师缺乏，教师队伍不稳定，能胜任双语教学的教师更是凤毛麟角，教师实施新课程的水平有限，教师教育科研素质和能力较低，教师队伍年龄结构、职称结构、学历结构、学科结构不合理等问题。

综上所述，尽管毛南族地区的学校教育取得了一定发展，在发展过程中也存在诸多问题。从贵州毛南族地区学校教育发展历程中所揭示出的经验与教训是很多的。例如，贵州毛南族学校教育的发展需要各级政府的政策支持和科学决策，为毛南族教育的健康发展营造良好的氛围；要充分尊重毛南族的历史、文化、习俗，从当地实际出发办教育，教育要与民族文化有效契合并成为传承民族文化的重要阵地，才能获得当地群众、学生的认可；需要加大毛南族地区教育经费投入，建立健全民族教育经费投入机制；阻碍贵州毛南族地区教育进一步发展的主要因素之一是教师，需要进一步加强教师队伍建设；民族教育下一步的发展任务是注重质量和内涵的提升，等等。

新中国成立以来，我国对少数民族地区的教育发展一直很重视，给予各种政策支持，毛南族地区作为其中一个受惠民族地区，可以说其教育发展是迅速的，这充分体现了不同时期国家有关政策对教育的关注。毛南族地区在新中国成立初期经济发展落后，当地少数民族家庭无力支持孩子接受教育，此时国家给予每个学生一定的经济补助，以解决各个家庭的后顾之忧，民族地区享受到非民族地区不能享受的教育优惠政策。该案例中，贵州毛南族地区教育在新中国成立后之所以发展如此迅速，这与国家给予西部地区或少数民族的一系列特殊政策和措施是分不开的，但是在此过程中，一些新问题又涌现出来。虽然很多民族地区实现了"普九"和"两基"的目标，但是与非民族地区，尤其是东部发达地区的教育差距还很大，而且民族地区学校教育的特殊性也没有体现出来，不能完全发挥民族教育应发挥的作用。毛南族地区学校教育发展的历史与整个中国民族地区学校教育发展历程的曲折性是一致的，在其发展过程中遇到的问题、取得的成绩以及现实中反映的问题具有中国民族地区学校教育的普遍性、典型性。

案例二、瑶山白裤瑶从"逃学"转变到"向学"的分析

瑶山是闻名全国的贫困地区，白裤瑶经历了从"逃学"到"向学"的转变历程。白裤瑶"逃学"主要是由于生计类型的影响、传统文化习俗的影响和长期贫困的影响，白裤瑶"向学"主要是因为政策的影响、价值观念变化的结果、榜样的激励作用。白裤瑶从"逃学"到"向学"的转变过程在中国民族地区具

有一定的特殊性和典型性,这在一定程度上反映了瑶山社会变迁与学校教育变迁之间的互动关系,也从某种程度上阐释了民族地区的学校教育与民族文化应该双向适应、双向滋养的关系原理。

(一) 瑶山白裤瑶从"逃学"到"向学"的转变历程

瑶山瑶族乡位于贵州省荔波县西南部,地处中国南方喀斯特世界自然遗产的腹地,境内有国家级樟江风景名胜区大、小七孔景区。瑶山乡是以瑶族(白裤瑶支系)为主体的民族行政乡,乡政府所在地设在瑶寨的拉片村。该乡现辖4个行政村,46个村民组,总人口为5 860人,少数民族人口为5 323人,少数民族占总人口的96.24%;其中白裤瑶人口为2 645人,占该乡总人口的45.1%。白裤瑶是瑶族支系之一,自称"瑙格劳"、"布诺",因男子穿齐膝白裤,故他称为"白裤瑶",主要聚居在贵州省荔波县瑶山瑶族乡和广西南丹县八圩、里湖瑶族乡一带,人口2万多人,各地的白裤瑶文化习俗差别不大,是典型的中国南方喀斯特山地民族。白裤瑶被联合国教科文组织认定为民族文化保留最完整的民族之一,被称为"人类文明的活化石",至今仍遗留着母系社会向父系社会过渡阶段的社会文化信息。笔者曾到瑶山进行过多次考察,白裤瑶的学校教育历程引发我们深深的思考。

1. 20世纪50~80年代中期白裤瑶的"逃学"倾向明显

(1) 白裤瑶长期入学率低而辍学率高。

新中国成立前,瑶山无人识字,也没有现代学校教育。1953年,政府在瑶山建立第一所学校(菇类小学)时小学适龄儿童入学率仅25%[①]。针对这个情况,笔者访谈了5名65岁以上的白裤瑶老人,他们回忆的情况基本一致,即入学的学生很少,而辍学的学生约80%。

20世纪60年代初期瑶山的小学适龄儿童入学率在30%左右。"即使在采取'不上学不给口粮'的强硬政策措施时期,也有不少人带小孩去注了册,然后就带回家或上山,有的根本不注册,不给口粮就上山开荒另寻出路。"[②] "初期,全公社有适龄(7~12岁)儿童316人。当时,小学生年龄最大的有十六七岁。因此,应入学者远不止316人。但注册人数仅有200余人,而实际入学人数只有116人。表面上入学率达到了学龄儿童总数的1/2,而实际只有1/3。"[③] 直至1965年瑶山小学才开始有白裤瑶毕业生[④]。

[①②] 贵州省民族研究所:《月亮山地区民族调查》,贵阳印制公司一厂1983年,第154页。

[③] 李霞:《瑶山民族教育现状与发展浅析》,载《贵州民族学院学报(哲学社会科学版)》2005年第4期。

[④] 黄海:《瑶山研究》,贵州人民出版社1997年版,第151页。

20世纪70年代瑶山的小学适龄儿童入学率表面上是1/2左右，甚至达到2/3，但实际入学的学生数仍然只保持在50年代水平①。根据调查，得知此期间瑶山小学辍学率为40%左右。

1982年即使实行了"三包"，瑶山的小学适龄儿童入学率也只占到学龄儿童总数的42.6%，辍学率为30%左右②。而由国家统计局《关于1982年国民经济和社会发展的统计公报》得知1982年全国小学学龄儿童入学率为93.2%、辍学率为6%，由贵州统计年鉴得知1982年贵州省学龄儿童入学率为78.3%、辍学率为10%左右。

在1982年以前，只有十几名白裤瑶学生升入初中读书，绝大多数白裤瑶学生没有读完小学或只读完小学就不再读书了，而真正能升入初中的只有几个，自1953年开始的几十年里培养的学生绝大多数是初小以下文化水平③。在20世纪80年代以前，基本上没有白裤瑶学生升入高中读书。由于在1991年瑶山乡撤并以前，白裤瑶占瑶山乡人口的96%以上，所以瑶山白裤瑶的中小学入学率、辍学率与整个乡的情况基本吻合，根据调查得知的情况也基本如此。

（2）白裤瑶"逃避"学校和老师，学校在瑶山长期"孤立"存在。

另外，笔者通过调查得知，瑶山建立学校以后，很长时期里白裤瑶与当地学校的交流都很少，学校虽然就建在村庄边，但是白裤瑶很少甚至不敢走进学校、不敢与老师交往，也根本不关心学校和老师的问题。就像瑶山小学谢老师说的："当时大家都对学校感到陌生，害怕学校，害怕见到学校里的老师，生怕老师喊自己的孩子去学校读书，甚至一见到老师或乡政府派出动员群众上学的工作人员大家就会躲起来"。瑶山小学何老师说："在很长一段时间里，学校就像一座孤岛，除了白天上学期间可以看见有老师和学生外，放学以后学校里根本见不到一个人，村民对学校都敬而远之，学校与村庄就像两个陌生的世界一样。"因此，不仅白裤瑶学生"逃学"、辍学，而且白裤瑶家长在这一阶段"逃避"学校和老师的问题也很突出，学校在瑶山长期"孤立"存在。

2. 20世纪90年代中后期以来白裤瑶的"向学"意识突出

20世纪80年代中期后，白裤瑶入学率有所提高，"逃学"问题不再突出，但是辍学率仍然远高于全国平均水平，白裤瑶对学校教育处于反思和"徘徊"之中。例如，根据荔波县教育局、民宗局提供的资料得知，1990年瑶山小学（含英盘、拉朝、懂蒙、懂瓜4个教学点）适龄儿童入学率90.6%，巩固率86.8%，毕业率88.8%，辍学率在6%左右。1991年，瑶山的小学适龄儿童入

---

① 贵州省民族研究所：《月亮山地区民族调查》，贵阳印制公司一厂1983年，第152页。
② 同上，第115页。
③ 同上，第154页。

学率为93%，辍学率为5.2%。而1991年全国小学适龄儿童入学率为97.9%，辍学率为2.35%[①]。1993年荔波县普教通过验收时，瑶山适龄儿童733人，应入学712人，已入学683人，入学率为95.93%，巩固率为94.6%，毕业率为92.31%[②]。总体上看，20世纪80年代中期到90年代中期，白裤瑶在学校教育方面处于反思和"徘徊"阶段，由于行文需要，就此不作进一步探讨。但是，经过约10年的"徘徊"和调整后，自20世纪90年代中后期以来，白裤瑶的"向学"意识日益增强，表现在：

（1）白裤瑶的入学积极性高。

自20世纪90年代中后期以来，白裤瑶的入学积极性明显提高，小学、初中入学率逐年提高、辍学率逐年降低，白裤瑶对学校教育越来越重视。2001年，瑶山的小学入学率达99.26%，辍学率从1999年逐年降低为：1.76%→0.22%→0.11%；中学辍学率逐年降低为：6.94%→6.52%→3.58%。2002年小学入学率达98.98%，初中入学率达90.93%[③]。2001年年底，瑶山"两基"工作通过贵州省人民政府验收，这是瑶山民族教育实现历史性跨越的主要标志。从荔波县瑶山乡政府各学年度年初教育综合报表得知，2002年小学入学率达98.98%，初中入学率达90.93%；2004年小学适龄儿童入学率达99.04%、辍学率控制在0.84%以下，初中入学率达92.25%、辍学率控制在4.8%以下。2008年，瑶山"两基"各项指标达到国家验收要求。2009年，瑶山小学入学率达到99.63%，辍学率为0；初中入学率达到95%，辍学率为2.88%[④]。

1997年，白裤瑶学生谢文丽从初中直接考取黔南民族师专外语系五年制大专，从而成为瑶山有史以来的第一个大学生。2005年白裤瑶学生王陆保成为瑶山有史以来的第一个本科生，2007年白裤瑶女孩谢高丽成为瑶山有史以来的第一个女本科生、第一个考上一本线的学生。目前，白裤瑶已经有3名本科生和5名专科生以及8名中专生。

此外，接受调查的30名家长中，100%的家长认为上学对孩子成长的影响是"决定性的"，100%的家长"会一直支持孩子读书"，90%的家长希望孩子达到的文化程度是"本科"、10%的家长希望孩子达到的文化程度是"研究生"。从上述情况可以得知，白裤瑶近年来的入学积极性和"向学"意识较强。

（2）学校成为白裤瑶关注的中心之一。

[①] 国家统计局：《关于1991年国民经济和社会发展的统计公报》，中国经济网 http://database.ce.cn/.

[②] 黄海：《瑶山研究》，贵州人民出版社1997年版，第249页。

[③] 李霞：《瑶山民族教育现状与发展浅析》，载《贵州民族学院学报（哲学社会科学版）》2005年第4期，第31~34页。

[④] 瑶山瑶族乡人民政府：《荔波县瑶山瑶族乡实施"两基"工作情况汇报》，2009年。

首先，表现在家长主动与学校、老师联系。在采访中，瑶山小学的谢老师说："现在的家长很关心孩子的学习情况，家长会主动将不想上学的孩子送到学校来，遇到认识的老师他们会主动问自己孩子的学习怎么样，有时学校召开家长会，家长一般情况下都会来参加，这种情况在以前是根本不可能的"。"老师家有什么红白事情（指喜事和丧事）的很多家长都会主动的去帮忙，家长如果知道老师生病了有的会来关心看望一下，我觉得现在瑶山形成了尊师重教的良好风气。"在笔者以"您愿意就孩子的教育问题主动与老师沟通吗？"为题对30名家长的调查中，28名家长选择"愿意"、2名家长选择了"看情况"；在"您希望老师多进行一些家访吗？"调查中，30名家长均选择了"希望多点"。

其次，白裤瑶主动关心并参与学校的建设发展。瑶山小学的谢老师说："在民族文化进校园中，瑶山小学请来白裤瑶打陀螺高手给学生进行演示教学，还请白裤瑶妇女为学生学习刺绣进行演示教学等，受到学校邀请的白裤瑶会很乐意的将自己知道的东西教给孩子们"。瑶山乡某干部在接受采访时说："在最近几个月中，瑶山民族小学新校园的建设成为白裤瑶议论的热点，他们都认为新校园建成后对于瑶山的教育发展非常有利。在新校园征地过程中几乎没有遇到谁反对的，村民都能够理解和支持。在新校园建设中，有几十名白裤瑶劳动力参与了建筑工作。也有一些村民参加了校园的搬迁过程。"

最后，学校成为村民学习交流的重要场所。瑶山小学近年来承担了全乡大部分的扫盲任务，由老师兼抓扫盲工作，采取日办学校、夜办农校，已经扫除了488名青壮年文盲。在扫盲教育中，瑶山小学因地制宜开展农技培训，组织脱盲学员学习甘蔗种植、水稻病虫害防治、脱毒马铃薯栽培，种桑养蚕等实用技术培训，学员们学习积极性很高，遇到疑问还会主动问老师。因此，瑶山小学不仅成为适龄儿童的学习场所，也已经成为白裤瑶村民的学习场所。瑶山民族小学旧校园与拉片村连成一片，学校没有围墙，近年来在学校放假或放学以后，白裤瑶的老人、青壮年、妇女、小孩子会很自然三五成群地到学校的操场上聊天、刺绣、打陀螺、休息、戏耍等。瑶山小学何老师说："学校成了白裤瑶生活娱乐和交流的重要场所，在学校放假、放学期间，遇到白裤瑶的重要节日或活动，他们就会在学校的操场上搞活动，附近的村民都会参加进来，非常热闹。学校虽然没有围墙，村民们在学校操场上搞活动或玩耍，但是从来没有发生破坏和盗窃学校财产的事情。"

（二）瑶山白裤瑶从"逃学"到"向学"转变的原因分析

1. 20世纪50~80年代中期白裤瑶"逃学"的主要原因

（1）生计类型的影响。

维克多·巴努将人类的经济活动划分为：采集—狩猎经济、斯威顿耕作经济、畜牧经济、农业经济、工业经济五大类型。其中的斯威顿耕作经济有的学者也冠之以刀耕火种、游耕、锄耕农业等名称。白裤瑶由采集—狩猎经济进入维克多·巴努所说的斯威顿耕作经济类型时间不长。"根据《黔南识略》的记载推测，白裤瑶由狩猎转向农耕的时间大约在清代前期或中期，但是，一直到解放前夕，他们仍然停留在刀耕火种农业兼营狩猎的落后阶段。"① "解放前的瑶山，祖祖辈辈，世世代代没有一个懂汉文识汉字的人，长期沿用发竹签、数铜钱记数，烙竹筒、刀刻木等原始记事手段② 。新中国成立后，瑶山的社会发生了很大变化，白裤瑶人民逐渐迁徙下山，并基本告别了叉叉房、刀耕火种和游耕方式，均定居下来并有了固定的木质或砖瓦房。但是，1983 年还有报告指出："由于这个民族进入农耕的时间不长，在经营上还不能得心应手。"③ 白裤瑶生活中仍然残留有狩猎—采集经济、粗放型刀耕火种和游耕经济类型的痕迹，例如，白裤瑶还保留着特殊化的狩猎工具猎枪、猎犬、鸟笼、鸟套、鹌鹑网、老鼠竹夹、弩、粘膏等，尤其白裤瑶还几乎家家养鸟、人人都会用竹夹捕鼠等。综合分析，白裤瑶的生计类型在 20 世纪 50 年代到 80 年代中期还处于游耕向定居农耕的过渡阶段。

生计类型在一定程度上决定了生产生活方式，刀耕火种农业兼狩猎的游耕方式使白裤瑶经常居无定所，由于自然条件恶劣，耕地面积少，耕作半径大，这样的生产条件，无疑需要投入大量劳动力，需要多数家庭成员的参与。为了解决生活上的温饱问题，很多家庭无法送孩子上学，即使上学的学生到农忙时也得回家帮忙干活。因此，白裤瑶的生计类型与学校教育要求安排大量的时间专门用于学习是矛盾的，在特有的生产方式及生活习俗的影响下，白裤瑶家长及学生"逃避"学校教育就成为必然的选择。

（2）传统文化习俗的影响。

白裤瑶早婚传统的影响。在我国，一般 7～12 岁进小学、13～17 岁进中学。但是，白裤瑶有早恋、早婚的习惯，白裤瑶男子到 10 岁左右就开始结识女朋友，女子到 10 岁左右就开始学习蜡染、刺绣为自己的婚事作准备。"拉片大队在 1981～1983 年结婚的 14 对夫妇中，男子初婚年龄最大者为 22 岁，最小的为 16 岁；女子初婚年龄最大者为 20 岁，最小为 15 岁。"④ 尽早成家结婚生子是白裤瑶的传统观念，而且白裤瑶青少年谈恋爱是被认可的、正常的，在这种习俗的影响下，学生到了十四五岁对学习就不专心了，害怕延误婚期给今后的婚姻带来困

---

① 贵州省民族研究所：《月亮山地区民族调查》，贵阳印刷公司一厂 1983 年，第 11 页。
② 黄海：《瑶山研究》，贵州人民出版社 1997 年版，第 247 页。
③ 同上，第 14 页。
④ 同上，第 116 页。

难，所以青少年上学的少，即使上学后一些学生也选择了辍学回家结婚。

白裤瑶传统知识观的影响。落后的生产方式和经济基础决定了白裤瑶从小就要学习基本的生产生活技能，男的要学会砍柴、放牛，学会农业、手工业和狩猎的本领；女的要学会纺织、蜡染、刺绣等本领。如瑶山小学谢老师说："20世纪80年代中期以前，白裤瑶普遍认为人没有文化可以，但男子不会打猎、不会种庄稼，女子不会绣花、不会蜡染就不行。"村民何某说："以前，我们白裤瑶生活很困难，很多人家饭都没有吃的，更不要说送孩子读书了，而且当时大家都认为送孩子上学读书没有什么用，读书又不能当饭吃，人们常说'不怕没文化，就怕手脚差'，只懂得读书而不会打猎的可能连老婆都找不到……"瑶山小学谢老师说："当时，白裤瑶对读书根本不感兴趣，主要是以前我们白裤瑶祖祖辈辈都在山上生活，没有读过书，大多认为在瑶山再读书也没有用，还不如在家帮着干活，孩子们也不想读书成天只想着去掏鸟窝，所以真正想读书的少得很……"因此，很长一段时期里白裤瑶盛行读书无用论，"逃学"在当时的环境下显得很"正常"。

白裤瑶长期与外界交流很少，缺乏对学校教育的理性认识。在新中国成立前白裤瑶面临的生存压力大、生存空间有限，使白裤瑶长期不愿意与其他民族、其他文化交流而处于闭塞状态，白裤瑶又不与其他民族通婚甚至不与瑶族中的其他支系（如青瑶、长衫瑶）通婚，使得传统的东西根深蒂固。因此，白裤瑶传统文化的内向性强而外抗性大，容易趋于保守。学校教育作为一种外来的文化，白裤瑶自然有一种怀疑、回避和外抗的认识过程。

（3）长期贫困的影响。

瑶山是"九山一土无水"，人均耕地0.53亩。"从1958年公社化到目前，整个社会经济结构没有根本的变化，粮食从来不能糊口，年年国家救济，一般年景达8万斤。吃饭问题长期不能解决，集体和个人手里没钱，多种经营也发展不起来，解放后三十年，人口增加三倍，粮食增长一倍。"① 1980年，新华社记者杨锡玲偶然来到当时几乎与世隔绝的瑶山，写了题为《贵州省瑶山见闻》的文章，内容有："新中国成立30多年来，瑶山人民至今过着贫穷落后的生活。看到许多光脚赤身挺着大肚子的孩子。妇女光着脚丫，衣着褴褛，几乎不能遮羞。由于粮食不足，不少人长期吃着芭蕉芋叶。家家的房子都是又烂又破。耕作方法至今还是刀耕火种，靠山吃饭，粮食产量很低。87%的人是文盲，95%的妇女不会讲汉话……"这一《见闻》虽然只发表在新华通讯社的《内部参考》上，但仍受到了中国政府最高层领导的重视，中央立即指示要派大员下去用心研究，

---

① 贵州省民族研究所：《月亮山地区民族调查》，贵阳印制公司一厂1983年，第89页。

切实帮助那里的人民尽早脱贫。时任贵州省委书记胡锦涛亲自到瑶山调研,对瑶山的扶贫工作作了具体安排,从而拉开了瑶山扶贫工作的序幕。这之后,瑶山不仅获得了国家大量的物质援助,而且被广为宣传,从此作为"贫困"典型而名扬天下。但是,"多年后,中国农村发展问题研究组的几位同志再次走访瑶山时,竟然得出了'扶不起的瑶山'这样一句令人伤心的结论。因为,巨大的资金投入和政策优惠,并没有丝毫改变瑶山的贫困面貌。"[①] 由于很长一段时期外界对瑶山实行的是"输血式"而不是"造血式"扶贫,这种扶贫虽然在一定程度上解决了白裤瑶短期的生活困难,但是并没有从根本上使白裤瑶脱贫。虽然政府也曾经对白裤瑶学生实行了如"三包"的特殊政策,但是瑶山整体的深度贫困使白裤瑶家庭长期忙于生计,"逃学"在所难免。

2. 20世纪90年代中后期以来白裤瑶"向学"的主要原因

(1) 政策的影响。

在20世纪六七十年代政府实行"不上学不给口粮"的强硬政策,白裤瑶"逃学"问题依然突出,即使80年代初期实行"三包"优惠政策也没有什么明显效果,一个重要原因是"大跃进"和"文化大革命"等政治因素的影响或遗留影响。1982年12月五届全国人民代表大会第五次会议通过的《中华人民共和国宪法》第十九条明确规定:"国家举办各种学校,普及初等义务教育。"为贯彻宪法精神,1985年5月,中央《关于教育体制改革的决定》明确指出,义务教育是适龄儿童和青少年都必须接受,国家、社会、家庭必须予以保证的国民教育。1986年实施《中华人民共和国义务教育法》,规定:"国家、社会、学校和家庭依法保障适龄儿童、少年接受义务教育的权利。""国家对接受义务教育的学生免收学费。"《义务教育法》的出台,标志着我国的义务教育开始走上有法可依的道路。2006年新义务教育法的颁布实施是中国教育史上具有里程碑意义的一件大事,它宣告了义务教育全免费时代的到来,明确规定:"实施义务教育,不收学费、杂费。"与其他地区一样,义务教育法在瑶山得以全面实施。近年来,在瑶山地区得以实施的重要教育政策还有国家贫困地区义务教育工程、国家西部地区"两基"攻坚计划、农村寄宿制学校建设工程、农村中小学现代远程教育工程、教育信息化工程、中小学危房改造工程,等等。这些教育法制或政策的实施,对于强化人们的学校教育意识和推进学校教育的普及化有不可估量的影响。瑶山地区的学校教育也受益于这些教育法制和政策的实施而获得了长足的发展,白裤瑶对于学校教育重要性的认识也随着这些政策在瑶山的实施而逐步转

[①] 赵德肃:《论贵州的发展贫困问题及其教育对策——"瑶山现象"引发的再思考》,载《贵州财经学院学报》1998年第6期,第34~37页。

变,最终白裤瑶的学校教育行为、选择和价值取向发生了转变。如瑶山小学谢老师说:"我认为瑶山教育取得长足发展和白裤瑶对学校教育的认识转变,其中一个很重要的原因是国家教育政策得以系统的和长期的实施。刚开始实施义务教育法的前几年,白裤瑶回避学校教育的问题也很突出,但是多年之后,义务教育法慢慢深入人心,人们逐渐认可和重视学校教育了。"

(2)价值观念变化的结果。

新中国成立前夕,瑶山白裤瑶仍保留着较完整的氏族社会形态,白裤瑶不与其他民族通婚、不与瑶族中的其他支系通婚、不与同宗共祖的人通婚、不与姨表姊妹通婚,姑舅表婚是白裤瑶婚姻的主要形式,婚姻基本限制在瑶山公社范围内的9个姓氏。白裤瑶家庭形态中更多的是类似"联合家庭"的大家庭,如"油锅组织"① 的存在。新中国成立后,自由恋爱逐步成为白裤瑶婚姻的主要形式,虽然仍然坚持"四不通婚"原则,但是近年来已经有白裤瑶同布依族、苗族通婚的几个例子。通婚范围的扩大加强了白裤瑶与其他民族的交往、加强了白裤瑶文化与他文化的交流。白裤瑶逐步形成了以核心家庭为主、主干家庭和联合家庭为辅的家庭形态。其结果是引发白裤瑶的婚姻观、家庭观等观念的变化,从而对白裤瑶的教育价值观念产生影响。根据笔者调查和瑶山乡政府的统计得知,20世纪90年代初白裤瑶还很少有人外出打工,而近年来外出打工的白裤瑶越来越多,2009年有20%多的白裤瑶外出打工,有80%多的白裤瑶曾经到过瑶山之外的其他地区,接受调查的30名村民中90%的认为到瑶山外面去"扩大了视野、增加了知识和见闻"。社会变迁和文化的交融促进白裤瑶的教育价值观念发生了很大变化,如村民何某所说:"与以前普遍认为读书无用不同了,现在大家都希望自己的孩子能多学点知识,所以都会主动送小孩去学校读书,就是为了让孩子今后能够走出瑶山到外头去工作。"

(3)榜样的激励作用。

谢家成是第一个通过知识改变自己生活的白裤瑶,这位瑶山屈指可数的首批中专生,在毕业后毅然回到自己的家乡,一面在瑶山小学将所学知识传授给学生,一面刻苦钻研适宜于家乡生态环境的致富门路。多年的钻研终于使他找到了一条符合当地自然条件的独特香菇培植新技术。很快便成为瑶山第一个"万元户"。在他指导下,不少白裤瑶乡亲也摆脱了贫困。富裕起来的谢家成一家不仅住进了小洋房,2007年年初他还买了一辆小轿车。此外,王陆保2005年成为第一个考上本科的白裤瑶大学生,在瑶山引起轰动,乡政府干部谢某说:"在当时,这是我们白裤

---

① "油锅"意为"同在一口锅里吃饭的人",这是一种以白裤瑶家族为单位建立的一种特殊社会组织。最初的"油锅",即共同劳动、共同消费。后来,由于内部的发展,又分成许多小"油锅"。同一"油锅"的人,都是爷崽、兄弟,因此相互间都有帮助的义务,特别是婚丧大事,必须"油锅"成员大家商量,人人到场。

瑶的一个重大喜讯,成为整个乡的重大新闻为大家谈论,因为王陆保家里太穷,乡政府还给了他2 000元的奖励,村民们也纷纷捐钱送他上学。"近年来,瑶山白裤瑶考上了8名大学生,乡干部谢某说:"自从考上这些大学生后,对我们瑶山人有很大的鼓励和榜样作用,让大家都觉得我们白裤瑶只要肯努力学习也还是很行的,现在多数家长和学生对教育都充满期待,村民们越来越重视教育,乡政府也采取了多方面的措施加强教育的发展,在瑶山形成了很好的教育氛围。"

(三)"瑶山白裤瑶现象"的启示

白裤瑶从"逃学"到"向学"的转变过程,一定程度上反映了瑶山社会变迁与学校教育变迁之间的互动关系。几十年来,瑶山社会发生了巨大变化,瑶山的学校教育也发生了翻天覆地的变化。在没有现代学校以前,白裤瑶的家庭承担了主要的教育任务,那时的教育是一种自在的教育,这种教育是在日常生产生活中进行的。即使在新中国成立后的很长一段时间里,学校教育对于白裤瑶来说也是一种新鲜事物、是一种外来文化,人们对新事物的认识和接受本身需要一个过程,所以白裤瑶家庭在相当长的时期里仍然承担了主要的教育任务,学校教育在很长一段时期里没有对白裤瑶的生活产生大的影响。随着社会的变迁,白裤瑶的原有家庭结构逐步解体,家庭的生产功能、教育功能等产生变化,部分功能被学校和社会分担,学校成为孩子学习现代科技知识和接受教育的主要场所。因此,白裤瑶从"逃学"到"向学"的转变过程,与瑶山原有社会结构解体并逐步现代化的过程是基本一致的。教育是社会的重要组成部分,教育系统是社会的一个子系统,瑶山白裤瑶个案印证了社会变迁是教育变迁的动力,教育变迁又推动社会变迁的深入这一联动关系原理。

白裤瑶从"逃学"到"向学"的转变过程,也是白裤瑶的教育价值观的变迁过程。无论是白裤瑶"逃学"还是"向学",也无论是白裤瑶怎样看待和处理村庄与学校的关系,其实都隐含了白裤瑶对生活幸福及学校教育的理解和追求,隐含了白裤瑶对学校教育在他们的生活与生存中所呈现意义的理解、定位和追求。所以,自20世纪50年代以来,从"逃学"到"向学"的变化,其实是白裤瑶对学校教育的价值认识和需求发生了变化,其核心是教育价值观发生了变化。虽然白裤瑶个体"逃学"和"向学"的目的、原因及所反映的教育价值观可能有所不同,但是从白裤瑶群体和整体来看却有一定的共性。正如有学者指出:"价值观念并不是一成不变的,当社会生活发生重大转变时,价值观念也会出现相应的变化。"[1]

---

[1] 兰久富:《社会转型时期的价值观念》,北京师范大学出版社1999年版,第212页。

白裤瑶从"逃学"到"向学"的过程，也印证了民族地区的学校教育必须与民族文化双向适应的关系原理。瑶山白裤瑶的学校教育认识历程，也是白裤瑶与老师、村庄与学校之间交流关系的变化历程。学校进入瑶山后的很长一段时期里，白裤瑶对学校和老师是回避的，以学校老师及有关管理者为代表的学校文化一开始想当然地认为"自己"是先进的而白裤瑶文化是落后的，这种"教育改造"的思想并没有被白裤瑶所认可和接纳，学校对白裤瑶的单向关注使得学校在瑶山长期"孤立"存在。后来学校方面采取一些积极措施，逐步结合当地经济社会文化的实际进行了改革，如校本课程开发、民族文化进校园等，学校与村庄、老师与村民的交流逐渐增多并形成了一定的互动。事实说明，民族地区的学校教育与民族文化之间如果只是一方对另一方的单向关注和适应是无法取得明显成效的。没有学校教育的进入，白裤瑶就难以打破自己原有的封闭状态、难以融入主流文化之中；如果不与当地文化相适应，学校教育就会成为无源之水而显得"孤立"，也就无法为受教育方认可和接纳。这一经典个案，从一定程度上阐释了民族地区的学校教育与民族文化应该形成双向适应、双向滋养的关系原理。以往我们只注重学校教育与民族文化的双向适应问题，今后需要注意加强二者之间互相促进、双向滋养的关系。

瑶山是典型的中国南方喀斯特贫困地区，白裤瑶是典型的山地民族，瑶山的社会变迁和学校教育变迁在中国类似的民族地区具有一定的特殊性和典型性。中国的很多少数民族都经历了类似白裤瑶从"逃学"到"向学"的转变历程，只是表现的形式、反映的程度和时期可能不尽相同。因此，从某种意义上说，"瑶山白裤瑶现象"在中国具有一定的特殊意义、类型意义和普遍意义。这一经典个案，有助于我们重新审视瑶山地区本身的学校教育发展历史并思考如何进一步改革的问题，还对于我们深入审视中国类似民族地区学校教育发展中的成效、不足和定位问题有一定参考价值。民族教育问题是非常复杂的，中国的民族教育需要关注现实问题，但也需要从纵向角度加强对个案中蕴含的普遍性问题进行系统、深刻的总结。本书对瑶山白裤瑶个案仅仅进行了初步的探讨，今后还可以进一步挖掘其中蕴含的教育学价值。

案例三、西双版纳拉祜族基础教育中的问题研究

20世纪90年代以来，随着国家对西部少数民族地区经济发展的重视，民族教育得到了更多的扶持，例如实施了"贫困地区义务教育工程"、"对口扶贫支教工程"、"希望工程"、"东部地区学校对口支援西部贫困地区学校工程"、"春蕾计划"、"世界银行贷款项目"及其他专项基金，挽救了一批已经或即将面临

失学的少数民族儿童，使他们得到了平等的受教育机会。本研究对象西双版纳勐海县 H 村拉祜族，在校学生享受"两免一补"、"兴边富民"计划等优惠政策的补贴，小学入学率已达到 100%，初中入学率达 98% 以上。然而，笔者在 H 村的调查中了解到，国家教育扶持与入学比率的提升并不能与少数民族学生教育质量或效果直接画等号。拉祜族的学校教育仍存在很多问题。

（一）拉祜族的学校教育中存在的问题

1. 初中生隐性失辍学和旷课率高

针对这一突出问题，教师家访劝学是学校教育的一项重点工作。以 2010 年 4 月两周的初中生考勤情况为例，发现 H 村拉祜族有 48 人旷课，占其在校学生 77 人的 64.9%，傣族有 22 人旷课，占其在校学生 47 人的 46.8%、哈尼族 5 人，占其在校学生 35 人的 14.3%，其中 B 寨、N 寨旷课现象最为突出。在八年级 B 寨有在读学生 12 人，4 月 6～10 日（4 月 5 日清明节放假，10 日星期六补课）5 天中，每个人都有旷课记录，旷课 1 周的学生有 6 名，占总人数的 50%，旷课 4 天，到校 1 天的有 3 名，占 25%，旷课 3 天，到校 2 天的有 2 名学生，占 16.7%，旷课 2 天，到校 3 天的学生只有 1 名，占 8.3%。

对于学生隐性失辍学问题，当地政府部门和学校已给予高度的重视。县教育局实施了严格的"控辍保学"计划，从县到乡镇，从乡镇到学校，从学校到村寨，层层负责制，并责任到人。学校老师负责各自班上学生的到校率，有不到校者，老师家访劝其回校上学。学校"控辍保学"小组专门安排老师负责上山拉祜族家访劝学。H 村委会制定的"村规民约"明确规定：学生旷课一日罚款 20 元，并不得享受国家提供的优惠政策（补助）；未完成九年义务教育而结婚者，处罚 2 000～3 000 元。每个村民小组派两人在村里巡逻和在学校蹲点值班，防止学生逃学。在这一强有力的层层把关责任到人的政策管理下，H 小学拉祜族学生基本上没有隐性辍学现象，而中学仍有隐性辍学及旷课现象。

2. 学业成绩普遍低下

从调查中得知，撤并校以前拉祜族小学六年级的学生还没有完全学会汉话，甚至连写自己的名字、村寨地名都有困难。并校后进入 H 小学的一、二年级的学生，语文、数学成绩与同班傣族、哈尼族学生相比，普遍低 50 分左右，基本上没有达到及格的成绩，平均成绩在 30 分以下。从二年级语文单元试卷看，拉祜族学生只能做一些连线题、选择题，而拼音、组词等类型的题都不会做，作文更是空白。上了初中的拉祜族，学习成绩最好的，也只能达到小学五年级的水平。从初中 2009～2010 学年上学期语、数、外三门课程期末考试成绩来看，H 拉祜族学生语、数、外三门课程平均成绩不足 40 分，和小学情况一样，比傣族学生低近50分。八年级18名拉祜族学生中就有14人的语文、数学总成绩在20分以下，个别学生单科成绩为0分。在初中调查的8份有效问卷中，100%的老师认为拉祜族学生与本校傣族、哈尼族等族学生学习能力相较偏弱，且不擅长于学习语文、数学、外语等主要科目。87.5%的老师认为拉祜族学习与同班其他民族学生成绩的差距保持在20~40分，12.5%的老师认为差距在41~60分。

3. 学历极为偏低

全村接受高中以上学校教育是空白。在"普九"推行以前，H拉祜族一年最多有一二个学生能升入初中，"普九"以来全部升入中学，截至2010年，已有三届初中毕业生。2009年，接受高一年级以上学校教育人数为25人，主要是傣族和哈尼族，拉祜族至今没有一个学生进入高中阶段学习。虽然中专学校招生有免试入学、免学杂费和国家每年千元的生活费补贴等优惠条件，每年都有很多学校来当地宣传和招生，但是，初中毕业分流下来的学生，对技术类学校不感兴趣，响应者却寥寥无几。H村拉祜族不仅没有初中生进入职业教育学校学习，外出打工人数也为0。

在对拉祜族初中生发放的26份有效问卷中，初中毕业后选择回家种田的有7人、外出打工的有5人、经商的有1人、上高中的有13人；父母期待孩子接受学校教育达到小学毕业的有1人、初中毕业的有8人、高中毕业的有10人，大学毕业的有7人。而同比，26份傣族有效问卷中，初中毕业选择回家种田为0、外出打工的有5人、经商为0、上高中的有21人；父母期待孩子接受学校教育达到高中水平的有16人、初中的有8人、大学的有2人。21份哈尼族有效问卷中，初中毕业选择回家种田的有3人、外出打工的有3人、经商为0、上高中的有15人；父母期待孩子接受学校教育达到高中水平的有10人、初中的有2人、大学的有9人。很明显，根据以上数字可以看出家长对子女的教育期待与学生在九年义务教育之后学习意愿之比率：拉祜族学生父母对子女教育期待偏低，拉祜族学生九年义务教育结束后愿意升入高中的比率也低于同校的傣族和哈尼族。

（二）原因分析

虽然与新中国成立前相比，拉祜族社会已经发生了很大变化，但是那些与一个民族基本的价值观、生活态度以及宗教信仰、传说神话等有关的文化因素是最不易于变迁的，而与其文化因素差异较大的外来文化也最不容易被接受。H村拉祜族在语言、宗教信仰、节庆、婚丧、生活习俗等许多物质、精神文化方面仍保留了较多的传统文化。

在H村，孩子们自小耳濡目染于村寨和家庭的信仰崇拜、婚丧礼仪、村规古俗之中，自六七岁开始从父母那里学会种田、采茶、砍柴、烧火做饭和唱歌、跳舞等生存、生活和娱乐的技能。在成长的过程中，儿童把双亲看作典范人物并加以模仿，尽可能做到其社会所希望和鼓励的样子。H拉祜族长期生活在封闭的环境中，与外界基本不通婚，子女接受完学校义务教育仍然回到村子里生活，并用父母教给他们的那些生存知识和生活方式去教育和影响自己的子女，延续着其文化的传递。这些文化传统经过从孩提以至成人的一段长时期的社会化过程，已经内化成为村寨成员每个人思想的一部分，其行为也符合于其社会所认可的模式。H村三四十岁的父母基本上都是小学文化水平，主要靠采茶、制茶、种稻养活一家人。采茶时节，初中生经常在周末、甚至周三到周五不到校，留在山上帮父母摘茶。到学校接受学校教育对他们个人来说意味着要改变其行为模式，而这种改变就要包括两个步骤，即消除过去所学东西和重新学习新知识。无论是早期社会化过程的学习还是学校课堂中的学习，对于儿童而言都是深刻而艰巨的，要抛弃旧知识而重新学习则是成倍的艰难。而重要的是，新的知识远离他们的生活，对他们而言没有任何学习的动力和积极性。已有的初中毕业生都是回到家里重复着父母做的事情：卖茶得钱，种稻吃饭，娶妻生子。采茶、种稻之类简单的山地农业生产模式并不需要多少文化知识，在他们看来，读不读书与他们的生活没有太大的关系，形成了对教育的低需求。在家访中获悉绝大多数村民认为，不上学连汉话也不会说，上完初中就能说汉话，能与外面的人交流，能够讲汉话成为上学的主要目的。

面对现代工业化社会及其现代教育，他们与很多传统文化保留较多的民族一样。正如米德在新几内亚土著萨摩亚人社会所发现的情况——既不会像现代社会的孩子那样在上学时就考虑今后应从事何种职业，或被大人逼着将自己的学习与今后的工作联系起来，既不提倡竞争和冲突，也不会为前途的选择所困扰，祖祖辈辈都遵循着同一种简单的生活方式。对他们而言，生活的意义是既定的，不如意时，也不会像城市生活的人们那样经常对人生发出痛苦的质疑。换言之，拉祜族长期处于封闭环境并浸于其文化传统之中，在现代化信息传入村寨不久，村民们还没有学会如何去适应主流社会，村寨仍是他们未来生活的首选之地，因此，相当一部分拉祜族生活的理想仍是按照父母生活的模式，满足于种稻有粮吃、采茶有钱花的田园式生活。从这个意义上讲，认为读不读书与生活没有多大关系，与家庭收入或经济效益没有直接联系，不必像城里人那样把学校教育与今后的工作联系起来，对他们来说，学校教育的目的只是为了孩子学习汉语或会说汉话，等等，诸如此类的观念与现代学校教育的目标存在着巨大的差距。

在H村这一案例中，我们以为国家实施免费义务教育，改善了学校的设施条件，少数民族家庭教育经费负担得到减轻，就必然会提高他们读书的积极性，其教育也就会得到发展。但是，事实并非如此，这在表面上似乎让人难于理解。

这确与 H 村拉祜族刚刚接触现代社会，人们思想与行为还受到文化传统的制约有极大关系。在文化变迁过程中，人们习惯以西方观点或主流社会观点来判断处于偏远地区发展滞后的少数民族行为，结果产生很大的偏差。

这个案例进一步说明，对于初涉现代社会的民族而言，其民族固有的生活态度、价值判断等非物质因素在经济发展和文化变迁中仍占有重要地位，在一定时期在更大程度上影响着他们教育的发展。因此，要在教育方面有所改善，我们必须了解这种作为一个民族生活和行为出发点的意识形态领域的观念、道德、信仰、习俗、惯例等文化传统，才能适度合理地制订一些可行性计划，否则所有的计划将不切实际或归于失败。

（三）启示

该案例给我们的启示是：一方面是评价民族地区教育发展的标准与非民族地区应区别开来，不仅仅把入学率、扫盲率等指标作为评价标准，还应当增加学生考试成绩、辍学率（包括隐性辍学率、旷课率）、义务教育结束时的升学率、母语为非汉语的少数民族比率等几个指标来评价，也以此作为是否是我国民族教育优先发展政策扶持对象的评估标准。另一方面，要促进民族地区教育优先发展，核心问题是要关注民族文化的特殊性，让教育与民族文化、生存环境相适应，这个问题解决好了，少数民族教育质量才有可能得到提升。

第二节　西藏双语教育模式及策略研究

教育优先发展战略的提出为西藏教育的发展提供了良好的机遇。自和平解放以来，西藏教育得到了快速发展，为西藏社会的发展做出了巨大贡献。但从横向上看，西藏教育与全国平均水平相比还有较大差距。西藏教育发展面临的主要制约因素是：语言问题、师资问题、分散办学问题等。而师资问题的一部分又包含在语言问题之中，即双语师资。教育的基础是语言。语言影响着教育的存在与发展。教育活动对于语言的发展起着重要的决定性作用。双语性是民族教育的特色，它丰富了民族教育的基本内涵。培养少数民族语言文字人才和民汉兼通的双语人才，要靠民族教育来实施。通过双语或多语教育来提高少数民族的整体文化素质，让少数民族从社会进步中获得相应的好处的同时又不至于丢失自己的优秀传统文化，这是我们实行双语教育的终极目的。因此，研究西藏教育中的"双语"问题，是解决西藏教育发展的必要步骤。

多年来，西藏中小学所实施的双语教育模式取得了良好的效果，其经验值得研究，但在实施策略上还存在诸多问题，尤其是在教育优先发展为双语教育提供了良好发展机遇的境遇下，如何从实际出发确定适宜的教育模式，更好地把掌握两种语言与文化适应问题结合起来，为学生的成才打下一个良好的语言发展基础，还需深入探究。本书通过对部分西藏中小学教师的访谈，对西藏双语教育所采取的模式加以考量，并提出相关策略。

一、西藏双语教育的语言背景

（一）家庭环境

儿童最初的语言活动是从与家庭成员的交往中开始的，家庭就是他们的一种社会环境。在西藏，儿童语言获得的家庭环境有着较大的差异。首先，城乡差别较大，城镇父母有知识、有工作的家庭一般都说两种语言，虽然是以藏语为主，但也会让子女通过看电视、去公共场所、上幼儿园等途径较早地接触汉语，可以说他们具有双语水平，但仍以藏语作为主导语言；而农牧民家庭则基本上是说藏语，孩子们也会通过广播电视等了解一些汉语，但汉语水平非常低。大部分藏族学生的家庭缺少科学教育，尤其是农牧区家庭，缺乏科学教育的基本条件，相应的科学词汇非常有限。其次，东西部也有较大差异。最后，由于在西藏盛行的藏传佛教基本上停留在中世纪前后的水平，不少人的传统观念中，工匠等手工技术行业不受重视，重文轻理思想严重。生产方式单一，农牧区的家长认为干农活和放牧根本不需要文化知识，对孩子的学习根本不重视，宁愿把更多的钱捐给寺庙或把子女送进寺庙当喇嘛，而不愿捐献给学校。许多农牧民把大量的时间和财物用于宗教活动，对子女的影响非常大。

（二）聚居环境

西藏地域辽阔，群山逶迤，湖泊交错，空气稀薄，部分地区生存环境异常恶劣，造成了人口居住相对分散、交通不便、信息闭塞等特殊的自然环境。物种的生存与繁衍都面临强烈的威胁与挑战。在这种特殊的地理环境和气候条件下，生产方式相对落后，发展现代经济所需的成本很大，导致西藏经济落后，贫困县、贫困乡居多。由于道路阻隔，牧民放牧迁徙行踪不定，各种现代文明的可达性差。许多居住偏僻的乡村电力无法保证，电视都看不上，更无法保证网络畅通。"读书无用论"的意识根深蒂固，人们缺乏对较高层次知识技术体系文化的需求。许多乡村教师到拉萨参加培训学习,仅仅在路上就要花半月之久的时间。这种落后的社会发展环境使西藏的学校教育困难重重。

在西藏,仅有一个城市和一个县级市,其余五个地区所在地均为县或城镇。目前的状况是城市或地区所在地以杂居为主,社会的流行语是汉语、藏语同时流行;县镇的杂居程度较低,汉族比例较小,藏语作为主要的流行语;乡村基本上是单一民族的聚居区,绝大多数人讲藏语,社会交往以藏语为主,在极少数情况下用到汉语。

(三) 政策环境

西藏是一个以藏族为主体的少数民族自治区,藏语文是占西藏 95% 以上人口的藏族和其他少数民族的主要语言交际工具和信息载体。但作为中华民族中的一员,从清代末年起,藏族就看到了汉语对西藏发展的作用,一些商人和官员都能够兼通汉语。但由于学校教育非常缺乏,掌握汉语的人还是十分有限。新中国成立以后,藏族对汉语的学习要求越来越迫切。无论是城市还是农牧区,广大群众都认识到在现代社会,学习汉语无论对整个民族的发展还是对个体的发展来讲,都是必不可少的重要条件。西藏自治区根据《中华人民共和国宪法》和《中华人民共和国民族区域自治法》,加强了学习和使用汉语文的立法工作。1987 年和 1988 年先后颁布实施了《西藏自治区学习、使用和发展汉语文的若干规定》(实行)、《西藏自治区学习、使用和发展汉语文的若干规定的实施细则》(实行);2002 年 5 月,自治区人大五次会议修正颁布了《西藏自治区学习、使用和发展汉语文的规定》。为了使贯彻落实民族语文政策在组织上得到保障,1988 年,西藏自治区正式成立了藏语文工作指导委员会及其常设机构——自治区藏语文工作指导委员会办公室,自治区党委、政府的历届主要领导都兼任自治区藏语文指导委员会的领导职务。全区各地市都建立了藏语文工作指导委员会及其专职的办事机构。由此,藏语文在各个领域和行业得到广泛应用。主要表现在:(1)各级行政行文中做到藏、汉文并重;(2)藏语文在报纸、杂志、电视、广播等新闻媒体中广泛应用;(3)在科技和司法活动中重视使用藏语文;(4)编译出版部门编辑、翻译和出版了藏文书籍、报刊和其他出版物;(5)藏文文献信息资源得到有效开发;(6)藏语文规范化、标准化及信息处理取得了重大进展[①]。

(四) 双语态度

双语态度是我们在研究双语教育时必须关注的基础性问题,它涉及双语者的

---

① 次仁玉珍:《构建多与和谐的社会语言生活》,民族出版社 2009 年版,第 99 页。

心理结构内部,在复杂的文化群体关系之间个体对文化和母语的认同,以及对其他群体语言的选择与评价模式[①]。通过访谈调查我们了解到,绝大多数民众对实行双语教育持肯定态度,认识到掌握汉语对于个人选择职业及未来发展的重要性。但另一方面,他们也对过早实行双语教育持矛盾心理。例如,某地区从2001年开始实行沉浸式的双语教育模式,学生的汉语水平提高得很快,教育质量也得到很大幅度的提高。但是,在自治区组织的统考中,该地区中小学的藏文成绩排在最后,这就导致了两个方面的担心出现:一是考入内地西藏班对学生的藏文成绩有一定的要求,由于学生的藏文成绩不够高而影响到该地区考入内地西藏班学生的录取人数;二是考试成绩的下降意味着学生藏文水平降低,从而使民族传统文化的传承受到一定程度的影响。

通过访谈了解到,双语态度与家庭背景、社区环境有着密切的联系。在城镇学生学习汉语的热情很高,很多场合都喜欢用汉语交流。而处在农牧区的学生,在课堂上或者与汉族老师及学生交流时用汉语较多,但在日常交往中,尤其是和本民族老师和同学交流时则往往喜欢使用藏语。

二、西藏双语教育几种模式的分析比较

双语教育是指多民族国家或地区实行的少数民族语言和主体民族语言两种或两种以上语言的教育体制;而双语教学则是指在双语教育体制下的两种或两种以上语言的具体教学形式。双语教育包含着双语教学,双语教学是双语教育的重要途径之一。"双语教育"是在民族地区实行主体民族语言和少数民族语言的教育。"双语教学"是指在双语教育背景下用两种语言为媒介的教学形式。受西藏人口、地域等因素影响,西藏地区的双语大多是指藏语(母语)和汉语(第二语言)的混合使用。

西藏的双语教育贯穿于整个基础教育阶段,现已延伸至学前教育阶段,初步形成了包括幼儿教育、基础教育、职业教育和高等教育在内的西藏双语教育体系。1984年,中共中央召开的第二次西藏工作座谈会上形成的会议纪要中明确规定,"教学要以藏语教学为主,小学全部用藏语文,中学可以增设汉语文"。20世纪80年代后期,西藏开始实行"以藏语文为主,藏汉语文并用"的双语教育政策,在大学,除了藏语文、藏族历史、藏医药、藏族艺术等专业外,其他专业均以汉语文进行教学。

目前,西藏学校实施双语教育的指导思想是:中小学以藏语授课为主,汉语

---

① 万明钢:《文化视野中的人类行为——跨文化心理学导论》,甘肃文化出版社1996年版,第205页。

授课为辅，同时提倡各级各类学校应从实际出发，只要有利于提高教育教学质量，允许多种教学模式并存或者单独采用一种教学模式。总体上采用的是梯进式的双语教育模式，即从幼儿园阶段开始就采用两种语言进行教学，义务教育阶段逐步加大汉语授课比重，到学生进入高中后，除藏语文课程外其余课程均以汉语教学为主，学生最终成为掌握藏汉两种语言的双语人。由于各地区差异、城乡差异较大，各地区的双语教学模式由各地区自行决定。目前，在西藏自治区内同时存在着以下三种双语教学模式。

（一）保存式

在比较偏远的城镇和农牧区学校基本上都采用的是这种模式。儿童入学后以藏语教学为主，同时开设汉语文课程，交际语言也以藏语为主。随着年级的逐渐升高，部分课程用汉语辅助教学，最后发展到所有的课程都以两种语言并用的程度。在比较偏远的城镇和农牧区学校基本上都采用的是这种模式。这种模式的使用能够使学生始终在母语的环境中学习和生活，对本民族的文化认同感较强。但学生的汉语基础较差，文化课学习存在一定的障碍，与汉族交往和融入主流社会的过程比较缓慢。

（二）过渡式

在一些经济比较发达的城镇学校主要采用的是这种教学模式。儿童入学后除汉语文课外其他课程是以藏语教学为主，汉语作为辅助语言。到初中阶段，随着汉语文学习的深入和汉语的逐渐熟练，部分课程逐渐采用两种语言交替使用教学，而部分课程则完全使用汉语教学。高中阶段则所有的课程（藏语文除外）都使用汉语教学。在一些经济比较发达的城镇学校主要采用的是这种教学模式。这种模式能够促使学生在掌握两种语言的情况下，尽快往汉语过渡，学生的学习水平容易提高，文化的适应性也比较强。但对双语教师的要求也比较高，在缺乏较高水平双语教师的情况下，则影响到课程整体教学质量的提高。

（三）沉浸式

在拉萨市和各地区所在地的学校主要采取的是沉浸式双语教模式。儿童入学后除藏语文课外其他课程全部用汉语教学，在学校中的交际语言也是以汉语为主，藏语只是作为低年级学生的辅助语言，小学高年级以后学生全部使用汉语教学，同时加授藏语文课。沉浸式的双语教学形式有两种，一种是美国式的，使用主流语言取代少数民族语言；另一种是加拿大式的，旨在使学生能够在掌握两种语言的同时，继承两种语言的文化。西藏的沉浸式双语教学模式实际上是侧重于后者。在拉萨市和各地区所在地的学校主要采取的是沉浸式双语教模式。这种模式的采用能够使学生更快地接受汉语，并融入主流文化，对今后的学习能够产生很好的促进作用。尤其是进入学校教育阶段后，学生的汉语水平迅速提高，对主流文化的认知水平快速提高。但相当一部分学生对藏语文的学习缺乏兴趣，仅限于口语的掌握，久而久之，会丢失本民族文化传统。

西藏学校目前采取的双语教育模式基本上是根据学生的原有语言基础和双语教师的条件来确定的。尽管各地区要求学校为了提高教学质量尽可能地加大汉语授课的比重，但限于双语师资的欠缺和教师对本民族语言的认同，这种要求往往会停留于表面的形式之上。但总体上双语教育的效果是明显的，只要是受过初中以上教育的学生，用藏汉两种语言进行日常交流基本不成问题，而进入大学学习的学生也不存在语言障碍（虽然语言问题仍然存在），这一点是值得肯定的。但是，我们应该看到受地域环境、人口分布、教育环境等的影响，城市、经济发达的城镇和汉族人口相对较多地区的双语人口较多。但由于西藏城镇数量少（只有74个县），城市化规模小（最大城市拉萨市总人口不超过56万人），而84%以上的农牧民与汉语的接触机会有限，尚未形成规模性的双语人口，传统的语言形态没有受到较大的冲击和影响，从而导致西藏双语教育出现两个突出的问题：一是双语教育发展的严重不平衡；二是双语教育水平直接制约着教育质量的提高。

三、西藏双语教育的改进措施

在我国民族地区，双语教育的目的是使学生能够熟练掌握两种语言，在本民族文化的基础上更好地融入主流社会，而不是用第二语言取代第一语言。少数民族的儿童要成长为既保留本民族文化传统，又能够适应国家主流文化的人，就必须逐渐掌握两种语言。而少数民族的儿童能否在掌握好两种语言的同时，又能学得为未来生活准备而必须的科学知识，这是由双语教育来完成的。为此，抓好西藏双语教育是西藏地区教育质量高低和西藏地区能否实现教育优先发展的关键。鉴于西藏地区多样化、多元化的社会文化背景和语言环境，西藏双语教育应从以下几个方面做出改进。

（一）构建多样化的双语教育模式

心理学研究表明，学生认知结构中已有的知识经验是学习新知识的条件之一。特别是在文化单一而社会发育又滞后的地区，儿童生活在独特的本民族文化环境之中，儿童对第二语言的理解包括对语言背后所承载的文化内涵的感知是非常困难的，必须有一个循序渐进的过程。因此，双语教学采用何种模式，汉语学习在哪个年龄阶段开始，哪些科目宜采用汉语授课，其时间顺序如何安排，教学内容怎样选择，这些都应该建立在科学的论证或实验的基础之上。

鉴于西藏双语教育的社会文化背景和语言环境存在着较大的差异，双语教育模式必须多样化。一是从学生的不同学段看（纵向上）应该有所不同；而是从不同区域来看（横向上），也应该有不同的选择。学生在学校的学习过程既是文化适应的过程，同时，也是个体的社会化过程。这种文化适应和个体社会化的过程包含了知识、技能以及文化适应能力的提高。由此，西藏双语教育在考虑学生获得知识和技能的同时应注重学生的文化适应问题，也就是要关注和考察藏族儿童心理和行为的变化过程。在实施双语教学的过程中，不仅要培养和发展多数民族语言——汉语语言能力，还要培养和发展学生的母语——藏语语言能力。教育的目标不仅在于教育内容多元化理解、教育机会均等、消除偏见，使学生学到知识和技能，还要让学生具备保持和发展多元文化的态度。双语教育应采取更加灵活的策略。

（1）学前教育阶段：主要是掌握口语，使两种语言保持平衡，同时得到发展，为接受双语教育奠定基础。由于城镇多为藏汉杂居区域，藏族与汉族的生活环境、社会背景相互影响、相互融合，具有较好的学前教育条件和汉语语言环境，儿童会有比较强的心理、文化适应力，在认知方面的困难相对来讲也比较容易克服，因此，采取两种语言交替使用，给儿童奠定一个良好的双语基础。而在比较偏远的城镇和乡村，儿童基本上是生活在家庭所在的聚居区，受周围环境的影响较多，此时，应该以母语为主，学会拼写文字，并可结合生活内容适当地增加一些汉语口语。

（2）义务教育阶段：开设藏、汉两种语言课，其他课程教学则采用双语教学。城市以汉语为主；而县镇则以藏语为主，尽快过渡到以汉语为主。在农牧区，可以先采用以藏语为主、汉语为辅的双语教学模式，再到藏语和汉语交替使用，逐步过渡到以汉语教学为主、藏语为辅的教学模式。

（3）高中阶段：西藏的高中基本上都集中在城市和县镇，教学条件和师资水平相对较好。所有课程应以汉语教学为主，适当地以藏语作为辅助语言，同时，开设藏语文提高课程，也可开设西藏文化类选修课程，培养真正意义上的双语人。

（二）关注学生文化适应问题

为了促进西藏学生在双语教育中的文化适应，不仅要在双语教育实施上使教师和学生应对新文化的要求，获取新技能、新知识，还要从心理和行为上让他们获得对主流文化和西藏文化的积极认同，使文化认同内化为自身学习的兴趣和动力。因此，在双语教育中，既不能只强调母语（文）而忽视汉语（文）的教育，也不能只强调汉语（文）而忽视母语（文）的教育，更不能只把母语看作是学习汉语（文）的拐棍或过渡形式①。要通过双语教育使学生在双文化中感受到他们的自如、自信和满足。

在双语教学过程中要重视藏语言和藏文化的传承。语言不是简单的符号系统，语言是文化的重要构成部分，是解释文化、传递文化的最有用的工具。儿童学习母语的过程不仅仅是通过和本民族成员交流获得语言基础、语言习惯和语言心理的过程，而且是传承民族的生活方式、历史传统和价值观念的过程。实践证明，双语教学既要重视语言内部结构特点，也就是重视语音、词汇和语法的教学，达到语言的沟通；同时，也要重视两种语言各自所代表的文化背景的沟通。因为文化背景的沟通，是深层次的沟通，是完善双语教学的重要措施②。

（三）加强双语师资培训

双语教师最好是双语兼通者，同时熟知两种语言及其背后的文化背景，熟悉学科知识和教法。据自治区教育厅统计显示，截至 2008 年，全区有中小学教师 15 523 人，而使用藏汉双语教学的教师 9 465 人，其中，具有本科学历教师仅 1 836 人，研究生学历的有 5 人，专科学历的有 7 624 人③。双语教师的数量上不能满足需求，学历结构偏低，年龄偏小。最为关键的是教师们普遍没有接受过双语教学的相关培训。双语教学是教育学中一个应用语言学、心理学、教育学、民族学等多学科知识和理论的特殊领域，对承担这项工作的教师也有着特殊的要求，并非掌握了两种语言的教师就是一个合格的双语教师。双语教师除了应具有相应的语言水准以外，还应掌握心理学、民族学的相关知识，能够根据教学目标、教学内容、教学对象、个人教学风格等因素选择合适的教学方法，调动学生各种感知器官参与教学活动，多渠道地接受和输出信息。所以，必须通过持续不断的培训使教师由"双语人"转变成合格的"双语教育者"，这是民族教育中一个普遍而难以解决的问题。

（四）加强双语课程设计和双语教材编制

在科学论证、充分实验的基础上，加强双语课程设计和双语教材编制。双语

---

① 郭福昌：《中国少数民族教育重大理论问题研究》，云南人民出版社 1997 年版，第 249 页。
② 张庆宏：《浅谈双语教学中的语言沟通与文化沟通》，载《民族语文》1992 年第 4 期，第 63~67 页。
③ 西藏自治区教育厅：《西藏自治区教育统计数据》，内部编印 2009 年。

教育教学的课程结构应当包括国家规定课程和支撑双语项目的地方辅助课程和活动。双语课程的设计不仅要充分考虑藏语教学和汉语教学在语言文字结构和关系上的差别,并尽可能的考虑来自不同地区和处于不同年龄阶段学生的特点来设计双语课程。也就是说,在双语教学过程中,要在第一语言达到最低发展水平时引入第二语言,创造第二语言应用的环境,促进第一语言和第二语言之间正迁移的产生,避免负迁移的产生。同时,要加快远程教育工程建设,积极开发"双语"教学课件,推进现代信息技术在教学中的应用,注意潜在课程功能的发挥。

双语教材的开发应当注意教材的针对性(明确使用对象)、科学性(符合学生语言学习和学科知识学习的双重进度)。教材的编制不仅仅是将现行汉语教材直接翻译成民族语,更要在其中真正融入目标语的文化元素。加强双语课程的地方教材和校本教材建设,主动挖掘地方潜力,争取以课题带动跨省、跨校合作和加强教研团队建设,编译、改编现有教材,研发乡土化的教参和读本。地方教材和校本教材是对国家统编教材的补充,更具有地域特色和民族特色,三者的结合既符合国家教育一体化的大格局,又体现了文化的差异性。国家要经常对地方教材和校本教材进行评选,鼓励改革试点,推广成功经验,盘活地方优质教育资源。

(五)加大经费投入,创设双语教育发展条件

由于历史和客观原因,西藏人均 GDP 低于全国平均水平,却要面对地广人稀、环境恶劣、办学困难等多重压力。无论是教育行政部门,还是西藏中小学都要在充分论证的基础上,积极寻求政策的倾斜和支撑,主动以政策优势打破资金困难的僵局。西藏教育行政部门在双语教育政策的制定上,应注重城镇和农牧区两个板块的不同人口分布和语言背景,双语教育实施在时间上有所区别。一是对市镇而言应大力提倡双语政策和双语教育,进一步稳固汉语文以及外语在学校中的使用力度。二是对农牧区要扎实搞好藏语文教学的基础上,创造条件在已具备条件的学校,逐步推进藏汉双语的同等地位,在保障小学双语教育的顺利实施的情况下,使双语教育逐步向学前教育延伸,真正使西藏的双语教育在接受国内外先进科学技术和经济信息,传承、弘扬藏族优秀文化上起到沟通和桥梁作用。

构建西藏双语教育体系,是教育改革和民族工作中的大事,是一项系统工程,它既是理论问题,又有实际问题,涉及教育思想、教学要求、教学内容、教学方法以至考试、升学、就业,也包括民族语文政策的贯彻和语言规划的落实等诸多方面。为此,我们必须认真研究西藏双语教育中的问题,重新审视西藏的双语教育政策,为西藏教育优先发展提供良好的理论支撑。

第三节 内蒙古民族学校民族语文学习案例研究

内蒙古自治区是我国成立最早的民族区域自治地方,也是最早使用民族语言授课的地区之一。自治区成立以后在不同的地区,根据学校、教师、学生和语言条件,在民族中小学蒙语文教学和授课用语上,分别采用了纯蒙语授课和汉语授课加授蒙语文的授课形式,对懂蒙语的学生,师资又具备,全部课程用蒙语授课,在学好蒙语文的基础上,加授汉语文;对不懂蒙语的学生,全部课程用汉语授课,加授蒙语文。与中小学相适应,高等院校既设有用蒙语授课的专业,也设有用汉语授课、用蒙语辅导的专业。自治区成立 60 多年来,蒙古族学校教育得到了较大的发展,逐步建立起了由小学到大学完整的民族语言授课教育体系。蒙古族学校教育不但为自治区培养了大量的建设人才,而且也为蒙古民族文化素质的整体提高做出了重大贡献。然而,近几十年来,蒙古族学校教育的发展陷入困境,蒙语授课教育发生了重大滑坡现象。具体来说,蒙语授课学校生源不足,规模萎缩等问题日益突出。

一、内蒙古赤峰地区蒙古语文学习状况

通过研究者在内蒙古赤峰地区的考察发现,从学习蒙文蒙语学生数看,无论是纯蒙语授课学校还是加授蒙语授课学校,从 2003~2010 年,学习蒙文蒙语的学生人数都在逐年减少,而且,就加授蒙语授课学生而言,从小学、初中到高中这一相互衔接的教育体系来看,在每一阶段上都有大量加学蒙语文的蒙古族学生流失,能够坚持将蒙语文学习下去的学生数不到初始人数的 1/5。而宁城蒙古族人口呈不断增长趋势,蒙古族人口由 2001 年的 63 150 人,增长到 2010 年 72 479 人,10 年间,蒙古族人口增加了 9 329 人。由此可见,学校中学习蒙语人数的减少并非由于蒙古族人口减少的原因所致,而是蒙古族学生选择了汉族学校读书。具体情况如图 11-1 和图 11-2 所示:

从纯蒙语授课学校学生数量的变化情况来看:

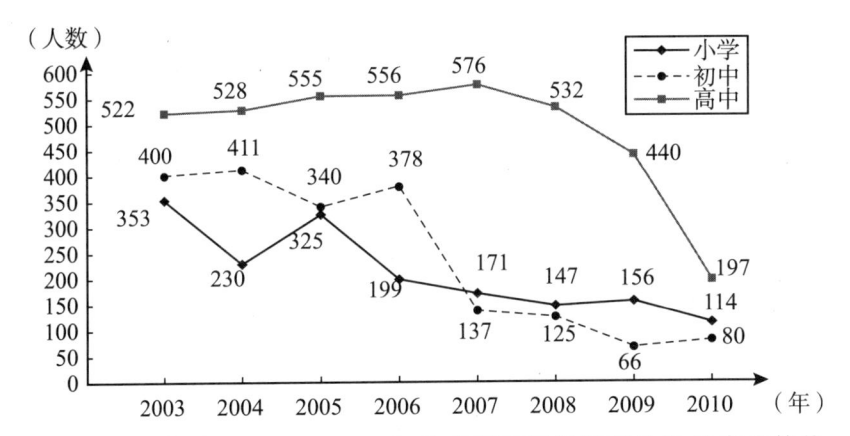

图 11－1　宁城县 2003～2010 年纯蒙语授课学校学生数量变化趋势

从加授蒙语文学校学习蒙语学生数量来看：

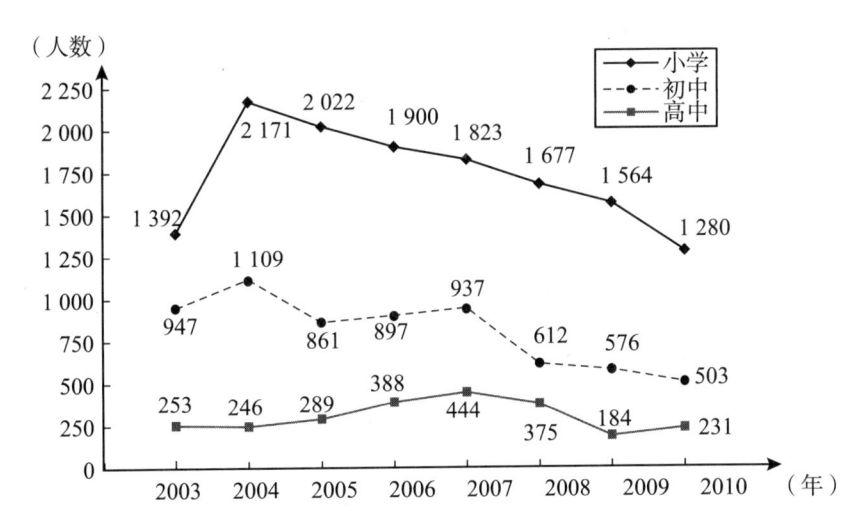

图 11－2　宁城县 2003～2010 年加授蒙语授课学校学习蒙语学生数变化趋势

资料来源：宁城教育局内部统计资料。

不仅蒙古族学校学生人数逐年减少，蒙古族学校规模也日渐萎缩。如图 11－3 所示：

从图 11－3 可以看出，赤峰宁城县的民族小学从 2001 年的 72 所减少到 2010 年的 20 所，民族初中由 2001 年的 17 所减少到 2010 年的 4 所，民族学校数量减幅非常明显。

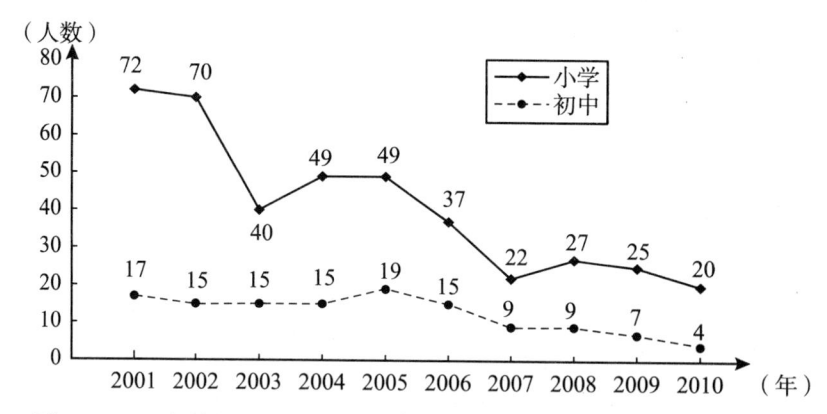

图 11-3 宁城县 2001~2010 年民族语言授课学校数量变化趋势

其他研究者①的研究也同样证明,在苏尼特右旗蒙古族学生不在蒙语授课学校读书而进入普通学校读书的情况同样严重。

由此可见,在内蒙古地区的蒙古族学校教育中,普遍存在蒙古族学生放弃本民族语言文字的学习,而到普通学校学习的现象。

蒙古族的学校教育水平可以分为两个部分,一部分是蒙古族的整体受教育水平,另一部分是蒙古族使用自己民族语言文字,保持发展本民族传统文化的受教育水平。蒙古族学生在普通学校读书,有其积极的一面,如,可以提高蒙古族的整体受教育水平,而且还可以促进蒙古族学生对主流文化的学习,帮助他们更好地融入主流社会。但蒙古族学生不在蒙古族学校读书造成的消极影响则更为严重,那会意味着越来越多的蒙古族学生将放弃本民族语言和文化的系统学习。虽然普通学校与民族学校同样承担培养人才的任务,但是培养具有民族特色的人才,实现民族文化的传承却是民族学校独有的功能,是普通学校无法替代的。民族学校教育的任务是"……一方面要使少数民族儿童青少年能顺利进入现代主流社会,另一方面还要力求保持和发展各少数民族的文化传统,使他们享有使用自己语言、文字的权利,享有在本民族聚居区实行自治的权利以及学习本民族历史和弘扬民族文化的权利。"②蒙古族学生放弃了本民族语言和文化的学习,蒙古族学校发展规模萎缩,蒙古族学校教育难以发挥其应有传承民族文化的功能,未来蒙古族文化将由谁传承?在内蒙古这样一个以蒙古族为主体民族的地区,国家和自治区专门出台政策,保障蒙古民族语言、文化、教育的发展。在招生方面,从 1980 年开始,国家规定民族自治地区用本民族语言授课的高校或专业招生由自治区命题、考试和录取,不参加全国统一考试。用民族语文授课的民族学

---

① 马戎、郭志刚:《中国西部地区少数民族教育的发展》,民族出版社 2009 年版,第 207 页。
② 滕星:《族群、文化与教育》,民族出版社 2002 年版,第 361 页。

校毕业生报考用汉语授课的高校，考汉语文乙种试题，其他各科试题均要翻译成民族文字，允许使用民族文字答卷等。在录取分数上，根据蒙语授课专业考生的实际情况，单独划线录取；在就业方面，《内蒙古自治区蒙古语言文字工作条例》规定，"各级国家机关、人民团体和企事业单位应当合理配备蒙汉兼通的工作人员。""同等条件下优先录用蒙汉兼通的人员。"[1] 这些政策可以说对于学习蒙语的蒙古族学生是非常有利的，而且，从民族情感归属或文化认同的角度，蒙古族学生也应该倾向于选择蒙古族学校，学习本民族语言和文化，那么为什么蒙古族学生还是放弃了在蒙古族学校学习而选择了普通学校呢？

二、原因分析

通过研究发现，蒙古族学生选择普通学校的现象在蒙古族学校教育的历史发展中一直存在，在制度、学校、家庭和个人四个因素的彼此作用下，该现象时而缓解，时而凸显。制度包括正式制度和非正式制度。正式制度主要指国家的政策和各类规章制度，正式制度对民族学生的选择具有引导性的作用，民族学校的设置和对授课语言的规定、对民族教育经费的规定以及招生就业等政策保障了蒙语授课学生的利益，但近年来，自治区实行的高考记分政策在引导蒙古族学生适应现代化发展有积极作用，却忽略了民族文化的传承，冲击了部分蒙古族学生学习蒙语文的积极性。而且，一些政策制定的不系统、执行力差也削弱了政策的效力。非正式制度主要指文化变迁对蒙古族学生选择学校的影响，蒙汉人口的结构比例的变化、蒙古族生产方式的变迁、蒙古族文化自身的特点等都潜在地、间接地发挥着影响作用，推动了学生对普通学校的选择。

学校是学生直接面对的选择对象，蒙古族学校与普通学校比较，在培养目标、教师队伍、教育内容、校园文化等均体现出一定的民族性，但与其应然的民族特色还存在较大差距；在教学质量、师资水平、办学条件等方面与普通学校存在较大差距。因此，蒙古族学校民族特色的缺乏削弱了对要寻求民族归属感的民族学生的吸引力，教学质量相对较差又促动了学生对普通学校选择。

蒙古族家庭的结构、教育成本与收益以及家长所处的社会阶层影响学生对学校的选择。蒙汉通婚家庭、核心家庭的学生更倾向于选择普通学校；教育收益表现为显性的经济效益，例如学生的就业、隐性的非经济效益如社会资本，学生倾向于选择教育收益更大的普通学校；家庭的社会阶层较高、占有更多社会资源对学生选择普通学校有重要影响。

---

[1] 《内蒙古自治区蒙古语言文字工作条例》，载《内蒙古日报》2004年12月4日第3版。

蒙古族学生个体是学校的选择主体，除受以上各因素的影响外，其自身心理因素、价值标准同样会影响学生的选择。

当然，以上各个因素之间并非彼此独立，而是相互作用、共同对蒙古族学生的选择行为发挥作用。

三、蒙古语言文化传承的应对思考

（一）蒙古族学校必须体现民族特色

民族学校是为少数民族的发展而专门设立的学校，民族学校教育作为一个相对独立的系统，必须实现自我维持或自我保存，蒙古族学校的民族性是其生存与发展的根本。民族性的缺失不仅使民族学校存在的合理性受到质疑，而且导致部分蒙古族家庭寻求民族归属感、学习民族文化的期望落空。在未来蒙古族学校的发展中，必须坚持民族性这一根本。不能游离在普通学校与民族学校之间，更不能模仿照搬普通学校的办学模式和办学思路。蒙古族学校的根本任务就在于培养民族人才，传递民族文化，实现民族的发展。

其一，注重学生民族性的培养。民族学校教育作为国民教育的一个部分，同样也要为国家培养建设人才，维护国家的团结稳定发展，培养各少数民族成员对国家的认同和中华民族的认同。但同时作为民族学校，还要为本民族的发展培养本民族的人才。每个民族成员都必须承担发展民族、繁荣民族文化的重任，民族学生作为民族的新生力量，更应该有这种责任感和使命感，而这种责任意识以及承担起这一重任的能力的培养主要依赖民族学校教育。通过民族学校教育，掌握民族的优秀文化，学习本民族的历史、风俗习惯、文化艺术、价值观念等，培养学生的民族自豪感，培养他们的民族意识和民族认同。即使对于已经完全转用汉语言，生活环境中很少见到蒙古族文化符号的蒙古族学生，由于给定的民族身份、共同的历史以及共同的血缘，蒙古族学校教育的民族特色仍将提供给蒙古族学生民族归属感，使他们感觉到不同于他人的、只属于自己的群体的存在。因此，通过学校有民族特色的教育，培养具有民族意识的人，实现个体民族性的发展；增强民族的内聚力，实现民族的团结稳定和长久发展。

其二，民族学校要积极传承民族文化。民族文化与民族学校彼此依赖。民族文化依赖民族学校教育得以传承和发展，学校教育对民族文化进行调节、控制和导向，民族文化中积极的因素得到肯定，消极的成分被淘汰，从而使民族文化得到调整和更新；民族文化的发展和创新又为民族学校的发展输送了新的血液，民族学校也获得新的发展动力。培养民族人才和传承民族文化是相辅相成的，因为文化必须通过人来传承，而培养的人一定是某种文化的人，民族文化是民族成员的生长和发展的根基和源泉。民族是依赖其文化而存在的共同体，丢失了民族文化，民族成员也将无法判定自己是谁。蒙古族学生选择普通学校而放弃了对本民族文化的学习，是在工具理性指导下的选择，这种选择其实是在追逐"发展"过程中的自我迷失。如果认为追赶现代化的步伐就是发展，能够享用现代科技改变生活的面貌就是民族的进步，那么这只能说是物质生活的丰富与发展，在追求物质生活的同时，我们自己的精神家园又在哪里？怎么才能称得上是这个民族的成员，"我到底是谁？"通过具有民族特色的教育，逐渐唤醒民族学生的民族文化自觉意识。费孝通认为，所谓文化自觉，就是指生活在一定文化中的人，对其所属文化有一种自知之明，只有这种自知之明的理性思考才得以使一种文化从自在状态走向自觉，从无意识、下意识的存在走向意识层面，从消极被动的随波逐流、自生自灭到主动的选择、创造和建构。文化自觉既反映了人对待人类文明多样性的理性态度，同时也体现了文化的平等意识、反思意识、互补意识和发展意识。但是要"达到文化自觉是需要很长的时间，首先要认识自己的文化，理解所接触的多种文化，才有条件在这个正在形成中的多元文化的世界里确立自己的位置，经过自主的适应，和其他文化一起，取长补短，共同建立一个有共同认可的基本秩序和一套与各种文化能和平共处，各抒所长，联手发展的共处守则。"①也只有民族文化自觉意识的提高，民族成员才不可能轻易的不加判断地否定自己本民族的文化，对外来文化的吸收也不会不加区别地全盘接纳，而是在批判的基础上，吸收外来文化的合理成分，对自己民族文化部分内容的改造和加工。从而不断实现本民族文化的发展。

其三，学校教育与民族生活实际相结合。不能与民族的历史文化传统结合、不能与民族的生活相结合的民族教育不可能取得成功。我们既可以把民族文化看做是一套观念系统，又可以把民族文化看作是一种生活的样态。有什么样的生活方式，就有什么样的民族文化。民族生活中孕育着新事物和新思想，有着民族文化新的生长点。学校教育中的民族性来源于民族生活的积淀，因此，对学生民族性的教育同样必须融入民族生活，这样的民族性就不是外加于蒙古族身上的，而是和他们融为一体的，只有这样的民族特色的教育才有生命力。在蒙古族学校里，尤其在城市里，有些学校只有在课堂教学中才用蒙语，课下同学之间以及师生之间的交流大多用汉语；有些纯蒙语授课的学校竟要求教师用汉语签到。这样将民族文化只变成了书本和课堂的东西，跟实际生活完全割裂开来，按照主流文化在生活，而按照民族传统在接受教育，这样的民族文化教育显然是机械的、说

---

① 费孝通：《费孝通论文化与文化自觉》，群言出版社2007年版，第283页。

教的,也是难以为继的。因此,必须将民族学校教育与民族生活实际相联系,回归生活,让民族学生感受到民族文化的生命力和价值所在,激发他们学习民族文化的积极性和对文化进行加工改造的愿望。

当然,对民族学校的民族性的强调并不是通过教育,只培养民族成员的民族性,而不顾及其国民性,只传承民族文化而不顾及国家文化和世界文化的发展背景;进行民族教育更不是将民族学生禁锢在本民族文化中,陷入民族狭隘主义,相反,我们的民族学校教育需要实现民族学生民族认同与国家认同的统一、本民族身份与中华民族身份的统一、传承民族文化与传承中华民族文化的统一。发展本民族的政治、经济、文化是以维护国家统一、社会安定团结为前提,发展本民族不以损害他民族或中华民族的利益为前提。在这里更强调民族性只是因为一直以来我国的民族学校教育过于强调国民性而忽略民族性所致。培养民族成员个体的文化自觉意识,尊重文化的多元性和文化的差异性,使他们能够在新的文化环境中进行调节和适应,形成正确的文化态度和文化价值观。

(二) 蒙古族学校教育应处理好的几对关系

要实现民族现代化的发展,培养适应全球化发展的高素质人才,民族教育必须要处理好以下几对关系。

其一,教育活动中民族性与现代性的结合。从历时的角度来看,民族学校教育必须要兼顾到民族性与现代性的关系。"丧失现代化将意味着民族的贫困,丧失传统文化则意味着民族的消亡。"①

文化的民族性与现代性既相互矛盾,又相互统一。文化的民族性反映民族传统,传统是经过历史的沉淀,其价值和精神已经得到民族成员的认可和接纳,传统是历史的存在,是相对于现代而言的。文化的现代性从产生时就是对传统的批判和破坏,必然会冲击民族文化的特殊性,但随着现代化的推进,现代性又为民族性的发展提供了机遇,同时也为现代性与民族性在更高的层次上的统一提供了条件。正是文化的民族性与现代性本身具有的统一特征,所以我们才可能将它们结合在一起,在学校教育活动中可以实现二者关系的平衡。

研究者在调查中发现,有些蒙古族文化爱好者正在联系一些现代化服装厂,改制蒙古袍。蒙古袍是蒙古族的传统服装,它在游牧时代是美与实用的综合体,蒙古袍肥大,在寒冷的冬季草原上如果有刚出生的小羊羔就可以揣在宽大的蒙古袍里带回家而避免被冻死。但是随着游牧生活的结束,蒙古袍的功能不仅没有了,反而在日常生活中穿着很不方便,因此,除了重大的节日外,蒙古族很少穿

---

① 哈经雄、滕星:《民族教育学通论》,教育科学出版社2001年版,第558页。

着。但是作为蒙古族文化的一个部分，我们不是将他丢弃或存进历史博物馆，而是通过对其进行改制，将服饰文化中的核心元素通过时尚的款式得以体现。正如王军教授曾经说过的，文化中重要的一部分就是它的实用性，随着一些少数民族生存和生活环境的变化，民族文化中的诸如服饰、饮食等都发生了变化，但是变化并不代表这种文化的消亡，而是通过另外的形式保存了下来。已经被时代淘汰的文化即使人为的保护力度再大，也必然面临着消亡的危险。因此，积极地实现民族文化的转型不仅是挽救和保护民族文化的有效手段，而且还是增强民族文化获得新的生命力的关键。

民族学校就是要积极承担起民族文化现代转型的重任，在学校教育活动中将民族性与现代性有机结合起来，表现在教育活动的内容中、表现在教育活动的形式上。一些学校开展的三语比赛，既激发了学生学习英语的积极性，也激发了学生学习本民族语言的积极性，体现了学校对民族学生现代文化素质的要求。通过对蒙古族传统文化的现代改编，使其能够纳入课堂中，能够成为民族学生学校课程内容的一个部分，不仅激发了学生的学习兴趣，而且也使学生感到现代生活只有加入民族文化的元素，才更加丰富多彩，而民族文化融入了现代元素后也更能贴近生活的实际，从而获得持久生命力。在现实生活中，一些蒙古族的歌舞、音乐等正是融入了现代性元素后重新获得生命力，受到社会民众的喜爱，而这些民族传统文化与现代性的整合多出自学校教育领域，学校是新思想孕育的地方，是创造性思维培养的地方。对民族文化的更新，培养能够创新民族文化的人才，实现民族文化的良性发展是民族学校能够做到的，也是民族学校未来努力的方向。

其二，教育活动中民族文化与主流文化的结合。从共时的角度看，民族学校教育要处理好民族文化与主流文化的关系。主流文化是各民族共同创造的，共同享有的，对各民族成员来说与其民族文化有差异但却不是对立的文化。"中华各民族普遍认同的价值观，主要表现在主流文化中，我们可以称为'主流价值观。'"[①] 民族个体从心理上不排斥主流文化而愿意接纳它。再加上主流文化的"官方"的强势，不仅在政治、经济等领域享有绝对的优势地位，而且主流文化的价值取向、思维方式、行为规范对社会所有成员都有着重大的影响，主流文化具有时代性和多元包容性，在吸纳新事物或新思想上相对超前，具有积极的流动性，这对少数民族成员都有着明显的吸引力。而且就民族成员个体的发展本身而言，也需要学习主流文化，"使用强势语言的群体除非有特殊的用途，通常都不学习或掌握弱势文化群体的语言。相反，弱势文化群体就必须掌握强势文化的语

---

① 徐万邦、祁庆富：《中国少数民族文化通论》，中央民族大学出版社2006年版，第44页。

言。"① 同样地,少数民族为了获得更好的发展机会和条件就必须学习和掌握主流文化。这是民族成员发展之必须,这也是民族成员主动"趋向"、积极学习和掌握主流文化的原因所在。

在当前的民族学校教育中,过度强调对主流文化的学习,而民族文化所占比重相对较小。一方面,蒙古族学校使用的大部分教材是国家统编教材的翻译,主要反映的是主流文化;另一方面,使用本民族语言讲授的内容仍然以主流文化为主,本民族语言传递本民族文化受限,而更多地成为翻译的工具。我们必须认识到,蒙古族文化有自己的价值,文化中所蕴藏的思想和精神是各民族都应该学习的。在教育内容中,培养学生对主流文化价值观的接纳,同时,教会学生接受和理解文化的多样性和丰富性,消除偏见,进一步培养学生对本民族文化的信心,形成民族学生对本民族文化的认同和归属。在教育活动中保持主流文化与民族文化之间的张力,让学生自己构建文化的联系,在多种文化中自己思考他们之间的异同,从而掌握跨文化交往能力,也为实现民族学校的多元文化氛围奠定基础。为民族文化的学习提供一定的空间,如通过开设的地方课程、校本课程拓展民族文化的内容,教育评价中增加民族文化内容的权重。在笔者的调查中,民族小学的民族文化活动开展的更多,到了中学,尤其是高中,因为高考的影响,有些民族文化活动就很少开展了,这就反映出民族文化的学习需要有与之相符的评价体系。

民族学校教育目前的困境即是民族学校培养出来的人才难以适应主流社会,在现代化的发展上处于弱势。处理好了民族性与现代性的关系、民族文化与主流文化的关系,是实现培养蒙汉兼通现代性人才的根本途径,解决了这两对关系其实也就既照顾到蒙古族成员对民族归属的需要,又照顾到了他们对学校教学质量的追求。

(三) 为蒙古族学校教育的发展创造良好的外部条件

民族学校教育作为社会子系统,绝不可能孤立发展,要维持自身的地位和发展,除了要有和谐的内部结构,还必须与处在同一社会层面的其他子系统互相联系,互相协调,这是民族学校教育发展的外部条件。

1. 蒙古族学校教育需要政策的支持和保障

(1) 需要有连续性的政策保障。

政策的出台是有一定历史背景的。因此部分政策是有一定时代性的,但是对于一些根本性的东西,尽量要保证其稳定性,在新的政策出台前,要照顾到已有

---

① 万明钢:《论民族教育研究中的双语问题》,载《教育研究》1997 第 6 期,第 76~79 页。

政策的影响以及未来可能的发展变化。在研究者的调查中发现，地方领导重视的地方，民族教育相对就办的较好，地方领导不重视，民族教育的发展就会差些。由此可见，缺乏连续性的不以个人的意志为转移的民族学校教育的发展政策。在经费的投入方面，应切实做到优先、重点发展民族学校教育，这一政策应该长期有效并落到实处，不能因地方建设或其他社会事业而挪用或拖延或减少民族教育的经费。民族教育经费必须足额发放，改善民族学校教育的办学条件，在教学楼、图书馆、实验室以及校园文化建设上要加大投入力度，使民族学校的办学条件不低于当地普通学校的办学条件；提高民族学校教师的待遇，吸引和留住高素质的人才，重视民族教师的在职培训和科研教学能力的提高，培养建设高素质的教师队伍，保障教学质量。只有这样，才可能让蒙古族群众看到和体会到国家和地方对民族教育的重视，增强他们的民族自信心和自豪感。对民族学校教育的积极肯定评价，才能使他们主动选择本民族的学校教育。

（2）需要有系统性的政策保障。

要发展民族学校教育，只有民族教育方面的政策是远远不够的，因为民族教育受制于政治、经济、文化等的发展，因此，必须有关于民族政治、经济、文化、语言文字等相关政策的保障，否则，对民族教育的政策就会停留在口头上。如提高学习蒙语学生助学金和奖学金的比例和金额，但是如果没有相应的升学政策的支持，这些政策的吸引力不足以引起蒙古族家庭对蒙古族学校的趋向；对于学习蒙语言文字的学生在招生中有优惠政策，但是如果没有走上社会的就业优惠政策的相应支持，蒙古族对于学习蒙语言文字仍然积极性不高。同样在蒙古族成员的社会发展中，如果学习蒙语言文字的蒙古族很难获得社会地位较高的职业或职务，而且将社会发展处境不利归因于民族语言和民族文化背景，那么他们就在下一代的学校选择中放弃民族学校。因此，民族教育政策的制定必须关照到民族学生的整个成长过程和未来的发展，为其顺利实现社会化提供保障。

（3）需要有利于民族文化长远发展的政策。

蒙古族和汉族在历史上形成的发展水平上的差距是客观存在的，我们要保证民族教育优先发展、实现民族教育跨越式发展，但绝不是急功近利的发展。民族教育是建立在民族已有的社会发展水平基础之上的。民族教育的发展一定是由外在的推动最终变为这个民族内源式的发展，而这必须依赖民族的文化。照搬其他地区的发展模式，揠苗助长式的发展带来的只能是短暂的、表面的繁华，会导致深层的更严重的对民族教育系统内部自洽性的破坏。任何政策的制定与出台，只有有利于民族文化的长远发展才是对民族学校教育的重视和支持，才能保住民族学校教育发展的本源。

在民族文化的现代转型期，政策制定和执行部门更应该在引导蒙古族积极融入现代化的过程中，保证不抛弃、不放弃自己的民族特色。如近几年自治区为了培养现代化人才，鼓励民族学生学习外语，在加授蒙语学生的高考记分政策中不断提高外语成绩的比例，而民族语文的成绩的比例却一再下降，不仅造成蒙古族认为学习蒙语没有用的错误观念，而且也严重挫伤民族学生学习民族语文的积极性。一些民族学校甚至就是因为这样的政策导致生源的减少而不得不改成普通学校。因此，这样的政策应该及时调整，最大限度地保证蒙古族学生在学习现代科学文化知识的同时学习民族文化知识，保证民族学生接受民族文化的熏陶，保证民族文化的传承顺利进行。

此外，政策的制定宜实不宜虚，如在自治区以及各地方政府的文件中经常看到"优先录用蒙汉兼通人才"。但是"优先"如何保障，"蒙汉兼通"又有怎样的衡量标准，如果将"优先"改为确切的比例，"蒙汉兼通"有一定的标准，那么在执行起来就会有一定的力度，对蒙古族学生学习蒙语文将起到较大的促动作用。

2. 营造多元文化社会氛围，重视民族文化的发展

在实地调查中，蒙古族传统的民族文化活动——那达慕大会的影响范围和影响力度给研究者留下深刻的印象，来自附近的或更远地方的蒙古族汇集在蓝天白云下的广袤草原上，共同庆祝自己的节日。在那达慕大会上，无论是竞赛活动的参与者还是观看者，他们都表现出对自己民族活动的高度关注和热情，他们畅快地使用着自己的民族语言，孩童肆意地在比赛场地外嬉闹。蒙古族文化与蒙古族成员和谐相融。这是生动的、深入到文化精髓的民族文化传承活动，这样的活动对蒙古族成员尤其是年轻一代的民族文化的熏陶是学校教育所不及的，但是随着蒙古族生活环境的改变、生产方式的改变，像这样的民族文化活动开展的越来越少了，由民族家庭或民族成员自己组织起来的民俗活动更少了，很多民族文化活动已经成为蒙古族老人的回忆和孩童们眼中的历史故事。蒙古族年轻一代对民族文化活动的认识大多只停留在学校里和书本中。失去了民族生活的支撑和浸润，民族学校教育要么成为普通学校教育的翻版，要么仅存的民族特色也成了空中楼阁，与学生生活相去甚远。因此，要实现民族学校的发展，社会生活中必须要有丰富的民族文化元素，为民族文化的传承提供不竭的动力，真正形成民族文化传承的良性运行机制，这就要求我们要营造多元文化的社会氛围。多元文化氛围不仅体现了社会文明的程度，而且也为文化的发展提供了宽松的、和谐的文化背景。

蒙古族学生选择普通学校也反映出少数民族成员积极参与现代化发展和现代经济生活、主动分享社会发展成果的愿望。那么在多元文化的社会环境中，蒙古族依赖自己的民族语言文字、自己民族的文化同样能参与到社会生活中。无论是政府部门的行政事务还是日常的生活事务，都可以看得到多种语言文字的使用，在群众喜闻乐见的广播、电视节目中，同时有蒙汉两种语言播出，蒙古族随时可以浏览蒙文网站，接受最新的信息，占有信息资源。蒙古族使用自己民族的语言文字而没有感觉到交流和沟通的不方便。蒙古族和汉族或其他少数民族尊重彼此的语言文字和民风民俗，经常开展各种类型各种层次规模的民族文化活动，丰富蒙古族的精神文化生活。在民族聚居区举办的民族文化活动的民族特色更浓郁、也更原汁原味些，在城市里举办的民族文化活动融入的现代化元素更多些，但都是蒙古族自己的文化活动。所有这些都会激发蒙古族对自己民族的热爱，对自己民族语言文化的热爱，进而会主动地支持民族学校的发展，积极选择民族学校学习自己本民族的语言和文化。

此外，呼吁社会各界参与对蒙古族文化的保护和发展。在调查中发现，有一部分民族知识分子已经开始有意识地对民族文化进行保护和传承，如宁城县由教育局牵头成立的民族教育宣讲团，深入到蒙古族家庭宣传学习民族文化的重要性；由蒙古族学者清格尔泰捐资成立的清格尔泰蒙古语言文化基金会，每年奖励在各行各业使用蒙语蒙文工作成绩优秀或学习蒙古语文成绩优秀的民族个人和团体，并定期进行监督检查。但目前，这样的力量毕竟还是有限的，影响范围也极其有限，但其所起的作用却是必须予以肯定的。因此，我们必须动员全社会都参与到民族文化的保护和发展活动中，不仅仅是为了民族文化本身的发展，更为了中华民族文化甚至是人类文明的进步。

第四节 民族地区职业教育师资问题案例研究[1]

我国职业教育较普通教育来说发展相对滞后，其主要原因之一是师资问题。教师的数量与质量，决定着学校的兴衰。职业学校作为高中教育的重要组成部分，承担着为社会开发劳动力资源、直接向社会输送实用型人才的重任，这就决定了对中职教师队伍建设有着特殊的要求。尤其是专任教师队伍的建设，对中等职业教育的生存和发展起着至关重要的作用。教师的专业类别及数量的多少成为职业学校办学的最基本条件。本节选取黔东南州中等职业教育为案例，探讨黔东南职业教育中的师资问题。

---

[1] 田应仟：《中等职业教育与民族社区共生发展研究——以黔东南中等职业学校与社区共建为例》，西南大学西南民族教育与心理研究中心2011届博士学位论文。

从黔东南州教育局 2010 年统计全州 16 所中等职业学校教师的数据并进行分析，黔东南州中等职业学校教师现状主要存在以下问题：

一、优质师资稀缺

依据《国家级重点职校评估指标体系》，专任教师指属于学校编制的，专职从事理论教学和实践教学的人员（含体育学校的教练员），包括专业科长、教育研究室主任、教研组长，不包括校长、书记、教务科长等主要从事行政管理的兼课人员，不包括校外的兼职教师。人事制度改革后，正式聘用 2 年以上的从事专任教师工作的非本校在编人员按专任教师统计。一般情况下，实习指导教师应控制在专任教师数的 15% 以内。既是理论课教师又是实习指导教师的按一头统计。专业教师指各专业的理论课和专业实践课的教师。"双师型"教师指具有中级以上教师职称，同时符合下列条件之一者：（1）具有非教师系列本专业或相关专业中级技术职称；（2）获得本专业国家职业资格三级以上证书；（3）主持本专业实践项目的研究开发工作并有可供推广的研究成果；（4）具备相关专业的执业资格，并具有一年以上在企业第一线实践经历。有资格未聘的不计算在内，具有非教师系列高级职称的可计算在内。《中等职业学校设置标准》与黔东南州 2010 年实际情况比较见表 11-1：

表 11-1 《中等职业学校设置标准》与黔东南州 2010 年实际情况比较

序号	标准对照	教师情况				学生人数（人）	师生比
		专任教师	专业教师	高级教师	双师型		
1	统计数据	620	308	74	84	14 842	1∶24
2	标准	60 人/每校（640）	占专任的 50%（320）	占专任的 20%（128）	占专任的 30%（192）	校均 1 200（12 800）	1∶20
3	1、2 项比较	-20	-12	-54	-108	+2 042	
4	按在校生以《标准》测算	742	371	148	223		
5	1、5 项比较	-122	-63	-74	-139		1∶20

注：1）2010 年全州实际在校生人数为 14 842 人（不含顶岗实习的三年级）。以上数据是以实际在校生测算。2）以上数据来源：教育部《中等职业学校办学标准》和黔东南州教育局 2010 年年报。3）以上数据分析是以黔东南州 16 所公办中等职业学校为基础数据。4）以上数据不含三年级学生人数。

从表 11-1 中可看出：其一，从专任教师总数来看，与《标准》相比，全州教师缺额，专任教师为 20 人、专业教师为 12 人、高级教师为 54 人、双师型教师为 108 人；按 2010 年黔东南州在校学生与《标准》相比，全州教师缺额，专任教师为 122 人，专业教师为 63 人，高级教师为 74 人，双师型教师为 139 人。其二，从生师比来看，2010 年的《标准》要求是 20：1，以黔东南州 16 所中等职业学校在校学生进行计算（14 842 人），达 24：1。

从总体数据分析来看，一方面是根据《标准》测算，教师数量不够，虽说总数相差不多，但那是按基本条件计算；另一方面从现有在校人数进行测算，教师缺额总数为 122 人，缺口为 20%，专业教师缺额为 63 人，缺口为 21%，高级教师缺额为 74 人，缺口为 50%，"双师型"缺额为 139 人，缺口为 166%，是所有数据中比例最高的。

二、师资不达标普遍

黔东南州各中职校师资情况统计见表 11-2：

表 11-2　　黔东南州各中职校师资统计（2010 年）

单位	合计	文化课教师					专业课教师					实习指导教师				双师型
		人数	高级	中级	初级	其他	人数	高级	中级	初级	其他	人数	中级	初级	其他	
凯里	81	35	10	13	12	0	46	11	19	16						10
黄平	33	20	2	13	5		13		7	6						
施秉	6	6		4	2											
镇远	6	6	1	4	1											
岑巩	20	16	3	8	5		4		2	2						
三穗	48	24	1	19	4		16	2	10	3		8	2	6		14
天柱	24	10	2	5	3		13		2	9	2			1		2
锦屏	43	21	2	10	9		22	4	8	10						
黎平	46	20	6	6	6	2	26		7	10	9					18
从江	58	21	4	12	5		37	8	9	8	12					
榕江	65	31	1	13	15	5	30	2	18	10		4		2	2	
丹寨	57	23	2	8	11	2	26	2	15	7	2	8	4	3	1	15
麻江	36	14	1	6	5	2	21		9	11	1	1		1		
雷山	26	1	1				25		9	13	3					13

续表

单位	合计	文化课教师					专业课教师					实习指导教师				双师型
		人数	高级	中级	初级	其他	人数	高级	中级	初级	其他	人数	中级	初级	其他	
台江	49	27	4	14	9		22	4	3	15						12
剑河	22	12	2	6	4		7	1	4	2		3	2	1		
合计	620	287	40	141	96	13	308	34	122	122	29	25	8	14	3	84

表 11-2 显示出：

其一，从总量来看，按照教育部 2010 年新颁布的标准，每校至少要有 60 名以上的教师。按照这一标准，全州 16 所中职校中就有 13 所学校不达标。且施秉、镇远、剑河、从江、麻江、雷山等县离这一指标相差甚远。

其二，兼职教师过多。从总量来看，大大超过了 2010 年教育部颁布的《中等职业学校设备标准》中要求的"聘请有实践经验的兼职教师应占本校专任教师总数的 20% 左右"，从数据统计看，全州已达到 30%，不利于学校教育教学的稳定。并且有的学校外聘教师比本校教师还多，如岑巩县职校，全校总共有 21 名教师，其中外聘教师就有 13 人，学校实际只有 8 名教师，锦屏职校也是如此。

其三，学历层次较低。高学历教师（硕士以上）全州只有一人，而专科学历和中专学历教师占教师总数的 37.4%，占专任教师数的 48.7%。

其四，职称较低。全州高级职称的教师人数有 66 人，占 9%，与 2010 年《中等职业学校设置标准》中要求的"专任教师中，具有高级专业技术职务人数不低于 20%。"相差 11 个百分点；初级职称的占专任教师人数的 42%，职称比例失调。

其五，16 所中等职业学校中，现有 2 所学校没有一个专业课教师，10 所学校没有实习指导教师，9 所学校没有"双师型"教师。文化课教师本科以上学历仅占文化课教师数的 48.8%，专业课教师本科以上学历仅占专业课教师数的 45.9%，上述两项比例远远低于全省水平。

三、师生比严重失调

黔东南州中职校主要专业学生与专业师资统计见表 11-3：

表 11-3　　黔东南州中职校主要专业学生与专业师资统计（2010 年）

序号	专业名称	学生数	专业教师	师生比
1	计算机	4 313	84	1∶51
2	服装制作	961	19	1∶51
3	电子电工	3 138	58	1∶54
4	汽修	306	15	1∶20
5	模具	136	1	1∶136
6	机械加工	271	5	1∶54
7	数控	604	5	1∶121
8	民族歌舞	71	7	1∶10
9	酒店管理	492	31	1∶16
	合计	10 292	225	1∶46

注：因三年级顶岗实习，没有在校上课，本表在计算时扣除。

从表 11-3 统计可以看出，全州中等职业学校专业主要集中在计算机（学生数 4 313 人，而教师才有 84 人，师生比在 1∶51）、电子电工（学生数为 3 138 人，教师数为 58 人，师生比为 1∶54）、机械加工（学生数为 271 人，教师人数为 5 人，师生比 1∶54），师生比较低的是汽修是 1∶20 和民族歌舞 1∶10，主要原因是学生少，使师生比有所下降。就计算机专业而言，师资匮乏仍然相当严重（见表 11-4）。

表 11-4　　黔东南州各中等职业学校计算机专业学生与专业教师统计（2010 年）

序号	学校	学生数	教师	师生比
1	凯里	1 614	11	1∶146
2	黄平	165	5	1∶33
3	施秉	0	0	
4	镇远	55	0	0∶55
5	岑巩	101	1	1∶101
6	三穗	286	17	1∶16
7	天柱	0	0	
8	锦屏	289	4	1∶72
9	黎平	254	7	1∶36

续表

序号	学校	学生数	教师	师生比
10	从江	0	0	
11	榕江	285	11	1∶26
12	丹寨	348	10	1∶35
13	麻江	385	4	1∶96
14	雷山	137	1	1∶137
15	台江	236	11	1∶22
16	剑河	158	2	1∶79
合计		4 313	84	1∶53

从表11-4中可以看出：整体看来，除了三穗职校达标外，其余学校都没有达标，开设计算机专业的职校师资达标率为7.6%；从整体的师生比来看，达到1∶53，师生比失衡。其余部分学校专业教师的师生比也严重失调。有的学校有教师，但学生过多，师生比竟达1∶100以上；更为严重的是有的学校根本就没有专业教师，但也要招生，如镇远，只有一名教师也要招100多人。

四、师资分布不均

为了全面了解各校的分布情况，从全州的中等职业学校中选取国家级重点职校、省级重点职校、合格学校各一所，选取几个主要专业学生与教师人数进行比较（见表11-5）。

表11-5　三所学校主要专业学生与专业教师统计（2010年）

	电子			服装			数控			种养殖		
	学生	教师	师生比	学生	教师	师生比	学生	教师	师生比	学生	教师	师生比
丹寨	381	4	1∶95	215	5	1∶43	133	2	1∶67	514	5	1∶103
锦屏	101	6	1∶17	68	2	1∶34	21	1	1∶21	370	4	1∶93
台江	186	3	1∶62	151	4	1∶38				450	8	1∶56

注：丹寨职校是国家级重点职校，锦屏职校是全州第一批省级重点职校，台江职校是第一批省级重点职校，由于各种原因取消，后又评为合格学校，2010年重新评为省级重点职校。

从表11-5中可以看出，各校主要专业的专业教师与学生人数相比明显偏低。作为国家级重点职校的丹寨职校，主要专业的学生数1 764人，而教师有24

人,平均每个教师要带 74 人;作为省级重点职校的锦屏职校,主要专业的学生数为 890 人,专业教师 19 人,一个教师也要带 47 人的;而作为一般职校的台江职校主要专业的学生人数有 1 005 人,专业教师人数为 21 人,也相当一个教师带 49 人。由于专业教师少,有的专业压力也很大,如丹寨职校的电子、种养殖专业差不多达到一个专业教师带 100 学生;同时从表 11-5 中也可以看出,学校级别越高,学生人数越多,专业课教师短缺现象更为严重,如国家级重点职校丹寨职校主要专业的师生比居高不下,最高达 1∶103,省级重点职校锦屏职校师生最高的种养殖专业也高达 1∶93。

五、培训后转岗很少

由于专业教师的不足,很多学校都积极的根据各自学校所设专业开展大量的教师转岗培训,取得了一定的效果(见表 11-6)。

表 11-6　黔东南州中等职业学校教师培训后转岗的情况统计

专业＼教师	本专业第一学历教师数	本专业第二学历教师数	培训后能任教学教师数	到企业培训过的教师数
计算机	50	23	30	3
服装	13	3	10	7
电子电工	26	6	34	12
模具制作	26	6	34	12
数控技术	3	0	2	2
汽修	3	3	14	2
农业类	26	13	18	8
旅游	6	8	15	2
合计	153	62	157	48

通过以上数据可以看出:转岗培训的教师接近学历教师。第一学历的教师数没有经过培训后的教师多,第二学历人数较少。说明有一半以上的专业教师没有进行系统的技能训练,而到企业接受培训的专业教师较少,学校的专业教学与企业用工企业需求脱节。以国家级重点职校凯里一职校为例,该校专业课教师总数 30 人,而第一学历的只有 10 人,占 33%,第二学历的 2 人,占 6%,培训后转岗的 18 人,占专业教师总数的 60%,到企业培训的没有(见表 11-7)。

表11-7　黔东南州凯里市第一中等职业技术学校专业教师统计

项目 专业	专业课教师	第一学历本专业教师数	第二学历本专业教师数	培训后转专业教师数
旅游专业	8	1		7
汽修	4	1		3
电子电工	8	1		7
计算机	10	7	2	1
合计	30	10	2	18

从一所学校的整体情况来看，其专业教师分布也是不均衡的。这里选取天柱职校为例，该校是黔东南州第三批省级重点职校，全县有50多万人口，是黔西南州的文化大县，学生读书的积极性较高。该校在所有16所学校中无论设施设备、学生规模都处于中上位置，选取这所职校有一定的代表性（见表11-8、表11-9和表11-10）。

表11-8　天柱县中等职业学校文化课教师、年龄及职称统计

项目 专业类型	人数	学历结构			职称		
		专科	本科	研究生	初级	中级	高级
语文	2		2			2	
政治	2		2			2	
外语	2	1	1			2	
物理							
化学	1	1			1		
地理							
历史	1		1			1	
音乐	2		2		2		
美术	1		1		1		
体育	1	1			1		
就业指导	1		1			1	
合计	13	3	10		5	8	

表 11 - 9　　　　　天柱县中等职业学校主要专业课
教师、年龄及职称统计（2010）

项目\专业类型	学生数	教师人数	职称 初	职称 中	职称 高
数控	35	1	1		
机加	38	1	1		
电子	45	3	1	2	
计算机	42	3	2	1	
广告	17	2		2	
服装	11	2	2		

表 11 - 10　　　　天柱县中等职业学校主要专业师资统计（2010）

项目\专业	教师数 理论课	教师数 实训课	教师数 理论与实训	本专业第一学历教师数	本专业第二学历教师数	培训后能胜任教学教师数	到企业培训过的教师数
数控技术			1	1			0
机械加工			1				0
电子技术	1	1	1	1		2	0
计算机			3	3			0
广告设计			2	2			0
服装设计		1	1	1		1	0
合计	1	2	9	9		3	

结合表 11 - 8、表 11 - 9、表 11 - 10 可以看出：各专业学生人数少，教师人数更少。全校文化课教师 13 人，与《标准》60 人的一半 30 人还差 17 人；专业课教师更少，基本上一个专业一个专业教师。从年龄结构看，大部教师都是在 31 ~ 45 岁，没有形成合理的梯队结构。职称结构比较合理，但无论文化课或是专业课，职称都偏低。职称低，待遇就不高。所有教师都没有到企业培训过，教学与市场脱节，教育教学质量难以提高，学校要做大做强很难。

除此之外，还可以看出，学校技能课教师的数量严重不足。各中等职业学校的教师不仅在数量上不足，还在专业结构上失衡，大多是普通中学的文化课教师。"双师型"教师紧缺。目前，全州中等职业教育专任教师 571 人，按《贵州省职业教育与成人教育发展规划》的要求，任课教师中的"双师型"教师比例应达40%左右，现黔东南中等职业学校的"双师型"教师还不足20%。教师专业水平和教学能力不足，素质急待提高，一些县中等职业学校的教师还是在职的中小学教师兼任，缺少专业技术知识，教育教学水平都不高，难以适应中等职业教育发展的要求。中等职业学校教师跟普通中学的教师相比待遇相对低，享受在职进修、培训和学历提高的机会少。

第十二章

民族地区教育发展的案例研究（二）

本章选取云南纳西族、白族，西藏农牧区藏族和四川西部嘉绒藏族为例，探讨学校教育与文化传承关系、社会教育与学校教育运行机制、教育调适与需求和学校教育与文化认同等问题。

第一节　民族地区学校教育与文化传承研究
——以纳西族为例[1]

由于全球化和现代化的发展，少数民族传统文化受到外来文化的冲击，民族传统文化保护和传承的现状堪忧，该案例中的纳西族文化就面临传承的危机。具体体现如下：一是老东巴人数剧减，有学者统计过：1999年，丽江拥有80名老东巴；2003年，仅有11名老东巴在世；到2008年，老东巴不足4人[2]。二是过去经常举行的民俗活动、宗教祭祀已逐步简化或减少甚至消亡。三是许多纳西族的年轻一代已不认可长辈的行为规范、价值观和礼仪准则，会唱本民族传统歌谣，讲本民族故事，通晓本民族由来的人甚少。四是传统的民俗和文化心态

---

[1] 井祥贵：《纳西族学校民族文化传承机制研究》，西南大学博士学位论文2011年。
[2] 李冬：《丽江出钱培训东巴传承人80人》，载《生活新报》2008年3月23日。

发生了重大变化,例如商品意识、金钱观念等。"现代化进程对民族传统文化及其传承方式,更多提出的是改革与扬弃的要求;而对现代民族学校教育系统而言,更多提出的则是完善和发展的要求。民族现代化进程的一个重要方面便是民族教育的现代化。同时,民族学校系统将在现代化进程中肩负重任"①。有学者曾做过一项调查显示,丽江古城区白马龙潭小学总共960名学生(其中纳西族学生570名,占60%)中,只有110名学生会说纳西话,不到20%。而认识东巴文字的学生更是寥寥无几②。民族地区的学校教育不仅要承担传播国家主流文化的责任,同时也承担着传播本地区少数民族文化的重担,因此1999年起云南省丽江纳西族自治县就开始了民族文化进校园的尝试,通过十多年的探索,纳西族文化进精品教育基地、编入乡土教材,以及举办民族文化兴趣班等措施使得学校在传承纳西族文化有了一定成效,这对其他民族地区的文化传承具有借鉴意义。

纳西族文化传承主要通过课程开发、课堂教学和团体活动三个途径来开展,具体如下:

一、课程开发中传承民族文化

民族文化课程的开发主要涉及以下一些问题:一是课程资源的选择问题;二是谁来开发的问题,此问题包括开发主体是谁、课程开发的培训及保障问题;三是民族文化课程的类型问题。而从人的要素来看,主要涉及课程开发的主体的相关问题。纳西族学校现行使用的地方课程、校本课程教材的编写人员主要有三个群体:一是东巴文化传习院(即丽江市东巴文化研究会前身)的研究人员;二是纳西民族文化方面的专家;三是一些一线教师。这其中,东巴文化前两者是主要的撰写人员,而一线教师主要是参与编写校本课程。

下面是笔者对地方课程《纳西文化读本》编者之一的一位纳西族文化专家的访谈片段:

问:您作为课程的编者之一,能谈谈该套课程开发方面的一些问题吗?

答:我们之所以要开发这套教材,是有经过前期调研的,主要是为了保护纳西语为初衷。纳西语在广大农村和山区仍然是日常用语,但丽江古城及其近郊正在萎缩,约有70%的纳西族小学生已不会说母语,年轻人说纳西话也是掺杂一

---

① 张诗亚:《祭坛与讲坛——西南民族宗教教育比较研究》,云南教育出版社2001年版,第6页。
② 杨杰宏、张玉琴:《东巴文化在学校传承现状调查与研究》,载《民族艺术研究》2009年第6期。

半汉语。旅美纳西学者方宝贤曾说过一句话："50 年后丽江古城再也听不到母语了"。50 年也就是两代人，所以就很有危机感了。保护语言文字有很多途径，根据我们在黄山小学、兴仁小学的试点经验，进校传承，从娃娃抓起是行之有效又较为现实可行的做法。为此，我们协调省、地区、县各级部门通过原丽江县人大常委会决议，在全县范围内纳西族聚居和杂居地小学铺开传承。

问：能不能介绍下教材本身有些什么特点？

答：教材这块，我们开始时是组织教员边上课边编写教材，同时也把另两本教材作为临时教材作为应急时使用，那两套教材没有这套系统。这套教材的教员主要是来自原东巴文化传习院，现在东巴文化研究会，在他们的努力下，编写了这套教材，教材注意了知识性、系统性与应用性，并同时采用了象形字、国际音标、纳西拼音文、汉文注音及汉文五对照。除了本套书之外，我们还编写了《纳西母语和东巴文化传承读本》三种：《纳西象形字东巴文》、《纳西象形字东巴文应用》和《纳西东巴古籍选读》。每本里的课文又分正文和参考资料两部分，这给教员上课留下了发挥的空间。

问：像《纳西东巴古籍选读》这样的教材涉及了很多东巴经方面的东西，师资是怎么解决的？

答：一开始，也是主要请东巴文化传习院的专家进学校上课，同时我们也选了部分教师进行集中培训，现在许多老师经过培训已能正常上课了，但外面的专家只要时间允许还是经常进课堂讲课。而且这些人上课都是义务的。

纳西族地区学校民族文化传承课程开发的主要类型有地方课程、校本课程以及各种潜在课程。

（一）地方课程

目前，在纳西族聚居的古城区和玉龙县，投入使用的地方教材有以传承纳西母语为主的《纳西文化诵读本》、艺术教育类《音乐》9 册、《美术》8 册等几套教材。下面我们以《纳西文化诵读本》为例，分析下纳西族学校地方课程教材的民族文化传承情况。

纳西文化诵读本
丽江市古城区三至六年级教材目录及内容简介

一、道德规范

（一）序

（二）公民道德

（三）社会公德

（四）职业道德

（五）家庭道德

（六）学习品德

二、纳西谣

（一）环境

（二）历史

（三）传统

（四）人才

三、汉文诗译

（一）静夜思（李白）

（二）重到文峰寺（杨元之）

（三）云中白鹤飞（和柏香）

（四）题梅花图（和光）

（五）题麒麟图（杨绍书）

（六）自述（木公）

（七）饮春会（木公）

（八）采药南山（木增）

（九）玉龙雪山（马子云）

（十）"迎官厅"雪山（马子云）

（十一）花马竹枝词（牛青）

（十二）丽江竹枝词（杨品硕）

（十三）筏子（李玉湛）

（十四）丽江杂述（杨菊生）

（十五）悯农（李绅）

四、纳西民歌

（一）请歌 1. 踏歌来团圆 2. 雪山跳鹿坪

（二）祝词修湖

（三）引歌美名天下传

（四）相会调 1. 鱼水相会 2. 蜂花相会

（五）古调 1. 不见白鹤影 2. 把鹤送云间

（六）即兴调 1. 最高玉龙山 2. 最深金沙江

五、纳西儿歌

（一）放猪娃

（二）阿勒找什么

（三）神仙放风来

（四）母鸡诉苦

（五）月亮媳

（六）云儿云儿让一边

（七）数字歌

六、东巴经《创世纪》选句

（一）树木会走路的时代

（二）建造若罗神山

（三）我是纳西人

七、谚语"科空"

（一）气象谚语（12条）

（二）乡规民约（8条）

（三）修养（12条）

八、纳西语汉语口诀

九、汉纳常用词

十、纳西象形字东巴文读音表

十一、纳西象形字东巴文读音汉义表

十二、纳西语拼音文字方案、汉语拼音方案和国际音标对照表

附小常识：历史悠久、文化灿烂的纳西族；消失的文明——古代一些地区的象形文字；古老神奇的纳西象形字东巴文；纳西语拼音文字

从其目录可以看出，该教材是基于"保护语言"而编制的，其内容多涉及纳西谣、纳西民歌、纳西儿歌以及纳西谚语等。此外，教材中还将《静夜思》等诗词翻译成纳西语，以激发学生的学习兴趣。

（二）校本课程

纳西族学校，从小学到高中，都有开发校本课程，如玉龙县白沙完小的《白沙——我的家乡》、古城区白龙潭小学的《纳西童谣》等。校本课程通常与学校周边的风土人情相结合，弥补了国家课程和地方课程的不足。笔者在调查中了解到，其中质量较高者，还被采用为地方课程，如原丽江地区第一高级中学编制的《纳西文化知识读本》、《神奇的丽江》（The Wonderous Li jiang）。这里重点介绍下白沙完小的校本教材。

白沙——我的家乡

白沙完小自编乡土教材（适用于三、四年级）目录及主要内容简介

白沙乡中心完小编制

第一章 我们的家园

第1课 我们的房子

图示并介绍远祖的帐篷、先祖的木楞房和现代的瓦房

第2课 我们的院子

图示并介绍纳西族传统的庭院和畜院结构、用途

第3课 我们的房前屋后

房前屋后的树木、道路、溪流、菜园、果园及药材

第4课 我们的家谱（选学）

实物图示木氏宗谱碑文局部、《木氏宦谱》封面、木氏宦谱引子；祭天经《蒙增·查班绍》（献牲·人类繁衍篇）选节、祭天经《查班绍·丹树》（人类繁衍·忏悔篇）选节、超度经《喜务·查班查竿》（超度·人类繁衍篇）选节

第5课 我们的家人

爷爷是猎手、奶奶是歌手、父母是种田能手

第6课 我们的家畜

东巴象形文字图示狗、牛、猫、猪、鸡、鸽子等家畜并简介其用途、饲养、轮牧

第7课 我们的服饰

图示并介绍四川木里俄亚、云南香格里拉县三坝、玉龙纳西族自治县塔城乡和奉科乡、丽江坝区等不同地区的纳西族服饰

第8课 我们的用具

利用东巴象形字图示各种日常用具并介绍其原材料、制作、使用及保管

第9课 我们的食物

利用东巴象形文字图示各并介绍各种食物如粑粑、腊肉、凉粉、酥油茶、蜜饯、腌菜；不同节日里如年猪客、满月客、红事、白事、清明、端午、冬至及年夜饭时的食物搭配及特点介绍

第二章 历史·文化·人物

第10课 我的家乡——白沙

利用地图介绍白沙乡、白沙村的地理位置、土地面积、人口、气候、海拔及服饰；木氏土司先祖阿琮阿良的相关事迹介绍

第11课 玉龙雪山

玉龙雪山的位置、海拔、动植物品种、景点简介；图示东巴象形字中出现的

玉龙山中的禽类与兽类；玉龙雪山的作用：雪山冰川固体水库、大地空调山涧溪流、灌溉用水及人畜饮用水水源

第12课北岳庙

北岳庙（三朵庙）的历史、"三朵"神的传说、"三朵"节（二·八节）简介

第13课万朵山茶

玉峰寺万朵山茶的树龄、茶花特征、相关传说

第14课白沙壁画

白沙壁画的历史及分布、白沙壁画的多宗教融合特征、白沙壁画的内容及其艺术表现手法

第15课白沙细乐

白沙细乐的别称及其名称由来、图示白沙细乐的乐器构成、白沙细乐12调的存失情况及其曲风、演奏特征简介、《白沙细乐》与《丽江洞经音乐》共同构成"丽江古乐"

第16课东巴文字

丽江三大"世界遗产"：世界文化遗产——丽江古城、世界自然遗产——"三江并流"自然保护区（核心区位于玉龙县老君山）、世界记忆遗产——纳西东巴古籍（由东巴象形文字书写）；图示16个东巴常用字（东巴字与相应汉字对照）；东巴字在人类文字研究中的作用

第17课洛克博士

美籍奥地利人洛克博士的在丽江27年的生平事迹及其对传播纳西族文化做出的贡献简介

第18课无臂书法家

身残志坚的纳西书法家和志刚生平事迹简介

第19课雪山神医

白沙街老中医和士秀先进事迹及其"丽江玉龙雪山草本草诊所"

第20课和惠祯

美籍纳西族精英和惠祯的生平、对白沙完小的捐资援建事迹、图示白沙完小惠祯子绣楼

第三章社区与资源

第21课我们的村子

利用地图简介白沙村的地理位置、人口及生计类型

第22课看图猜一猜

利用实物图介绍玉龙完小校钟——第二次世界大战期间美国战机失事后残留的空氧气罐、青龙河上的吉祥桥及其传说、松毛堆及其用途、白沙居民常用野生

油料果——青刺果的价值

第23课 我们特有的食物

白沙煎凉粉的原料、制作、不同吃法简介

第24课 我们的旅游资源

利用地图介绍白沙乡的旅游景点及其旅游地的价值、文化价值

第25课 铜器是怎样制作出来的

图示古"茶马古道"抢手货白沙铜器手工作坊及铜器制作用具介绍、铜器的制作步骤及其所涉及科普知识

第26课 水与水的利用

白沙丰富的水资源介绍、纳西先民对水资源的利用及管理经验

第27课 森林资源与管理

以白沙乡丰乐村的森林资源及其管理方式为例，介绍了如何对森林资源保护与管理

第28课 谁管理我们的村子

新中国成立前纳西村落里的"本虽"（村长）的选拔方式、任期及其责任与义务；村中"恒暨"（神房）的功用；青松果采摘、水磨使用的村规民约

第29课 建房賨

以丰乐村"建房賨"为例，介绍了纳西族"賨"①的组织方式、运作机制

第30课 我们的农事历

图示纳西农事历并介绍纳西人日常生活与其农事历的关系

白沙——我的家乡（二）

白沙完小校本教材（适用于五、六年级）目录及主要内容简介

玉龙纳西族自治县白沙完小编制

第一章 古建筑、古遗迹

第1课 巨坚寺

图示玉龙雪山脚下的玉湖村及其通往"巨坚寺"的古道

第2课 玉柱擎天

玉柱擎天位置、"玉柱擎天"摩岩

---

① "賨"，作为一种重要的民间金融组织形式，在丽江有着悠久的发展历史并呈现出丰富的变异形态，伴随着文化的变迁，"賨"发展出了超经济的新形式，最终不仅成为一种独具地方特色和民族特点的小群体社会交往模式，而且成为纳西族的一种休闲生活方式，从而形成了内容丰富的"賨"文化。20世纪90年代以来，"賨"这种古老的风俗活动已得到了继承和发扬。男女老少都去化"賨"，主要流行于城镇，大都以职工、城镇居民和退离休职工组织的居多，形式、内容和目的与传统的"賨"会大不同了。有同学賨、老乡賨、姊妹賨、同事賨等。关于"賨"文化，笔者将另撰文详述之。

第3课 玉峰寺

丽江五大喇嘛寺之一的玉峰寺及寺内"万朵茶花"树介绍

第4课 北岳庙（三多阁）

北岳庙位置、"三多"神的传说、"三多节"活动简介

第5课 福国寺（解脱林）

汉传佛教寺庙福国寺位置、规模介绍；图示（法云阁）五凤楼及介绍

第6课 明代建筑群

民居建筑群和宗教建筑群：金刚殿、大定阁、琉璃殿、大宝积宫

第7课 白沙壁画

白沙壁画的绘制年代、内容、风格介绍；大宝积宫西壁的《如来会佛图》、北壁正中的《观音普门品图》、南壁正中的《孔雀明王法会图》的内容介绍及其当代荣誉

第8课 白沙古街

白沙古街的文化渊源、当代风貌

第9课 云集庵

云集庵的位置及历史简介

第10课 白沙驼峰机场

白沙驼峰军用机场的地点及其在第二次世界大战期间国际援华抗战的独特地位

第11课 木氏土司故宅——木家院

木家院遗址；木公、木高诗刻；烽火台

第12课 龙泉寺三圣宫

龙泉寺、三圣宫遗址及其历史渊源介绍

第13课 石莲寺大觉宫

介绍束河松云村后的石莲寺、今为束河完小西院的大觉宫的历史变迁简介第二章 文化、人物

第14课 东巴文字

图示东巴经书中的文字片段、常用东巴文与汉字对照表、白沙东巴世家第三十三和三十四代传人介绍、他们的家谱及其家族事略

第15课 爷爷奶奶的信仰及崇拜

纳西先民的自然崇拜与万物有灵信仰

第16课 和耀增与白沙完小

官至建武将军的纳西好儿子和耀曾的卓著军功和突出政绩

第17课 白沙著名诗人——木正源

纳西族诗人木正源生平简历及其《雪山十二景组诗》

第18课 美丽的香格里拉之说

英国小说家希尔顿作品中的"香格里拉"与美国农业部特派员约瑟夫·洛克亲历的丽江吻合，即丽江是希尔顿"理想王国"的原型

第19课抗日英雄——木壬林

纳西爱国将领木壬林的生平事迹简介

第20课纳西民族之《鱼水相会》

介绍《鱼水相会》的内容、修辞及教育意义

第21课听爷爷奶奶讲过去的故事

明代木天王之女龙女公主助夫反父及龙女树（虑朱）的故事

第22课纳西民间美术介绍

东巴绘画卷轴画《神路图》、金沙江崖画、丽江纳西民间美术的价值

第23课学生美术作品鉴赏

第三章名木古树、名人故居

第24课白沙名木古树

哥吉出水源头的五角枫、玉峰寺的万朵山茶、北岳庙的银杏树和千年唐柏、大宝积宫旁的银杏、束河完小里的银杏树、琉璃殿大门口的观音柳、向阳村的古皂荚树、文昌宫的桂花、玉峰寺的夜合欢

第25课白沙名人故居

杨邦卫进士故居、书法家黄辑熙故居、和惠祯故居、洛克故居

第四章白沙细乐及鉴赏

第26课白沙细乐

不同版本的白沙细乐的产生传说以及其构成、内容、曲风

第27课白沙细乐鉴赏

选介了七乐章不同主题的细乐曲，包括融引子、序、跋、基础、精华等多种解释于一体的乐曲《笃》，此外还有《一封书》、《三思吉》、《公主哭》、《赤脚舞》、《弓箭舞》及《阿丽丽苟金旁》，并附有相应的乐谱。

（三）潜在课程——学校（课程）文化的营造

纳西族地区学校也重视校园文化的营造，这主要体现在以下几个方面：一是长期坚持《拉起我们的手》的课间民族打跳，很好地将纳西、藏、普米等不同民族的舞蹈动作融入课间操；二是通过创建"东巴文化长廊"、宣传栏、标识牌等宣扬民族文化，如用纳西拼音、英语及东巴象形文字三种文字书写的"班级字牌"、"卫生区域标识牌"、校园古树名花的东巴刻牌装饰以及东巴字、汉字两种文字标识的厕所等；三是利用东巴象形文字创制校园壁画进行思想教育和道德

教育，如许多学校墙壁上刻有一些纳西祖先的劝学警句，运动场墙壁上刻有纳西先祖的运动警句等；四是把学生的校服精心设计成别具一格的纳西现代服饰。总之，通过以上各种途径共同营造一个充满浓郁民族文化氛围的校园，对学生进行民族文化的熏陶、感染，强化了其民族认同感。

二、课堂教学传承纳西族文化

在课堂教学中，主要涉及教育者与受教育者。受教育者的学习兴趣，教育者的意识、素质对课堂教学中渗透民族文化传承作用举足轻重，本部分将主要从教育者这个方面来分析。下面是笔者在古城区兴仁小学同和老师的谈话节录：

数学学科本身的特点决定了部分内容比较枯燥，课堂气氛不易搞活跃。我在教学过程中经常把数学问题情境化、生活化，将我们纳西族的民族文化渗透到课堂教学中，学生很感兴趣。具体做法我举三个例子吧，这也是我曾上过的三节课：

一是将纳西民族服饰文化渗透到课堂中。我在教学"7 的乘法口诀"时，就以我们纳西族妇女的服饰——七星披肩为教学素材。在导入正课时，通过课件出示一块七星披肩，并问："同学们，你们知道这是哪个民族的服饰吗？"同学们异口同声回答："纳西族"。这时，我就趁机向同学们讲述七星披肩的来历及其包含的意思，接下来，让学生数一数，算一算一块披肩上有几颗星，然后是两块披肩上，三块披肩……直到七块披肩上各有几颗星。这样又快又生动地完成了"7"的乘法口诀的教学。

二是抓住小学生的心理特点，合理开展教学，并将纳西民间文化渗透其中。我们纳西族的一些民间传说故事，例如阿一旦的故事、三朵神的传说等，我觉得特别有意思，这些你应该挺熟了吧。为此，我特意从新华书店买来相关的书籍，然后认真研读，并从中选出一些特有教育意义的讲给学生听，学生们非常喜欢。此后，每当有学生在课堂上"开小差"时，我就适时说："如果大家专心听讲，提前完成作业的话，老师就给你们讲阿一旦的故事。"这样一来，学生们立刻个个兴趣高涨，精神大振，学习任务提前完成了。在提高学习效率的同时，学生的民族文化知识也丰富了。

三是灵活运用教材，渗透纳西族的生态文化。例如，三江并流是我们丽江的三大文化遗产之一：世界自然遗产。为了让孩子们从小就对此有所了解，我在教学"准确数和估计数"时，没有用课本中给出的素材，而是利用课件出示了这样的一段话："'三江并流'是指金沙江、澜沧江以及怒江这三条发源于青藏高原的大江在云南省境内自北向南并行奔流176公里，穿越担当力卡山、高黎贡山、怒山和云岭等崇山峻岭之间，所形成世界上罕见的'江水并流而不交汇'

的奇特自然地貌景观。这其间澜沧江与金沙江最短直线距离仅为66公里，而澜沧江与怒江的最短直线距离不到19公里。"末了，我让学生找出这段话中的数字，然后进行准确数和近似数的教学。

从这段谈话中，可以看出，作为纳西族的一员，和老师是一位达到费孝通先生所言的"文化自觉"的教育者了。在纳西族学校中，像这样的教师还有许多，正是他们，纳西民族文化才得以更好地在课堂中渗透。

从组织方法看，纳西族学校课堂教学中的民族文化传承方式主要有学科科目式传承、学科渗透式传承两种类型。

一是教学科目式传承。纳西族地区许多中小学校开设的民族文化教学科目是"纳西母语"课。这种课只在城区及近郊的一些学校开展，因为这里学生中许多为外来务工人员子女，他们会讲纳西话的很少。而在远郊及广大山区等纳西族聚居的地区由于其语言环境保存较好，无须教授母语，可以直接进行其他纳西文化的传承。母语课一般在小学中年级（即三至五年级）段开展，因为低年级由于太小理解力跟不上，而高年级面临升学，科目也相对增多，教学时间变得紧张。每年级每周一节，教师或是兼职，即经过培训的其他科目的教师，或从校外聘请专家。目前，开展母语课是纳西族学校民族文化进课堂的最常见形式。

二是学科渗透式传承。所谓学科渗透式传承，是指将纳西族文化融进主流文化课的教学中，这是比较普遍的传承方式，收效不错。在纳西族学校，民族文化几乎渗透进所有科目的教学中，而与民族文化结合的最好的科目有美术和音乐等艺术教育类课。

三、团体活动中传承纳西族文化

团体活动的主要开展方式有举办各种纳西民族文化的兴趣班、兴趣小组、组织艺术团以及开展各种主题活动等。

（一）兴趣（班）小组

兴趣班或兴趣小组活动主要是结合劳动技术教育和音体美教育开展的。在活动小组中，让学生们按照自己的兴趣爱好，分别到美术、声乐、英语、竖笛、书法、体育、纳西歌舞以及手工制作小组中，一方面扩大了学生的知识面，另一方面也让其了解了纳西丰富多样的民族文化，培养了其个性才能。这方面较为突出的是黄山完小的纳西文化兴趣班和兴仁小学的"七星刺绣"手工活动小组，我们以后者为例详细说明。

下面是笔者对"七星刺绣"手工活动小组负责人杨老师的访谈节录：

问：杨老师，您能谈谈"七星刺绣"手工小组的开展情况吗？

答：我们是按照学生的个人兴趣自愿报名的，其实这个"七星刺绣"手工组是由劳动技术课衍生出来的。我们学校还有好多兴趣小组，比如书法、绘画等，只是"七星刺绣"手工组在传承民族文化方面与其他学校相比比较突出。学生进来后，先给他们讲解一些纳西族服饰方面的知识，比如为什么纳西族妇女要穿羊披、七星的来历及寓意等，然后再进行手工课的传授。

问：您是经过专门的培训吗？学生的兴趣如何？

答：我没有。你看我本身就是老龄妇女嘛，哈哈……（笑），我本来就会刺绣，然后我又自己抽空看了些服饰文化方面的书籍，加上我本身就是纳西族，所以就我一个人就给孩子们理论、实践课全包了。我觉得作为纳西族的一员，能够把自己民族的东西传给孩子们，很自豪。学生们也很感兴趣。另外，你看我们墙壁上的展览就知道了，我还教他们绣"美羊羊"、"灰太狼"的，可以说把传统的民族的东西和现代的东西都交给他们了吧，所以他们很感兴趣。你看，还有好多男孩子都参加进来了呢！

通过与杨老师的谈话可以看出，"七星刺绣"手工活动小组将民族文化内容渗透进劳动技术课之中，既注意理论的教授，又锻炼了学生的动手能力，可以说是对素质教育很好的践行。此外，从谈话中，也可以看出，杨老师也是一位对自己民族文化拥有"文化自觉"的教师。

（二）艺术团活动

艺术团活动是纳西族学校民族文化传承的一种较为普遍的方式。所谓艺术团活动，即是将对民族文化兴趣较浓厚且又有一定基础的学生组织起来，以团体的形式进行的小班级教学活动。艺术团一般具有规模小、水平高的特点，其成员不受年龄限制，来自不同年级。艺术团一般聘请校外民族文化专家协同校内音乐教师、体育教师进行一些民族歌曲、民族舞蹈等方面的训练，他们还经常应邀参加一些县、市、省级的文艺演出，有的甚至还参加国家级的演出，并获得不少荣誉。在纳西族学校中，艺术团活动比较突出的有大研中心小学的"雪山精灵"艺术团、玉龙纳西族自治县的塔城完小的"勒巴舞"艺术团以及白沙完小的"纳西古乐"艺术团。

（三）主题活动

开展各种主题活动是纳西族学校民族文化传承的又一举措。总的来看，这主要有两种方式。

首先，充分利用各种节庆活动。他们通常以"六一"、"元旦"等节日活动为契机，给学生搭建纳西文化实践活动以及自我表现、自我评价的平台，进行一系列比赛活动，如"用纳西语讲故事"、"纳西民族舞蹈"、"东巴绘画书法"等。以古城区兴仁小学为例，该校学生的各类活动作品在各类比赛中屡屡获奖，其中该校自创自编的纳西歌舞《丰富多彩的校园生活》还曾应邀赴香港参加"香港回归"9周年演出。

其次，将课堂向社区延伸。仍以古城区兴仁小学为例，该校特别重视学生的社会实践，每年春、秋游都组织学生到实践基地，如古城、束河古镇、黑龙潭东巴文化研究博物院、文峰寺、东巴谷、玉水山寨以及东巴王国等地进行纳西民族文化的实地观摩，让学生参观和体验纳西民俗民风，将课堂理论知识与具体实际相结合。学生们通过观察学习，写出了许多优美的文章。该校并于2005年出版了第一本兴仁方国瑜小学"纳西文化传承实践活动记录"《学生作文集》，为创设共同学习的平台，将其分发给学校学生，受到学生和家长的好评和欢迎。

综上所述，这种主题活动，往往是基于学生的经验、兴趣及生活，强调了学生的体验，学生积极参与到各项实践活动中去，在做、考察及探究等一系列活动中应用知识、感悟人生、累积经验和建构活动的意义，认识了事物之间的联系和关系，从而获得了整体的发展。这些综合实践活动所具有的内容和形式上的"整合性"、"活动性"及"体验性"特征，与民族文化的经验性、趣味性以及实践性等特征十分契合，因而最易于民族文化的传承，是学校教育传承民族文化的有效途径。纳西族学校民族文化传承如图12-1所示。

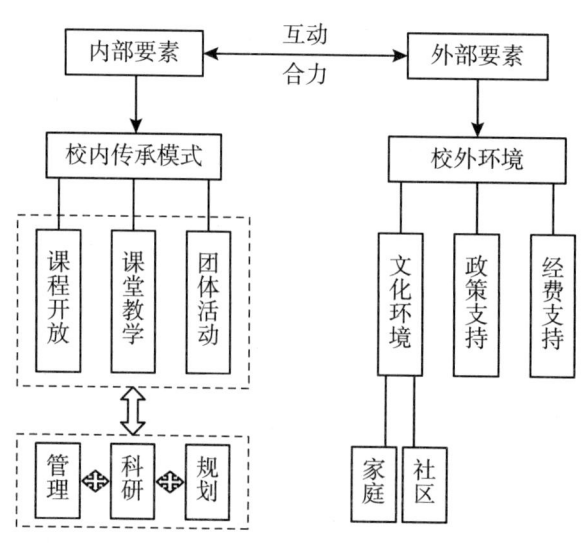

图12-1 纳西族学校民族文化传承示意图

云南丽江纳西族自治县通过引进民族文化进校园的尝试，初步构建了纳西族学校教育传承民族文化的机制，案例中只是简单介绍了传承机制中的三个途径，在真实的学校教育中还要受到校内外各种因素的影响，通过纳西族学校民族文化传承机制示意图可以看到，传承的过程不是简单地寻找途径，还有多方面的因素需要考虑。纳西族学校的民族文化传承实践表明是有效的、并取得了初步的成果。通过课程开发、课堂教学和团体活动等方式，使得学生能够对本民族文化产生兴趣，这一点是很重要的，因为民族文化的传承并不是说保证资金投入、保证师资、编写民族特色的校本课程等措施就能完成的，本民族内部是否有继承民族传统文化的意愿和动力才是问题的关键，因此应培养少数民族的文化认同感和文化自觉，只有内外结合才能使民族文化传承更有效，即外推与内生的结合。只有当学生对本民族文化产生了兴趣，他们才能开始真正了解自己的文化传统，当领会到先人所创造的民族文化的博大精深，才会对本民族文化产生认同，进而产生民族认同，强大的民族自豪感反过来激励他们传承祖宗传下来的文化。该传承机制不是学校孤立奋战，而是通过校内外的结合，通过与社区、家庭合作，实现家—校—社一体化的传承模式，使学生在学校、家庭和社区中都能学习本民族的文化。再就是通过民族文化进校园丰富了学校的教学内容，这是符合当前民族地区教育改革精神的，民族地区的学校教育是为当地服务的，它必然要适当地传授"地方性的知识"。

尽管纳西族的文化传承机制取得了一定的成绩，但是我们必须清晰地认识到还存在很多问题。首先，资金方面存在问题。如在调查中，了解到兴仁方国瑜小学整合编写了 8 册校本教材，其中有 6 册是一至三年级使用的纳西母语教材；1 册是四至六年级使用的东巴象形文字及东巴绘画综合教材；1 册是"纳西七星刺绣"校本教材。这些教材投入该校使用以来收效很好，可由于资金短缺，目前还做不到人手一册，而是同桌两个学生共用一本，而且不同年级学生"循环使用"。其次，是制度、政策问题。如有的学校结合当地民族文化资源编制了很好的校本教材，可因为云南省教材审订委员会对于地州级教材的审核日期有一个硬性的规定——截止到 2004 年 6 月，在这个日期之后编制的教材除非是两个以上的地州同时需要，否则就无法通过"合法"的途径出版发行，因此，"这些教材的出版问题按现行制度只好搁浅，最后只能成为教师的'内部资料'"[1]。再次，是师资问题。民族地区的教师民族文化素养普遍不高，即使我们开发了民族文化教材，有了资金投入和制度、政策保障，假若没有可以传承文化的教师也是不行

---

[1] 井祥贵：《学校教育视野下的民族文化传承研究》，载《民族教育研究》2011 年第 5 期，第 104~107 页。

的。他们往往不能胜任民族课程的教学,对民族文化的知之甚少,导致在课堂上只是读教材,将课本上有的读给学生听,对课本上没有的但是生活中存在的民族文化现象没有敏感性,没有意识开发生活中的民族文化资源。这不仅导致学校无法正常传承少数民族文化,还造成其他一些现成的、争取来的资源的浪费。最后,是评价制度有问题。当前的学校教育以课本知识传授为主,这主要是受考试的影响,考什么教什么,而民族文化知识不是考试的组成部分,所以学校对于民族文化的传承重视不够。一元模式的评价体系对所有的学校都搞"一刀切",没有照顾到各个地区的差异性,尤其是民族地区,民族教育应体现其民族特色,即在学校中注重本民族文化的传承,所以现有评价体系已经不再适合民族地区的教育,应编制多元化的、灵活的评价体系,在民族地区应把少数民族传统文化知识纳入考试的范围,以促进文化传承。

纳西族学校民族文化传承的经验给其他民族地区传承各自民族文化提供了经验,但是由于各地区的差异性和各民族文化的独特性,决定了不能照搬纳西族自治县民族文化进校园的模式,应根据各自地区的现实状况研制本地区民族文化的传承机制。云南丽江纳西族民族文化传承机制虽然取得一定成绩,毕竟问题还存在,这也说明了该地区的传承机制尚在试验阶段,还不成熟,所以照搬照抄也是不合理的。

第二节 西藏农牧区教育调适与需求研究[①]

一、西藏农牧区的教育调适研究

近年来,国家持续加大了对西藏教育的投入力度,促进了西藏教育的快速发展。2010 年,西藏公共财政预算教育经费达 63.35 亿元,比 2009 年增长 9.77 个百分点。从生均公共财政预算教育事业费增长情况看,普通小学达到了 8 164.32 元,增长率为 29.54%;普通初中达到了 7 242.81 元,增长率为 1.20%。从生均公共财政预算公用经费增长情况看,普通小学已达到 2 077.95 元,增长率为 75.01%,是全国增长率最高的省区。但西藏农牧区学生短期或长期辍学的情况依然严重。如 A 县中学实有学生 2 537 名,实到学生仅 541 人;B 县中学实有学

---

① 贺能坤:《西藏农牧区教育调适研究》,西南大学博士学位论文 2010 年。

生 2 700 余人，实到学生不足 700 人。调查表明，这种情况在农牧区学校还较为普遍。

西藏学生辍学问题一直为学者们所关注。已有研究认为，其原因很多，大致可以分为三类：一是家庭经济原因；二是学校原因；三是宗教文化原因。在所有原因中，众多文献同意经济原因是形成学生辍学的主要原因。国家大幅度投入西藏的教育经费不仅为学生提供了良好的教育教学条件，而且通过"三包"经费制度从根本上免除了学生受教育的经济负担。显然，已有的研究结论不足以解释当前西藏教育经费大力投入背景下学生仍然辍学的问题。这意味着解决学生辍学问题并不能单纯依靠经济力量，还应在经济之外寻找原因和对策。这需要我们对西藏农牧区教育发展的政策含义重新界说。

（一）重新认识教育

确切地说，西藏现代教育在不断调适过程中获得了飞速的发展，为推动西藏各项现代事业的进步起到了积极的促进作用。但农牧区教育表现出的残酷现实问题，表明传统的农牧区教育发展思路仍存在问题。虽然我们采取了许多措施如增加投入、倡导双语教育、实施寄宿制等，但从学生在校的数量和学生受教育的结果来看，离既定的教育目标仍有相当大的距离。

为什么这些政策仍未能从根本上解决这一西藏教育发展中的"短板"？问题可能有两个：一是政策本身有问题，二是政策执行过程中存在问题。从调查来看，尽管二者同时存在，但主要是教育政策本身的问题——教育政策远离了西藏学生的教育需求。因此，我们经过研究认为，西藏农牧区教育发展的出路在于重新认识"教育"。

今天，我们赋予了西藏教育许多本不属于教育的使命，如希望发展教育实现一个社会经济的增长、实现个人脱贫致富；希望教育实现民族团结、维护西藏稳定；希望教育传承藏民族的文化、保护和传承西藏丰富的物质文化遗产和非物质文化遗产，等等。这些均与教育有关，其实，它们均不是发展教育的终极目标。教育的终极目标是发展人自身，促进人的发展，促进人的幸福。凡是违背这一目标的教育均偏离了教育发展本身，与教育的目标相背离。

受西藏自然环境和人文环境的影响，西藏教育具有特殊性：对象特殊、教育内容特殊、教育方式特殊、教育评价方式特殊、教育人才规格特殊，等等。西藏教育如何根据这一实际情况才能更好地发展每一个人应是当下认真思考的问题。西藏农牧区教育在过去的发展过程中不同程度地偏离了教育发展人这一定位，现在首要的任务是让教育回归到发展人自身上来。只有当一切回归到人的发展上，围绕教育所开展的所有行动才是有效的，也符合"以人为本"的原则。在越来越追求人类幸福的今天，我们要从精神关怀的角度关注学校教育，真正关心学生的需求，把学校办成学生成长的"精神家园"，通过教育促进学生的快乐成长。

(二) 发展符合西藏实际的教育

西藏农牧区教育的困境在于投入了大量的人力、财力、物力，但并没有从根本上解决学生的读书意愿问题。这说明不能再用原来的思路来解决现在的问题，更不必指望沿用旧思路来提振西藏农牧区的农村教育。办法只有一个，必须破解原来的思路，必须用新的思路来解决这一长期困扰的难题。

在自然环境和社会环境独一无二的西藏发展教育，没有现成的思路可寻。在西藏教育发展初期，我们更多地模仿和学习了汉族地区的教育发展模式，几乎全面移植了汉族地区的学校教育制度、管理模式、课程设置、教师资源的配置、教学内容安排、学生评价标准等。这种追赶汉族的教育发展战略，对整个西藏教育发展的影响深远，以至于部分教育管理者直接将全面学习汉族模式作为提升水平的根本途径。所以，不断地向藏族地区派出援藏干部和教师，不断地将本地干部和教师源源不断地送往内地进行所谓以汉文化为标准的培训。一进一出，耗费了大量的人力、财力和物力。这种模式客观上起到了扩大视野，更新思想的作用，但事实上他们回去能在工作上用到的却实在不多。有位培训班学员感叹，培训讲的理论太多，很多人不熟悉西藏的实际情况，与实际情况差别太大。学习期间即使参观了一些学校，均是内地优秀学校，与西藏的学校之间没有相似性和可比性，无法在二者之间建立起有效的链接。这种"空中楼阁式"的培训，给参培教师带来两种结果：一种是学无所用的悲观，另一种强制推行汉族模式。这两种结果对西藏教育均是有害的。

西藏教育的特殊性决定西藏农牧区教育必须走符合西藏实际情况的路，这样的教育才是西藏学生需要的教育。

(三) 学校教育充分关注学生的教育需求

现代学校教育在很大程度上是机器大工业生产的产物，具有指导思想遵循"效率至上"、目标上追求"经世致用"、机制上凸显"标准划一"的特征。学校教育的目标是培养适应现代工业社会所需要的人，学校教育的知识体系总对应于工业社会的各种技能，对应于城市社区的教育内容。于是，这种学校教育从一开始就背离了西藏农牧区的实际情况，教育内容不是他们熟悉的，教育目标不是培养服务于所在社区的人才，而是想方设法让他们离开，鼓励他们学习的目的是外出打工。事实上，这与西藏农牧区的实际相差太远。按苏霍姆林斯基的话说，这种教育远离了他的最近发展区，无法从学生内心激发出最近的需求。所以，一且学生认识到学校提供的教育不是他所需要的知识，或者学校所教授的知识不能应运于他所在的社会，或者在他所在的社区看不到学校教育的效益时，便开始放弃教育，用经济学上的退出来进行选择。

（四）充分发挥西藏社会系统的调适功能

西藏农牧区的教育问题不仅是教育内部的问题，而是一个系统的问题。在西藏农牧区这一社会系统中，学校教育只是其中的一个子系统。学校系统的问题既有来自学校子系统自身的原因，也有来自西藏农牧区社会系统其他子系统的原因。一个系统出现问题，是系统内不调适的表现。因此，解决西藏农牧区学校教育的问题，不仅要紧紧立足于西藏农牧区这一特殊的社会系统，而且要充分发挥各子系统的合力，通过系统间的相互调适，共同促进西藏农牧区教育的协调发展。具体来说，只有学校系统、家庭系统、社区（包括宗教文化系统）系统之间相互调适，西藏农牧区的教育才能实现良性发展。

当然，这些系统本身是变化的，其中一个子系统的变化都会引起其他子系统的相应变化。我们应及时了解和把握系统的变化，并积极利用这一变化作用于学校教育的发展，作用于人的发展。

西藏农牧区教育发展状况同样说明仅仅通过政策和资金的支持并不能真正促进民族地区学校教育的发展，要实现民族地区学校教育的优先发展，首先要弄清民族地区学生真正的教育需求是什么？并制定教育需求指标体系，再根据民族地区教育指标体系给予相应的支持，这样才能有效地推动民族地区教育优先发展。

二、西藏农牧区中小学生教育需求指标体系研究

西藏农牧区教育的特殊性，决定了政府的高投入不一定换来高入学率，表层原因是学生不愿意上学，其实质是学校教育未能满足农牧区学生的教育需求。心理学研究表明，对义务教育年龄段学生而言，他们受教育的动机并不具有成年人的"理性"特征，而是有着与年龄特征、文化背景等相适应的教育需求。满足学生的教育需求，有利于激发和增强学生接受教育的主动性、积极性，从根本上解决学生不愿意接受教育的问题。

基于上述认识，我们从西藏农牧区的特殊性出发，从多个维度编制了调查问卷，通过问卷调查和田野调查的方法找寻学生最需要的教育，试图构建起学生教育需求的指标体系。

（一）学生教育需求指标体系构成

"需求"一词按照经济学的界定必须满足两个条件：一是消费者有购买意愿；二是有购买能力或支付能力。由于西藏农牧区义务教育全免费，教育需求的支付能力这一条件实际上不需考虑。因此，本书中教育需求实际等同于受教育意愿，即学生的读书意愿是教育需求的因变量。笔者利用 SPSS 计算变量之间的相关系数并对多变量进行因子分析发现：共有 5 个公因子的贡献率较大，并从教育内容、办学形式、提供方式、教育效用、快乐情感体验 5 个维度提出了学生教育需求的指标体系。

教育需求指标体系由 5 个一级指标、24 个二级指标构成。其中，一级指标教育内容需求包含本民族内容比重、本社区内容比重、中华民族内容比重、现代化内容比重共 4 个二级指标；办学形式需求指标包含与家人相聚的时间、参与家庭活动的频率、个体自由需求满足程度、与家庭教育的互动频率、上学路途所需时间共 5 个二级指标；提供方式需求指标包含双语教材比重、双语教师比重、双语课堂比重、信息化课堂比重共 4 个二级指标；教育效用需求指标包括升学率、就业率、区域内就业比重、区域外就业比重、双语能力评价水平共 5 个二级指标；快乐情感体验需求指标由学习信心程度、课堂学习快乐程度、课外生活快乐程度、同学关系融洽度、师生关系融洽度、学校教育的满意度共 6 个二级指标构成。

1. 教育内容需求

学生对本民族、本社区内容和现代化内容同样有着强烈的需求，这说明学生一方面需要学校教育提供身边熟悉的内容，另一方面也需要提供现代化的内容。需求本民族、本社区的内容，符合学生的最近发展区原理，学生总是首先对发生在自己生活中的内容感兴趣，总是对发生在自己的最近发展区内的内容感兴趣，这与该年龄段儿童的心理特点相一致。学校提供"本民族的内容"和"本社区的内容"不仅是学生教育需求的必然结果，也是学校教育担负起传承民族文化的重要途径。同时，作为中华民族大家庭中的一员，藏族应与其他民族共享现代化带来的成果和实惠，并逐步迈入现代化，实现共同发展。因此，藏族学生均有着对整个中华民族文化和现代化内容的教育需求。

尽管如此，从调查结果看，学生对教育内容的需求仍倾向于以本民族、本地区的内容为主，并以此为平台向本民族、本地区以外的内容进行辐射。前者是基础，是前提条件，远离自己民族、远离自己社区的教育是"无根的"。当前，西藏农牧区以城市为主、以汉文化为主的学校教育在很大程度上背离了当地学生对本民族和本社区的认知需求，大多数内容与学生的生活经验完全脱节，这是学生读书意愿低的重要原因。

2. 办学形式需求

西藏特殊的自然环境决定了学生对办学形式需求的特征。虽然地广人稀、人口居住分散，学生仍希望在接受现代学校教育的同时，也充分满足自己作为一个正常人对家庭亲情的需求。对这一年龄段的学生而言，他们对家庭的依赖胜过对知识的需求。这就要求学校教育在提供形式上应充分考虑并满足这一需求。

学生接受教育应建立在满足家庭亲情需要的基础上。换句话说，学生首先是家庭中享受亲情的人，其次才是学校接受教育的人。学校教育必须建立在家庭亲情需要的基础上，并与之建立起必然的联系。凡是割裂了家庭亲情的学校教育，就割裂了学校子系统与家庭子系统之间的关系，不可能实现持续发展。于是，学生与家庭成员之间相聚的时间、参与家庭活动的频率、与家庭教育互动的频率便成为满足学生对家庭亲情需要的重要指标。这对目前普遍存在的寄宿制办学模式提出了挑战。

3. 提供方式需求

一个好的教育内容，对文化背景存在差异的学生个体应选择适合的提供方式。否则，无论教育内容设计得多么完美，其教育结果只能是低效的。

由于西藏学生在语言、文化背景、生活习俗等多方面存在一定特殊性，这就决定着现代学校教育必须选择适合这一特定群体接受的方式，包括双语教学、双语教材、现代信息技术化支持的信息化课堂等。受上述差异的影响，尽管相当数量的学生受教育期望值很高，但一到学校便面临听不懂、学不会、理解不了的障碍，学生自然不愿意继续学习了。有的老师根据西藏农牧区学生生活实际在教学中主动将"超市"换成了"商店"、将人物的汉族名字换成藏族名字、将"数学运算中有多少台笔记本"换成"有多少根虫草或多少头牦牛"等的案例，充分说明教育成功的关键除内容合适外，还应充分满足学生需求的提供方式。

另外，现代化的教育方式可以弥补教育内容和提供方式的不足，为提高学生的学习兴趣和学习效率提供了有力保障。学生对多媒体课堂的激情远远高于普通课堂，即使平时最想逃学的学生，在多媒体课堂上也表现出较强的学习欲望。多媒体提供方式符合学生年龄特点和学习规律，很受西藏农牧区学生欢迎。遗憾的是，西藏农牧区学校这样的教学设备设施相当少，整个 A 县仅县中学有一间多媒体教室，广大农牧区小学老师的教学仍主要靠传统的一张嘴、一支粉笔、一本教科书，远远不能满足信息化时代学生的教育需求。

4. 教育效用需求

尽管低年龄段学生的教育需求并不具备"工具理性"，但随着年龄的增长和年级的提高，学生对个人的成长也有着较高的需求。特别是作为成年人的家长，往往会把教育的效用施加到自己对教育的理解上,进而影响其子女对受教育的态度和实际行动。

升学率和就业率是受教育最直接的效用表现,这一效用由教育需求引起,反过来又影响人们的教育需求。升学率、就业率越高,人们对教育的需求愿望越强烈;反之,便会产生"读书无用论",极大地制约人们的教育需求。这种就业率又集中体现在区域内的就业比重和区域外的就业比重上。区域内的就业率高,表明学生学有所获,学校的教育与学生生活的实际联系紧密并且成效明显;区域外的就业率,表明教育与外部环境的联系,也从侧面反映了农牧区学校教育与现代化融合的程度;融合程度越高,越能为学生走出自己社区提供相应的就业能力,学生越容易在区域外实现就业。

与升学率和就业率相关的是学生的双语能力。受文化背景差异的影响,学生的双语能力不仅影响升学而且影响就业。西藏不断开放和融入整个现代化的发展历程,就是西藏一代代接班人从传统单一的藏语走向双语甚至三语的过程。学生接受现代学校教育的重要结果是学生双语能力是否提升,是否适应社会发展对双语的需求。部分学生接受了九年义务教育后,双语能力仍然低下。笔者访谈的部分毕业生不能用汉语流利地交流,不会用汉语进行正确的书面表达。不仅汉语能力低下,藏语的阅读和写作能力也十分有限。教育效用不提高,学校很难吸引学生。

5. 快乐情感体验需求

受年龄因素影响,义务教育阶段学生的教育行动以价值理性行动为主,工具理性行动为辅。学生个体的教育需求更多地受到情感的影响,做自己喜欢做的事,很少从理性角度考虑行为,如逃学的后果。因此,我们与其不厌其烦地给学生讲述受教育的重要性,甚至强制学生接受教育,不如在如何让学生快乐地学习上多下工夫,以满足学生快乐情感体验的教育需求。

学生在学校的教育动机不仅有教育内容、办学形式、提供方式、教育效用的需求,更有快乐情感体验的需求。满足快乐情感体验需求的教育,学生才能接受和认同,具体表现为学生对学习有信心、师生关系和同学关系融洽、课外生活与课堂生活感受快乐、对学校教育有较高的满意度。当学校教育满足了学生的情感需求时,就会对学生有较强的吸引力,为学生持续留在学校提供了重要的保障条件。

(二) 政策建议

学生教育需求指标体系的建立为西藏农牧区学校教育变革提供了理论依据。作为教育供给方的学校,必须以学生的需求作为关注焦点,在充分关注学生真实需求的基础上,坚持"按需设(办)教",并将学生的教育需求贯穿学校教育的每一个环节。只有学校教育满足了学生教育需求,学生才会表现出强烈的读书意愿,从而完整地接受规定的教育。

为此,发展西藏农牧区教育除继续加大教育投入和政策扶持外,还应重点采取以下措施:

(1) 西藏农牧区学生的教育意愿受学校系统、家庭系统、社会系统的综合影响,解决西藏农牧区学生辍学问题需要学校、家庭和社会的共同努力。一方面,学校积极改革课程设置、教材内容、教育方式、管理制度等,以适应农牧区学生的家庭生活和社会生活;另一方面,社会应积极创造条件,让学生能发挥所学之长,让他们充分感受到接受教育的益处,从而在学校、家庭、社会之间建立起紧密的联系。

(2) 西藏农牧区学生教育需求与学生年龄特点有关,寄宿制办学模式在满足集中办学的同时还应满足该年龄段学生对家庭、对自社区的情感需求。改革寄宿制学校模式,满足中小学生"就近上学"的需求。

(3) 西藏农牧区学生需求与自然环境和文化背景有关,学校应增加本民族、本社区文化背景的教育教学内容,并尽可能地采用母语作为第一教学语言。

(4) 将学生的快乐和幸福作为教育发展的起点和终点。学校教育应尊重和重视西藏农牧区学生长期以来形成的民族文化价值观、生活价值观和幸福观,积极利用藏族文化中关于人与自然、人与社会、人与人和谐相处的思想,让学生在学校感受到快乐和幸福,这也是学校教育的重要目标。

第三节 民族地区学校教育与文化认同研究
——以大理"鹤庆教育现象"为例

多元共生教育是民族文化认同良性发展的教育应然选择。本部分以田野调查为基础,从文化认同视角出发剖析"鹤庆教育现象"这个案例,探讨其与学生文化认同的关系,以此引发大理白族教育如何促成学生及社会成员文化认同自觉的思考。

一、"鹤庆教育现象"产生的背景及缘由

鹤庆县位于云南省西北部,是大理州的北大门,东有金长江与永胜县分津,

东南以鸡足山与宾川为界,西部马耳山与洱源、剑川接壤,北与丽江毗邻。总面积2 395平方公里,辖辛屯、草海、云鹤、金墩、松桂、西邑、黄平、六合、中江、朵美共10个乡镇。2007年年末总人口约27万,白族人口15万多,占总人口的58.27%。除汉族外,境内还有彝、傈僳、苗、回等少数民族[①]。鹤庆县的中学教育教学状况,在大理州乃至省,均有一定的知名度,是鹤庆县的一大亮点,其高考升学率多年以来都名列云南省各民族聚居县前茅,1998~2005年则连续八年勇夺大理州高考上线率之冠。鹤庆县中学教育所取得的成绩得到省州教育主管部门领导的高度赞扬,称"鹤庆是大理州的一面旗帜",被省教育厅领导称为"鹤庆教育现象"。当然,鹤庆县中学教育成绩被冠之以"鹤庆教育现象",并不仅仅在于其较高的高考上线率,而在于其背后的良好教育环境。以2003年为例,由于鹤庆一中、三中的教学质量不断提高,昆明、丽江、迪庆、楚雄、怒江和大理各县市的学子纷纷转来求学,外籍生达437名(见表12-1和表12-2)。

表12-1 近年来鹤庆县高考上线率与云南省各民族州市比较　　单位:%

年份	鹤庆县上线率	大理州上线率	云南省上线率	楚雄州上线率	保山市上线率	红河州上线率	西双版纳州上线率	文山州上线率	迪庆州上线率	丽江市上线率	怒江州上线率	德宏州上线率
2004	84.51	66.6	51.28	58.73	55.20	52.35	24.29	48.20	51.00	52.10 2003年		
2005	88.77	77.55	62.88	76.34	62.00	62.24	42.23	55.17	63.40	64.69		
2006	91.05	85.46	68.76	83.25	69.10	67.00	46.04	57.54	69.55	71.64	61.90	
2007	89.69	86.88	71.5	83.97	71.50	67.52	40.06	55.00	60.86	74.30	58.77	55.22
2008	93.66	90.01	76.53	92.00	79.39	70.81	49.85	60.72	67.20	78.70	62.69	78.12
2009	97.25	93.8	83.8	85.53	87.87	78.30	55.83	76.72	77.56	88.75		82.42
2010	99.72	98.7	94.5	96.97	96.87	91.51	78.59	93.83				93.77

资料来源:大理州教育局、各州市年度人民政府工作报告资料整理。

表12-2 2008年云南省部分民族聚居县高考上线率　　单位:%

宁蒗县	玉龙县	鹤庆县	维西县	兰坪县	福贡县	贡山县	陇川县	勐海县	红河县	蒙自县
87.44	89.98	93.66	72.05	57.99	50.60	22.07	71.90	49.97	42.9	87.95

资料来源:各县人民政府工作报告整理。

---

① 鹤庆年鉴2006~2008年。

之所以能形成"鹤庆教育现象",县教育行政部门及学校教师分析和总结了四个方面的原因:一是县委、县政府高度重视教育;二是有广大群众重视教育的良好社会氛围;三是学校领导班子较强,在广大教师中起旗帜作用;四是整个教师队伍政治素质优良,业务素质良好,善于吃苦,积极性和竞争意识不断增强,是一支特别能战斗的队伍。同时,也应看到"鹤庆教育现象"产生的另一个重要原因就是良好的社会教育环境。

鹤庆历史悠久,文化底蕴深厚,是滇西北军事、政治、文化、经贸中心,在茶马古道上有着重要的地位。通过茶马古道,佛教、道教、伊斯兰教等宗教文化在鹤庆生根,为鹤庆民众提供了多元文化交错的文化学习环境,为其重视教育打下良好的氛围与基础。就教育而言,鹤庆有着非常悠久的教育传统。杨金铠编撰的《鹤庆县志》记载:早在元代,鹤庆府治东南二里设学庙。明正德十一年,又增辟元化寺为学庙。府治东南还有保山书院和龙溪书院。这一时期,县境内多数寺庙兼作学舍。明清时期在各乡、镇设立社学34所。清康熙年代则增设了区学12所。除学庙、书院、社学、区学、义学外,尚有大量私塾。明代刘文征著的《天启滇志·大理府风俗》中对鹤庆府风俗赞叹道:"文化丕兴,科第不乏。义概相尚,有燕赵悲歌感慨之风。操觚摘辞,亦以奇胜"。《乾隆云南通志》记载鹤庆风俗:"士习雅饬,民风淳朴,俗尚简约,号称易治,塾序相望"。在这种良好的教育传统下,鹤庆人才辈出。故明清以来至民国,涌现出一批才华出众的各界人士,其中有翰林3人,进士29人,举人292人。在政界、军界、文化界较有影响的人物有蒋宗汉、丁槐、赵鹤龄、杨金铠、王昌禄、程子明、李宗黄、宣伯超等近百人。到了当下,鹤庆教育也成绩卓著,这从其高考上线率可见一斑。2003年,大理州有"云南省一级完全中学"5所,鹤庆一中、三中步入此列,而且鹤庆三中是云南省最先进入一级完中的一所农村中学。就社会氛围来说,鹤庆社会成员皆以读书成才为荣,读书求学是父母对子女的最大期望,整个社会有着"穷不读书穷根不断,富不读书富不长久"、"砸锅卖铁也要供子女上学"的共识。总之,鹤庆教育有着悠久的历史,深受以汉文化为主的多元文化浸养,深厚的教育传统早已深入人心,为鹤庆教育发展奠定了良好的社会基础。

二、鹤庆县中学教育的办学模式

鹤庆深厚的文化传统和重视教育的良好社会氛围,为其在不同的历史时期更好地接受或学习其他文化提供适宜的"气候和土壤"。有了这样的"气候和土壤",鹤庆社会成员更容易能主动学习和吸收异文化的东西及适应新的环境，上述"鹤庆教育现象"就是在这样的"气候和土壤"中滋生。然而，作为学校教育而言，要使良好的社会教育环境促成学校取得较好的教育教学成绩，则离不开学校的具体办学模式或个性，学校的办学过程与其教育教学质量有着密切关系。那么，与"鹤庆教育现象"相应的鹤庆中学教育有着怎样的办学模式呢？

鹤庆县的中学教育尤其是高中教育在大理州乃至全省都有着一定的知名度，其教育教学质量赢得业内界的广泛认可。鹤庆县中学教育之所以能取得较好的成绩，除了我们上述提到的鹤庆有着深厚的文化底蕴和良好的社会教育环境之外，与其自身具有特色的中学教育办学模式不无关系。鹤庆县各中学教育根据本地区生源的实际情况，形成了分层推进和个别帮扶相结合的办学模式，具体体现在以下几方面：首先，学校把转化后进生作为全面推进素质教育的重中之重，把转化后进生作为工作的重要内容。要求各科任教师与日常行为规范较差的学生结对进行帮扶，并将后进生的教育转化工作同教师年终考核挂钩，有些学校领导也直接与后进生结对，取得了许多成功经验。"转化一个后进生，等于挽救了一个家庭，也等于培养一名优生"成为广大教师的共识。其次，推进中间层。中间层学生可以说在一个班级中占有很大比例，教育教学质量的高低与他们有着密切的关联，只有将中间层学生推上去，才能全面提高教育教学质量。鹤庆县各中学，在每次考试后，都及时做细致的质量分析和学生评估，针对各班存在的个别科目掉队和成绩波动较大的学生，要求科任教师给其"开小灶"。可以说，积极推进中层学生是鹤庆实现教育教学质量提高的有效途径。最后，促进尖子生。尖子生在学生中享有较高的威信，是学生中的"领头羊"和教师的得力助手，对学风、班风和校风的建设有决定性作用。教师一方面要求他们戒骄戒躁；另一方面，对尖子生实施"快马加鞭"，注重对他们的指导。多数中学成立了"学科兴趣小组"，最大限度地挖掘尖子生的潜能，鼓励他们积极上进，充分发挥尖子生在班级、学科中的带头作用。此外，鹤庆县各中学积极推进素质教育。学校每年在制订工作计划时，都明确安排素质教育的相关活动和措施。各学科教研组，每学年都具体确定素质教育的内容，制定落实措施和方案。学校以课堂教学为素质教育主渠道，突出学生的主体地位。教学中遵循学生参与的原则，让学生在学习和实践中获知启智。学校根据培养学生主动性、创新精神和实践能力的素质教育目标，充分发挥共青团、学生会的作用，根据不同学生的特点，组建了学校合唱团、音乐舞蹈兴趣小组和美术兴趣小组，发展学生的特长，不断提高学生的动手、动脑和动口能力。如鹤庆一中对学生提出"五个学会"：学会做人，学会求知，学会做事，学会健体，学会相容，深受学生和家长的好评。2001年，时任国家教育部副部长王湛来鹤庆考察时，对"五个学会"十分赞赏，对学校"面向全体，全面推进"的提法作出积极评价，认为"这是实施素质教育的核心，值得推广"。鹤庆三中则形成"以生产劳动为重要手段，对学生进行艰苦奋斗、吃苦耐劳精神培养"的办学特色，学校的发展先后被中央电视台的西部教育频道、省州电视台等新闻媒体宣传报道。总之，鹤庆县中学教育丰硕教学成果的取得与其自身具有的特色办学模式分不开，这种办学的特色在于既注重书本传授，注重应考训练，但没有丢弃对学生日常行为的教育与养成；既注重严抓校风校纪，同时也重视学生课外活动的引导；并将校园环境建设与师德师风建设融为一体[①]。

三、鹤庆县白族中学生的文化认同状况

鹤庆县中学教育在一定程度上说是成功的，其高考成绩在云南省民族聚居县中处于"领头羊"的地位，而且其学校教育还积极推行素质教育，注重对学生良好生活习惯和道德品质的培养，探索出了一条卓有成效的办学之路。然而，衡量学校教育质量的因素是多方面的，非学生考试成绩所能代表。就文化认同而言，鹤庆县白族中学生的文化认同状况又如何呢？为此，本书选择了鹤庆一中、鹤庆三中共136名初二和高二学生进行了"文化认同"的问卷调查。问卷设计、信度及统计方法见附录（"大理白族学生文化认同状况"）。

（一）鹤庆县白族中学生文化认同的总体情况

从调查结果来看，鹤庆县白族中学生对本民族文化和主流文化的认同都偏向于积极认同，且对本民族文化的认同相对要高于对主流文化的认同。其中本民族文化认同的总得分在 74.3015 > 60，主流文化的认同得分为 72.8456 > 60（见表 12-3）。而就本民族文化认同的四个维度来看，得分分别在 16.3382、19.3750、19.4044、19.1838，均大于 15；主流文化认同的四个维度得分分别在 16.5515、17.8750、21.2941、17.1250，均大于 15（见图 12-2 和表 12-4）。其中，无论是本民族文化认同，还是主流文化认同，得分最低的都是认知维度，这说明学生对本民族文化和主流文化中的传统文化知识相对缺乏了解。

[①] 鹤庆县中学教育办学特征的阐述，主要根据鹤庆县政协教文卫体委员会的"关于鹤庆县中学教育教学情况的调查报告"、鹤庆一中和三中简介、鹤庆县教育局部分工作人员及部分中小学教师访谈整理而成。

表12-3　　　　　　鹤庆县白族中学生文化认同总体情况

		本民族文化认同	主流文化认同
N	Valid	136	136
	Mean	74.3015	72.8456

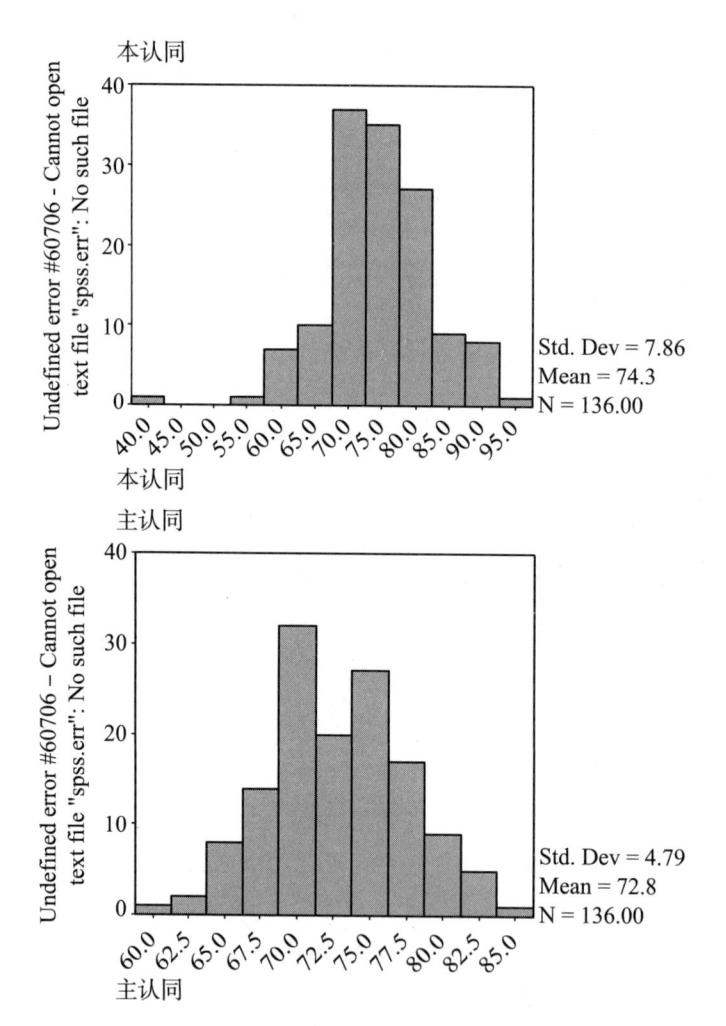

本认同

Std. Dev = 7.86
Mean = 74.3
N = 136.00

主认同

Std. Dev = 4.79
Mean = 72.8
N = 136.00

图12-2　鹤庆县白族中学生文化认同总体情况

表12-4　　鹤庆县白族中学生本民族文化认同和主流文化
认同各维度总体情况

		本认知总	本情感总	本评价总	本行为总	主认知总	主情感总	主评价总	主行为总
N	Valid	136	136	136	136	136	136	136	136
	Mean	16.3382	19.3750	19.4044	19.1838	16.5515	17.8750	21.2941	17.1250

(二) 鹤庆县白族中学生文化认同的认知维度

调查结果显示，鹤庆县白族中学生对本民族文化认知和主流文化认知都偏向于积极认同，两个维度的得分分别为：3.26766 和 3.3103，都大于平均值3，且主流文化认知要高于本民族文化认知（见表12-5、表12-6和表12-7）。但其中本民族文化认知2的得分小于平均值3，为2.8162，表明该题目所指的本民族文化认知偏向于消极认同。本题问卷中所对应的问题是"你了解本民族的相关历史及传说故事等吗（如白族起源、白族历史名人、历史事件、民间故事等）？"得分表明鹤庆县白族中学生对本民族相关历史的客观知识了解比较薄弱，这与学校教育主要传授主流文化知识，本民族文化知识在学校课程中缺乏有一定的关系。但同时也应看到，主流文化认知2得分也相对偏低，仅为3.1618，其对应问卷中的题目是"你对中华民族历史及典故、传说故事、英雄人物事迹等的了解情况是？"这项得分的偏低，表明鹤庆白族学生的主流文化认知也是薄弱的，这种情况反映了虽然学校教育以主流文化课程为主，但这些课程也往往偏向于"科学文化课程"，中华民族传统文化知识并没有受到学校教育的重视。总体看来，鹤庆县白族中学生文化认同的认知维度趋向于积极认同，但这种积极性认同是比较薄弱的，无论是本民族传统文化或是主流文化中传统文化内容需要有待加强。

表12-5　　　鹤庆县白族中学生文化认同的认知维度

		本认知1	本认知2	本认知3	本认知4	本认知5	主认知1	主认知2	主认知3	主认知4	主认知5
N	Valid	136	136	136	136	136	136	136	136	136	136
	Mean	3.3603	2.8162	3.3824	3.5515	3.2279	3.4265	3.1618	3.0294	3.2353	3.6985
总平均分		\multicolumn{5}{c}{3.26766}						3.3103

表12-6　　　本民族文化认同认知维度对应的问卷题目

本民族文化认知1	你了解本民族的风俗习惯吗（如白族婚丧嫁娶、舞蹈、民歌及仪式活动等）？
本民族文化认知2	你了解本民族的相关历史及传说故事等吗（如白族起源、白族历史名人、历史事件、民间故事等）？
本民族文化认知3	你觉得生活中自己是个地道的白族吗？
本民族文化认知4	你了解白族的传统饮食、手工艺、服饰、建筑及制作吗？
本民族文化认知5	你了解白族的宗教信仰及活动吗（如，各种与本主庙相关的祭祀、祈颂活动等）？

表 12-7　　　　　主流文化认同认知维度对应的问卷题目

主流文化认知 1	你对与日常生活有关的国家方针政策及现代化设施、产品的了解情况是？
主流文化认知 2	你对中华民族历史及典故、传说故事、英雄人物事迹等的了解情况是？
主流文化认知 3	你所了解的汉族学生及社会成员的风俗习惯情况是？
主流文化认知 4	你所知道的汉族节日情况是？
主流文化认知 5	你所了解的汉族学生及社会成员的信仰及活动情况是？

（三）鹤庆县白族中学生文化认同的情感维度

统计结果显示，鹤庆县白族中学生在本民族文化情感和主流文化情感认同方面，都偏向于积极认同，得分分别为 3.875 和 3.57498（见表 12-8、表 12-9 和表 12-10）。其中，本民族文化情感认同要高于对主流文化情感的认同，说明白族学生在情感上更偏向于认同本民族文化和本民族社会成员。但本民族文化情感 4 偏向于消极认同，得分低于平均值 3，问卷中相对应的问题是："你毕业后愿意留在本民族聚居的地方生活和工作吗？"得分表明，鹤庆白族中学生大都不愿意在本民族地方工作，这很大可能是由于本民族地方的经济发展和物质生活水平相对落后有关，表现出鹤庆白族中学生的逃离"乡土"的倾向。主流文化情感 1 和 5 的得分也都低于平均值 3，分别为 2.8897 和 2.7426，显示出偏向于消极的认同，问卷中对应的题目是："你觉得汉族学生及社会成员的优点多吗？""生活和学习中你的汉族学生朋友多吗？"而相反，主流情感 2 则偏向于较高的认同，得分达 4.5074，问卷中对应的问题是："生活中你愿意接受现代化的生活方式和应用现代化的各种产品吗？"这种"两极"情况的出现，表明鹤庆白族学生对主流文化持有者的情感较本民族文化要相对淡漠，在情感上更偏向于本民族文化及本民族成员，与本民族成员交往得更密切。但由于整个社会以主流文化为主要价值取向，获得社会认可的标准以主流文化价值为主，因此，鹤庆白族学生虽然对本民族文化持有十分积极的情感，但基于社会价值规范，它们对主流文化中的现代化价值表现出较积极的认可和追求。

表 12-8　　　　　鹤庆县白族中学生文化认同的情感维度

		本情感1	本情感2	本情感3	本情感4	本情感5	主情感1	主情感2	主情感3	主情感4	主情感5
N	Valid	136	136	136	136	136	136	136	136	136	136
	Mean	3.8015	3.7279	4.2206	2.9853	4.6397	2.8897	4.5074	3.9926	3.7426	2.7426
总平均分		\multicolumn{5}{c	}{3.875}	\multicolumn{5}{c}{3.57498}

表12-9　　　　本民族文化认同情感维度对应的问卷题目

本民族文化情感1	生活和学习中你白族朋友多吗？
本民族文化情感2	生活中你愿意使用白族语言吗？
本民族文化情感3	可以重新选择自己的白族身份，你还愿意成为白族的一员吗？
本民族文化情感4	你毕业后愿意留在白族聚居的地方生活和工作吗？
本民族文化情感5	你觉得白族及本地区发展与你有怎样的关系？

表12-10　　　　主流文化认同情感维度对应的问卷题目

主流文化情感1	你觉得汉族学生及社会成员的优点多吗？
主流文化情感2	生活中你愿意接受现代化的生活方式和应用现代化的各种产品吗？
主流文化情感3	当你一个人身处在汉族群体中，你感觉到？
主流文化情感4	你喜欢学习汉族语言文字及其他汉文化知识吗？
主流文化情感5	生活和学习中你的汉族学生朋友多吗？

（四）鹤庆县白族中学生文化认同的评价维度

统计结果显示，鹤庆白族学生对本民族文化评价和主流文化评价都偏向于积极认同，得分分别为3.88088，4.25882（见表12-11、表12-12和表12-13）。其中对主流文化的评价表现出较高的认同，这与上述提到的整个社会的发展取向和评判标准以主流文化价值不无关系，也与学校教育中以传授主流文化知识为主，学生获得的知识及在这种知识教育下所形成的思想意识有关联。但同时，也应看到鹤庆白族学生对主流文化作出积极评价的同时，对本民族文化的评价也是倾向于积极性的。特别是本评价2和本评价3的得分分别为4.2721和4.6838，它们分别对应问卷中的题目是："你为白族少数民族身份感到自豪吗？""听到别人说白族这一少数民族的坏话时，你会？"，得分说明鹤庆白族中学生为本民族文化感到自豪，且学生对本民族文化表现出较强的自尊。当然，这种自豪和自尊并不是建立在与汉族经济发展悬殊上，这可从本评价5的问题"你觉得白族整体上（经济、文化、教育）落后于汉族吗？"的得分"居中"可以反映。

表12-11　　　　鹤庆县白族中学生文化认同的评价维度

		本评价1	本评价2	本评价3	本评价4	本评价5	主评价1	主评价2	主评价3	主评价4	主评价5
N	Valid	136	136	136	136	136	136	136	136	136	136
	Mean	3.4926	4.2721	4.6838	3.7206	3.2353	4.4779	4.6765	3.3162	4.2279	4.5956
总平均分		3.88088					4.25882				

表 12-12　　　　本民族文化认同评价维度对应的问卷题目

本民族文化评价 1	你觉得白族少数民族身份对你有积极影响吗？
本民族文化评价 2	你为白族少数民族身份感到自豪吗？
本民族文化评价 3	听到别人说白族这一少数民族的坏话时，你会？
本民族文化评价 4	你乐意别人知道你的白族少数身份吗？
本民族文化评价 5	你觉得白族整体上（经济、文化、教育）落后于汉族吗？

表 12-13　　　　主流文化认同评价维度对应的问卷题目

主流文化评价 1	你认为白族及社会成员应该学习更多的现代科学文化知识及技术吗？
主流文化评价 2	你怎样评价身边和周围的汉族学生？
主流文化评价 3	你觉得白族及本地区发展是否需要融入现代化发展之中？
主流文化评价 4	你觉得社会生活中学习汉语、普通话有必要吗？
主流文化评价 5	与汉族地区相比，你觉得白族社会发展水平情况是？

（五）鹤庆县白族中学生文化认同的行为维度

统计结果表明，鹤庆县白族中学生的本民族文化行为和主流文化行为皆偏向于积极认同，分值分别是 3.83674 和 3.42502（见表 12-14、表 12-15 和表 12-16）。本民族文化行为的认同要高于主流文化行为认同，这种情况说明学生的日常行为实践以本民族文化导向为主，因为其成长的经历决定了其行为的价值选择，并变成一种自觉的行动。当然，在运用或接触到以主流文化价值为主的各种实践时，鹤庆白族学生也会表现出认同主流文化的行为。但仍需注意的是，主流文化行为 5 的得分为 2.8971，低于平均值 3，表现出偏向于消极认同的趋势。该题对应的问卷问题是："学习和生活中你与汉族同学或朋友讨论一些重大问题时，有多少时候与他们意见不同？"结合上面的分析，该题得分的偏低说明鹤庆白族学生在行为选择上更偏向于以本民族文化价值为导向，日常生活中的语言应用主要偏向于选择白族语言。

表 12-14　　　　鹤庆县白族中学生文化认同的行为维度

		本行为1	本行为2	本行为3	本行为4	本行为5	主行为1	主行为2	主行为3	主行为4	主行为5
N	Valid	136	136	136	136	136	136	136	136	136	136
	Mean	3.6544	3.9485	3.4485	4.1985	3.9338	3.6324	3.6250	3.6912	3.2794	2.8971
总平均分		\multicolumn{5}{c}{3.83674}		\multicolumn{5}{c}{3.42502}				

表 12 – 15　本民族文化认同行为维度对应的问卷题目

本民族文化行为 1	生活中，你遵从白族的风俗习惯吗？
本民族文化行为 2	生活中你说白族语言的时间情况是？
本民族文化行为 3	你信仰白族的宗教（如祭祀祖先、本主信仰）及参加白族各种传统活动（如白族节日等）吗？
本民族文化行为 4	你认为现在有必要保护和传承白族民族文化吗？
本民族文化行为 5	你向别人介绍白族民族文化（包括白族历史、风俗习惯等）的情况是？

表 12 – 16　主流文化认同行为维度对应的问卷题目

主流文化行为 1	社会生活及人际关系交往中，你以现代社会价值标准来处理各种问题的时候多吗？
主流文化行为 2	在公共场合，你使用汉语的情况是？
主流文化行为 3	你的生活习惯和生活方式比较接近汉族吗？
主流文化行为 4	你参加或庆祝各种汉族节日及传统活动吗？
主流文化行为 5	学习和生活中你与汉族同学或朋友讨论一些重大问题时，有多少时候与他们意见不同？

综上所述，鹤庆县白族中学生文化认同中对本民族文化和主流文化认同两个方面都偏向于积极认同。但在认知维度上，两者都比情感、评价、行为维度的得分要低，说明学校对传统文化知识的教育是偏弱的，特别是学校教育以各类学科课程为主，教育教学内容教授涉及本民族和中华民族的传统文化内容很少。此外，对本民族文化的情感、行为维度的得分要高于对主流文化在情感、行为方面的认同。而对主流文化认同的评价维度则高于本民族文化认同的评价维度。这可以反映出，虽然鹤庆县白族中学生在态度上对主流文化在现代生活中的重要性给予较高的评价，但在情感和日常生活行为选择上更偏向于以本民族文化价值为导向。

四、鹤庆县白族学生本民族文化认同来源的"非学校化"

通过鹤庆县学校教育传承民族传统文化情况的访谈了解到，鹤庆中小学校在传承民族传统文化上表现的具体问题：其一，民族传统文化与学生、教师及社会成员的发展和生活之间的密切联系并未受到学校的重视，或者说学校师生并未意识到传承民族传统文化的重要性。他们对民族传统文化有无必要传承的认识，仅停留于其没有纳入高考评价体制中,因而没有必要来进行教学和学习的层面上。也就是说,师生没有形成对民族传统文化的"自觉"。其二,受教育评价体制的影响,学校的教育教学以"升学考试"为核心价值,各种课外活动的举行或取消都是围绕着这一核心价值来安排。如鹤庆一中、三中搞的各种"校本课题"、"劳动锻炼"等的目的都是在思想上强化学生对取得"好成绩"的追求,成为学生努力学习"科学文化"考试课程的辅助手段或"心理暗示"。其三,像新华小学等举行的"民族传统文化活动"有着非系统性,活动的组织往往具有行政指令性,政府部门一旦不要求,学校的各种活动就会停止,使得其中断,没有连续性。而且从政府到学校,都没有对学校传承民族文化内容进行系统安排,缺乏目的性和有序性,如民族传统文化的内容筛选、类型划分及如何与学校相结合等都没有纳入工作之中,因此民族传统文化的传承是散乱无组织的。

因此,从文化认同角度来看,在"鹤庆教育现象"背后隐含的一个严重问题是:一方面鹤庆学校教育以国家主流文化课程为主要教学内容,通过强化自我的"办学特色"而取得良好的"教育教学成绩";另一方面鹤庆白族学生又能对本民族文化持有积极的认同。虽然这两者在鹤庆白族学生身上得到较好的反映,但学校教育在学生文化认同发展上所起的作用却是"失衡"和"失重"的。因为在鹤庆学校教育体系中,其主导思想是指向学生的考试成绩或面向高考,学校的课程体系较少涉猎本民族的传统文化内容。也就是说,虽然在鹤庆白族学生身上同时体现出相对较好地适应主流学校教育,且又不丢去对本民族文化的认同现象,可是这种结果并不是学校教育内部所造成的,甚至可以说鹤庆学校教育内部缺乏强化学生对本民族文化认同的资源载体和教育空间。这种情况说明,除了学校教育之外,肯定还有导致学生获得对本民族文化认同的其他因素。无疑,其中的重要原因之一是离不开学生成长的社会环境的影响,包括以家庭、村落、社区为空间,以风俗习惯、宗教信仰、民居建筑等为内容的"文化心理场",因为它们是学生参与、体验本民族传统文化的重要渠道。因此,本研究在访谈和之前大理白族学生文化认同问卷调查的基础上,选择了鹤庆一中和鹤庆三中高二和高三年级共136名学生进行了"文化认同来源"[①]问卷调查,从学生自身角度来反映学校教育与学校教育之外的"文化心理场"对其主流文化认同和本民族文化认同的影响情况,确认访谈过程中鹤庆学校教育中所隐含的文化认同问题是属实的。

---

① 该问卷的编制使用参考了云南省哲学社会科学青年课题(QN2009035)组编制的"青少年文化社会性发展状况调查问卷"。

（一）鹤庆县白族中学生文化认同来源的总体情况

"文化认同来源"问卷分学校教育、家庭教育、社会教育、大众传媒四个来源方面，每个方面包含五个选项（见表12-17和表12-8）。其中，学校教育来源的五个选项是：图书阅览、同伴交往、课程学习、专题讲座、校园活动；家庭教育来源的五个选项是：祖辈、父辈、同辈、村民、亲属；社会教育来源的五个选项是：村落生活、祭祀活动、婚庆礼仪、丧葬礼仪、村落组织；大众传媒来源的五个选项是：书籍、影视、网络、广播、电视。学生就本民族文化认同和主流文化认同的认识、情感、评价、行为维度分别从学校教育、家庭教育、社会教育、大众传媒四个来源方面的五个选项任意进行选择，在所选项目下方打"√"，对其进行百分比统计。

表12-17 鹤庆县白族中学生本民族文化认同来源总体情况　　　　单位：%

	学校教育					家庭教育					社会教育					大众传媒				
	图书阅览	同伴交往	课程学习	专题讲座	校园活动	祖辈	父辈	同辈	村民	亲属	村落生活	祭祀活动	婚庆礼仪	丧葬仪式	村落组织	书籍	影视	网络	广播	电视
结果	\multicolumn{5}{c	}{32.25}	\multicolumn{5}{c	}{51.23}	\multicolumn{5}{c	}{50.85}	\multicolumn{5}{c	}{36.73}

表12-18 鹤庆县白族中学生主流文化认同来源总体情况　　　　单位：%

	学校教育					家庭教育					社会教育					大众传媒				
	图书阅览	同伴交往	课程学习	专题讲座	校园活动	祖辈	父辈	同辈	村民	亲属	村落生活	祭祀活动	婚庆礼仪	丧葬仪式	村落组织	书籍	影视	网络	广播	电视
结果	\multicolumn{5}{c	}{50.12}	\multicolumn{5}{c	}{41.19}	\multicolumn{5}{c	}{32.52}	\multicolumn{5}{c	}{57.67}

调查统计结果显示，学生本民族文化认同来源主要通过家庭教育和社会教育获得，有51.23%和50.85%的学生选择其本民族文化认同是在家庭教育和社会教育中实现的，比例要高于学校教育和大众传媒途径。而相反，学生主流文化认同来源则主要受学校教育和大众传媒的影响，分别有50.12%和57.67%的学生进行了选择。而家庭教育和社会教育途径则相对较低，有41.19%和32.52%学生进行了选择。

这种情况表明：一方面，在学生文化认同中，学校教育和学校外的"文化心理场"和大众传媒等都共同发挥着效用；另一方面，学生文化认同构建过程中，各种因素所分担的重心和发挥的效用有些差异，学校教育和大众传媒主要作用于学生的主流文化认同，而家庭教育、社会教育则在学生的本民族文化认同上起着重要作用。此外，需要注意的是家庭教育与大众传媒对学生主流文化认同的影响作用是明显的，说明社会生活中的价值取向是以主流文化为导向的，父母或村民在教育子女上带有浓厚的主流文化价值印痕。

（二）鹤庆县白族中学生文化认同来源的认知维度

调查结果显示（见表12-19和表12-20），学生文化认同来源的认知维度中，本民族文化认同主要是通过家庭教育和社会教育获得，分别有58.22%和62.96%学生进行了选择。对学校教育和大众传媒途径，学生选择的比例分别为36.44%和45.94%，且学校教育维度中的课程学习、专题讲座、校园活动的比例相对较低，分别为32.6%、9.6%、21.5%。与此情况正好相反的是，学生主流文化认同来源则主要借助学校教育和大众传媒，分别为59.12%和65.78%，且在学校教育维度中的课程学习比例达74.1%。

表12-19　鹤庆县白族中学生本民族文化认同来源认知维度　　　　　单位：%

	学校教育				家庭教育				社会教育				大众传媒			
	图书阅览	同伴交往	课程学习	专题讲座	校园活动	祖辈	父辈	同伴	村民	亲属	村落生活	祭祀活动	婚庆礼仪	丧葬仪式	村落组织	书籍	影视	网络	广播	电视
结果	50.4	68.1	32.6	9.60	21.5	78.5	80.0	32.6	45.9	54.1	63.0	61.5	80.0	69.6	40.70	63.7	38.5	31.9	21.5	74.1
平均率	36.44					58.22					62.96					45.94				

表12-20　鹤庆县白族中学生主流文化认同来源认知维度　　　　　单位：%

	学校教育					家庭教育					社会教育					大众传媒				
	图书阅览	同伴交往	课程学习	专题讲座	校园活动	祖辈	父辈	同伴	村民	亲属	村落生活	祭祀活动	婚庆礼仪	丧葬仪式	村落组织	书籍	影视	网络	广播	电视
结果	74.1	62.2	74.1	36.3	48.9	31.9	59.3	65.9	26.7	36.3	48.1	25.2	34.8	23.7	37.0	75.6	53.3	72.6	45.9	81.5
平均率	59.12					44.02					33.76					65.78				

此外，无论是本民族文化认同还是主流文化认同的认知维度中，图书阅览、同伴、书籍、电视四个因素对学生的文化认同所起的作用是很大的。在本民族文化认同认知维度中，图书阅览、同伴、书籍、电视因素的比例分别是 50.4%、68.1%、63.7%、74.1%。而在主流文化认同认知维度中，这些因素的比例也是较高的，分别是 74.1%、62.2%、75.6%、81.5%。这说明，在学生文化认同构建过程中，书籍、电视、同伴是非常关键的因素，有必要对其在内容选择上加以适当控制与引导。

（三）鹤庆县白族中学生文化认同来源的情感维度

学生文化认同来源情感维度方面，统计结果显示，学生本民族文化认同情感来源主要是家庭教育和社会教育，比例分别为 52.3% 和 44.88%，其中祖辈、父辈、村落生活、婚庆仪式的比例是 63.0%、71.1%、56.3%、60.7%。而课程学习、专题讲座、校园活动的比例则较低，分别是 21.5%、14.8%、28.1%。学生主流文化认同来源情感维度则主要是学校教育和大众传媒，分别为 47.12% 和 57.8%。其中，课程学习和校园活动分别达 50.4% 和 47.4%，书籍、网络、电视则分别为 60.0%、66.7%、74.8%（见表 12-21 和表 12-22）。这种情况表明，一是学生本民族文化认同情感主要是在村落民族生活中建立起来的，长辈、风俗习惯等因素使得学生获取对本民族文化的情感体验。而通过学校课程学习、校园活动、书籍阅读，再加上电视等媒体的渗透，学生逐渐建立起对主流文化的情感归属。二是学校教育中，主要以国家主流文化课程为主，学校教育对学生主流文化价值的建立上起着主导作用。

表 12-21　鹤庆县白族中学生本民族文化认同来源情感维度　　单位：%

	学校教育				家庭教育				社会教育				大众传媒				
	图书阅览	同伴交往	课程学习	专题讲座	校园活动	祖辈	父辈	同伴	村民	亲属	村落生活	祭祀活动	婚庆礼仪	丧葬仪式	村落组织	书籍	影视	网络	广播	电视
结果	34.8	63.7	21.5	14.8	28.1	63.0	71.1	42.2	39.3	45.9	56.3	36.3	60.7	36.3	34.8	47.4	31.1	28.9	17.8	59.3
平均率		32.58					52.3					44.88					36.94			

表12-22　鹤庆县白族中学生主流文化认同来源情感维度　　　　单位：%

	学校教育				家庭教育				社会教育				大众传媒			
	图书阅览	同伴交往	课程学习	专题讲座	校园活动	祖辈	父辈	同辈	村民	亲属	村落生活活动	祭祀活动	婚庆礼仪	丧葬仪式	村落组织	书籍	影视	网络	广播	电视
结果	56.3	59.3	50.4	22.2	47.4	27.4	54.8	60.7	20.7	29.6	52.6	18.5	35.6	17.0	31.9	60.0	51.9	66.7	35.6	74.8
平均率		47.12					38.64					31.12					57.8			

（四）鹤庆县白族中学生文化认同来源的评价维度

文化认同评价维度来源中，学生的本民族文化认同评价来源主要通过家庭教育和社会教育，二者分别的比例是43.42%和39.42%。其中，父辈、同辈、村落生活、婚庆礼仪等起了主要作用，分别为54.1%、51.9.7%、51.9%、44.4%。同时，学校教育中的同伴交往也是学生的本民族文化认同评价的主要来源，该因素有64.4%的学生作出了选择。而主流文化认同评价则主要来源于学校教育和大众传媒，二者的比例分别是42.39%和49.02%。其中，图书阅览、同伴交往、课程学习、校园活动、书籍、网络、电视等因素起着关键作用（见表12-23和表12-24）。

表12-23　鹤庆县白族中学生本民族文化认同评价维度来源　　　　单位：%

	学校教育					家庭教育					社会教育					大众传媒				
	图书阅览	同伴交往	课程学习	专题讲座	校园活动	祖辈	父辈	同辈	村民	亲属	村落生活活动	祭祀活动	婚庆礼仪	丧葬仪式	村落组织	书籍	影视	网络	广播	电视
结果	24.4	64.4	21.5	17.0	26.7	44.4	54.1	51.9	32.6	34.1	51.9	32.6	44.4	30.4	37.8	39.3	24.4	25.2	25.2	45.9
平均率		30.8					43.42					39.42					32.0			

表12-24　鹤庆县白族中学生主流文化认同评价维度来源　　　　单位：%

	学校教育					家庭教育					社会教育					大众传媒				
	图书阅览	同伴交往	课程学习	专题讲座	校园活动	祖辈	父辈	同辈	村民	亲属	村落生活活动	祭祀活动	婚庆礼仪	丧葬仪式	村落组织	书籍	影视	网络	广播	电视
结果	43.77	60.0	40.0	23.0	45.2	17.0	46.7	63.7	23.0	25.9	45.2	15.6	34.1	12.6	37.0	58.5	37.0	53.3	34.1	62.2
平均率		42.39					35.26					28.9					49.02			

这种情况表明学生文化认同构建过程中，作为对本民族文化和主流文化作出评价的来源虽有偏重，但是，共同点在于同伴交往对二者都有影响，如和同民族的学生交往反映了他们有着相似的价值认同，而同伴交往内容的主流文化倾向是获取主流文化价值的重要途径。

（五）鹤庆县白族中学生文化认同来源的行为维度

统计结果显示（见表12-25和表12-26），学生本民族文化认同的行为来源主要通过家庭教育和社会教育，学生对二者作出的选择比例分别是50.96%和56.14%。其中，父辈、村民、同辈、村落生活、婚庆礼仪、丧葬仪式等因素起着主要作用，分别的比例是64.4%、51.9%、49.6%、65.2%、68.1%、52.6%。学生主流文化认同的行为来源则主要通过学校教育和大众传媒，51.86%、58.06%的学生对此作出了选择。其中，图书阅览、同伴交往、课程学习、书籍、网络、电视等因素所起的作用的比较大，其比例分别为51.9%、72.6%、56.3%、64.4%、65.2%、71.1%。

表12-25　鹤庆县白族中学生本民族文化认同行为维度来源　　　　单位：%

	学校教育				家庭教育				社会教育					大众传媒			
	图书阅览	同伴交往	课程学习	专题讲座	校园活动	祖辈	父辈	同辈	村民	亲属	村落生活	祭祀活动	婚庆礼仪	丧葬仪式	村落组织	书籍	影视	网络	广播	电视
结果	19.3	68.1	23.0	11.1	24.4	46.7	64.4	49.6	51.9	42.2	65.2	47.4	68.1	52.6	47.4	39.3	23.0	30.4	20.0	474
平均率		29.18					50.96					56.14					32.02			

表12-26　鹤庆县白族中学生主流文化认同行为维度来源　　　　单位：%

	学校教育				家庭教育				社会教育					大众传媒			
	图书阅览	同伴交往	课程学习	专题讲座	校园活动	祖辈	父辈	同辈	村民	亲属	村落生活	祭祀活动	婚庆礼仪	丧葬仪式	村落组织	书籍	影视	网络	广播	电视
结果	51.9	72.6	56.3	30.4	48.1	28.9	58.5	74.1	34.8	37.8	54.8	21.5	44.4	22.2	38.5	64.4	54.8	65.2	34.8	71.1
平均率		51.86					46.82					36.28					58.06			

综上所述，鹤庆县白族中学生文化认同发展过程中，学校教育和家庭教育、社会教育、大众传媒都发挥着效用，其文化认同是校内与校外共同作用下的结

果。但这当中,学校教育主要影响着学生的主流文化认同,而家庭教育和社会教育则是学生本民族文化认同的主要来源。同时,书籍、同伴、电视等因素无论对学生的主流文化认同,还是本民族文化认同都是不容忽视的重要媒介,书籍、电视媒介和同伴交往的不同内容会影响到学生的文化认同取向。结合"鹤庆教育现象"及对鹤庆中小学教育教学情况的访谈调查来看,鹤庆学校教育中隐含的文化认同问题在于:学生所体现出来的主流文化认同与本民族文化认同的相对协调并非是学校将民族文化纳入教育教学过程的结果,因为从其课程内容、学校活动等内部实施过程来看,民族传统文化知识或元素在学校教育中的地位"微乎其微",学校教育的价值取向以升学考试为目的的学科课程教学为主。也就是说,一方面学校教育之外存在着维持学生对本民族文化认同的力量,其重要内容则为上述提到的"文化心理场",学生从小生活于其中的村落生活以及村落生活中的语言、宗教、风俗习惯、节日活动等维持和强化着学生的本民族文化认同;另一方面是学校教育内部并没有将学生的本民族文化认同作为其教育价值取向的组成部分,使得学校教育没有负担起传承民族传统文化,培养学生"文化认同自觉"的重任,而是以主流文化价值为一尊不断弱化、淡化了学生的本民族文化认同。

五、"鹤庆教育现象"的反思:学校教育与校外"文化心理场"互补的重要性

"鹤庆教育现象"与文化认同的关系表明:其一,学生对主流文化和本民族文化均持积极认同,二者在鹤庆白族学生身上体现出相对的协调性;其二,鹤庆学校教育并未承担起强化学生本民族文化认同的重责,相反其发展主要以所谓的主流文化为教育价值导向;其三,学生本民族文化认同的强化和延续主要依靠学校教育之外的民族风俗习惯、宗教信仰活动、节日礼俗、生活习俗等"文化心理场"来完成的。这种情况引发我们对大理白族学生文化认同与教育发展的反思,大理白族学生文化认同发展过程中怎样强化学校教育之外的"文化心理场"对本民族文化认同的积极影响,以及实现学校教育和"文化心理场"在学生文化认同发展上所起积极作用的平衡关系?张诗亚教授指出,"在民族地区,除了民族学校教育系统之外,还存在着(甚至在相当大的程度上作为其民族文化传承的主要方式)其民族固有的种种教育实践活动……民族文化的成熟度越高,民族特色越是浓厚的地区,其民族教育中的主体作用就更多地是由民族学校教育系统以外的教育所承担的"[①]。也就是说,包括学生在内的社会成员的文化认同

---

① 张诗亚:《祭坛与讲坛——西南民族宗教教育比较研究》,云南教育出版社1992年版,第1~5页。

发展上，学校教育系统和学校教育系统之外的民族社会生活中的其他教育形式都发挥作用，只是二者所运行的方式和所偏重的内容方面存在差异。学校教育以一种有目的、系统有序的方式展开，而社会生活中的教育则是以无意识、与生活过程融为一体的形式展开，它们共同作用于学生及社会成员的身心发展。尤其需要一提的是，生活中不少人是以一种同情、怀疑、鄙视的眼光来看待"民族教育"，常常用一种"文化客位"的方式来表达对"民族教育"的评价。不可否认，对"民族教育"持这样的态度是有偏见的，虽然其以主流文化价值为评价标准的学校教育系统整体发展水平比不上发达地区，但这并不代表"民族教育"在"文明"方面的劣势，恰恰相反，"民族教育"在人的培养上体现出其独特的人文价值，而这种价值很大程度上是蕴藏于民族地区的各种传统文化元素当中。当然，这里突出"民族教育"的独特性更多说的是民族教育中校外民族传统文化事项及其活动对民族社会成员所具有的不可或缺的意义。华东师范大学丁钢教授指出："我们民族文化教育的发展，只有经历一个自觉的批判、深刻的反思、认真而审慎地选择和接受一切有价值的东西的过程，才能变得更为成熟，更加完善，更具有鲜明的时代性和民族性"，"我们不仅应看到上层、官办的教育的作用与影响，也必须注意到下层民间的教育对于文化传递与变迁的实际功用"[①]。因此，要使学校教育与民族传统文化事项及其活动所构成的民族教育有效运行，积极发挥其对民族社会成员的教育意义，民族教育发展必须作出反思与变革。

此外，我们需要特别强调的是，有些人会有这样的疑惑，既然鹤庆或大理白族学生在学校教育上能取得较好的成绩，又没有丢弃对本民族文化的认同，能有这种情况不是已经够了吗？就这样按其现状发展不也很好吗？还有没有必要去探讨学校教育与校外"文化心理场"之间的结合或互补问题呢？其实持有这样的想法是不对的，因为这是以一种静态、片面、僵化的思维来理解和认识文化认同及民族教育的，为什么这么说呢？其一，上述论及的大理白族学生适应学校教育及对本民族文化持有积极认同都是相对的，并不意味着不存在问题，如学生所体现出来的对本民族传统文化知识了解甚少的弊病等。其二，文化认同是一个动态发展的过程，而教育又是促进文化认同构建的重要力量，如果学校教育施以的"教育"完全是主流文化，且学校之外的"教育"空间或结构受到破坏，传统文化资源不断消失，那势必使得受教育对象文化认同走向极端化，教育终究变成扼杀民族传统文化和民族文化认同构建的"刽子手"，如果不加以遏制将会随着时代和社会的发展而变得越来越严重。其三，教育是文化的组成部分，文化传递的过程即为教育过程。换言之，教育离不开所处的文化生态环境，教育包括学校教

[①] 丁钢：《文化的传递与嬗变：中国文化与教育前沿》，广西师范大学出版社2009年版，第4~5页。

育必须要传承民族传统文化,而不是为了追求主流文化而将之丢弃。因为人是"符号的动物",每个民族都有着自己的文化,民族文化乃民族社会及社会成员的立身之本。因此,民族地区学校必须要在开展主流文化教育的同时还得关注民族传统文化,否则所培养的教育对象是"畸形"的,是没有民族文化根基或乡土特色的"异化者"。其四,教育是一个复杂的系统,包括学校教育和校外"文化心理场"所构成的教育整体。对民族地区来说,学校教育是从外植入的,内容主要以代表国家主流文化价值的课程为主,缺少了民族传统文化内容,这就要求学校教育有必要从校外的"文化心理场"中吸收民族文化"元素",有目的地对学生进行民族传统文化教育,而"文化心理场"资源也应受到合理保护而强化对学生及社会成员的民族文化认同。如此,方可使外来植入的学校教育发挥的价值是整体的,以使教育对象在认同主流文化的同时,能保持本民族文化的个性,二者之间形成相得益彰的关系。

附录:大理白族学生文化认同状况

上述资料数据从一定程度上反映了大理白族地区及成员相对能够较好地适应主流学校教育系统,其整体教育水平居于云南省民族州市前列。但问题缘由中提到的大理白族成员对本民族文化持有积极态度是否可信呢?以及对主流文化的态度又如何呢?为了解决这一问题,本研究以问卷调查为基础进行统计分析。

(一)调查对象

问卷正式施测时选择了四所学校,分别是下关四中、大理一中、鹤庆三中、鹤庆一中。其中,下关四中位于大理白族自治州州府所在地下关市,该校学生汉、白相杂,汉族和白族学生所占比例差不多,生源主要来自下关,其教学质量在大理州居于中等水平。大理一中位于大理州大理市大理古城之内,以白族学生为主,生源主要来自大理市各村镇,少部分来自州内各县,教学质量居州内前列。鹤庆一中位于大理白族自治州鹤庆县县城,生源主要来自鹤庆县城及鹤庆城南片区(即甸南),汉白学生均有,白族学生居多。鹤庆三中位于鹤庆县城北的草海镇,是一所农村中学,生源主要来自县城北片区(甸北),汉白学生兼有,以白族学生为众。

（二）问卷设计

问卷制作首先参看了国内外的关于民族文化认同量表，国外量表有：（1）Phinney, J. S. The multigroup ethnic identity measure: a new scale for use with adolescents and young adults from diverse group, *Journal of Adolescent research*, 7, 1992, 156 – 176；（2）Valk, A. & Karu, K. Ethnic attitudes in relation to ethnic pride and ethnic differentiation, *Journal of social psychology*, 141（5），2001, 583 – 602；中文量表有：（1）秦向荣《中国11~20岁青少年民族认同量表》；（2）万明钢、雍玲《藏族大学生的文化认同》。在此基础上通过文献资料的查阅，编制了问卷。问卷分两大项目：本民族文化认同（简称本认同）和主流文化认同（简称主认同）。每一项目下分四个子维度，分别是本民族文化认知（简称本认知）、本民族文化情感（简称本情感）、本民族文化态度（简称本态度）、本民族文化行为（简称本行为）和主流文化认知（简称主认知）、主流文化情感（简称主情感）、主流文化态度（简称主态度）、主流文化行为（简称主行为）。如附录图1所示：

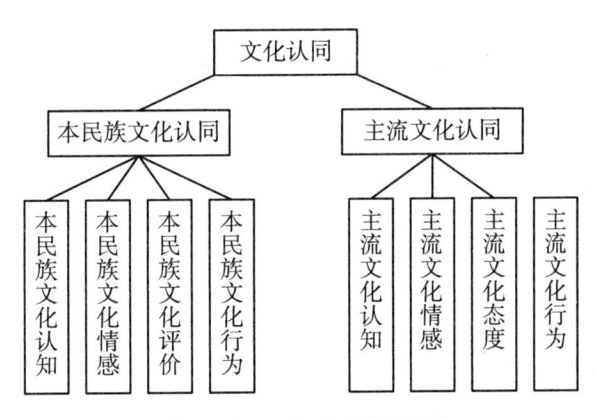

附录图1　文化认同图示

（三）数据采集与分析

具体实施随机抽取了每所学校初二、高二年级各一班，共发放问卷300份，除去汉族学生及其他民族学生和无效问卷50份，有效问卷为250份。其中男生102人，女生148人。问卷每一子维度含5道题目，共40题，每一题目包括A、B、C、D、E五个选项，按与题目的重要性程度依次排序，均采用五点正向计分，即A＝5，B＝4，C＝3，D＝2，E＝1，得分越高说明认同越偏向于积极认同，反之则越趋向于消极认同。调查获得的所有数据在Spss for Windows上进行数据录入及相关处理。

（四）问卷信效度

问卷由两大项目组成，即本民族文化认同和主流文化认同。对两大项目和总问卷的信度检验表明，两大项目和总问卷的信度较满意。本民族文化认同项目的 Cronhach alpha 系数为 0.7846，主流文化认同项目的 Cronhach alpha 系数为 0.6798，总问卷的 Cronhach alpha 系数为 0.7626。

（五）结果分析

1. 总体情况

本民族文化认同和主流文化认同项目各分四个子维度，每一子维度有 5 个题目。因此，每个项目共 20 题，而每个题目有 5 个选项，按平均分计算，每一题分值在 3 分以上越偏向于积极认同。所以，本民族文化认同和主流文化认同项目总分各在 60 分以上偏向于积极认同，而每一子维度在 15 分以上则偏向积极认同。统计结果表明（如附录图 2 所示），大理白族学生对本民族文化和主流文化认同之间没有形成明显的偏向性，对本民族文化认同和主流文化认同都趋向于积极认同。统计数据显示（如附录表 1 所示），无论是本民族文化认同，还是主流文化认同，得分都在 60 分以上，分别为 73.46 和 74.2480，并且每一子维度得分都高于 15。但两者之间也稍有差异，就总体来说，对主流文化的认同高于对本民族文化认同 0.820。就子维度来看（如附录表 2 所示），主流文化认知、主流

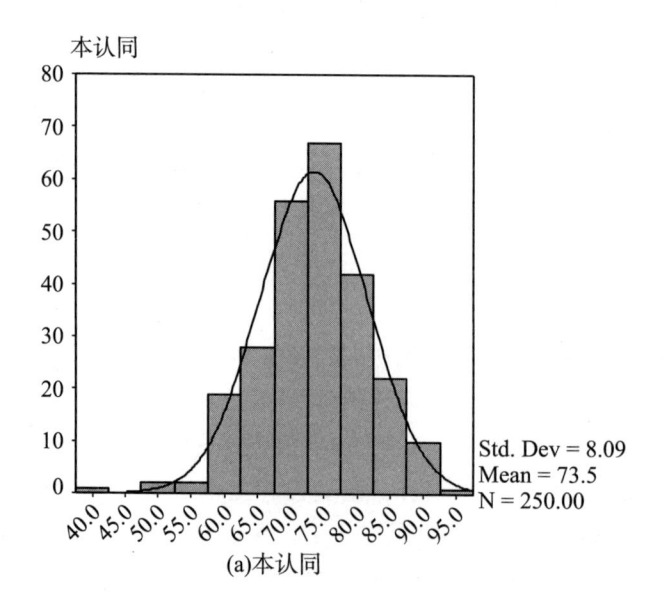

Std. Dev = 8.09
Mean = 73.5
N = 250.00

(a)本认同

主认同

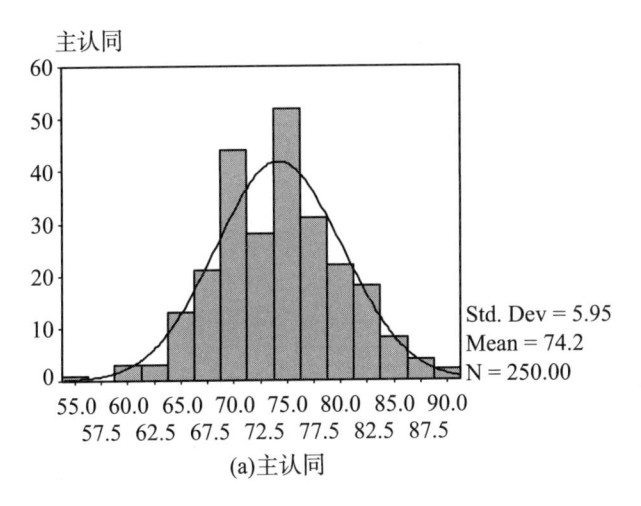

60
50
40
30
20
10
0

Std. Dev = 5.95
Mean = 74.2
N = 250.00

55.0 60.0 65.0 70.0 75.0 80.0 85.0 90.0
 57.5 62.5 67.5 72.5 77.5 82.5 87.5

(a)主认同

附录图 2　大理白族学生文化认同总体情况

文化评价分别高于本民族文化认知、本民族文化评价 0.4680、0.952，而本民族文化情感、本民族文化行为则分别高于主流文化情感、主流文化行为 0.9060、0.6600。同时，本民族文化认同和主流文化认同中，认知维度得分最低。

附录表 1　　大理白族学生文化认同总体情况

		本认同总	主认同总
N	Valid	250	250
	Missing	1	1
Mean		73.4600	74.2480

附录表 2　　大理白族学生文化认同各维度总体情况

		本认知总	本情感总	本评价总	本行为总	主认知总	主情感总	主评价总	主行为总
N	Valid	250	250	250	250	250	250	250	250
	Missing	1	1	1	1	1	1	1	1
Mean		16.1760	19.0800	19.5560	18.6480	16.6440	18.1040	21.5120	17.9880
总平均分		18.365				18.562			

2. 认知维度

认知维度是学生对自我民族身份和对本民族文化客观知识的了解，主要从风俗习惯、历史、身份、传统工艺、信仰五个方面对学生进行考察。统计结果表明

（如附录表3～附录表5所示），本民族文化认知和主流文化认知基本偏向于积极认同方向，但分值偏低。说明无论是本民族文化认知，还是主流文化认知都有待提高。其中本认知2对应的题目是："你了解本民族的相关历史及传说故事吗？"主认知2对应的题目是："你对中华民族历史及典故、传说故事、英雄人物事迹等的了解情况是？"而这两道题目的得分是最低的，分别为2.9320、3.2560，表明学生对本民族文化和主流文化缺乏知识性的了解。

附录表3　　　　大理白族学生文化认同认知维度

		本认知1	本认知2	本认知3	本认知4	本认知5	主认知1	主认知2	主认知3	主认知4	主认知5
N	Valid	250	250	250	250	250	250	250	250	250	250
	Missing	1	1	1	1	1	1	1	1	1	1
Mean		3.3000	2.9320	3.3640	3.4200	3.1600	3.3920	3.2560	3.1160	3.3000	3.5800
总平均分		\multicolumn{5}{c}{3.2352}						

总平均分 本：3.2352　主：3.3288

附录表4　　　　本民族文化认同认知维度对应的问卷题目

本民族文化认知1	你了解本民族的风俗习惯吗（如白族婚丧嫁娶、舞蹈、民歌及仪式活动等）？
本民族文化认知2	你了解本民族的相关历史及传说故事等吗（如白族起源、白族历史名人、历史事件、民间故事等）？
本民族文化认知3	你觉得生活中自己是个地道的白族吗？
本民族文化认知4	你了解白族的传统饮食、手工艺、服饰、建筑及制作吗？
本民族文化认知5	你了解白族的宗教信仰及活动吗（如各种与本主庙相关的祭祀、祈颂活动等）？

附录表5　　　　主流文化认同认知维度对应的问卷题目

主流文化认知1	你对与日常生活有关的国家方针政策及现代化设施、产品的了解情况是？
主流文化认知2	你对中华民族历史及典故、传说故事、英雄人物事迹等的了解情况是？
主流文化认知3	你所了解的汉族学生及社会成员的风俗习惯情况是？
主流文化认知4	你所知道的汉族节日情况是？
主流文化认知5	你所了解的汉族学生及社会成员的信仰及活动情况是？

3. 情感维度

情感维度是学生对本民族文化和主流文化及文化群体的依恋和归属倾向，该维度主要从语言使用、交友、民族归属、生活选择等方面对学生进行考察。统计结果表明，本民族文化情感和主流文化情感维度均趋向积极认同，对本民族文化情感略高于主流文化情感。其中，主流文化情感1和主流文化情感5得分均低于3，偏向于消极认同。两题分别对应的题目是："你觉得汉族学生及社会成员的优点多吗？""生活和学习中你的汉族学生朋友多吗？"这两题的得分以及本民族文化情感和主流文化情感总得分来看，大理白族学生流露出在情感上更偏向于本民族文化。

附录表6　　　　大理白族学生文化认同情感维度

		本情感1	本情感2	本情感3	本情感4	本情感5	主情感1	主情感2	主情感3	主情感4	主情感5
N	Valid	250	250	250	250	250	250	250	250	250	250
	Missing	1	1	1	1	1	1	1	1	1	1
Mean		3.6960	3.5200	4.1520	3.1000	4.6120	2.8880	4.4760	4.0960	3.7960	2.8480
总平均分		\multicolumn{5}{c}{3.816}						

（总平均分：3.816　　3.6208）

附录表7　　　本民族文化认同情感维度对应的问卷题目

本民族文化情感1	生活和学习中你白族朋友多吗？
本民族文化情感2	生活中你愿意使用白族语言吗？
本民族文化情感3	可以重新选择自己的白族身份，你还愿意成为白族的一员吗？
本民族文化情感4	你毕业后愿意留在白族聚居的地方生活和工作吗？
本民族文化情感5	你觉得白族及本地区发展与你有怎样的关系？

附录表8　　　主流文化认同情感维度对应的问卷题目

主流文化情感1	你觉得汉族学生及社会成员的优点多吗？
主流文化情感2	生活中你愿意接受现代化的生活方式和应用现代化的各种产品吗？
主流文化情感3	当你一个人身处在汉族群体中，你感觉到？
主流文化情感4	你喜欢学习汉族语言文字及其他汉文化知识吗？
主流文化情感5	生活和学习中你的汉族学生朋友多吗？

4. 评价维度

评价维度是学生对自己民族身份与自身重要性程度作出的选择，主要从民族身份积极性、民族自豪、民族自尊、民族生活条件等方面进行考察。统计结果显示，对本民族文化评价和主流文化评价均趋向于积极认同，但对主流文化评价显然更高，无疑这与整个社会发展朝向现代化不无关系，大理白族学生对学习与现代化相关的知识对自我或民族发展的重要性作出积极肯定。但也应看到，大理白族学生在对主流文化持积极认同的同时，也并没有放弃对本民族文化的积极评价，这从本民族文化评价维度得分为3.9112得以反映。

附录表9　　　大理白族学生文化认同评价维度

		本评价1	本评价2	本评价3	本评价4	本评价5	主评价1	主评价2	主评价3	主评价4	主评价5
N	Valid	250	250	250	250	250	250	250	250	250	250
	Missing	1	1	1	1	1	1	1	1	1	1
Mean		3.4520	4.2120	4.6480	3.8640	3.3800	4.6040	4.6600	3.3080	4.3160	4.6240
总平均分		\multicolumn{5}{c}{3.9112}						4.3024

附录表10　　本民族文化认同评价维度对应的问卷题目

本民族文化评价1	你觉得白族少数民族身份对你有积极影响吗？
本民族文化评价2	你为白族少数民族身份感到自豪吗？
本民族文化评价3	听到别人说白族这一少数民族的坏话时，你会？
本民族文化评价4	你乐意别人知道你的白族少数民族身份吗？
本民族文化评价5	你觉得白族整体上（经济、文化、教育）落后于汉族吗？

附录表11　　主流文化认同评价维度对应的问卷题目

主流文化评价1	你认为白族及社会成员应该学习更多的现代科学文化知识及技术吗？
主流文化评价2	你怎样评价身边和周围的汉族学生？
主流文化评价3	你觉得白族及本地区发展是否需要融入现代化发展之中？
主流文化评价4	你觉得社会生活中学习汉语、普通话有必要吗？
主流文化评价5	与汉族地区相比，你觉得白族社会发展水平情况是？

5. 行为维度

行为维度是学生实践民族文化个性，及为了维护民族身份及民族文化群体利益表现出的行为和行为倾向。该维度主要从语言、宗教信仰、民族文化保护或传承等方面进行考察。统计结果显示，大理白族学生对本民族文化行为和主流文化行为均趋向于积极认同，本民族文化行为认同（3.7296）略高于主流文化行为认同（3.5976），这表明在行为上因受所处环境的影响，大理白族学生生活中在语言、信仰等方面仍然维护着自我民族文化个性。

附录表12　　　　　大理白族学生文化认同行为维度

		本行为1	本行为2	本行为3	本行为4	本行为5	主行为1	主行为2	主行为3	主行为4	主行为5
N	Valid	250	250	250	250	250	250	250	250	250	250
	Missing	1	1	1	1	1	1	1	1	1	1
Mean		3.6600	3.4840	3.2800	4.2440	3.9800	3.7240	3.8280	3.7600	3.4800	3.1960
总平均分		\multicolumn{5}{c|}{3.7296}			3.5976			

附录表13　　　本民族文化认同行为维度对应的问卷题目

本民族文化行为1	生活中，你遵从白族的风俗习惯吗？
本民族文化行为2	生活中你说白族语言的时间情况是？
本民族文化行为3	你信仰白族的宗教（如祭祀祖先、本主信仰）及参加白族各种传统活动（如白族节日等）吗？
本民族文化行为4	你认为现在有必要保护和传承白族民族文化吗？
本民族文化行为5	你向别人介绍白族民族文化（包括白族历史、风俗习惯等）的情况是？

附录表14　　　主流文化认同行为维度对应的问卷题目

主流文化行为1	社会生活及人际关系交往中，你以现代社会价值标准来处理各种问题的时候多吗？
主流文化行为2	在公共场合，你使用汉语的情况是？
主流文化行为3	你的生活习惯和生活方式比较接近汉族吗？
主流文化行为4	你参加或庆祝各种汉族节日及传统活动吗？
主流文化行为5	学习和生活中你与汉族同学或朋友讨论一些重大问题时，有多少时候与他们意见不同？

综上所述，大理白族学生文化认同中体现出均衡性的特点，对本民族文化和主流文化都趋向于积极性认同。总体来看，对主流文化的认同要稍高于对本民族文化的认同，这可能既与学校教育以传授主流文化有关，也与整个社会发展对主流文化价值的追求有联系。但应该看到的是，大理白族学生对本民族文化的认同并没有因认同主流文化而丧失，依然表现出对本民族文化的积极认同，这无疑离

不开大理白族地区社会环境、家庭环境中保留的民族文化传统对学生的深刻影响。与前面的大理白族地区学校教育发展来看，可以说大理白族社会成员既能适应主流学校教育系统，又没有因接受主流文化而失去对本民族文化的认同，却能将两者相对较好地结合在一起。

第四节　嘉绒藏区学校教育与社会教育运行机制比较研究

本书选择以丹巴县的学校教育作为嘉绒藏区学校教育的代表，通过研究它来诠释学校教育的运行机制，比较并得出学校教育与社会教育运行机制的异同。这有助于我们梳理民族教育与文化的关系，思考民族教育优先发展的情景，从而实现民族地区学校教育与社会教育的和谐共生。

一、嘉绒藏区学校教育的发展概况

清末"改土归流"以前，嘉绒藏区已有自己传统的教育方式——寺庙教育。学校教育最早可溯及清朝清乾隆四十一年（1776年）平定金川后，在章谷屯署（今章谷镇）、约咱（今岳扎）、翁古尔垄汛（今半扇门）设义学馆。1909年在章谷屯治下街（今解放街）设官立小学一所，有男女学生31人，这是清末川边兴学在丹巴开办的第一所官话小学堂，为丹巴县办新学之始。

民国年间除了在丹巴县办县立初、高等小学外，在巴底、巴旺、东谷、梭坡等乡开设4所初级小学。民国二十九年（1940年）推行国民教育制度，将16所短期小学、初级小学改为国民小学。原则上要求一保一所，所以又称"保国民小学"。民国三十五年（1946年），各乡保国民学校一律裁并成立中心校，全县除巴旺中心校外，其余保国民小学停办。民国三十六年（1947年）春至民国三十七年（1948年）先后恢复14所国民小学。

新中国成立之后，嘉绒藏区的学校教育发展分为三个阶段。

第一阶段是新中国成立后到1965年。新中国成立后不久，嘉绒藏区就废除了民国时期的教育方针，取消了"学差制"。为解决少数民族工农贫苦子弟入学困难，发放了民族助学金。根据"整顿、恢复、重点发展、稳步前进"的恢复发展新解放区的精神，恢复了部分小学的教学。民主改革之后，嘉绒藏区陆续恢复、新办一批小学。丹巴县1957年，小学达16所，其中公办小学12所，在校学生达1 698人，其中少数民族学生1 023人，教职工总数72人，其中少数民教职工 18 人①。

　　1958～1960 年间的"大跃进"对嘉绒藏区学校教育的发展从客观上发挥了重要的作用。在此期间，嘉绒藏区教育主管部门制定了"大力普及小学教育"的教育事业发展总任务，加快了小学恢复发展的步伐。至 1959 年，丹巴县小学校达 23 所。其中公办初小 19 所、完小 2 所、民办 2 所，在校学生达 3 173 人，其中少数民族学生 2 137 人，教职工 156 人，实现了乡乡有小学。同年贯彻执行"学校为工农劳动人民子女开门的阶级路线"，县工委要求小学高小招生必须优先吸收工农劳动人民子女，各学校在二年级消灭工农学生的降级现象，减免学杂费。1964 年后，随着国民经济的好转，教育事业亦随之恢复，教学质量有所提高。1965 年小学教育采取国家办学与集体办学"两条腿走路"的方针，在原有 26 所公办耕读小学的基础上，社办耕读小学 31 所，全县小学校达 74 所，在校学生 3 916 人，入学率达 77%，实现了村村有小学②。

　　第二阶段是 1966～1978 年。1966 年 6 月嘉绒藏区的教师集中开展"四清"运动，接着进行"文化大革命"，从新中国成立初期到此期间的教育工作被全部否定，并被诬蔑为"修正主义教育黑线统治的十六年"，是"资产阶级知识分子一统天下"。教师遭批斗，藏语教学学校停办，大、中专升学考试制度被废止，升学凭推荐，片面强调"开门办学"，学生劳动时间过多，不认真读书，文化课质量大大降低，学校设备损失严重。但是这个时候的学校数量却猛增，据丹巴县志记载，"1972 年在把学校办到学生家门口的要求下，（丹巴县）学校数量猛增，1975 年小学达 103 所，学生数达 7 810 人，教职工达 389 人，这一势头到 1978 年后方有所控制。其时，提倡社办中学，多数公社（乡）办起'戴帽'初中班，小学骨干教师抽到中学任教。"③

　　第三阶段是 1979 年至今。粉碎"四人帮"后，嘉绒藏区小学教育重新贯彻中国共产党的"使受教育者在德育、智育、体育几方面都得到发展，成为有社会主义觉悟的有文化的劳动者"的方针。1977 年恢复考试制度，1978 年党的十一届三中全会后，嘉绒藏区各县召开教育工作会议，传达贯彻全国教育工作会议精神，批判"四人帮"炮制的"两个估计"④，拨乱反正，消除余悸，强调恢复合理的规章制度和教学方法，提高教育质量。1980 年贯彻落实《中共中央国务

---

　　①②③　四川省丹巴县志编纂委员会：《丹巴县志》，民族出版社 1996 年版，第 531 页。
　　④　"两个估计"是"四人帮"炮制的错误论调，该论调认为：新中国成立后 17 年"毛主席的无产阶级教育路线基本上没有得到贯彻执行，大多数教师和新中国成立后培养的大批学生的世界观基本上是资产阶级的"。"两个估计"把"文化大革命"前 17 年的教育战线说成一团黑，把广大知识分子打成"臭老九"。1977 年 9 月 19 日邓小平指出"两个估计"是不符合实际的；11 月 18 日《人民日报》发表了《教育战线的一场大辩论——批判"四人帮"炮制的"两个估计"》。（来源：http://zhidao.baidu.com/question/39873420.html）。

院关于普及小学教育若干问题的决定》，嘉绒藏区文教局针对小学校点多质量差的实际情况调整学校布局，至1982年，先后停办了不具备办学条件的小学校点，对民办教师进行整顿。

20世纪80年代上半叶，嘉绒藏区派出工作组对小学布局、师资、生源、办学条件进行全面调查，结合区域内农牧区以及各乡不同的自然条件、经济和文化基础制定了普及初等教育的规划，嘉绒藏区开始普及初等教育的历程。在此期间教师地位也得到提高，有关部门认真贯彻执行，落实知识分子政策，解决教师入党难的问题，对教师进行各种形式的培训，增加教育投资，民办教师的地位也得到认同。

自20世纪90年代以来，嘉绒藏区的学校教育得到更大幅度的发展，四川省制定并实施《四川省民族地区教育振兴行动计划》，加大了对包括嘉绒藏区在内的民族教育的投入。21世纪初，国家实施新课程改革之后，嘉绒藏区积极投入到改革中来，重视对教师素质培训。

二、两种教育运行机制内部要素比较分析

教育运行的内部要素包括教育运行的动力、教育中人的要素、内容要素和方法要素。笔者将从以下几方面对嘉绒藏区学校教育与社会教育运行的内部要素进行比较。

（一）两种教育的运行目的比较

1. 嘉绒藏区社会教育目的

社会教育的目的指向为这种教育享受者的生活。因为这种教育从受教育者的生活需要出发，必然以需求的满足为归宿。当然，诸如实现"吉祥"这样的目的看似不是现实生活需要的，但是"吉祥"本来就是当地人现实的精神生活一部分。

因为人们的生活需求是多样的，因此，可以说社会教育的目的其实是在满足生活需要的大前提下呈现多样性的特点，比如，满足物质生活的需要，满足精神生活的需要，满足"今生"生活的需要，满足"来世"生活的需要。"且索"[①]的教育就兼具满足精神生活需要、"今生"生活需要、"来世"生活需要的特点。因为通过这种教育要让"且索"这种仪式得到顺利传承，在传承的基础上实现村寨、人民、社群的吉祥，同时，对于49岁的人来说，还需要通过这种仪式让

[①] "且索"是嘉绒藏语音译词，意为"祭祀"。本书的"且索"是嘉绒人的一种仪式，该仪式以表演为形式，以神战胜妖魔为内容，为49岁人、本命年人和山寨祛除邪恶带来吉祥。

自己前半身的"恶业"得以消除，为换来一个好的来世打下基础。

同时，作为民族的社会教育还必须具备这样一些目的，培养民族成员基本的生存和生活技能、传承本民族文化、实现民族认同。

不论是这样的社会教育有什么样的存在形式，不论他们的功能可以分化成多少种类，但是，贯穿于这些教育中还有一条主线，那就是为了民族成员在民族内部的生存与发展。一切与民族成员生存和发展没有意义的事情都不可能被整合到民族的社会教育之中。

2. 嘉绒藏区学校教育目的

本书通过对不同时期民族教育的方针政策的梳理来看嘉绒藏区学校教育目的。哈经雄在《民族教育学通论》中认为，"民族教育政策的概念是指国家和政党为了发展民族教育事业实现一定历史时期的教育路线、方针、目标和任务而制定、发布的具体的行动准则。民族教育政策可以分为总政策、基本政策和具体政策，其表现形式是多种多样，包括方针、策略、法律、法令、条例、规章、决定、指示等。"[①] 国家的民族教育的目的会体现在各个时期的民族教育政策中。

第一，民国时期的民族教育政策。

徐中林和王希隆在《试论民国时期中央政府对西藏的文化教育政策》一文中述及民国民族教育政策时认为，国民时期没有专门针对嘉绒藏区的教育政策，但是有针对民族地区学校教育的统一规定，集中表现在先后颁布的三个法案中，这三个法案是：《三民主义教育实施原则》（1931 年 9 月国民党中常会通过）、《推进边疆教育方案》（1939 年第三次全国教育会议决议通过）、《边地青年教育及人事行政实施纲领》（1941 年 11 月行政院颁布）。"《三民主义教育实施原则》的第六章蒙藏教育" 规定边疆教育的目标为：力谋蒙藏教育的普及和发展；根据蒙古西藏人民的特殊环境，以谋蒙藏人民知识的增高、生活的改善，并注意其民族意识的养成、自治能力的训练，以及生产技术的增进；依遵中山先生民族平等的原则，用教育力量，力图蒙藏人民语言意志的统一，以期五族共和的大民族主义国家的完成。《推进边疆教育方案》确定的方针是：边疆教育应以融合大中华民族各部分之文化，并促其发展为一定之方针；边疆教育的设施，应遵照中华民国教育宗旨及其实施方针，抗战建国纲领，暨 "《三民主义教育实施原则》第六章" 之规定，为边疆各级教育实施之标准；边疆教育得适应当地特殊环境及其生活习惯，设法推进。《边地青年教育及人事行政实施纲领》，其关于边地青年教育部分，有目标三项，办法六项，并规定边教经费的筹措与补助办法两项，它确定以文化的边疆为边教范围，以调查研究为推进边教的准备，扩充边教事业

---

① 哈经雄、滕星：《民族教育学通论》，教育科学出版社版 2001 年版，第 268 页。

的种类，并以师资训练为事业的主干①。

这三个法案的侧重点不同，但总的方针就是：力求边疆教育的推进与普及，力谋边地特殊环境的适应，力求国族意识与民族文化的交融统一。中国第二历史档案馆所编《中华民国史档案资料汇编第五辑第二编教育》（二）中认为，这一时期具体的教育方针是：边疆学校的初等教育应以公民训练与职业训练并重；中等教育应特别注重生活技能的训练及国家民族意识的养成；高等教育应以培养国家建设的各项专门人才为目的；社会教育使人民了解国家民族意义，认识国际情况，并具备近代科学常识，增进知能及养成其优良之生活习惯。初等教育以小学为主，分固定式及流动式两种，以适应边疆的环境；小学以地方设立为原则，由中央酌予补助，教育部并酌设边疆实验小学。中小学应兼收当地各族学生，并以所在地地名为校名。中学若贫瘠省份不能设立，由教育部设立或补助其设立。各级职业学校由边省教育行政机关设立，教育部应为内地青年愿赴边疆工作者，在适宜地点补助设立各级职业学校。在边疆设立大学、独立学院或专科学校，国立大学酌量增设有关建设边疆的科系及边疆语文的选修科目。到内地专科以上学校就学的边疆青年，若不能学习全部课程，准予选习数种必修科目②。

第二，新中国时期的民族教育方针政策。

开创阶段的民族教育政策（1949~1955年）：具有代表性的是1951年9月，第一次全国民族教育工作会议召开，首次确定了少数民族教育总方针：少数民族教育必须是新民主主义内容，即民族的、科学的、大众的教育，并应采取适合于各民族人民发展和进步的民族形式；少数民族教育的任务是：应以培养少数民族干部为首要任务，以满足各民族政治、经济、文化、教育建设的需要，同时应当加强小学教育与成人业余教育，以提高少数民族的文化水平，并应努力解决少数民族各级学校的师资问题③。

曲折发展阶段的民族教育政策（1956~1965年）：这一时期，我国进入了全面建设社会主义的新阶段。1956年6月4~17日，教育部在北京召开第二次全国民族教育会议，提出要在整个国民教育事业的发展过程中，使少数民族的教育事业逐步接近和赶上汉族水平，在少数民族地区有步骤地开展扫盲工作和普及小学义务教育。但是由于1958年以后受到了"左"倾思想的影响，民族教育发展速度延缓。

---

① 徐中林、王希隆：《试论民国时期中央政府对西藏的文化教育政策》，载《中国藏学》2004年第2期，第55~64页。
② 中国第二历史档案馆：《中华民国史档案资料汇编》（第五辑第二编《教育（二）》），江苏古籍出版社1997年版，第122~124页。
③ 蓬勃发展的少数民族教育 [EB/OL]. [2008-01-15]. http://www.edu.cn20010823/207543.shtml.

"文化大革命"时期的民族教育政策（1966~1976年）：这一时期，教育规律被否定，民族教育的特点被抹杀，民族教育管理机构被撤销或合并，许多民族学校被停办。1971年的高等院校调整意见就提出政法、财经、民族院校多撤销一些。实际上十所民族学院全部被撤销或停办，大批从事民族教育干部、教师惨遭迫害和打击，许多地方的民族语文教学被取消，对少数民族学生的照顾政策被削减。民族教育事业遭受严重的摧残和破坏。

民族教育恢复发展阶段的政策（1977~1985年）：1980年10月9日，教育部、国家民委《关于加强民族教育工作的意见》提出，少数民族教育要认真贯彻"调整、改革、整顿、提高"方针，并在尽快恢复和进行必要调整的基础上，积极稳步地加以发展[1]。教育部和国家民委于1981年2月16~25日在北京召开第三次全国民族教育会议，会议总结了三十年民族教育的历史经验，提出，当前和今后一个时期，民族教育的中心任务是继续清除"左"的影响，在调整中稳步发展。在这一阶段，民族教育根据当时工作重心的转移调整了方针，1979年11月12日，国家民委、教育部印发的《关于民族学院工作的基本总结和今后方针任务的报告》将民族学院的方针任务由过去的"培养普通政治干部为主，迫切需要的专业技术干部为辅"调整为"大力培养四化所需要的具有共产主义觉悟的政治干部和专业技术人才，为少数民族地区的社会主义现代化建设服务。"[2]这一方针虽然针对民族学院，但对整个民族教育都有普遍的指导意义。

蓬勃发展阶段的民族教育政策（1985年至今）：1985年5月，中共中央颁布关于教育体制改革的决定，民族教育加快改革进入新阶段。1992年3月，国家教委和国家民委联合召开第四次全国民族教育工作会议，会后印发了《关于加强民族教育工作若干问题的意见》，明确提出三方面意见：一要打好基础，在数量和质量上有一个新的发展和提高；二要坚持改革开放，进一步明确办学的路子，使民族教育更好地为当地经济建设和人民群众的富裕文明服务；三要努力缩小目前困难较大的民族地区同全国教育发展平均水平的差距，使民族教育的发展与全国教育发展相适应，与少数民族和民族地区的经济、社会发展相适应[3]。2002年国家民委和教育部联合召开第五次全国民族教育工作会议，会后下发了《国务院关于深化改革加快发展民族教育的决定》，再次提出了明确民族教育办学路子的问题。报告中指出在党和国家统一的大政方针指导下，民族地区要根据各自的特点和实际，确定本地区教育发展、规划、政策和办学形式，通过深化改

---

[1] 千里原：《民族工作大全》，中国经济出版社1994年版，第356页。
[2] 国家民委办公厅、政法司、政策研究室：《中华人民共和国民族政策法规选编》，中国民航出版社1977年版，第426页。
[3] 同上，第586页。

革,逐步走出符合本民族和本地区实际的办学路子。学习和借鉴其他民族的经验,也必须与自己的实际结合,防止生搬硬套,搞"一刀切"。会议文件提出,民族地区发展教育必须充分考虑民族特点和地区特点[①]。在这一历史阶段,民族教育政策的发展体现出了改革开放的时代特点。

第三,民族地区学校教育目的。

从以上我国不同时期的相关方针政策及法令可以看出民族地区教育延续的动力大致可以归纳为以下几个特点:

实现国家认同和对主流文化的认同。国民政府颁布的《三民主义教育实施原则》、《推进边疆教育方案》、《边地青年教育及人事行政实施纲领》三个法案的一个共同方针就是"力求边疆教育的推进与普及,力谋边地特殊环境的适应,力求国族意识与民族文化的交融统一。"新中国成立以后民族教育中明确提出了对国家认同的思想和反分裂的思想,特别是在边疆的少数民族,《国务院关于深化改革加快发展民族教育的决定》等政策中明确提出了"解放思想,转变观念,发挥教育在西部大开发和民族地区全面建设小康社会、增强民族团结、维护国家统一中的作用。"藏区不论是在资源安全还是国家战略上都具有重要的地位,嘉绒藏区虽然基本上不处于边疆地区,但是由于文化上与其他藏区联系密切,因此,对国家的认同和主流文化的认同就更加紧迫。这些都体现在各个时期的教育指导思想中。

通过学校培养国家和民族地区适用人才。纵观民国时期的教育方针,如《中华民国史档案资料汇编第五辑第二编教育》中所强调,"初等教育应以公民训练与职业训练并重;中等教育应特别注重生活技能的训练及国家民族意识的养成;高等教育应以培养国家建设的各项专门人才为目的;社会教育使人民了解国家民族意义,认识国际情况,并具备近代科学常识,增进智能及养成其优良之生活习惯。"[②] 新中国的民族教育方针也体现了培养适用人才的特点,在社会主义建设初期,强调的是其政治功能;国家进入改革开放之后强调的是教育的经济功能;实施科教兴国和西部大开发政策之后,民族教育政策强调的是培养民族地区的适用人才。

3. 比较

么加利教授认为,西南民族地区校外教育系统存在于民族体内,扎根于民族社会的生产生活之中,是一种"同步内生型"教育。这决定了其功能发挥的立

---

① 国务院:《关于深化改革加快发展民族教育的决定》[EB/OL]. (2002-8-20) [2007-10-12]. http://www.eol.cn/20020820/3064750.shtml.

② 中国第二历史档案馆:《中华民国史档案资料汇编》(第五辑第二编《教育(二)》),江苏古籍出版社1997年版,第122~124页。

足点在于传承作为"整个生活方式总和"的民族文化[①]。据此,么加利认为民族地区的社会教育有两个独特的功能,那就是"培养原始完满的人"和"生存、维持功能"。

就前者而言,社会教育以一种极为朴素的形式、融于所在民族社会的一切活动之中。从这个教育的总和来看,社会教育内容丰富多彩、方法灵活机智、场所适机而变,所有这一切都构成了教育过程的无处与无时不在。这种教育培养出来人的素质在一定意义上具有相对完整性。他们既是自己所需要的全部或者大部分生产、生活资料的生产者,又是劳动产品的消费者,同时还是本民族文化艺术的拥有、表现和享用者。就后者而言,社会教育是将整个民族在与自然、社会、人之间交往的一切智慧以"类的经验"的形式实现代际之间的传递,正是这些"类的经验"让民族实现生存及维持。

么加利认为,学校教育相对于社会教育而言具有三个独特的功能,那就是"培养与现代社会同步的人"、"改造民族文化,促进民族融合"、"普及科学知识,发展民族经济"。笔者认为,学校教育作为一种系统性很强的教育形式,与社会教育一个明显的差异就是其受控对象不一样。可以说,社会教育是严格地控制在民族成员自己手中的,而嘉绒藏区的学校教育作为一种外来的教育形式,从产生之初就作为国家体制的一部分,控制在国家手中,所以,在其功能上除了么加利所述三个功能之外,应该还有"按照国家意志培养适用人才的功能",当然,这一功能与上述三者并不是完全意义上的并列关系,是互相交融的。

基于上述比较,笔者认为,嘉绒藏区的社会教育与学校教育的运行目的差异在于,他们各自要实现目的的侧重不一样,社会教育是通过培养民族"培养原始完满的人"来实现民族群体与个体的"生存与维持",而学校教育则是通过按照国家意志培养"民族和国家共同需要的人",在这里国家需要是第一位的。

(二) 两种教育的参与者要素比较

本书从参与者类型和参与者选择标准两个方面对两种教育的参与者要素进行比较。

1. 参与者类型比较

第一,嘉绒藏区社会教育参与者类型。

嘉绒藏区社会教育传承参与者大致包括技术拥有者、世俗权力拥有者、宗教权利拥有者。

技术拥有者。拥有某一项技术的人无疑为社会教育的实施者,比如"且索"

[①] 孙培青:《中国教育史》,华东师范大学出版社2000年版。

戏班，他们由于掌握仪式表演的全部过程和细节，所以他们有能力对后面加入戏班的成员进行教育；同样，在其他一些类似的社会教育中也是这样，比如拥有黑陶制造技术的师傅、拥有建筑技术的师傅、拥有酿酒技术的长者都成为社会教育的实施者。这种地位是技术本身给予的。

世俗权力拥有者。在嘉绒藏区的社会教育中，世俗权力也得到一定重视，他们会在召集村民参加、协调多种力量等方面拥有权力，以"且索"为例，村长一直出现在多个环节，比如要通知仪式举行时间、对外租借设备、沟通衔接等，他会主动承担其中的一些任务，而且在仪式举行过程中，他会与贵宾一起出现在贵宾的座位上。但是，他对整个仪式的举行并不起决定性的作用，比如，他不能决定这个仪式是不是举行，不能更改程序，也就是说，他发挥得作用是服务性的。也不是所有的社会教育都有世俗权力拥有者的出现，这里有一个区分度，那就是看这些教育活动是不是群体性的，如果是群体性的，往往就需要村长等世俗权力拥有者出现，而那些不需要动员全村大多数人参加的社会教育活动中就不需要村长发挥作用。在土司制时期，现在村长的角色被土司扮演，他们在社会教育活动中的权利是教育活动的性质决定的。

宗教权利拥有者。宗教权利拥有者往往代表神的旨意行事，比如决定"且索"举行时间的"更巴"，被邀请到活动现场的喇嘛，他们的参与让这些教育活动更有神圣性。当然，也不是所有的活动都需要他们参加，具体说来，群体性的教育活动往往都有他们的影子，有宗教特点的教育活动都会邀请他们，其他一些纯技术性的教育活动可以离开他们单独举行。他们的出现也与活动性质有关。

从上述三个参与群体来看，技术权力拥有者是整个活动的主导者，世俗权力与宗教权力拥有者的作用主要是参与性的而非决定性的，是服务型的而非支配型的。

第二，嘉绒藏区学校教育参与者。

嘉绒藏区学校教育传承的参与者大致可以包括办学者、教师。

办学者。嘉绒藏区学校教育得以维持和延续的诸多要素中，办学者是重要的要素。办学者大致包括政府的代表和民间人士，"清代义学馆由章谷屯员延聘师资"，屯员是政府的代表；"省小校长由西康省府委任，县内各初、短小校长及教员由县府委任、聘任"，省小校长是代表省政府在管理当地的教育；县小学校长和教师都是县级政府教育权力的延伸和体现。20世纪"50年代初，小学校长、主任教员经西康省藏族自治区政府批准，县人民政府任命"，"70年代，中学校长改为县提名，州批准任命。80年代，由县任命，报州备案"[①]，这些变迁可以看出，校

---

① 四川省丹巴县志编纂委员会：《丹巴县志》，民族出版社1996年版，第521～522页。

长作为办学者一直是政府教育权力的代表，他们的权力来源于行政力量。当然，还是有例外，"民国六年（1917年）天主教堂在春场坝开办天主教堂小学，有男女小学各1所，有男生60名，女生30名，民国二十九年（1940年）停办"①，但是，教会小学在嘉绒藏区的学校教育发展史上一直不是主流，不具有代表性。

教师。教师是教育活动重要的参与者，也是学校教育制度传承的重要力量，从对教师的选拔可以看出学校教育延续的特点。"民国期间规定，凡充任小学教员者须经小学教员检定委员会检定合格。检定小学教员每年一次，县检定后报省小学教员检定委员会复审，发合格证书"，"解放后，1951年8月丹巴县恢复小学教育，由国家统一分配教师"，"民办教师由村、乡推荐，县文教局发准聘证进行任用，代课教师聘请与辞退，由县文教局决定"。对教师的管理除了聘任之外还有考核，"1983年全县中、小学教师参加省教育厅组织的1983~1985年3年的中、小学教师教材教法统考"，"1986年省教育厅组织藏文教师教材考试"，"高中教师参加省教育厅组织的教材考试及格，由县教育局考核核准报州教育局备案颁发《高中教材教法考试合格证书》；初中、小学、幼儿教师教材考试合格后县教育局考核核准颁发《初中教材教法合格证书》、《小学教材教法合格证书》、《幼儿因教材教法考试合格证书》"；"1987年起，省教育厅组织《中小学教师专业合格证书》文化专业知识考试"②。从对教师的聘任和考核来看，其权力一直控制在政府手中。

2. 人员选择标准比较

第一，嘉绒藏区社会教育的人员选择标准。

如前所述，嘉绒藏区社会教育制度传承过程中的主要参与者是技术拥有者、世俗权力拥有者和宗教权力拥有者。其中，后两者的形成是超越社会教育制度之外的，比如，世俗权力拥有者的土司和村长是在政治体制内部形成的，而"更巴"和喇嘛也是在宗教制度内部形成的，他们服务于社会教育制度的传承，但不是社会教育本身所产生的。

以"且索"为例，在前面的研究中我们可以发现，从"人"的要素所具有的自身条件和素养来看，成为"且索"表演者不是一件容易的事情，没有长期的艰苦磨炼，没有丰富的艺术经验是成不了的。他们没有专业学校，只能师承前辈技术并加以发展，所以，必须具备以下条件：较好的表演天赋；较好的领悟能力；很好的人品；年轻健美。而这四个条件在选择表演者时是缺一不可的，"较好的表演天赋"和"较好的领悟能力"是充分条件，是作为是否能够被确认为

---

① 四川省丹巴县志编纂委员会：《丹巴县志》，民族出版社1996年版，第522页。
② 同上，第521~522页。

表演者的重要前提,"很好的人品"和"年轻健美"则是必要条件,虽然其重要性不如前两者,但是也是选择表演者不可缺少的标准。

结合其他社会教育形式中人的要素,我们发现,所有的标准大致都涉及"道德标准"和"技术标准"。带有一定宗教性质的社会教育活动中,道德标准几乎被放到与技术标准同等重要的位置上,"且索"就是这样,从形式上是代表神驱邪的一种仪式,道德标准是确保仪式神圣性的前提。当然,在另外一些教育活动中,比如酿酒、制陶教育活动中,道德标准没有严格地提出来,却是被隐含于人员选择活动内部的。

第二,嘉绒藏区学校教育的人员选择标准。

教师来源。1936年以后嘉绒藏区各小学教员由所在县府统一聘请分到各校任教,也有由西康省教育厅直接分配师范毕业生到丹巴的情况。新中国成立后,各县教师主要由西康省藏族自治区文教处统一分配。此外,还有通过从内地动员大、中专师范毕业生支援嘉绒藏区的情况。同时招收普通中学毕业生进行短期政治、业务培训后从事教育工作。20世纪70年代初,嘉绒藏区各县根据省革命委员会《关于公办中、小学代课教师改为正式教师的通知》精神,将1970年前的公办中、小学代课教师转为正式教师。为适应教育事业的发展,解决师资严重不足的困难,20世纪80年代后期,嘉绒藏区县级教育部门开始从内地招聘教师,这些应聘教师一般也是从师范专业毕业的学生。目前,各学校教师来源主要是大中专及师范大学教育专业的毕业生。

教师的素质要求。为了解嘉绒藏区学校教育对教师素质的要求,笔者专门采访了丹巴县教育局教研室的教研员阿姆[①]:

问:您认为我们这里的教师在道德修养上有没有特殊要求?

答:当然,具备很好的道德修养是每个地方教师的职业需求,因为教师的工作具备很强的示范性嘛,道德修养高,一方面能够给学生树立很好的榜样作用,同时也能够赢得学生的尊重和爱戴,你不要认为这些娃娃小,他们还是有心中自己评价教师的标准的,如果他们觉得某个老师的人品不好,他们就会很抵触这个老师的上课,教学水平就提升不了。当然,你说我们这个地方对教师的道德有没有特殊要求,那是有的,嘉绒藏区的教师要热爱自己的家乡才能够全身心投入到教学工作中,同时,他们对自己家乡的感情能够影响学生,这也是德育嘛。当然,我们这里条件可能是要艰苦一些,所以对教师道德上的要求还包括对他们奉献精神的要求。

---

① 受访人:阿姆(丹巴县教育局教研室教师),时间:2007年8月5日下午,地点:阿姆家中。

问：你觉得当前的各种教育教学改革，比如新课程改革，对我们教师在专业方面有没有什么挑战？

答：正如你说的那样，现在的教育教学改革是比较多的，比如新课改啊、探究性学习啊、高考的变化等。这些变化对我们教师的要求还是很高的，我们这里的教师主要是中师毕业的，现在国家倡导人本教学，同时，现在学科之间的渗透与整合特点很明显，所以这些教师工作之后需要提升的空间还很大，这要求他们一方面在所教学科专业知识方面追求精深的造诣，还要加强对其他综合学科的了解；另一方面还要自己系统掌握教育学、学科教学法等理论知识。

问：你如何理解我们嘉绒藏区教育对教师科研能力的要求？

答：你前面也提到了，现在正在进行课程改革。我们这里给老师们宣传的理念之一就是要实现教师教学方式与学生学习方式的变革。都会遇到很多新问题，而且我们这里的很多新方法都是老师们参加培训时学的，但是我们的老师都一种感觉，在听那些专家讲的时候，觉得头头是道，但是如何运用却成了一个问题。因此，我们倡导校本研修。让老师们自己寻找教改的经验，这些都离开不了老师的科研能力。

从以上可以看出，嘉绒藏区学校教育对人的素质需求来看，与其他地区的教师差别不大，基本上是合格教师的要求。在技能要求和道德要求上来看，对技能的衡量是有一定的标准的，而且还有诸如培训和职后教育等多种方法保障，对于道德要求往往是通过教育与自我约束来实现，也没有固定的标准，从这个角度来说，技能要求的重要性是第一位的。

3. 小结

社会教育与学校教育参与者要素的比较可以归纳如表 12-27 所示：

表 12-27　　　　社会教育与学校教育参与者要素比较

类型		社会教育参与者	学校教育参与者
类型	传播者	技术拥有者	办学者（政府及其代表）教师
		世俗权力代表	
		宗教权力拥有者	
	接受者	经过选择的文化传播者	适龄儿童
		文化享有者	
	标准	道德标准	道德标准
		技术标准	技术标准
	标准来源	历史中形成（来源于宗教和技术类型）	国家（行业性质）

就参与者的类型而言，社会教育中技术拥有者最重要，而且，其往往道德标准与技术标准同等重要。传承者是民族成员中拥有一定技术和文化的人，传承者的标准是在历史中依托于一定的民族文化背景进行选择的。接受者也是民族成员，往往尽可能的广泛。

学校教育参与者类型中参与者往往与政治体制联系在一起，因此，人员构成要复杂些，既有管理者也有执行者，科层特点明显。其中最重要的是办学者（政府及其代表），他们是国家权力在教育领域的代表，他们可以代表国家按照一定的标准，选择适合传播文化、知识和价值的人。作为技术拥有者的教师受教育管理者制约，由于学校教育的专业性强，对教师的技能要求高，技能标准强于道德标准。

（三）两种教育的内容要素比较

1. 社会教育的内容

张诗亚对西南民族教育的内容归纳为：生产教育，其中包括对生产者的赞颂和关于生产过程的教育，关于生产工具、生产对象、生产关系方面的教育；行为道德教育，其中包括与他族交往的道德教育，恋爱婚姻的道德教育，家庭道德教育，社会公德教育与关于劳动生产的道德教育；文化知识与科技教育；艺术教育与体育，其中包括音乐与舞蹈教育、美术教育、体育等①。

这些教育内容在嘉绒藏区社会教育形式中几乎体现在其非物质文化遗产的各个方面，概括起来包括五个方面。

第一，表演艺术。

表演艺术是指通过表演而完成的艺术形式。其特点是通过唱、说、肢体语言等形式来表现自己及作品的思想和审美观念。比如丹巴锅庄，丹巴锅庄是藏民族文化中一颗璀璨的明珠，是民族歌舞的一大种类，丹巴锅庄源远流长，深为当地少数民族所喜爱，在藏区也颇有影响，由于语言上的差别，主要分革什扎、巴底、二十四村及小金（区）四大流派，其基本风格是一致的。丹巴锅庄内容丰富多彩，可以分为歌颂日月星辰、宗教神佛、生产劳动、飞禽走兽和用于讥笑讽喻五大类。锅庄动作幅度大，节奏稳慎，舞步刚健豪放，舒缓自如，旋律优美动听，如行云流水，变化时敏捷轻松，先轻歌曼舞，继而豪放激烈，步入高潮，显得跌宕起伏，辗转反侧，变化多姿②。丹巴几乎每人都会跳锅庄，每次集体锅庄表演的时候从儿童到老人全都参加，在这一过程中儿童从父辈那里学到表演方法。

---

① 张诗亚：《西南民族教育文化溯源》，上海教育出版社1994年版，第99～146页。
② 丹巴锅庄[EB/OL]. (2007-02-23). http://cn.icchina.com/city/Point/getinfo.asp? ID=8626.

第二，民间文学。

民间文学是相对于官方文学而言，主要是指产生并且流传于民间社会的、最能够反映民间社会群众情感与审美情趣的文学作品。民间文学的主要形式有史诗、叙事诗歌、歌谣、传说、故事、神话、笑话、寓言等。以传说为例，传说大致可分人物传说、史事传说、地方传说、动物传说、民间工艺传说和土特产传说等。《松赞干布娶文成公主的传说》几乎人人皆知、个个乐道。关于红军的传说在金川的藏院中有《徐向前在崇化》、《村妇智保红军标语》等。史事传说有《乾隆打金川》、《十八土司的来历》等。地方传说有《墨尔多神山的传说》、《四姑娘山的传说》等。动植物的传说以藏族《猫至藏区》、《珊瑚的来历》和《马桑树的来历》等最具代表性。土特产的传说有《满襟围腰》和《羊角花的来历》等。民间工艺传说有《佛画的来历》等。风俗传说有《神山上插箭的来历》、《火葬的起源》、《小春地里插小旗的来历》等①。神话和传说在历史的发展中，成了社会生活形象的记录，并在日常生活中成为教育内容。

第三，传统手工艺技艺。

传统手工艺技艺是指产生并且流传于民间、反映民间生活并体现民间审美习惯的工艺美术作品的制作技术，其所指的范围非常广泛。以雕塑为例，有石雕、泥塑、木雕等，还有与生活息息相关的制作技术和生产生活技术等。

第四，生产生活经验。

人类在征服与改造世界的过程中，逐渐积累了许多生产与生活的经验，这些经验帮助人类不断进步。生活经验主要是指人类在生存过程中认识自然、改造自然、利用自然，并且巧妙地与自然和谐共处的经验体系，在世界人类文明的发展过程中发挥着重要的作用。生产经验主要是指人类在生产实践中积累起来的生产知识和生产技能的总和，包括农业生产、牧业生产、渔猎生产及其他行业生产经验的各个方面。典型的有丹巴的雕楼建筑经验。

第五，传统节日与仪式活动。

传统节日与仪式活动是密切不可分割的，因为绝大多数节日都是起源于原始宗教活动。如果某项宗教仪式活动在时间上固定下来并且逐渐形成较大的规模，就很容易演变成为某种节日。作为传统的民族节日，在传承民族文明的过程中发挥着非常重要的作用，形成一个民族传统文化的精华。我国少数民族非物质文化遗产中比较有影响的民族传统节日与仪式活动主要有各少数民族的年节、人生礼俗、丧葬礼仪、婚姻礼俗等。丹巴"本地藏历新年多与农事季节和宗教信仰相关，各地藏族有的以十月十五日至次年十一月十五日为一岁。年节时间不统一，

---

① 雀丹：《嘉绒藏族史志》，民族出版社1995年版，第433页。

一般从冬月（十一月）十三日始至次年三月初止。新中国成立前"三土司"区不过春节，只过嘉绒藏年。巴底土司区，从冬月十二晚念经，祭祝为民除害的"阿米各东"起过四天，巴旺、革什扎土司区从冬月初一至十五，按家族依次过，届时喇嘛、道士要依次去每个家族念经、祭拜并祝福。"①

2. 学校教育的内容

第一，思想教育内容的变化②。

新中国成立初，学校对学生实行"五爱"为主要内容的国民公德教育。1951年8月，学校恢复之初，贯彻执行中共中央制定的新民主主义教育方针，在学校中开展"抗美援朝，保家卫国"的反帝国主义教育，学生踊跃投入抗美援朝捐献活动。1959年教育部颁发《中小学暂行规定（草案）》，在学校中进行"爱祖国、爱人民、爱劳动、爱科学、爱护公共财物"的"五爱"教育。1954年贯彻执行西康省藏族自治区提出的1954年民族教育工作方针，用社会主义和民族政策的精神教育学生。主要是爱国主义与国际主义教育、科学教育、集体主义教育、劳动教育，进行反对帝国主义、反对各族人民公敌、反对大汉族主义及地方民族主义教育。1955年教育部颁发《小学生守则》，学校掀起学小学生守则，用小学生守则的高潮。1956年结合民主改革运动，教育学生认识剥削阶级对劳动人民的压迫剥削罪行。1957年后加强阶级教育、民族团结教育、社会主义基础知识教育和自觉遵守纪律教育。1958年年底"四反"运动中，组织学生参加运动，了解"四反"运动的目的、意义、政策，让学生诉苦、算剥削账，进行说理斗争，提高学生阶级斗争观念和阶级觉悟。同年，党中央提出"我们的教育方针，应该使受教育者在德育、智育、体育几方面都得到发展，成为有社会主义觉悟的有文化的劳动者"，"教育为无产阶级政治服务，教育与生产劳动相结合"的教育方针。学校加强学生思想政治教育工作，各学校增加一节周会课，内容以思想政治教育、共产主义道德教育、自觉纪律教育为主。1960年，在学校中开展"学习刘文学，做好孩子"活动。

1962年教育部颁发《全日制小学暂行工作条例（初稿）》，提出"必须对学生进行共产主义思想品德教育"。中、小学在贯彻执行中，同时掀起"学雷锋"为中心的为人民服务思想教育高潮。工作中着重进行正面教育启发，积极诱导，通过学校、家庭、社会各方面密切配合，采用周会、朝会课及节日活动，评选优秀学生，表扬好人好事，诗歌朗诵、唱革命歌曲等形式贯彻。中、小学校风校貌改观，学习风气浓厚。

---

① 四川省丹巴县志编纂委员会：《丹巴县志》，民族出版社1996年版，第168页。
② 同上，第547页。

1966年"文化大革命"开始后,正常的教学秩序被打乱,良好的学风荡然无存,学校思想品德教育工作遭到破坏。粉碎"四人帮"后,1979年教育部重新颁布中、小学生守则,学校广泛深入地开展了"学雷锋、树新风、争当德、智、体全面发展的创三好学生活动"。1981年2月,党中央发出开展"五讲"(讲文明、讲礼貌、讲秩序、讲卫生、讲道德)"四美"(语言美、行为美、心灵美、环境美)为内容的文明礼貌活动的指示,后增加热爱党、热爱社会主义祖国、热爱社会主义制度的"三热爱"。学校又把文明礼貌活动同"学雷锋、树新风、创三好"活动结合进行。1984年党中央颁布《关于教育体制改革的决定》,全县贯彻邓小平"教育要面向现代化、面向世界、面向未来"的教育战略发展方针和"教育必须为社会主义建设服务,社会主义建设必须依靠教育"的指导思想。同年县文教局、团县委要求学校思想教育,要以坚持四项基本原则为中心,建设社会主义精神文明为目标,加强爱国主义和共产主义思想教育,培养学生具有辨别是非,抵制精神污染的能力,使其成为德、智、体、美全面发展的建设人才。1988年国家教育委员会颁发《中学德育大纲》(试行稿)、《中学生日常行为规范》(试行稿)等四个文件和《中学德育纲要》(试行草案)等三个文件,改进和加强了中小学德育工作,使德育工作逐步制度化、科学化,学校面貌出现了可喜的变化,校风、教风、学风进一步好转,"三好"学生、优秀少先队员不断涌现。中小学生中争当小雷锋的好人好事层出不穷。

第二,学科课程内容。

包括小学课程设置和中学课程设置两个方面[①]。

小学课程设置:民国期间,小学课程设国语算术、公民、自然、历史、地理、唱歌、工作(劳动、美术、体育)等科。

民国期间,嘉绒藏区的学校教育内容,从课程结构上看是比较完善的,就单科课程标准来看,以"国语"为例,1923年《新学制课程标准纲要小学国语课程纲要》以政府文件形式肯定了1920年诞生并进入学校的"国语"课程,这一阶段的母语课程标准体现出这样一种倾向,如靳健在《我国小学初中语文课程标准的百年变迁》中所述,目的是引领国语、国文课程向大众化、实用化、科学化、个性化的趋势发展。"以鲜活的民众的口头语言为母语课程的学习、交流和表达的语言,以优秀的白话文作品为母语课程的主要内容,这就是国语、国文课程的大众化特征。'大众化'是对'贵族化'传统教育的叛逆,是为'半死'的文言注入了生命力;使需要经过'翻译'的课程实践变成了可以直接'对话'

---

① 四川省丹巴县志编纂委员会:《丹巴县志》,民族出版社1996年版,第548页。

的课程实践，使民主自由的思想进入了国民大众的话语系统。"① 提倡学生涵养自由发展思想的能力，涵养读书兴趣，通过专题研究以发展文学素养和言语风格，这就是国语、国文课程的个性化特征。"个性化"是对"八股化"传统教育的革命，是课程改革的生命力所在，也是地球人类教育发展历程中永恒的理想追求②。

这一时期很多学科的理念是比较进步、比较科学的，遗憾的是，由于战乱频繁，社会不稳定，嘉绒藏区的学校教育也才刚刚起步，所以先进的课程理念也很难得到落实。

新中国成立后，1954~1959 年小学课程设置是根据 1954 年西康省藏族自治区民族教育工作会议决定的民族小学教学计划设置，课程为汉语文、藏语文、算术、美工、音乐、体育、历史、自然、地理等科，藏文班上藏语文 14 节、算术 6 节，五册以上加汉文 6 节。战区小学藏文班（二年级）增加一节珠算，汉文班高小一册增加一节语文。

1960 年秋，丹巴县按甘孜藏族自治州人委"关于从本年秋季起实行四川省 1960~1961 学年度小学计划的通知"精神，开始执行四川省统一教学计划，设置课程有语文、算术、自然、历史、地理、周会、体育、唱歌、图画、手工劳动、自习等科。

1969 年小学课程设置为：一至三年级设语文、算术、军体、音乐，四年级以上增设政治、常识。

1988 年小学开设课程：思想品德、语文、数学、常识、地理、历史、藏文、音乐、体育、班队活动、图画、自习等 12 门课。

中学课程设置：1959 年年初中课程设政治、语文、数学、物理、外语、化学、生产劳动、生物、历史、语文、体育、音乐、图画 13 门课。1960 年起执行四川省中学统一教学计划。1969 年中学开设课程有：政治、语文、数学、外语、化学、农业、卫生、军体、历史、地理、物理、音乐 12 科。1988 年年初中开设政治、语文、数学、外语、物理、化学、历史、地理、生理卫生、体育、音乐、美术、生物 13 科，高中则不开生理卫生、音乐、美术。

新中国成立以后，以粉碎"四人帮"为分界岭，嘉绒藏区学校教育内容在此前因为受到极"左"思潮的影响，体现了政治化、功利化、程式化等特点；"工具性"虽然被写进了大纲，但经常受到冲击。此后因为拨乱反正，改革开放，课程标准的发展迎来了"柳暗花明又一村"的局面。促进学生全面发展的

---

① 靳健：《我国小学初中语文课程标准的百年变迁》，载《甘肃联合大学学报（社会科学版）》2008 年第 1 期，第 106~111 页。
② 靳健：《后现代文化视界的语文课程与教学论》，甘肃教育出版社 2006 年版，第 58 页。

目标逐渐回归课程标准，工具性与人文性的统一被确定为语文课程的基本特点，综合性学习被写进了课程标准，量化目标、过程目标受到应有的重视，课程理念突出了促进学生主体性发展的倾向。

这一特点在2001年的课程标准中体现的很充分，以2001年《语文课程标准》为例，对语文课程的性质作了新的界定：语文是最重要的交际工具，是人类文化的重要组成部分，工具性与人文性的统一，是语文课程的基本特点。工具性一般指语文是人们交流思想、表情达意的工具，学习其他课程的工具，是人们学习运用母语时表现出来的听读说写的生理与心理特征。人文性则指语文课程要充分体现学生的探究知识、表达思想、与人交流、发展个性和创新的权利；同时要充分体现语文教师的学术引领、开发课程、组织参与学生活动、参加继续教育、教学创新和形成自我风格的权利。工具性与人文性的统一，可以理解为：在教师的学术引领和精心组织下，学生自主合作地参与言语实践、思维磨砺、审美体验和技能训练活动，在探究知识、发展智力的过程中涵养精神、陶冶情操、历练气质、诗化品格、飞扬心灵的语文课程特点[①]。

3. 比较

嘉绒藏区的社会教育内容的一个明显特点是"来源于生活、用于生活"，表演艺术、民间文学、传统手工艺技艺、生产生活经验、传统节日与仪式活动都是嘉绒藏区人民群众生活的一部分，都是民族文化的一部分，教育内容的人文性与科学性同等重要。

嘉绒藏区的学校教育内容是按照国家意志选择的文化内容，就历史和现实中嘉绒藏区的学校教育内容而言，与内地和其他地区的教育内容基本上保持高度一致，虽然2001年开始的新课改，试图扭转这种局面，提出重视三级课程建设和落实国家三级课程管理办法，但是，由于没有切实有效的措施，基本上还是国家课程一统藏区的局面。教育内容脱离儿童现实生活，就难免出现陈桂生在《教育原理》中所描述的情况——"教育过程中的社会联系越来越抽象化，人在教育过程中越来越丧失自主性，甚至丧失自然的求知欲望，它反而束缚了人。"[②]

从文化被分享的广度来说，包括人类共享文化、国家共享文化、民族独享文化三个层面，嘉绒藏区社会教育基本上是民族独享文化、学校教育基本上是属于国家共享文化范畴，当然，这里的国家共享文化也是经过筛选的符合当时需要的部分国家共享文化，新课改以后，同时重视了人文性，这一点正在落实（见表12－28）。

---

① 靳健：《我国小学初中语文课程标准的百年变迁》，载《甘肃联合大学学报（社会科学版）》2008年第1期，第106~111页。
② 陈桂生：《教育原理》，华东师大出版社1993年版，第81页。

表 12-28　　　　　　　社会教育与学校教育内容比较

	社会教育	学校教育
文化层面	民族独享文化	国家共享文化（部分）
特点	内容与现实生产、生活密切关联	内部与生活联系间接
	内容单一，内容之间无明显联系	内容全面系统
	结构简单	强调知识结构

（四）两种教育的方法要素比较

1. 社会教育的方法

社会教育的方法在媒介上主要包括以下几种方式。

第一，通过宗教仪式、节庆活动进行。

张文在《旅游与文化》中述及，宗教仪式、传统节庆活动、现代节庆活动的举行，产生了少数民族文化的磁场。在这个磁场里，文化的能量得以释放，少数民族文化因子运动加快，"文化势能"[①]得以产生。这种文化势能的存在使得文化以一种比平时强烈得多的方式集中地进行着文化的传递。嘉绒藏区的"且索"和"嘉绒藏年"就是这样的方式。

第二，通过民族文化典籍及现代声像资料进行。

在过去，民族文化典籍的保存与流传是实现民族文化传承的一种重要形式。科学技术发展到今天，得以使用现代化的科技手段（如留声、摄像等）来保存相关民族文化资料。国内外试图利用民族文化博物馆将民族文化典籍、文物等通过传统及现代的方式保存并流传后世。这种传承方式，属于静态的文化传承。进入21世纪后，这种传承方式受到了学术界及其他人士的质疑。于是，动态传承，或者说活态文化传承、非物质文化遗产等概念在嘉绒藏区也逐渐得到人们的重视。

第三，通过大众媒体及大众文艺进行。

大众媒体以及大众文艺生活也是文化传承的媒介之一，换言之，在某些情况下，文化传承通过大众媒体及大众文艺生活得到了某种程度的实现。丹巴锅庄就是这样的教育方式。一般说来，公众与媒体对少数民族文化的关注与重视能激发少数民族自身的文化自信，明白本族文化在中华文化中的地位、作用及其意义，从而产生文化自觉行为。

就人与人的作用形式来看，大致包括一对一、一对多、多对多等形式。

一对一。一对一的传承是嘉绒藏区社会教育的一种主要文化传承方式。这

[①] 张文：《旅游与文化》，旅游教育出版社 2001 年版，第 43 页。

种传承多体现于日常社会、生产技能及某些特殊技艺的传承，完成和实现语言、饮食、服饰、建筑、生产等文化因子的世代相袭。这种方式偏重于民族物质生产文化。

一对多。一对多的传承也是一种经常性的传承方式，传承的是宗教意识、民族意识，可概念化为文化模式、文化观念，偏重于精神文化的范畴。

多对多。多对多的传承是一种群体内部相互之间的传承，在这种传承中，每一个社会成员都是民族文化的载体，都是民族文化传承不可缺少的要素。这种传承方式主要体现为通过规范文化在社会生活中进行无形的调控，客观上达到文化传承的目的。

2. 学校教育的方法

新中国成立后，嘉绒藏区的学校重视教学方法的改进，20世纪50年代中叶各县民政科组织教师学习苏联教育理论，着重学习"组织教学、复习旧课、讲读新课、巩固练习、布置作业"五大环节，初步运用到教学实际中去。强调教师在教学中的主导作用，加强组织教学，直观教学。识字教学使用卡片，注意运用实物、形象、语言直观进行教学。1954年根据西康省藏族自治区关于民族教育"整顿、巩固、提高质量、重点发展、稳步前进"的方针，各校经班级考试后进行有系统的编班调整。民教科统一要求学校制订学期工作计划、班主任计划、科任教师教学计划，加强备课工作，教学中采用问答式教学方法等。学校克服了教学上的忙乱、混乱现象，纠正不钻研教材，不备课盲目上课现象，初步建立正常教学秩序。1956年7月，全县教师去康定学习汉语拼音，推广普通话，对改进小学语文教学，起到良好作用[①]。

1962年，教育部颁发《全日制中、小学暂行工作条例（草案）》，嘉绒藏区掀起大抓教学工作的热潮，贯彻以教学为主的原则，狠抓基础知识和基本技能的训练。文卫科要求教师在教学中做到"八认真"[②]。规定各校校长、负责人深入教学第一线，担任部分课程教学。教师在教学中贯彻"少而精"的原则，逐步改变"满堂灌"的教学方法。

"文化大革命"开始，学校"停课闹革命"，1967年年初，学生外出串联，教学工作陷于瘫痪。同年底复课后，大力提倡"开门办学"，大搞学工、学农、学军活动，把课堂变成"大批判"场所，学校正常的管理制度、教学秩序被废弃，教育、教学质量大大降低。

---

① 四川省丹巴县志编纂委员会：《丹巴县志》，民族出版社1996年版，第549页。
② "八认真"指：认真调查研究，掌握学生的情况；认真备课，写好教案；认真讲课，精讲多练；认真批改作业，要求全做全改，精批细改；认真辅导；认真提问、听课、考查和考试；认真朗读和背诵；认真实验。

党的十一届三中全会后，教育战线进行拨乱反正，全面贯彻党的教育方针，建立健全教学秩序，中、小学教师在教学改革中，不断改进教学方法，开发学生的智力，培养学生的各种能力。嘉绒藏区城区小学寄宿制民族班根据民族学生的特点，把全班学生分成若干小组，在课前提出具体要求。学生以组为单位，在阅读课文的基础上，从辨字、释词、解句到分段、归纳段意、概括中心思想等方面，结合课文的练习题进行讨论，各抒己见，由组长作记录。教师收集各组记录，仔细分析，检查自学效果，解答有分歧的问题，作简要的归纳总结。活跃了课堂气氛，激发了民族学生学习兴趣，提高了自学能力。

近年来，嘉绒藏区的学校重视教学改革，接受笔者采访的丹巴县巴底乡小学校长刘登华，与笔者交流了该校近年来落实上级教育主管部门关于深化教学改革指导精神的一些感想和做法①。

问：刘校长，我们学校目前教改的重点是什么？

答：教改的重点还是比较集中的，你也知道，课程改革的重点之一是如何促进学生学习方式的改革。所以我们学校在改变"以课堂为中心，以教师为中心，以课本为中心"的传统状况中很花了一些精力。效果还是有的，特别是在自主学习、合作学习、探索学习方面作了不少尝试。

问："自主学习、合作学习、探索学习"全国都在谈，汉族地区不少学校也在这样做，我们嘉绒藏区的学校有什么自己的特点没有？

答：要说嘉绒藏区自己的特色，这个还真不好说，因为这些理念是从内部传过来的，我们在很长一段时间都是在领会和模仿。如果说自己的特色的话，我们面对的学生不一样，我们实施的是双语教育，我们这个学校是"二类模式"②，这是我们自己的校情。在实施过程中，我们目前正在做的课堂教学尝试，我给你介绍一下。首先，我们主张创设生动活泼的学习情景，让学生乐于学习：以"趣"入景。利用趣味实验的鲜明、生动、直观的意想不到的结果，以及许多有趣故事激发学生兴趣。其次，就是以"疑"入景。我们要求老师善于创设问题情景，可以启迪与活跃学生的思维。使学生生疑，这要求执教者对学生加大情感投入，多鼓励，让学生从错中学。第三是以"异"入景。通过广泛讨论，使学生产生异议，进入探索情景。第四是以"理"入景。用知识对国家、对民族、对人民生活的重大影响来晓之以理，动之以情。第五是以"实"入景。让学生把学习到的东西在课堂或课后应用实践，这样一来学生掌握的要快一些。

---

① 受访人：刘登华（丹巴县巴底乡小学校长）。时间：2007年8月5日上午。地点：巴底小学办公室。

② "一类模式"是以母语（藏语）为主，以汉语为辅的教学语言使用模式；反之则为"二类模式"。

3. 比较

课堂教学一直是嘉绒藏区学校教育的主渠道,近年来,为了提高课堂教学的效率,在新课改理念的指导下学校围绕增加增强学生学习的自主性、探索性和合作性方面做了不少尝试,与此同时加强了对教师的培训,以此提高教学效益。与社会教育方法比较起来,有如下差异(见表 12-29):

表 12-29　　　　　社会教育与学校教育方法比较

	社会教育	学校教育
方式	宗教仪式、节庆活动进行 民族文化典籍及现代声像资料 大众媒体及大众文艺	课堂教学
特点	以生活中喜闻乐见的方式呈现,是生活中的一部分 追求可接受	独立于生活 追求专业性、科学性和高效率

三、两种教育运行机制外部要素比较分析

(一)政治环境

1. 社会教育的政治环境

不同类型的社会教育受到的政治影响。如果某种民族文化有政治渊源,那么它会记录和反映政治。用以传承它的社会教育也会与政治发生千丝万缕的联系,比如"且索"与嘉绒藏区多次政治斗争有关系,所以其传承也会受到影响,并在传承过程中增加了不同的政治要素。相反,其他一些社会教育形式,如锅庄、民间文学、传统手工艺技艺、生产生活经验,就基本不反映政治,对政治环境也没有多少依赖。但是,在新中国成立之后极"左"思想影响国家建设的那段时间,所有的社会教育形式都被当着封建文化予以反对和抛弃,不过,那不是社会发展的常态。也就是说,在常态的政治环境下,嘉绒藏区的社会教育形式很少受到宏观政治环境的影响。

微观政治环境对嘉绒藏区的社会教育形式会产生一些作用,特别是在那些团体性的和集体性的教育活动中,微观政治环境发挥着比较重要的影响。这些活动要涉及在村落中调动社会资源,要涉及村落中的政治权力的分配和使用,如前所述,诸如"且索"这样的教育活动中,以掌握传承技艺的老人和主持者为代表的

"民间精英"、以戏班为代表的民众某方面利益诉求代表、以喇嘛为代表的宗教代言人形成了超村落"群众性自治组织"是村落中的隐性政治组织。"且索"组织过程中村长代表着显性或者官方政治组织。就目前状况看,社会精英同党政组织之间,虽然没有制度上的关系,但在实际运行中,形成双向的依赖。藏区保留着自己传统的政治文化、政治符号系统和政治行为模式,这成为民间社会精英内部运作的方式,与制度权威的乡党政组织和村委会保持着和谐的共事关系。因此,在"且索"的组织过程中,发挥重要影响的因素是其隐性政治结构,而不是显性的政治因素。

相反,在一些小规模的社会教育活动中,微观政治环境也不发挥多少作用,因为不涉及村落中的政治力量的使用。

2. 学校教育的政治环境

政治环境是嘉绒藏区学校教育延续传承的重要原因。辛亥革命后,孙中山先生首先提出了国内各民族平等,扶助边地民族,积极开发边疆的政策。民国政府及社会各界人士对边疆各民族的文化教育事业逐渐予以重视,1912年3月底中华民国政府设立教育部,直隶于大总统,并在教育部首次设立蒙藏教育司,分管全国少数民族教育事业。1913年教育部公布了《蒙藏学校章程》,提出以开发蒙藏、青海人民学识,增进蒙、藏、青海人民文化为宗旨。这一章程成为政府推进边疆教育、兴办边地学校的参阅蓝本。这其实是国民政府国家建设思想在边疆民族教育方面的体现。"九一八事变"后,加强边疆建设显得更为重要,而对边疆民族教育就更为重视。1935年,教育部拨出50万元作为边疆教育经费,补助地方兴办边疆教育。抗日战争时期,各边远省区成为抗战重要根据地边疆教育加速发展。嘉绒藏区虽然远离抗日前线,但是其学校也受到了这一政策的影响。此前于1931年9月国民党中常会通过的《三民主义教育实施原则》对民族教育提出了指导意见,这其实是落实"三民主义"的体现而已,在本质上是政治的体现。

新中国成立以后政治对嘉绒藏区学校教育的影响也是非常深刻的。如前所述,就对学生进行的思想教育而言,新中国成立初,重视对学生进行国民公德教育,继而对学生进行"抗美援朝,保家卫国"的反帝国主义教育。1954年贯彻执行西康省藏族自治区提出的1954年民族教育工作方针,用社会主义和民族政策的精神教育学生。1956年结合民主改革运动,教育学生认识剥削阶级对劳动人民的压迫剥削罪行。1957年后加强阶级教育、民族团结教育、社会主义基础知识教育和自觉遵守纪律教育。1958年年底"四反"运动中,组织学生参加运动,了解"四反"运动的目的、意义、政策,让学生诉苦、算剥削账,进行说理斗争,提高学生阶级斗争观念和阶级觉悟,等等。可以看出,任何一次重大的政治活动都会体现在对嘉绒藏区学校教育中,嘉绒藏区的学校教育也正是在体现和落实政治意志的同时得到延续和传承。

叶澜在其所著《教育概论》中认为，政治对教育的作用包括四个方面：政治通过一定的组织手段对教育实现控制；政治通过政府、政党制定一系列方针、政策对教育实现控制；政治通过法律对教育实现控制；政治通过直接对受教育者进行政治思想教育对教育实现控制[①]。

这四个方面都体现在嘉绒藏区学校教育体制的传承上，新中国成立前后政府、执政党往往对嘉绒藏区的教育机构从组织上进行直接领导，并对教育者按照自己的要求制订质量标准和培养委托计划；各个时期的统治阶级的利益要求反映在当时的教育方针、政策中，然后通过由方针、政策等构成的政治制度对其他制度产生决定性的制约作用，这一点在新中国成立之后嘉绒藏区的教育变化上体现的淋漓尽致；此外各个时期制定相应的法律法规实现对嘉绒藏区的教育控制；新中国成立后，嘉绒藏区学生思想政治教育处于比较频繁的调整过程中，这也是政治影响嘉绒藏区教育的反映。

3. 比较

综合政治环境对嘉绒藏区社会教育与学校教育传承的影响，可以发现，他们的差别大致如表12-30所示：

表12-30　　　　　　　　　　政治环境影响比较

	社会教育	学校教育
程度	受到政治环境的影响整体上不大	受到政治环境比较明显的影响
特点	与政治斗争有关的社会教育形式受政治宏观环境影响的可能性要大一些	宏观政治环境从多个方面直接影响教育
	集体性的社会教育活动受到微观政治环境影响的可能性大一些	微观政治环境对教育发生影响很少

（二）经济环境

1. 社会教育的经济环境

经济是指社会生产关系的总和。指人们在物质资料生产过程中结成的，与一定的社会生产力相适应的生产关系的总和或社会经济制度，是政治、法律、哲学、宗教、文学、艺术等上层建筑赖以建立起来的基础。

嘉绒藏区的社会教育在本质上反映的是当地的社会生产关系，与当地的经济环境要发生一定的联系。从社会教育反映的内容来看，与当地经济发生的关系包

---

① 叶澜：《教育概论》，人民教育出版社1991年版，第146~155页。

括直接关系和间接关系。如果某种社会教育以生产生活的技术传承为直接内容那就要与经济发生直接关系，比如关于雕刻建筑技术的社会教育、关于产品制作方法的社会教育等；另外一些则是间接反映经济生活，比如锅庄的社会教育，虽与经济生产有一定的渊源，但却不是生产本身；而还有一些，是生活的一部分，而不是生产的一部分，比如"且索"，是当地老百姓精神生活的重要组成部分，虽然也有保佑经济生活的祈愿，但是与经济生活的联系是间接的。

上述三种情况的社会教育形式对经济的依赖是不一样的。第一种情况，经济生活是其教育内容，经济环境是其教育环境，教育资源来源于经济生活的实际环境及其产物。

第二种情况，不直接服务于经济生活，其教育内容与经济生活有关系，比如舞蹈的内容，舞蹈的表演形式等，经济生活是其教育内容的一部分，这种社会教育也需要经济生活为其提供必要的物质条件。

第三种情况，与经济生活几乎不发生联系，但是需要经济生活为其提供必要的物质支持，比如提供耗材，教育活动中产生的消费也来源于当地老百姓的经济生产所得。

但是，不论上述哪种情况，嘉绒藏区的社会教育形式不构成对老百姓的经济压力，对老百姓的生产生活不构成负担。

2. 学校教育的经济环境

第一，民国时期学校教育延续的经济环境。

民国时期，嘉绒藏区的教育经费大致来源于三个方面：老百姓的赋税，学办产业和政府补助。民国三年（1914年），丹巴县教育经费由户口税蜕变而来，征收区域限于巴旺、巴底、二十四村，巴旺、巴底按户征收藏洋1元，二十四村按户征收2元。民国二十七年（1938年）各初短小无款开支，始呈准改作全县2 710户，户征藏洋2元，年征藏洋5 420元（藏洋1元折合法币4角4仙8星）。民国二十八年（1939年）改征法币，按户征法币1元，第二年改作倍征。民国三十年（1941年）改按户征4元，年征法币10 840元。民国二十七年（1938年）起将屠宰税中每宰杀1只（头）附加藏洋2角作教育经费。民国二十九年（1940年）改征法币，每只（头）附加2角。民国三十年（1941年），每只（头）附加8角，当年征收屠宰附加法币3 400元。学产有山地大小八股，分租8户耕种，年收粮6 930斤，纳入县教育经费统筹统支。西康省教育厅每年补助一定数额的教育经费。民国二十九年（1940年）为法币6 506元，民国三十年（1941年）为1.68万元，民国三十一年（1942年）为1.85万元①。

---

① 四川省丹巴县志编纂委员会：《丹巴县志》，民族出版社1996年版，第524页。

第二，新中国学校教育延续的经济环境。

新中国成立后，丹巴县教育经费统一纳入国家财政预算，逐级下达支出指标，以县为单位收入学杂费，由文教局统一计划安排，专款专用。1986年10月，嘉绒藏区执行国务院国发〔1986〕50号文件《关于发布征收教育附加费的暂行规定的通知》城镇开征教育附加，以单位或个人实际缴纳的产品税、营业税、增值税的1%计征，由税务机关负责征收，教育行政机关掌握使用。农村于1988年始征教育附加费。同时加强农业税、工商税、城镇建设附加税的管理，根据国家规定拨作教育经费。党的十一届三中全会后，县地方财政逐年增加教育经费，州在扶持"老边少"和"不发达地区开发基金"内增拨经费。但由于县教育经费人头经费比例过重，尚不能满足教育事业的发展需要。

助学金制度的实施也促进了嘉绒藏区教育事业的发展[①]。1951年11月，西康省人民政府制订《订颁民族小学人民助学金暂行办法》，指示"省拨款在我区设置一定名额的民族小学人民助学金，以解决我少数民族中贫苦工农牧子女入学的困难"，规定"丹巴、九龙甲等每人每月各供给玉米80斤，乙等以甲等的二分之一计"的助学金标准。1951年丹巴恢复学校始，设置了民族小学人民助学金，初评给贫苦学生，后开发对象增加军烈属子女及有培养前途的学习优良的学生。由各寨学生自行酝酿提名单，区、乡、村藏族上层人士同学校讨论评定，报县府批准。1954年，学校成立民族助学金评议委员会，由学生、家长代表及当地藏族上层人士组成，家长、上层人士评出助学金等级，学校审核。1959年丹巴办初中班后，中学生享受民族助学金。

近年来，国家注重民族地区的教育事业发展，从经济方面给予嘉绒藏区教育事业发展大力支持，特别是《四川省民族地区教育发展十年行动计划》[②]的实施与落实，对于促进学校教育的正常延续提供了良好的契机。

嘉绒藏区学校教育依赖必要的经济环境。从嘉绒藏区学校教育产生、传承到现在，长期以来政府承担着学校教育发展的经济支撑。近年来，国家高度重视民族地区的教育发展，地方政府也积极落实重要的政策，并加快调整教育财政政策的步伐。四川省甘孜藏族自治州人民政府2006年2月23日颁发的《甘孜藏族自治州人民政府关于深化农村义务教育经费保障机制改革的实施意见》中指出，"近年来，通过实施《四川省民族地区教育发展十年行动计划》和《国家西部地

[①] 四川省丹巴县志编纂委员会：《丹巴县志》，民族出版社1996年版，第544页。
[②] 2000年12月15日四川省委、省政府转发省教育厅、省民族事务委员会关于《四川省民族地区教育发展十年行动计划》的通知。决定从2001年开始到2010年使四川省民族地区基本普及九年义务教育和基本扫除青壮年文盲；建立起基本适应当地经济社会发展和西部大开发需要，具有民族特色和时代特点的民族地区教育体系；实现教育改革有较大进展，办学条件显著改善，师资队伍明显加强，寄宿制学校有大的发展，远程教育体系初步建立。

区"两基"攻坚计划》，甘孜藏族自治州农村义务教育事业发展取得了显著成效。但是，在农村义务教育经费保障机制方面，仍然存在着各级政府投入责任不明确、经费供需矛盾突出、保障支撑能力弱、教育资源配置不尽合理、农牧民教育负担比较重等问题，在一定程度上影响了"两基"成果的巩固提高，不利于农村义务教育事业的健康发展，必须深化改革。"文件中提出了深化农村义务教育经费保障机制改革的主要内容，按照"明确各级责任、中央地方共担、加大财政投入、提高保障水平、分步组织实施"的基本原则，逐步将农村义务教育全面纳入公共财政保障范围，建立各级人民政府分项目按比例分担、经费省级统筹、责任市（州）落实、管理以县为主的农村义务教育经费投入管理机制。根据全省农村义务教育经费保障机制改革省级承担支出大头、分类指导、区别对待和努力提高县级基本支出保障水平的分级承担原则，以及分级承担的办法①。文件中提出了"全部免除农村义务教育阶段学生的学杂费"、"免除农村义务教育阶段贫困家庭学生的教科书费"、"继续实施农村义务教育阶段贫困家庭寄宿制学生补助生活费"等措施。

此外，在嘉绒藏区学校教育发展过程中，政府承担着学校硬件、软件建设投入的各种费用以及人员经费。离开了政府的支持，学校教育不可能得到持续传承。

3. 比较

综合上面的情况，我们发现嘉绒藏区的社会教育与学校教育其依赖的经济环境是不同的（见表 12-31）。

表 12-31　　　　　　　　　经济环境比较

	社会教育	学校教育
来源	依赖当地经济环境	依赖国家和地方财政
特点	经济生活是教育内容； 经济生活提供教育资源； 不构成对老百姓的经济压力和负担。	经济条件是学校发展的必要条件； 促进经济发展也是学校教育发展的使命； 经济水平影响学校教育发展的水平。

（三）文化环境

文化环境是指在特定的时空中存在的，能够体现或影响人的思维方式和行为习惯的各种文化因素的总和，它由文化的方方面面在人的内在心理和外在环境之

---

① 四川省甘孜藏族自治州人民政府. 甘孜藏族自治州人民政府关于深化农村义务教育经费保障机制改革的实施意见 [EB/OL]. (2006-02-23) [2008-01-15]. http://www.lawyee.net/Act/Act_Display.asp?RID=500983.

间的交互作用而产生①。就如对政治环境的分析一样，笔者认为文化环境也包括宏观和微观，本书在分析教育运行的时候更多的是从其运行制度上考量，因此不关注微观的文化因子对教育的影响。

1. 社会教育传承的文化环境

嘉绒藏区的社会教育从民族文化中生长出来，与民族文化高度匹配。但是，这些社会教育与民族联系的紧密程度又受制于教育内容。由于"且索"的传承包含着文化变迁，这些文化环境为社会教育提供了历史背景，也对其延续提出现实意义上的要求。从文化三个层次来看，物质文化决定了"且索"表演时的基本特点，比如装束、设备等，制度文化与隐性政治结构交织在一起，共同决定了这种社会教育的组织形式，精神文化则决定着这种社会教育形式的基本内涵，那就是祈求吉祥平安。

诸如技术性相对比较强的那些社会教育形式，文化变迁对其影响就不明显。因为相对稳定的技术形式与一定的生产生活方式长期匹配，在特定的地域内会长期保持不变，比如在传统酿酒技术的教育过程中，其教育内容、教育方式更多地受制于技术本身（物质文化）的特点，与制度文化环境和精神文化环境的变迁关联不大。

但是，不管怎样的社会教育活动，我们都能够发现三个基本特点。

第一，民族独享文化在嘉绒藏区社会教育的运行过程中发挥的作用远远大于国家共享文化和人类共享文化。"且索"虽然融入了本命年文化和春节文化，但是那些影响因素只是参与性的，不是决定性的，因为它们改变不了"且索"的性质。当然在特殊情况下，比如剧烈的政治动荡时期，这种情况可能不一样，但是，那不是历史发展中的常态。

第二，物质文化、制度文化与精神文化三者也不是同时对所有的社会教育形式都发挥作用，在集体性的教育活动中制度文化的作用就明显些，因为，需要一种制度力量来约束众人的行为，并让不同的人扮演不同的社会角色。

第三，嘉绒藏区的社会教育大多有宗教文化的影子。从主要的社会教育形式来看，民间文学、表演艺术、传统节日与仪式活动中的很多内容直接受到宗教文化的影响，包括舞蹈和仪式的主要动作都有祈求吉祥的象征。当然，传统手工艺技艺、生产生活经验中宗教的影响不直接，但也有一些参与性的宗教因素。这与藏族自己的宗教信仰有关，藏族是一个宗教民族，宗教思想渗透在各个方面，主宰着人们的精神寄托和终极追求。

2. 学校教育传承的文化环境

作为一种外来的教育形式，嘉绒藏区的学校教育虽肇始于清朝，但到了民国

---

① 李艳灵：《论学校科学教育文化环境及其建设》，上海师范大学2006年版，第8页。

时才逐渐正式发展。这种教育形式以体系化、正规化和班级授课制为主要特点。本书分析其文化环境时从两个方面着手：从其教育方针的制定背景看文化依据，从教育内容的选择看其代表的文化层面。

从教育方针来看，从民国到新中国，制定教育方针的大多依赖国家建设的需要，从落实"三民主义"、稳定边疆，到培养适合社会主义建设的适用人才等，各个时期的教育目标都以国家建设和社会建设需要为出发点。近年来，这方面有所改观，主要表现在注重人才的区域适应性，即培养民族地区自身需要的人才。

从学科课程方面我们可以看出嘉绒藏区人才培养的基本特点是维护国家在培养人才规格与质量上的统一性（见表12-32）。

表12-32　　　　　　　　小学教育开设课程

时间	课程
民国期间	国语、算术、公民、自然、历史、地理、唱歌、工作（劳动、美术、体育）等
1954~1959	语文、藏语文、算术、美工、音乐、体育、历史、自然、地理等科，藏文班上藏语文14节、算术6节，五册以上加汉文6节。战区小学藏文班（二年级）增加一节珠算，汉文班高小一册增加一节语文
1960~1968	语文、算术、自然、历史、地理、周会、体育、唱歌、图画、手工劳动、自习等
1969~1987	一至三年级设语文、算术、军体、音乐，四年级以上增设政治、常识
1988年至今	思想品德、语文、数学、常识、地理、历史、藏文、音乐、体育、班队活动、图画、自习等

资料来源：四川省丹巴县志编纂委员会：《丹巴县志》，民族出版社1996年版，第548页。

当前，新课程改革在嘉绒藏区进行，倡导三级课程建设，但是，课程评价改革步伐没有跟上，所以我们依然没有看到嘉绒藏区学校中学生课程结构有多少改变。嘉绒藏区的课程主要是国家在藏族五省区实施的统一课程。

因此，从上面可以看出，嘉绒藏区学校教育的延续所依赖的文化环境主要是国家文化。

国家也尝试过将民族文化体现在教育当中，主要是通过藏语文教学来实现，其过程也是一波三折。

1951年8月，丹巴在首批恢复的三所小学中开始了藏语文教学，金川区初级小学、川口区完小设藏文班，到20世纪50年代末期，根据丹巴县藏语方言多（主要有嘉绒语、藏语康方言、尔龚语等），互不相通，但地理位置接近内地，当地藏族懂汉语的特点，采用藏语书面话、藏语方言、汉语三结合的教学方法，

"用巴底语（嘉绒语）、巴旺语（尔龚语）讲解词义、课文，再用汉语讲解。藏语文教学改进教学方法，取得可喜成绩。'文化大革命'开始后，有的学校停止了藏语文教学，藏语文教师改行教数学、图画等课。1967年3月后县内除少数牧场教学点仍在进行藏文教学外，所有的公办小学停止藏文教学。十一届三中全会后，县革委采取一系列措施，恢复和发展藏语文教学，80年代中叶，为加强藏文教学的领导，文教局确定一名副局长分管藏文教学工作，从1984年起，教研室设一名专职藏文教研员。据统计，1982～1988年的7年中，丹巴学习藏语文的学生被大中专录取63人①。"

可以肯定地说，通过藏语教学来保护民族文化是值得肯定的，这也是新中国成立以后尊重民族文化的体现，但是，语言只是教育文化环境之一，在教育内容高度一致的情况下，民族文化的精髓很难充分体现在嘉绒藏区的学校教育中。从这个意义上讲，当前嘉绒藏区学校教育运行的文化环境是以国家共享文化为绝对主体，以民族独享文化为辅。

3. 比较

综合上面的情况，我们发现嘉绒藏区的社会教育与学校教育其依赖的文化环境是不同的（见表12-33）。

表12-33　　　　　　　　　　文化环境比较

社会教育	学校教育
特点： ◆ 主要是民族独享文化 ◆ 宗教文化起着重要的作用 ◆ 有文化交融的影子	特点： ◆ 主要是国家共享文化 体现在：1. 教育方针 　　　　　2. 教育内容

结合前面的分析，将嘉绒藏区学校教育运行机制与社会教育运行机制比较情况可以归纳见表12-34和表12-35。

表12-34　　　　　　　　　　内部要素比较

	社会教育	学校教育
目的	满足民族成员的生存、发展以及终极追求 依据：社会教育的功能与民族需要的契合	培养国家和民族地区需要的人 依据：学校教育功能与社会需求的契合

---

① 四川省丹巴县志编纂委员会：《丹巴县志》，民族出版社1996年版，第545页。

续表

	社会教育	学校教育
人的要素	参与人的类型： ◆ 技术或文化拥有者 ◆ 世俗权力代表（比如土司、村长） ◆ 宗教权力拥有者（喇嘛、更巴） 标准：道德标准＋技术标准 （同等重要） 标准来源：历史中形成 （来源于宗教和技术类型）	参与人的类型： ◆ 办学者（政府及其代表） ◆ 教师 标准：道德标准＋技术标准 （技术标准优先） 标准来源：国家 （行业性质）
内容要素	民族独享文化 特点： ◆ 内容与现实生产、生活密切关联 ◆ 内容单一，内容之间无明显联系 ◆ 结构简单	国家共享文化（部分） 特点： ◆ 内容与生活联系间接 ◆ 内容全面系统 ◆ 强调知识结构
方法要素	方式： ◆ 宗教仪式、节庆活动进行 ◆ 民族文化典籍及现代声像资料 ◆ 众媒体及大众文艺 特点： ◆ 以喜闻乐见的方式，惯常的方式进行，是生活中的一部分 ◆ 追求可接受	方式： ◆ 课堂教学（主） ◆ 社会实践（辅） 特点： ◆ 独立于生活 ◆ 追求专业性、科学性和高效率

表 12-35　　　　　　　　　　外部要素比较

	社会教育	学校教育
政治环境	受到政治环境的影响整体上不大 特点： ◆ 与政治斗争有关的社会教育形式受政治宏观环境影响的可能性要大一些 ◆ 集体性社会教育活动受到微观政治环境影响的可能性大一些	受到政治环境的影响比较明显 特点： ◆ 宏观政治环境从多个方面直接影响教育 ◆ 微观政治环境对教育发生影响很小

续表

	社会教育	学校教育
经济环境	依赖于当地的经济环境： ◆ 经济生活是教育内容 ◆ 经济生活提供教育资源 ◆ 不构成对老百姓的经济压力和负担	依赖国家和地方财政： ◆ 经济条件是学校发展的必要条件 ◆ 促进经济发展也是学校教育发展的使命 ◆ 经济水平影响学校教育发展水平
文化环境	民族独享文化 ◆ 宗教文化起着重要的作用 ◆ 有文化交融的影子	国家共享文化 ◆ 教育方针 ◆ 教育内容

按照社会教育机制的归纳方法，本书将嘉绒藏区学校教育运行机制的基本特点简述如下：

（1）实现学校教育的社会功能是学校教育得以延续的动力。（2）国家及其代表是学校教育延续的主体因素，在一定的教育方针指导下通过其行政手段对教育进行管理，通过教育行政机构、专业机构和教育团体实现对学校教育的控制，通过选拔教师来保障人才培养，通过指定教育内容来确定人才培养的规格，通过制定学制、促进教学等来实现人才培养。（3）当前嘉绒藏区学校教育得以运行的政治环境是国家大的政治背景，依赖的经济环境主要是国家和地方经济，依赖的文化环境主要是国家共享文化。

四、两种教育运行机制的效果比较

（一）社会教育机制运行效果

本书所谓社会教育是指民族文化传承过程中的教育，其目的是满足民族成员的生存、发展以及终极追求。社会教育是否成功是看其能否成功传承文化，并让所传承的文化在当地老百姓的生存、生活中发挥作用。

因为嘉绒人所享有的民族文化众多，本书不能对其全部予以评价。因此，在这里依然选择"且索"传承中的社会教育作为个案对其评价。

1. 传承效果

1956年之前，"且索"仪式被作为封建残余文化予以停止，在非常态的政治环境里，民族文化容易被扣上政治的帽子，这种震荡深入人心，当地的老人至今都谈之色变。1981年以后，当地政府试图恢复"且索"仪式，于是巴底乡民间艺人于1981年10月在县第二届锅庄表演时演出了"且索";1990年甘孜藏族自治州建州四十周年大庆,丹巴县代表队演出了"且索";1992年,四川甘孜藏族自治州群众文化工作会议期间在丹巴县儿基坪表演过"且索"。不过,由于担心被继续扣上政治的帽子,当地的老百姓还是不敢在民间自发延续这种仪式。

2004年左右,当地老百姓形成了一种习俗,即春节期间每村由本命年人组织锅庄。这种习俗影响到了儿基坪的老百姓,于是在条件成熟之后,他们于2005年夏天开始排练"且索",2006年春节进行了1956年以后的第一次民间自发表演的"且索"仪式。2007年、2008年春节期间这种表演已经得到丰富和延续。

纵观1360年"且索"产生至今的600多年的历史,中途停止过近50年,总体上说来,"且索"是得到了延续的。

而这种延续正是基于前面分析的"且索意识的传承"和"且索技术的传承",近50年停办之后的恢复反而说明"且索"意识的延续并不随政治影响而消失,这说明"且索技术传承"被停止之后"且索意识传承"依然在民间延续。

2. 意义延续

"且索"作为嘉绒人祈求吉祥的仪式,在传承过程中发生过一些意义调整,取决于文化环境、政治环境的变迁。但是,这种意义没有发生根本的改变。即便是2006年恢复以后举行时间和形式受到了汉文化的影响,改变成本命年人在春节期间举行,长达600年由49岁人举行的特点被改变了,但是,其本意"凶年驱邪"的意义没有发生变化。其体现的宗教特色和特定的民族生命价值观没有发生变化,其服务于今生、来世的吉祥的观念没有发生变化。而蕴含于这种意识中的英雄崇拜、族群认同等观念没有发生变化。从这个意义上说来,意义传承是成功的。

据此,我们可以认为以"且索"传承为代表的嘉绒人社会教育形式的运行是成功的。

是否这就意味着嘉绒人所有的社会教育形式都是成功的呢?笔者无意强调这一点。但是,根据社会教育"传承民族独享文化"、"服务民族成员的生存"这一特点,我们可以推断,一些民族文化在社会演进过程中或许因为生产力的提升和社会组织形式的变化而消失或者变迁。用于传承它的社会教育也会发生变化的,会根据人们生存需要而发生改变。本书通过研讨成功传承的民族文化背后的社会教育来思考教育的真谛,而不一味强调社会教育的成功必然性。

(二)学校教育机制运行效果

1. 历史上的学校教育机制运行效果

嘉绒藏区的学校延续机制对于实现国家的民族教育方针有积极作用,但是其不足之处是明显的。本书通过对历史上的"学差雇读制"和当前当地老百姓对学校教育的价值判断两方面进行分析。

学差制肇始于清末，清廷在川边实行改土归流，兴办学校。宣统元年（1909年），章谷屯开办第一所官话学堂，至民国二十八年（1939年），全县已办16所小学。当地藏族群众对学校茫然无知，进行消极对抗，拒绝送子弟入学。县府采取规定各校学生名额的办法办学，由学童或保甲人员强迫勒送学生入学，当地藏族群众视上学为当差（称学差）。民国二十六年（1937年），丹巴县府规定各校学生名额为50名。民国二十九年（1940年）规定各学校学生名额为60名。民国三十年（1941年），根据户口与学龄儿童数对学额重新调整，全县610名。各村寨将摊派名额按户分摊，每三户摊一名学生，一户送学生，二户负责承担学生读书费用。有不愿送子弟入学者，雇请学生读书，被雇者称雇读生，雇读生多为汉族子弟，学差制演变为雇读制。请人雇读有两种情形：本村寨选送，由全村寨分摊所需费用；雇人替读，由雇请者负担费用。如中途不履行条约，雇读生不再到校，由原雇之寨首，另雇较贫学生前往交换读书。据民国二十八年（1939年）统计，全县小学生总数为842名，雇读生有156人，占全县小学生总数的18.53%。新中国成立后，1950年4月，丹巴县人民政府明令"将学差制方式办理的乡间初小一律废止"，废除了学差制。由于学差制影响太深，学生多为贫穷人家子女，由所在村寨凑粮供给，形成变相的学差制。县人民政府为解决"少数民族中贫苦工农牧子女入学困难"，设置了民族助学金，发放棉衣，学校教师对少数民族学生从学习、生活上进行无微不至的关怀、爱护，学生把学校视为家。1954年全县初步消除学差制。1956年春，丹巴进行民主改革后，彻底根除了历史遗留下来的学差制①。可见，学校教育制度在嘉绒藏区出现以后相当长时期并没有为优化当地老百姓的生存发挥最大效益，反而成为当地老百姓的一种负担。

1956年以后，嘉绒藏区的学校教育受到国家政治和经济环境的深刻影响，从教育政策对人才的规格和质量的规定可以看出明显的工具化特点，即先成为政治的工具，继而成为经济发展的工具。

当前，在嘉绒藏区强制推行义务教育，入学率较高，加之嘉绒藏区与内地交流日益频繁，嘉绒藏区逐渐由封闭走向开放，如何让子女更好地实现人生价值是当地藏民思考的一个问题，在所选途径不多的情况下，通过送子女读书来接受学校教育，从而培养适应社会的能力是实现其价值的一个重要渠道，因此，家长对学校教育的认同度较之以前大有不同。

但是这不代表学校教育作为一种外来的教育制度在嘉绒藏区就实现了最大的教育效益，比如说，民族文化从来就没有被作为重要的教育内容体现在嘉绒藏区

---

① 四川省丹巴县志编纂委员会：《丹巴县志》，民族出版社1996年版，第543页。

的学校教育当中，学校教育成为按照国家意志培养相对统一规格人才的工具，这是值得反思的。

2. 当前学校教育机制运行效果

为了对当前学校教育运行效果进行判断分析，本书关注当地老百姓对学校教育的价值判断。

教育价值是教育哲学一个相当重要的命题。李长吉在《教育价值研究二十年》一文中认为，"教育史上关于教育价值的本质曾经有过三种理论，即需要论、属性论和关系论，我国学者的认识可以归纳为两类，一是'需要—属性论'，即认为教育价值关涉人的需要与教育的属性两个方面，缺一不可。从这一角度界定教育价值的人较少，大多是'主—客关系论'者，即认为教育价值是主客体间的一种特殊关系。"[①] 本书持后一种观点。在价值的"主—客关系论"当中，关于主体与客体有不同的观点，扈中平在《教育规律与教育价值》一文中认为客体是教育活动的属性、特点、功能、效果，主体指教育活动的主体，教育价值就是前者对后者的适合或满意程度[②]；王坤庆在《现代教育哲学》中把教育现象作为客体，主体是作为社会实践者的人，教育价值就是作为客体的教育现象的属性与作为社会实践主体的人的需要之间的一种特定关系[③]；王卫东在《教育价值概念的历史考察与理论分析》一文中将主体分为两类，认为教育价值就是作为社会系统中的一种客体，对社会主体和个体主体的发展需要的一定满足（适合、一致、促进等）[④]。本书同意最后一种观点，也同意将教育价值分为对个体的价值与社会的价值。由此认定教育价值观即主体（人）对客体（教育）之于主体的意义的看法，其中必然包括对个体的意义和在一定程度上对社会的意义，此二者联系非常紧密。本书侧重研究个体意义。

对学校教育作价值判断是反思区域教育的一种重要手段。通过这种反思可以看出这种价值客体对主体的意义，也可以看出教育这种价值客体在区域发展中的现实的和潜在的价值。嘉绒老百姓应该是藏区教育事业的最大受益者之一，同时，作为学生的家长，他们对教育的价值判断还将深刻影响着下一代，因此，他们对教育的价值判断理应受到关注。

本书所指的老百姓对学校教育的价值判断中的教育价值是教育这种社会事物对老百姓有关的利益主体的意义和有用性。与他们相关的利益主体主要涉及两个

[①] 李长吉：《教育价值研究二十年》，载《高等师范教育研究》2001年第4期，第53~59页。
[②] 扈中平：《教育规律与教育价值》，载《教育评论》1996年第2期，第15~17页。
[③] 王坤庆：《现代教育哲学》，华中师范大学出版社1996年版。
[④] 王卫东：《教育价值概念的历史考察与理论分析》，载《北京师范大学学报（社会科学版）》1996年第2期，第29~35页。

方面：一是与自己联系密切的子女（嘉绒藏区的儿童），二是自身和家庭。本书选取儿基坪以及与之邻近的南街村 30 户村民作调查。

第一，教育对嘉绒藏区儿童人生的价值。

家长关注子女人生发展往往必然关注子女生活得好与不好。因此，为了解嘉绒藏区家长如何看待教育在子女人生发展中的价值，本书关注了家长对教育与子女以后生活状况的关系的认识。为此设计的题目是"您觉得孩子书读得多与以后生活好关系大不大"。在对此问题的回答中情况如图 12-3 所示。

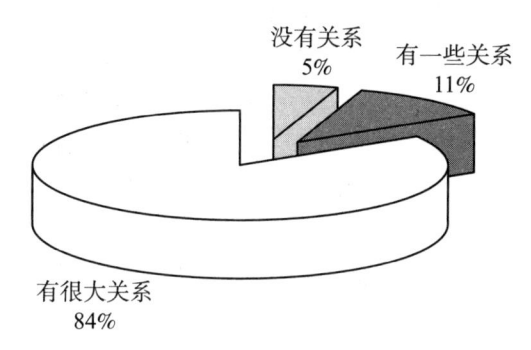

图 12-3 回答情况

由此可见大多数嘉绒藏区家长认为"关系很大"，为了了解为什么有这样的观点，本书考察了什么是"生活好的标准"，接受调查的家长呈现出多样化的表述方式，笔者对各种指标进行分类统计，结果如图 12-4 所示。

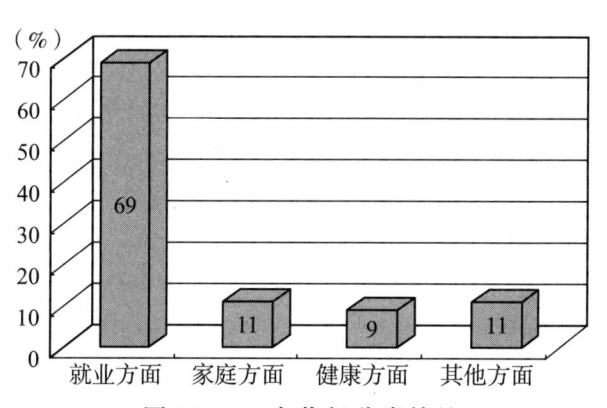

图 12-4 各指标分类统计

相关表述：

就业方面：找一个好工作，不当农民；以后当官；当一个有工作的人；当工人；当教师；当警察；在县城找个工作，等等。

家庭生活方面：能够让他们（子女）活好一点；他们以后对自己的子女好；

少吃苦；天天能吃大米，等等。

健康方面：身体健康；无病；少病等。

其他：将来成为一个有所作为的有用之才；收入高等。

从家长对子女生活好的期待中我们可以看出，关于就业方面的期待在整个"好生活"的标准中占有相当比重，也就是说大多数家长着眼于子女就业的出路，从他们的角度来看，这与子女受教育是有很大的相关度的。大多数家长希望自己的子女通过受教育成为一名"国家工作人员"，从这个角度来看，学校教育的价值是一种工具性的价值，体现在改变目前的生存状况方面。

同时，本书关注了学校教育对于嘉绒藏区儿童素质提高的价值。为了解家长对子女在校学习的价值判断，本书设计的问题是"您觉得子女在学校学的东西是不是有用？如果有用请说明有哪些用处？如果无用，也请说明原因"。

所有农民在问卷中认为"子女在学校学的东西有用"。本书对"有什么用"的表述进行了整理，大致分为"识字能力"、"数学水平"、"思维能力"、"科学素养"几类，同时，按照该项的表现及该项表述占整个表述的比例进行分类列出（见图12-5）。

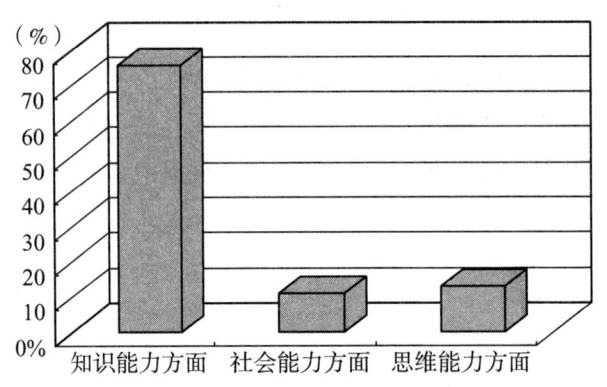

图 12-5　表述的比例分类

相关表述：

知识能力主要包括两个方面：识字能力、汉语水平和数学运算能力。

就识字能力和汉语水平的表述包括：学了语文能读书籍；子女在学校学的东西有用，给家人写信或是写些保证书，都有用；在县上买东西的时候，家长知道东西但不能叫出汉语名字，子女现在能够翻译，等等。

关于运算能力方面表述如：买东西自己能够算；会做简单的算术，等等。

社会能力表述包括：能自己买东西；走到哪里都不会迷路，等等。

思维能力表述如：人思维开放；头脑清楚；理解能力也加强了；懂科学等。

可以看出，家长在对学校教育活动作价值判断的时候是基于学生在学校里面所取得的积极变化,虽然一些家长认为学校教育让子女产生了一些负面变化,但是这往往不最终影响他们对学校价值的正面评价。虽然家长能够体会到子女在学校里面的日常行为与修养方面的变化,但当对子女所受教育作价值判断时,他们却更多看重汉语与数学水平。

第二,学校教育对农民家庭的价值。

透视藏族嘉绒藏区学生家长的学校教育价值观还必须关注教育给予他们子女之外的主体的意义,即教育对家庭的意义。本书从两个方面来考察这一问题:农民文化素质与家庭发展的关系,子女读书对家庭的经济回报与经济效益。

对于农村家庭而言,家庭收入是衡量家庭富裕与家境重要标准,因此,要关注教育对农民家庭的价值必须考虑教育与农民家庭收入之间的关系。为此,我们设计了问题——"您认为家庭收入与文化程度有没有关系",此问题回答情况如图12-6所示。

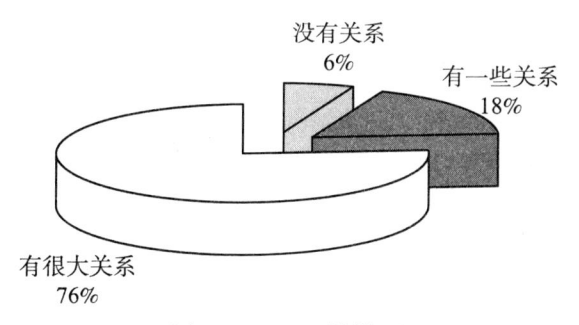

图 12-6　回答情况

以家庭成员为单位组织起来的家庭,其成员的文化程度与家庭经济收益的关系是对上一问题的深化与补充。为此,本书进一步设计了"您觉得当农民需要什么文化程度就够了",其目的是想进一步了解家长对现有和将来农民应有理想文化程度的设想。对此问题的回答情况如图12-7所示。

从中可以看出,接受调查的家长更多的是认为文化程度"越高越好",但是,必须认识到,家长对这个选项的理解的真实意义应该是以大中专文化程度为最高限。同时,我们可以理解这里从一个侧面反映出在嘉绒藏区高的文化程度与做一个"成功"的农民有比较高的相关度。也就是说较高的文化程度、接受较多的学校教育等同于高的家庭经济收益。

关于子女受教育与对家庭的经济回报的关系,本书设计的题目是:"有没有想过子女读书挣钱给家庭一定经济回报",家长对该问题的回答如图12-8所示。

不需要 31%
想 40%
无所谓 29%

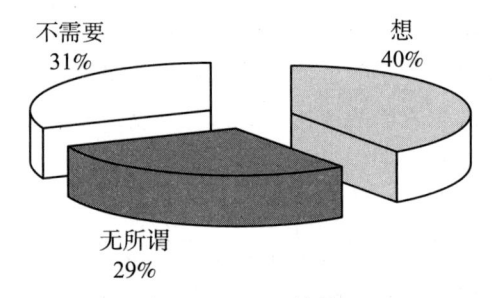

图 12-7 回答情况

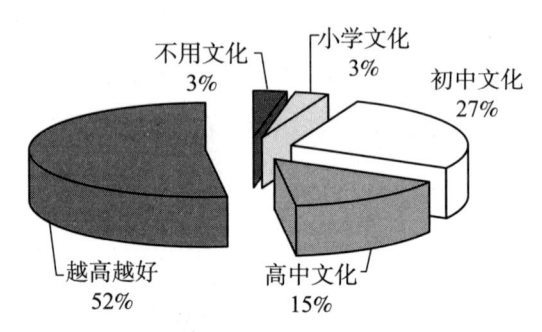

不用文化 3%
小学文化 3%
初中文化 27%
高中文化 15%
越高越好 52%

图 12-8 回答情况

可见，农民家长对这三个答案的选择相对于上一个问题的区分度要小一些，但是期望回报的比率依然是三个选项中的最高。

第三，小结。

现有学校教育不能满足老百姓改变生存状况的需要。家长希望学校教育能够改变子女的命运。这与当地老百姓对自己的生存状况判断有一定关系。嘉绒藏区老百姓普遍对自我社会处境评价不高，他们感觉到自己"地位低"、"收入低"、"辛苦"、"负担重"，总的来说，农民不希望自己的子女重操祖业，希望他们能够跳出"农门"。由此他们将教育看做是一个可以改变子女命运生存状况的工具，对教育的价值判断也是带有很强的期待和预设，这集中反映在对教育改变子女命运和家庭状况的期待中。从上面的分析可以看出，相对比较差的家庭经济水平，让农民寄希望于子女能够通过读书改变现状，所以农民家长特别看重教育在改变子女命运中的价值和给予家庭经济回报的价值。基于如上分析，我们认为，家庭经济水平对教育价值观的影响性质类似于存在对意识的影响，这是一种决定性的影响，后者以前者为充分条件。

在调查中，我们了解到藏区农村的产业结构主要是农业，有的家庭以农业为主兼发展牧业和副业。调查得知 56% 的农村家庭收入来源于农业或者农牧业，其来源形式有卖农产品，或者卖牛、卖酥油等；15% 的家庭收入来源于副业，其中包括挖药材和做生意，如开商店、搞运输等；29% 的家庭收入来源于打工，其中包括一些家庭是务农、挖药、发展畜牧与打工相结合。从中可以看出，近些年来，农村产业结构正在从传统相对单一的状况转变为以传统农业为主，辅之以一定的第三产业。

针对现实中的农村产业结构，农民选择与之相适应的生产方式，即以简单的农业生产方式为主，辅之以牧业、手工业、副业等生产方式，这些生产方式相对简单，事实证明，占主体的传统农业的生产方式对当地农村生产力的解放已经达到了最大程度，基本上不能让农民对农村有更高的期待，在这样的前提下，农民对通过发展农村经济来改变现状基本上没有多大的期待，因此，基本上对农村生活抱有"失望"情绪的农民，不可能希望子女通过接受教育然后回到农村来改变现实，因为现实中基本上没有多么大的可作用空间，相反他们希望子女通过接受教育走出大山、跳出"农门"作为首选。同时，与之相一致，农民也看重这样目标实现之后一定的经济回报。

嘉绒藏区学校教育提供内容单一。从前面的分析可以看出，当地老百姓对学校教育的期待集中体现在希望子女以后找到一个好的工作。也就是说，他们认为学校教育在优化子女生存的作用集中表现在跳出"农门"。意识是存在的反映，他们对教育比较单一的期待恰好说明了学校教育在嘉绒藏区的作用发挥单一。事实上，嘉绒藏区的社会发展对学校教育的需求是多样的。笔者在调查中了解到嘉绒藏区对人才需求是多样的，比如，近年来随着社会经济的发展，当地有了自己的产业形式，特别是旅游业，也有很多人意识到诸如导游这样的职业会成为当地第三产业的组成部分，但是，一方面，内地的学校没有办法培养符合嘉绒藏区需要的这些行业的人才，另一方面嘉绒藏区这样的教育类型缺失，结构性失业的现象明显存在，这显然不利于地区稳定和地方经济发展，也没有让学生的生存得到尽可能的优化。简言之，产业结构和地方经济的发展为人民群众的利益空间扩大提供了可能，只有教育结构的调整跟上，甚至优先发展才能够让这种可能成为现实。

综上所述，社会教育蕴含在民族文化中，通过传承民族文化来实现其教育价值，从效果上看，社会教育机制的运行一方面让民族独享文化实现了代际延续，另一方面也让民族独享文化满足了民族成员多方面的需要。从这个意义上来说，社会教育机制的运行效果是明显的。

学校教育在嘉绒藏区出现近百年，自始就以国家主流价值为导向，虽然也为嘉绒藏区的社会、经济与文化提供了一些人力和智力支持，但总体上说来，其教育价值没有实现最大化，集中体现在没有充分关注当地老百姓的生存需求，其区域适应性还有待提高，正因如此，其传承文化的高效率优势没有在满足当地老百姓生存与发展需求时发挥最大贡献。

第三篇

国际比较

第十三章

国外处境不利群体教育优先发展政策比较研究

确保人人都享有平等受教育的权利和义务,提供平等受教育的机会和条件,促进教育效果的相对均等,是教育公平的重要标准。但是由于历史和现实的原因,教育机会不均等、教育资源失衡、地区间教育差距大等现象一直是困扰各国政府的难题。为了促进教育公平,使每个社会成员即使处于自然、社会或文化等方面的不利条件下,仍然可以通过教育补偿的方式促成自身境况的改善。保障每一个社会成员,不论其种族、民族、性别、宗教信仰、经济地位、政治地位、文化传统等方面有何差异,都可以享有同等的受教育机会、享受均衡的教育资源,世界各国纷纷结合自身的实际情况采取了一系列的政策及措施,本章列举了美国、英国、日本等国家在促进地区间教育公平、弱势族裔教育机会均等、改善贫困地区教育滞后发展所采取的政策措施,希望对我国西南民族地区教育优先发展的实施有所借鉴。

第一节 美国处境不利群体教育优先发展政策

一、美国教育优先发展的相关法律政策

在美国,教育政策扶持的重点主要是特殊人群的教育发展,如弱势群体、贫

困学生、处境不利学生等，政府没有为除印第安人以外的其他少数族裔单独制定教育政策，有关少数族裔的教育政策措施零星地散见于相关的教育法律法规之中。

1964年，美国制定的《民权法》中明确要求政府重视和关注少数族裔的教育平等问题，扩大其接受教育的机会，教育过程中严禁对不同种族、肤色、国籍的学生进行差别性歧视。同年，通过的《经济机会法》，其目的之一就是通过为生活在贫困线以下的少数族裔家庭提供接受教育的机会，进一步加快社会化进程，打破贫困遗传的怪圈。1965年，制定的《高等教育法》及其历次修正案，反映了政府不断通过拨款向贫困学生提供基本教育机会助学金，帮助少数族裔学生提升学业成绩的努力。1968年，颁布的《教育总则法》当中明确规定，"为每个公民提供接受高质教育的机会，不论他们的种族、肤色、宗教信仰、原国籍、社会阶层如何。""学校应致力于提高为各类学生提供平等机会的职责相适应的能力：英语会话能力有限的学生，妇女群体及社会地位、经济状况或教育条件不良的学生"①。1972年，通过的《应急学校援助法》进一步加强了少数族裔提供援助的力度，要求采取具体措施消除或防止少数族裔集团的孤立状况。同年，颁布了《高等教育实施条例》（11246号行政命令），首先，要求学校扩大少数族裔的招生比例，在招生计划中实施特别照顾政策，使录取少数族裔的学生规模与其民族人口所占的比例相近；其次，在学业监督上，通过采取补习等手段，加强学生的阅读、计算等学习能力，减少初级阶段学生的流失；再其次，在师资管理上，优先使用少数族裔籍的老师，通过开设民族文化研究课程以及民族文化活动，打造多元文化氛围，吸引更多的少数族裔进入大学深造；最后，在经费补助的力度上，通过设立各种奖助贷学金，延缓其完成学业给家庭造成的经济压力，从财政扶持上加大对少数族裔学生的照顾。1994年，颁布的《2000年教育目标法》提出了八个致力于发展教育的目标，其中涉及少数族裔教育的内容有：逐步缩减少数族裔中学生毕业时人数比率与白人之间的差距；增加少数族裔大学生人数，特别是女性，同时提高他们在自然科学方面（数学、科学和工程专业学位）所取得的成就；扩大少数族裔学生成绩合格的比例，特别是获得大学录取资格的比例、接受更高层次高等教育的比例以及获得学位的人数等。1998年，《高等学校教育法》修订，时任美国总统的克林顿签署授权法案，设立帮助不利地位学生上大学项目，给和高度贫困地区合作的学院和社区提供竞争性资助金。2008年，《高等学校教育法》再次修订，时任美国总统的小布什签署授权法案，为经济困难学生增加助学资金，减低教科书成本，减轻学生负担。

---

① 陈立鹏：《对美国少数民族教育立法的初步研究》，载于《贵州民族研究》2004年第1期，第124～129页。

总而言之，美国教育政策从加大政府投入，提升支持保障力度出发，其主要目标是为了使特殊人群与主体族群一道享有均等的教育机会，共同取得较高的学业成就。而最终的落脚和归宿则是：使少数族裔在保留自身传统文化的同时，更好地融入美国主流社会，在促进美国社会文化经济的多样性的同时，为美国经济社会发展做出贡献。

二、补偿教育

（一）补偿教育的界定

补偿教育理论认为在儿童成长的过程中，由于贫困、文化不利、家庭环境等因素，儿童教育环境中某些必要的刺激被剥夺，因而对儿童认知的发展产生影响，并且对儿童以后的学习造成障碍，因此要想从根本上提高儿童学业水平，就必须对这些儿童实行在教育上提供帮助的政策。补偿教育政策主要内容是根据这些文化不利儿童的特点，设计不同的教育方案，以解决他们因为在幼年缺乏相关文化刺激，而造成的学习困难、学业成就不高等问题。补偿教育主要对象是那些在经济上、文化、社会地位等方面处于不利位置的、没有机会享受正规教育的、丧失了良好教育权利的儿童。补偿教育的主要方法是通过提供特殊的教育计划，弥补儿童在语言、阅读、认知、社会性以及情感等方面的不足。

补偿教育主要关注以下问题：

（1）强调早期教育在儿童成长过程中的重要作用，补偿教育的效果取决于介入实施的时间，越早越好；

（2）补偿教育的对象主要是文化不利地区的儿童，以及弱势族群中的青少年；

（3）补偿教育致力于发展儿童语言学习的能力、数理计算的能力、英语阅读的技巧，以及自我学习理念和认知的训练。

总之，补偿教育是实现文化不利地区和弱势族群儿童教育机会均等的有利体现，保障了不同阶层、不同背景的儿童实现教育机会公平[①]。

（二）补偿教育的主要内容

从20世纪60年代开始，美国、加拿大、以色列等国广泛开展了补偿教育的

---

① 何晓雷、马润平、袁彬：《弱势群体教育利益的保障与支持——补偿教育的视角》，载《"公平、均衡、效率——多元社会背景下的教育改革"国际学术研讨会会议论文集》2008年版，第189~196页，http://www.cnki.net/KCMS/detail/detail.aspx? QueryID = 5&CurRec = 2&recid = &filename = HDJG200810001026&dbname = IPFD2012&dbcode = IPFD&pr = &urlid = &yx = &uid = WEEvREcwSlJHSldRa1Fh。

各种尝试，形成了许多有益的经验总结。其中开展规模较大、特色明显、成效突出的是美国模式，其主要内容包括：

1. "更高视野"计划

这是美国中小学对家庭困难儿童所存在的文化不利境地给予补偿系列措施的总称。"更高视野"计划将贫困学生划分为小班，安排专职老师进行专题辅导，开展专门的心理辅导训练，组织丰富多彩的文化活动，扭转其因文化不利而造成的自卑感和孤立感。到1965年，随着《初等和中等教育法》的实施，美国政府进一步加大了对贫困儿童相对较多学区的经费投入，专门安排了开展补偿性教育活动的补助资金，该计划项目数目大幅度的增涨，受益学生不断增加。通过该计划的实施，有效提升了弱势困境学生的学业成绩，进一步宽广了他们的眼界，增强了他们学习的动力，使他们逐步认识和体会到自身价值。

2. "头脑启迪"计划

这是一个由美国经济机会署呼吁开展的学前教育项目，其对象主要是美国贫困家庭的儿童。该计划的理论基础主要来源于麦克维克·亨特和布卢姆等人的研究结果，他们认为儿童的学习能力与他们幼年时的经历有着密切的联系。因此，该计划致力于提供各种各样的游戏器具给贫困儿童，希望能激发贫困儿童对外部世界的好奇心，充分激活其对事物的想象力，形成良好的初学经验为后期提高学习能力奠定基础，借此来弥补因处境不利而造成的教育不均。通过该计划的实施，进一步增强了贫困学生的创造力与领悟力，对培养他们积极向上的健全人格特征，具有明显的推动作用。同时，在促进他们认识新鲜事物，大胆开拓创新方面也起到了较好的成效。

3. 双语教育计划

这是美国针对60年代中期以后"移民潮"，所带来的大量移民儿童所采取的一项专门计划。随着美国移民政策的修改，众多母语为非英语儿童的教育问题成为学校教育关注的焦点。为了确保这些儿童能够获得与以英语为母语的儿童同等的教育机会，美国1968年通过了《双语教育法》，要求联邦政府为非英语语境的儿童开设双语课程拨款，以避免他们因为语言上的障碍而导致学业上的困难，要求学校采取适当的教育方式，满足学生融入美国社会的需要。特别是在移民众多的地区，由政府出资专门开设双语学校，帮助外来移民学好英语，以尽快适应新的文化和语言环境。法案肯定了多元文化存在的必要性，少数族裔的学生不但要继承本民族文化，同时也通过英语的学习融入主流社会。2002年，美国废止了《双语教育法》，2006年又通过《4046修正案》，正式确立英语为美国官方语言，双语教育计划实施力度逐渐减弱。

4. 残疾儿童补偿计划

1973年，美国通过了《职业恢复法案》，法案规定，由联邦政府资助的任何计划和活动，美国残疾儿童均有参加的权利，并可以享受其利益。该法案明确了残疾儿童在公立学校享有受教育的权利，拒绝残疾儿童入学就读的公立学校将得不到联邦政府资助，此举意在保障残疾儿童在公立学校当中的合法权利。其后，国会又通过《残疾儿童教育法案》，其中规定，由联邦政府资助的所有学校，应确保所有残障学生均能接受"自由而适当的教育"。1990年该法案更名为《残疾人教育法》，规定应该根据不同儿童特殊需求制订合适其自身的计划，即针对每个儿童的提供个人教育计划。自该法案实施以来，不但有力地保障了残疾儿童接受教育的合法利益，而且也保障了其能够接受到合适的、有针对性的教育。

5. 免费午餐计划

这是美国政府在全国中小学资助开展的一个项目。该计划通过给学生提供低价或免费且营养丰富的午餐，提高学生身体素质，培养健康积极的人生态度，养成良好的生活习惯，减轻困难家庭负担。1946年，美国通过《国家学校午餐法》，把免费午餐计划作为一项国家安全措施，由各州通过捐赠和其他方法进行援助，供应充足的食物和其他设施来设立、保持、运作和推广非营利的学校午餐计划，以保护全国儿童的健康与幸福，促进富含营养的农业商品和其他食品的国内消费。学校午餐以非营利为基础，不分种族、肤色或国别，向所需儿童（包括中小学生和儿童关怀机构的幼儿）提供营养午餐。其中，高收入家庭学生要自掏腰包，低收入家庭的孩子实行减价折扣、穷人家的孩子则是免费[①]。美国农业部定出的2009~2010年可以在学校吃免费午餐的学生标准主要是以家庭收入来衡量，两口之家的年收入在18 941美元以下，三口之家的年收入在23 803美元以下，四口之家的年收入在28 665美元以下，依此类推。只要符合这样的标准，学生在学校就可以享用政府提供的免费午餐。在美国，少数族裔的大多数儿童是这一计划的受益群体，往往衡量一个家庭是否贫困的一个参照标准就有其子女是否享受免费午餐一条。

（三）启示与借鉴

1. 改进贫困民族地区的儿童学前教育势在必行

美国在对处境不利儿童关注的举措是值得我们借鉴的。改革开放以来，在东部地区越来越多的家庭意识到早期教育对儿童成长的重要性，各种儿童教育机构如雨后春笋般纷纷出现，学前教育在沿海地区蓬勃发展。而在西部民族地区，由

---

① 黄海刚：《美国少数民族教育：现状与趋势》，载《民族教育研究》2009年第6期，第115~120页。

于经济地域条件的限制,开设学前教育的机构极少,质量也相对低下。根据麦克维克和布卢姆的理论,如果儿童在出生最初的几年没有能够及时接受专门的指导和训练,那么必将会影响其后期的教育发展,以后或许要付出几倍甚至十几倍的代价才能达到同样的教育成效①。当前,与沿海地区的儿童相比,西部民族地区的儿童已处于明显的不利处境当中。故此,应加大对西部地区学前教育的经费投入,如通过设立专项基金在贫困地区开办幼教机构;积极开发网络教育资源,借鉴国外和沿海地区可取的育儿理念;派出教师互访,学习传授优秀幼教经验,有的放矢地培养民族幼教人员,只有通过学习和借鉴,因地制宜地推进,西部民族地区学前教育质量才能有望得到改善。

2. 增加对西部民族地区教育基本经费投入

从"更高视野"计划和"免费午餐"计划实施的成效可以看出,两个计划在实施对象的选择上都是慎重的,并非以地域一概而论,而是取决于其家庭收入的多少和贫困的程度。我国对义务教育阶段的农村贫困生实施"两免一补"可谓是2005年教育政策上的重大突破,可见政府在解决区域教育公平问题已然付诸实践。但是,由于地域不同,西部地区同沿海、中部地区农村经济发展的差别极大,同时由于家庭情况的不同,农村学生的贫困程度也有差异,国家在投入经费支持上一把尺度只能解决部分的问题,资源支配上不尽合理,故此对那些身陷经济贫困、文化不利双重困境的儿童继续给予补偿性教育的支持力度、侧重点、评定标准依然有待进一步加强。

3. 着力为特殊儿童打造有利于成长的教育环境

特殊儿童由于生理的、心理的或社会的障碍,使其无法从一般的教育环境获得良好的适应与学习效果,而需依靠教育上的特殊扶助来充分发展其潜能。相对普通教育而言,特殊教育更加注重儿童个别间与个别内在差异的存在。特殊儿童需要根据其身心特点来设置课程、安排教师,打造属于自己的课堂。教育公平的要义在于让孩子们都能够接受合适自身发展的教育,而非千篇一律的刻板教育。西部民族地区受各种原因和条件的限制,特殊儿童的入学率远远低于正常儿童,建议由国家财政、慈善总会、残联等单位拨出一定专项经费,用于西部民族地区特殊教育。根据《国家特殊教育发展纲要》有关规定,福利彩票收入应该有一定的比例用于特殊教育资金。残疾人就业保障金中应有一部分用于特殊教育学校开展残疾人职业教育。另外,要鼓励社会各界支持西部民族地区特殊教育事业。

---

① 李艳、杨川林:《美国补偿教育计划述评——兼谈对我国基础教育公平的启示》,载《内蒙古师范大学学报(教育科学版)》2006年第6期,第20~28页。

三、NCLB 法案

（一）NCLB 法案简介

2001 年，时任美国总统的小布什在教育改革计划中提到"随着 21 世纪的到来，美国充满希望和承诺，我们有太多最贫困的学生被抛在后面"，"国家正处于真正的危机当中，被划分为两个世界的倾向越来越严重，一个能阅读，另一个不能；一个有梦，另一个却没有"，其后，美国通过《不让一个孩子掉队法案》，简称 NCLB 法案。通过该法案重新界定和扩展联邦政府在中小学及儿童教育中所扮演的角色；要求对美国的中小学教育再次进行全面改革；呼吁所有学校应该以提供优质的教学资源给孩子为目标；同时要求经过每年的测评，致力于改进教学方法的研究并为之进行投资；对于效果不利的学校，给予学生家长更多的择校机会；同时通过提高各地办学的自主性来进一步增强学校的积极性。

NCLB 法案重点关注那些学习成绩落后的学生，这一群体包括了大量的少数族裔、贫困家庭、语言学习的困难学生以及身带残疾的孩子。其主要做法是采取签订绩效责任书、设立奖励惩罚机制、有效利用补助款、强调实证教学等措施，逐步缩减学生个体间学科成绩间的差异。

该法案侧重于在七个重要方面提出改革的意见：

(1) 着力提高在校生的学业成绩，重点关注那些处境不利的学生；

(2) 通过对教育教学追加投资，着力优化教学的质量；

(3) 着力促使英语学习困难的学生熟练地掌握英语；

(4) 让家长了解学校教学的情况，同时给予其更多地选择和革新项目的权利；

(5) 通过对学生社区宣传安全预防教育，创建更安全的 21 世纪学校；

(6) 对特别资助的项目（Impact Aid），如原住民及军人家庭子女等受冲击人群，给予追加补助经费；

(7) 鼓励学校改进管理方式，增进自由和绩效责任。

（二）NCLB 法案主要特点

1. 明确联邦政府在推行法案中的主要责任

联邦政府在推行法案中的主要责任是：要确保所有的儿童都有机会获得成功，无论其文化背景如何；美国政府有义务帮助那些处境不利的学生提升学业成就，缩减同龄人之间的学业差距；联邦政府应支持 NCLB 法案在各州实施，在财政经费上给予额外的资金援助,以及相对灵活自主的权利。

2. 提高处境不利学生的教学质量,缩减学业差距

法案中明确指出应正视处境不利学生与同龄人之间存在学业差距的事实,且这一差距在英裔与少数族裔之间、贫富之间越发明显,明确地提出了学校在此方面应尽的责任:

(1)州、学区和学校有义务承担提高学业成绩方面的责任,并制定明确的奖罚以监督;承诺学生均能达到较高的学业标准,包括处境不利学生。

(2)获得联邦政府在资金上的支持,凡致力于有效提高处境不利学生成绩的学校均能获得经费援助以改进教学质量。若资助的效果不明显,联邦政府则会对这些学校进行适度的干预。若校方连续几年均无进展,那么学生家长可将子女转到其他质量较好的学校学习,或者选择补习教育,费用则从拨付给校方的经费中支出。

(3)建立明确赏罚措施,在缩减困境学生学业成绩差距中实施效果明显的学校,联邦政府会颁发"不让一个孩子掉队奖",同时追加经费以资鼓励,而业绩效果不理想的学校,那么联邦政府则会降低拨付给予的经费,乃至取消。

(4)为了落实好 NCLB 法案的实施效果,切实达到处境不利学生缩减学业差距的目标,学校有义务对家长公开学习效果评估的结果,且所呈现的结果突出族裔、性别、语言能力、是否残疾以及其家庭的经济情况等类别,确保学生个体学业成就公开化、透明化。

3. 重视读写能力的培养,着力促进英语学习困难的学生熟练掌握英语

NCLB 法案重视处境不利学生在语言能力的培养,强调英语熟练程度有限的学生应当尽快地学会并熟练地使用英语,学校有责任提出量化目标,促使英语学习困难的学生逐步掌握英语,并逐渐提高熟练的要求:

(1)强调各州在教学中的责任,"作为申请联邦基金的部分条件,各州应当建立成绩目标,以保证英语熟练程度有限的学生在三年之内英语达到熟练程度,应当保证英语熟练程度有限学生核心课程的标准至少达到与用英语授课的班级一样严格。"①

(2)强调教师在语言教学中的责任,"只要连续三年在学校工作,都必须用英语进行教学。"

(3)奖惩明确,"对那些没有达到预期设定的英语熟练程度有限学生成绩目标的州,联邦政府将扣除该州负责的全部《初等和中等教育法》的项目资金的

---

① 夏铸、沙玛·加甲、陈锋、陈立鹏:《美国民族教育立法带给我们的启示》,载《中国民族教育》2003 年第 1 期,第 42~44 页。

管理费用中的10%。"①

4. 优先推广信息技术在教育领域的运用，缩短区域差距

随着信息技术在教育领域的大量运用，信息化产业俨然成为普及优质教育的推动力，通过"提供丰富的教育资源，实现教育资源共享"，消除和缩短因区域发展不均衡而造成教育上差距。"增加学校教育技术应用的拨款。……资金要拨到那些最需要它的学校，包括乡村学校和低收入家庭学生较多的学校。""联邦政府将通过'住房与城市发展部'管理的'社区发展资助计划'，鼓励各地政府在特困的地区建立社区技术中心。"②

（三）启示与借鉴

1. 提倡教育机会均等，重视少数族裔学生的教育发展

促进教育公平，实现资源均衡是各国教育发展的热点及难点，美国在保障和提高处境不利学生的学业成绩上所取得的效果有目共睹。美国一系列促进教育公平法律法规的实施，在为民众提供公平良好的教育环境的同时，也进一步实践了其自身的核心价值理念，对于美国社会发展、经济的繁荣、国家凝聚力的提升具有重大而现实的意义。过去，由于传统和历史的原因，美国尽管作为一个移民国家，但是对少数族裔一直存在差异性歧视。对于少数族裔儿童教育公平问题，美国政府一直没有给予足够的重视，表面上的一视同仁的公平掩盖了少数族裔学生由于环境和自身因素而导致的语言和心理方面的障碍。由此也导致少数族裔学生与白人学生的学业成绩差距不断扩大，进而导致社会阶层分化，族群矛盾凸显，直接影响到社会的稳定。实现少数族裔与白人教育机会均等已经不仅仅是一个教育问题，更是事关整个美国社会普世价值观实践和经济社会发展的大问题。

2. 强化对教育成果的责任监督，明确奖惩机制

NCLB法案明确要求各州建立年度适当进步目标，建立成就测验评估体系。订立办学效果的奖惩机制，即对办学成果不佳的学校学区采取纠正干预行动，或是对缩小成就差距的学校给予奖励。同时为改进教学提供支持，包括学校改革所需的补助款、培训高素质教师以适应需求，以及提供必要的信息技术援助等，利用改善教育教学的品质，来达到学生学业成就改善的目的。

3. 实施语言援助，有效促进少数族裔的教育发展

NCLB法案致力于提高美国中小学教学质量的同时，充分照顾到每一位学生

---

① 陈立鹏：《对美国少数民族教育立法的初步研究》，载《贵州民族研究》2004年第1期，第124~129页。

② U.S. Department of Education. *No Child Left Behind Act* [EB/OL]. http://www2.ed.gov/Policy/clsec/leg/esea02/inde.html，2011年11月22日。

的需要，尤其是教育需求迫切的贫困及少数族裔人群，力图让具有不同文化背景、来自不同地方的学生都能享有均衡教育资源。

法案针对英语能力不佳的移民学生给予语言援助教育，要求学区和学校加大对处境不利学生的重视程度，关于成绩的检测报告也分类呈现，这样就使得那些学业成就较低的"困境"学生更容易被关注到。

四、特许学校运动

（一）特许学校运动简介

90年代以来，随着对美国公立学校质量下降的指责加剧，民营化、市场化的教育机构显现出其灵活自主的优势，在国家政策的引导下，美国开始了特许学校运动，近十年来一直是基础教育改革领域的关注热点，在公立学校的体制之外为学生及家长提供了更多公平抉择契机。

特许学校与公立学校一样由政府公共经费拨款，可以是民间机构（如社会团体、教师）以及个人提出办学申请，与授权部门签订合同（一般为3~5年）形成教育合作关系，在期限内按照合同要求达成双方订立的教育使命、办学目标和发展计划。特许学校不是私立学校，而是一种新型的公立学校，它在管理上独立运作于学区的管理领导的学校，更突出所有权和经营权的分离[1]。

由于特许学校的目标对象主要是来自家庭经济条件较为贫困的学生，因此它具有了福利性和专业性的特点，能够针对性地制订符合包括少数族裔学生在内的弱势群体自身特点的教育计划，实施特殊的教育方法，从而促进他们取得较高的学业成就。

（二）特许学校的特点

1. 小型自治，有利于因材施教

绝大多数的特许学校规模较小，65%以上的学校招生人数低于200人，35%的特许学校招生人数低于100人，规模小有利于因材施教，实施特色教育，学校管理更方便。

2. 实行新型绩效责任制，拥有较大的办学自主性

与受到州及学区管辖的公立学校不同，特许学校除了在安全方面、健康方面

---

[1] 蔺艳娥、范牡丹：《美国特许学校运动成因分析》，载《延安大学学报（社会科学版）》2005年第1期，第117~119页。

等受基本法律条约限制外,在教育管理、课程设置、个性培养以及人事制度方面享有相对自由的办学主动性。其办学的推动力来源于社会对特许学校办学效果的优劣,以及授权部门对应的奖惩措施,故此特许学校需定时向家长、授权部门以及其他相关人员报告学生学业进展的情况,增加学校管理的透明度。

3. 以提高学业成绩为己任,为处境不利人群提供学习的需要

从美国颁布了特许学校法规的各州情况来看,其招收有色族裔的人数远远超过公立学校。据1998~1999学年的统计显示,超过17%的特许学校接纳更多有色族裔的学生,这一比例超过了一般公立学校。其所接纳的黑人学生、拉美学生的比例比公立学校高出3%左右,而白人学生的比例则比公立学校低大约11%[①]。此外,特许学校的招生对象还扩大到特殊的困境学生群体,如残疾学生、智障儿童、问题学生等,其实行的双向自由选择的政策,为这些特殊学生提供了就学的机会,给这些学生带来新的希望,使他们找到了合适自己发展的空间。据美国教育委员会调查显示,将近大半的特许学校是专门为这类学生所设,一定程度上促进了教育机会的公平。

4. 扩大教师、学生自愿择校的机会

对于教师来说,离开公立学校的原岗位而选择到特许学校工作的,保留其职称,并且享受同等的退休待遇;同时任教教师也是特许学校的合作者,可以自由组建专家队伍以优化学校的运行。对于家长和学生来说,与公立学校就近入学措施不同,特许学校可以自由选择的特色,从而对处境不利的学生产生了更大的吸引力,家长也可以在考察其办学水平高低、教学质量优劣,培养方向侧重以及学生个体意愿而进入不同的特许学校,与公立学校逐渐形成一种激烈的竞争关系。

(三)启示与借鉴

特许学校运动是美国教育产业市场化催生的产物,它的蓬勃发展既表明了美国政府对优质教育政策上的积极支持态度,也体现出国家对处境不利群体教育的人文关照,其中的运行机制与管理规则也为我国对发展民族地区处境不利学生教育提供有价值的参考[②]。

1. 关照处境不利群体的教育状态,努力实现教育机会公平

美国的特许学校与传统的公立学校最大的区别在于由学生本人和父母自主选择较合适学生发挥特长的学校就读。除赋予学生家长高度的自主权外,特许学校

---

① 胡庆芳:《美国新型特许学校的现状研究》,载《外国教育研究》2002年第4期,第17~21页。
② 曲悦:《美国特许学校简介及其对我国教育的启示》,载《当代教育论坛(上半月刊)》2009年第6期,第7~9页。

更多地关照到处境不利学生的教育空间，为他们量身提供教育服务，努力提高这些孩子的学业成就，体现教育公平的全面性。反观我国的中小学教育，自由择校通常是以缴纳高额赞助费为代价，对于低收入家庭的学生来说负担不起，绝大多数很难接受到优质的教育资源。故此在是否赋予学生及家长选择就读的问题上，我们也可以借鉴美国特许学校的运作机制，将优秀的教育机构市场化、信息化；同时更多关注弱势群体的教育发展，政策上给予优惠倾斜，提供自由选择的机会，获得教育机会上的平等待遇，使其不致因家境贫困、身体残障等原因辍学而失去改变自己的机会。

2. 丰富培养方式，努力实现教育过程公平

特许学校服务对象主要是那些在公立学校被认为较差学生，其办学是以提高学生的学业成就为目标和宗旨的，故此，特许学校采取多种办学形式，对学生的培养方式也决然不同，更加注重根据学生特点选择教学方式，关照到每一个学生的个性发展；由于特许学校的特殊背景，教师对学生个性差异包容性较强，同时小班教学利于教师具体指导。两相比较，我国中小学教育在教育形式上略显单一，培养方式上照顾了大多数，关注困境学生个体情况较少；对处境不利学生的隔离或者歧视时有发生，教育过程中的不平等依然存在。随着我国教育市场化、信息化越来越深入，针对不同的教育需求提供多样化的教育服务也是应时之举，只有发展更为多元的学校教育，开创更为多元的教学方式才能适应学生个性生长的需求。

3. 加强薄弱学校的建设，促进教育结果的平等

美国的特许学校将确保高质量教育进而提高学生学业成绩作为自己义不容辞的责任。特许学校只有向授权部门承诺完成合同规定的办学目标和发展计划才能继续生存；向资助方证明，进入特许学校的孩子在读写、计算等方面取得成绩上的突破才能获得资助；接受家长监督，定期提供学生学习进展的信息才能获得生源。这样一种以教育质量获得建设投资，以个体成绩的进步获得生源的办学运作的模式受到了公众的认可。这一点是值得我国在发展薄弱学校的建设时借鉴的，在我国西部民族地区的学校，办学硬件上表现为教学设施不足，无法为学生提供优越的学习条件，进而影响了教学质量。师资储备上，待遇过低，流失严重。加强对薄弱学校的建设使其都能提供给学生优质的教育，以促进学生的发展，是当前优先发展民族地区教育的应有之举。可借鉴特许学校的模式，签订办学合同，获得教育部门的专项经费支持，为学生提供良好的学习环境；可采取签署成绩提高承诺来取得学生及家长的肯定；定期公布学生的学业成就，以促进学校以及社会各层对学生学习成绩提高、能力增强等方面的重视，值得强调的是，相应的承诺应有相应的奖惩政策作为支撑，以加强其执行的力度与效度。

第二节 英国弱势群体教育优先发展政策

一、英国民族教育政策与相关法律法规

英国,全称大不列颠及北爱尔兰联合王国,是世界上第一个工业化国家,也是一个具有多元文化和开放思想的国家。英国的主体民族是英格兰人,占到总人口的80%以上,其余为威尔士人、苏格兰人和爱尔兰人等。在英国,少数族裔主要是指:非英裔白人、加勒比黑人、非洲裔黑人、其他黑人、印度人、巴基斯坦人、孟加拉人、中国人和混血人种等。近年来,英国少数族裔人口增长迅速,2001年英国少数族裔人口为660万,2009年英国少数族裔人口增加为910万,增长250万,暴增近40%。其中,有175万属于外来移民,73.4万则是在英国出生的移民后代。英格兰和威尔士目前有1/6的居民是少数族裔或非英国的其他白人。为照顾这一部分少数族裔学生,为他们创造与主体民族学生平等的教育机会,英国先后制定和出台了一系列法律和政策,从法律上扶持和确保弱势群体的发展和权益[1]。

英国的教育体制主要包括学前教育、小学教育、中学教育、高等教育和继续教育。其中5~16岁为法律规定的强制教育阶段,适龄儿童必须入学,由国家承担所有费用。少数族裔在享受英国基本教育政策的同时,也享受国家对少数族裔的扶持政策,其政策措施主要体现在《种族关系法》的相关规定之中。它要求政府必须履行确保民族平等的法律职责,教育部门必须在学校教育中落实民族平等政策,必须把教育平等作为教育工作成效考评的重要指标。为确保《种族关系法》能够得到全面实施,英国政府采取了一系列措施:

第一,在财政预算中为少数族裔优先发展政策执行安排专项拨款。其中最为有名的就是"提高少数族裔成就拨款",它被专门用于支持开展教育改革,提高学校教育质量,帮助少数族裔学生提升学业成绩。还有,作为"公平津贴"政策的重要部分,帮扶弱势群体学生,资助少数族裔学生接受学前教育、享受免费校餐、提供大学奖学金等方面,政府专项拨款也发挥了重要的作用。

---

[1] Department for Education and Skills. . Ethnicity and Education: The Evidence on Minority Ethnic Pupils [EB/OL]. http://education.gov.uk/publications/ ordering Download/RTP01-05.pdf.

第二，在日常教育拨款中加大对弱势群体和少数族裔学生的重视程度。对过去已经批准的财政拨款和属于日常运转经费拨款性质的资金，增加具体使用条件，要求在资金使用过程中更多地向弱势群体倾斜，向促进教育机会均等倾斜。例如，在英国"2008～2009学年至2010～2011学年学校投入决定"中，就要求政府投入的资金要对学习困难的少数族裔儿童进行重点帮助，确保他们获得更多的支持，加快赶上主流族群。

第三，加大对教师的教育培训工作力度。政府安排专项资金，实行专门培养计划，支持教师熟练掌握弱势群体学生所必需的技能，以便于他们提高针对弱势群体学生开展教育活动的质量和效率。例如，在21世纪初掀起的"教学优先方案"活动，就对英国一流大学的优秀毕业生作为优秀骨干教师培养。对他们进行严格的培训，确保他们掌握各种具体教学技能，全面提升他们的综合素质，之后将他们派往薄弱学校顶岗教学，从而提升薄弱地区、薄弱学校的教学质量，提高处境不利学生学业水平，从而达到教育公平的目的。

二、"教育优先区"法案

教育优先区概念首先是由英国人贺尔西1967年在其关于教育发展情况的《卜劳顿报告书》中所提出，主要指的是那些经济社会条件相对落后，需要政府优先采取政策和措施，改善教育条件，实现教育机会均等的地区。《卜劳顿报告》真实反映了当时英国教育发展的真实情况和发展需求，受到英国政府和社会的广泛认同，教育优先区概念也由此被英国政府正式采用。其后，英国议会根据《卜劳顿报告》的相关内容，通过正式法案，采取具体措施，对报告所指的落后地区学生提供各种支持和保障，因此该法案也被称为教育优先区法案。教育优先区法案是英国在促进教育机会均等方面实行的一项重要政策，对欧美地区，甚至是全世界都有着广泛的借鉴意义。

（一）"教育优先区"法案提出的主要背景

20世纪40～60年代，英国民众对教育重要性的认识不断提高。1944年，第二次世界大战尚未正式结束，在一片废墟之上，英国就首先制定了《巴特勒教育法案》，从法律层面上进一步保障少年儿童受中等教育的权利。该法案规定英国籍适龄儿童只要通过中学入学考试，就有权利接受免费的中等教育，直至其年满16岁。法案实施以后取得良好效果，中等教育逐渐在英国全国普及开来，为战后国家重建做出了重要的贡献。随着国家经济的复苏，经济实力的逐渐增强，到60年代，由于英国公众受教育的平均年限在数量上已经得到普遍的提升，公众关注的焦点从教育平均年限的提高逐渐转向提升教育质量和促进教育机会平等。以贺尔西教授为代表的教育工作者和教育研究者注意到,在民众接受教育平均年限明显提升的大前提下,在英国不同的地区、学校和家庭之间,教育的成效存在明显差异,那些出生于经济落后地区、移民、少数族裔、有色人种及贫穷家庭等的学生,很多人在学习上存在较为突出的困难,在学习成绩方面存在明显落后,个人未来发展存在更多的障碍。在这样的背景下,根据社会发展需求,为满足公众的期待,1967 年,贺尔西教授对英国教育真实情况进行了深入的调查研究,最终形成了《卜劳顿报告书》,并在报告中正式提出"教育优先区"方案。

(二)"教育优先区"法案的主要内容

由于"教育优先区"方案结合英国实际情况,广泛考虑到了落后地区和弱势群体的诉求,受到公众的普遍欢迎。随后英国议会通过法案,授权政府在落后地区逐步采取积极主动的措施,改善教育基础设施,提升教育质量,对特定学生给予特别的帮助和补贴,最终实现教育机会的平等[①]。其主要内容包括以下几个方面:

1. 教育优先区实施时间

教育优先区实施时间为 1968~1972 年,属短期实验性质。每年补助 2% 的来自文化不利地区的儿童,在 5 年内达到 10% 补助的儿童,并且同时进行相关的研究,一方面评估各种革新措施,另一方面也为日后之发展提供具体可行的政策建议。从 1973 年起,属于长期的计划阶段,参考实验阶段的成果,进一步扩大政策实施的范围,加大补助对象的覆盖范围,提高政策执行成效。

2. 执行与监督的单位

教育优先区方案由地方教育部门具体负责执行,中央政府负责监督与经费资助。对于需特殊协助的学校、包括吉普赛人在内的特殊团体教育部门应给予政策支持,在经济上提供特别的资助。

3. 教育优先区政策指标的确定

为便于教育优先区政策实施对象的甄别和确定,英国制定了较为详细的指标体系,主要包括:

(1)儿童家长从事的职业为非技术与半技术比率较高地区。

(2)家庭子女较多家庭。

(3)居住情况较拥挤的家庭。

---

① 高卉、左兵:《英国"教育优先区"政策对我国少数民族地区教育的启示》,载《民族教育研究》2007 年第 6 期,第 110~115 页。

（4）离校率与缺席率较高的儿童。

（5）主要依靠社会福利和政府津贴生活的家庭。

（6）存在智力和身体残疾以及反复出现各种违法犯罪问题的儿童。

（7）单亲家庭的儿童。

（8）以英语之外的其他语言作为母语的家庭出生的儿童。

4. 教育优先区政策的内容

英国教育优先区政策实施的内容主要有以下几个方面：

（1）逐步提高师生比例，实施小班制，每班不超过 30 人。

（2）增设教师助理，一般两个小学班级增设一名，四个学前教育班增设一名。

（3）加强校舍建设，协助修缮或重建新校舍，充实图书与仪器设备。

（4）增置托儿所，为儿童提供学前机会。

（5）优先任用该地区合格教师，提供中小学教师进修机会，给予教育优先区学校的老师提供每年 120 英镑额外的津贴。

（6）负责师资培训的师范教育学院应和学校建立广泛的联系，教育学院的学生要到教育优先区的学校进行实习。

（7）政府应努力使各地区的社会组成结构朝向多样且异质化：地方政府应在就业服务、工业训练、住宅安置及都市计划等方面做协调，以减少教育上不利的情形。

5. 教育优先区政策的实施效果

英国于 1977 年在曼彻斯特召开会议，主要讨论的就是针对教育优先区政策的实施成效，教育优先区政策主要成果如下：

（1）提供多元化的教法与教材，带动当地居民对教育的热情，使教育成为变成居民生活中有意义的大事。

（2）教育优先区运用"假日公车"与"家庭联络簿"，极大地改善学校与家庭、教师与家长间的合作关系。

（3）由于教育优先区是以小区域的规模实施，教师自行安排调整自己的教学进度，肯定教师的自主性，使其愿意为整个社区服务。

（4）教育优先区可以减轻地方的压力，创造当地居民呼吸的空间。

（5）教育优先区使儿童有机会选择自己的生活形态。

（6）由于教科书供应充足，家长有较多时间参与孩子的学习（如透过家访或体育活动），再加上教师良好的教育态度，有助于提高学生的学习成就，可见家长与教师态度的改变是减轻文化不利的最重要策略。

教育优先区政策在实施过程中在取得明显成效的同时，还存在一些缺憾和不足，需要进一步弥补和提升，主要有：（1）尽管政府认可了《卜劳顿报告书》

的相关内容，但是由于资金等现实原因的限制，教育优先区政策在实施过程中对原先贺尔西教授提出的教育优先区方案作了大幅度修改，导致许多政策成效被削弱。（2）由于该政策属于新的开拓性尝试，涉及方方面面的利益纠葛，导致各方对政策认识存在分歧，影响到执行。（3）中央和地方政府权责划分不合理，政策实施过于依赖地方积极性，中央缺乏有力的监督保障措施，导致政策落实不到位①。

（三）启示与借鉴

我国是一个统一的多民族国家，大力发展民族教育，是解决新时期民族问题的有效途径，学习借鉴国外先进教育工作经验，对提高各民族素质，巩固和发展平等、团结、互助的社会主义民族关系，促进各民族的共同繁荣与发展，具有基础性、先导性、全局性的作用和十分重大的战略意义。因此，借鉴英国的经验，我们应该进一步抓好以下几个方面工作：

1. 政府要高度重视落后地区和弱势群体教育优先发展的问题

随着经济社会的发展，人们已经越来越清晰地认识到教育对于一个国家和民族生存和发展的重要意义。政府在出台各种政策保障公众接受基本教育、义务教育权利的同时，也应该清醒地认识到促进教育机会均等的重要意义。由于历史的、现实的各方面因素的影响，经济、政治、文化的差异一直影响着教育的发展，如果不能实事求是、因地制宜地采取有效措施，那么表面上公平的教育政策在实施过程中就会产生各种实际上的不公平。在我国，改革开放以来东部地区得到优先发展，经济社会各项指标居于全国前列，而西部地区发展相对落后。按照国家的发展战略，其他地区支持东部优先发展，到一定的时机东部又带动其他地区的发展。现阶段的西部，地区经济社会发育程度相对落后，少数族裔人口众多，科学发展、和谐发展任务十分繁重。如何从根本上提升西部地区发展潜力，其中重要的一条就是要借鉴英国教育优先地区政策，采取一系列切实可行的措施，为西部地区大力培养各类人才，特别是要不断加大少数民族骨干人才培养力度。这一方面是对党中央国家发展战略的具体实践，另一方面也是教育自身发展必然规律的体现。政府相关部门应该认真听取专家学者的意见建议，积极深入西部民族地区调研，了解经济社会发展真实需求，进一步加大对西部民族地区教育优先发展的支持力度。

2. 制定"政府主导，各方面积极参与"的民族教育优先发展战略

西部民族地区是集边疆、民族、山区、贫困等特点为一体的特殊地区，教育

---

① 高卉、左兵：《英国"教育优先区"政策对我国少数族裔地区教育的启示》，载《民族教育研究》2007年第6期，第110~115页。

工作有其自身独特的规律，政府在教育发展中扮演着至关重要的角色。在西部民族地区，政府客观上不仅是教育政策制定的主体，而且也是政策执行的主要推动力。政府集中了教育发展所需要的政策、资金、权威、强制力等一系列关键要素，任何群体和个人都无法取代。因此在教育优先发展工作中，政府牵头责无旁贷。其他社会各个方面在这个过程中，也应该积极发挥自身优势，推动民族教育优先发展战略的落实。例如，教育研究单位要做好理论准备，提供正确的理论指导和决策咨询；学校工作要认真研究执行政策，在实践中不断开拓创新；宣传单位要做好政策宣传解释，营造良好工作氛围；社会各界要加大监督执行力度，积极建言献策，等等。总而言之，教育优先发展工作是一项系统工程，一方面必须由政府主导，出台行之有效的政策措施，明确各级各部门的权责关系，制定细致准确的指标体系，才能确保政策执行取得预期成效；另一方面，社会各方要充分发挥自身优势，心往一处想，劲往一处使，形成合力积极动员各方面力量，积极参与到此项工作中来。特别是认真吸取过去民族地区各项方针政策贯彻落实的经验教训，在不断加强对政策执行的监督力度的同时，必须使其他地区和其他民族充分了解此项工作的重要意义，进一步形成"没有西部地区的发展就没有全中国的发展，没有少数族裔的发展就没有中华民族的发展"的共同理念。最终确保不论是东部还是西部，不论是汉族还是少数族裔，都深刻领悟到西部民族地区教育优先发展对中华民族伟大复兴的重要历史意义。

3. 重视试点工作，不断建立健全教育优先发展体制机制

教育政策的制定不可能一劳永逸，教育工作也不可能一蹴而就，必须坚持实事求是的作风，发扬摸着石头过河的精神，因地制宜，逐步试点，逐步推开。在试点工作中不断吸取教训，总结经验，多方面考察，对内容及标准等进行充分论证，以期达到良好的效果。要重视在指标体系建设，要充分考虑西部民族地区经济发展状况、社会发育程度、民族文化特点、自然生态环境、教育基础设施情况、师资力量分布情况等因素；要根据西部民族地区实际情况，科学划分中央和地方在资金投入方面的责任，避免因地方财政难以负担，导致政策难以执行的情况出现；要结合各地实际，做好科学规划，确立统筹兼顾的科学发展思路，促进西部民族地区教育硬件和软件两方面共同发展。

三、教育行动区计划

（一）教育行动区计划内容

随着英国教育事业的不断发展，社会公众开始越来越关注弱势群体学生学习成绩低下的情况,经过慎重的调查研究,征求各方意见,英国政府于1997年发表了《学校中的卓越》白皮书,对政府在教育方面的主要工作经验和职责进一步进行了明确的阐述,要求政府采取有力的措施进一步改善那些处于不利地位学生的学习条件,创造更加有利于落后学生学习的氛围,促进这些学生与其他学生一道共同享有教育机会均等①。基于这样的前提,英国开始实施教育行动区计划。

1. 教育行动区计划内容主要包括四个方面

(1) 教育行动区计划主要对象是在那些教育发展滞后、学生学业成绩低下的地区。

(2) 教育行动区计划主要是根据地区实际情况和学生学业成绩,将15~25所学校(至少要有2~3所中学)组合成一个行动区,以整个行动区为单位实施教育整体推进。

(3) 教育行动区计划期限为3~5年。一个期限结束以后,要检查考核工作成效,实施奖惩。

(4) 教育行动区计划主要目标是帮助落后的学校提升教学质量,成绩差的学生提高学习成绩,创造更加有利的条件,实现教育机会均等。

2. 教育行动区计划具体措施主要有

(1) 教学管理专业化。增设学科专家、教学助手等岗位,确保专业课教师有更多的时间和精力放在教学工作之中。

(2) 正确看待问题学生。重视解决将学生违纪问题,改善师生关系,提高对问题学生的关注。

(3) 与其他行动计划积极配合。在英国有许多针对不同社会群体的专项计划,由于关注点不同,以前很少协同一致采取行动,而教育行动区计划主动配合和参与到其他计划中,减少学生失学情况,培养正确的社会价值观。

(4) 充分重视家长的作用。创造各种有利条件,使家长成为计划实施的重要推动力,使家庭成为儿童重要的学习场所,父母成为儿童学习的重要老师。

(5) 大胆引进社会力量参与教学和管理。通过与地方企业和其他社会组织的合作,将高效便捷的现代科学技术,科学合理的管理经验、易于监管的社会资金涌入到教育行动区之中,全方位提升学校教学质量、学生学业水平。

(二) 教育行动区计划的实施

1. 制定标准,明确工作对象

在计划实施前,政府将全国所有学校的基础数据进行比较,根据全国所有学

---

① 王艳玲:《"教育行动区"计划——英国改造薄弱学校的有效尝试》,载《全球教育展望》2004年第9期,第67~71页。

校的考试成绩、升学率、辍学率、基础设施情况及师资水平等不同指标制定全国平均标准，之后对低于平均标准的学校进行评估，指标落后的学校就被确定为"薄弱学校"，薄弱学校相对集中的地区就被确定为"教育薄弱地区"，就是教育行动区计划的实施对象①。

2. 政府投资引导，社会资本配套

教育行动区计划经费主要来自于三个方面：一是政府承诺保留过去对每个行动区的财政预算拨款；二是对列入行动区计划的地区政府给予特别拨款；三是要求每个行动区从当地的企业和其他经济组织筹集配套资金。政府拨款部分作为年度财政支出列入国家预算，社会资本投资以出资方参与学校管理的形式实现市场化运作。一方面确保了政府对教育这一作为社会公共产品供给的主导作用，实现基本的教育公平；另一方面又能够吸引社会力量参与到薄弱学校的管理和运作中来，各方齐抓共管，提高管理效率，促进行动区教育事业迅速发展。

3. 立足地方需求，服务社区发展

教育行动区计划借鉴了许多商业化的运作方法，其中最基本的一条就是"需求主导"原则。早在计划制定之初就考虑到发展薄弱地区教育必须与地方实际需求相结合，充分尊重学校、企业、家长及当地其他单位和部门的需求，兼容并包，吸收一切有利于学校发展的积极因素。

第一是将学校发展计划与地方发展计划统一起来，将教育行动区计划作为地方发展策略的一部分，主动满足地方发展需求，获取地方广泛支持。提升地方积极性的同时，防止中央政府和地方政府互相推诿扯皮，提高计划执行力。

第二是以社区为基础，整合内部资源，将行动区教育发展作为社区发展的主要目标之一。将薄弱学校管理工作融入到社区工作之中，集中整个社区的各方面力量，有钱出钱，有力出力，根据社区需求不断调整办学思路，在推动学校发展的同时也同步推动社区发展。薄弱学校不仅不是社区的负担，反而是社区发展的重要推动力。

第三是采取灵活多样的方式推进计划执行。政府在确保计划总体方向和原则的基础上，将权力充分下放给教育行动区管理机构，鼓励它们结合各地的不同实际情况，开展不同的项目合作，确保全面实现计划目标。

4. 市场化运作，吸引社会各方参与

政府将 15~25 所左右的薄弱学校组合成一个行动区向社会公布，采取公开招投标的方式将行动区的学校管理权挂牌，吸引包括企业、家长及当地其他单位

---

① 贺武华：《英国"教育行动区"计划改造薄弱学校的实践与启示》，载《教育科学》2006 年第 3 期，第 78~81 页。

和部门加入到学校管理当中，接管学校的管理权。学校管理采取集体管理和专人负责相结合的方式进行。每一个教育行动区都设有一个专门机构负责学校管理工作，该机构成员由参与学校管理权竞标的各方选举具有代表性的人员组成，负责组织领导行动区计划实施工作。每一个教育行动区设立一名项目主管，由管理机构任命产生，负责计划的日常管理实施工作。管理机构成员有权对管理工作实施监督，提出意见建议。

5. 合作推进，定期评估

教育行动区计划吸收借鉴了教育学研究的最新理论成果，从过去单纯依靠政府推动不利地区的教育迈向现代化，转变为政府、企业、学校和家长协同推进，共同努力的新型发展模式。在促进不利地区教育发展的过程中按照市场经济模式，通过招投标、项目管理、市场化运作等方式，吸引社会力量参与到行动中来，从而为不利地区学校的发展带来全新的理念和充沛的资金，切实提升了工作效率，提高了办学质量。自1998年年初开始实施计划，到2001年第一次政府评估，英国共建成了73个大的教育行动区，40个小的教育行动区，接受各种私人捐款700多万英镑，850多个企业参与到行动区的管理与运作之中[①]。教育行动区计划不仅在提升落后地区教育水平，提高处于文化不利学生学业成绩等方面取得良好效果，而且在推动教育机会公平，促进社区发展方面起到了重要的作用。

（三）启示与借鉴

英国教育行动区计划的开展，不仅对英国教育发展有重要影响，对于制定和完善我国教育政策，加快民族地区教育优先发展步伐也同样具有重要的启示作用。

1. 坚持政府统一领导

英国教育行动区计划成功的前提是中央政府根据社会发展需求，自上而下推动的强力推动。当前我国西部民族地区学校教学质量不高、学生学业水平低下，教育基础设施不完善等问题，依靠各地自身的努力是无力从根本上扭转局面的。只有加强政府统一领导，通过教育体制的改革和完善，倾斜性政策的扶持与帮助，采用更加灵活的办学方式，更加多样化的教育组织，更加合理的管理运作，才有可能使西部地区充分利用后发优势赶上全国平均水平。政府要进一步巩固完善"以县为主"的农村义务教育管理体制，建立县级教育行政部门对农村义务教育的管理机制和模式。强化市（地）级人民政府的统筹责任，逐步完善职业教育管理新体制。巩固与完善中央和省两级管理、以省级政府管理为主的高等教

---

① 王凯：《教育行动区：英国提高教育质量的新动向》，载《比较教育研究》2003年11期，第74~78页。

育管理体制。充分发挥中心城市在高等教育发展和管理中的作用,继续推进中央、省与地(市)三级办学。深化高校后勤社会化改革,推进高校依法自主办学,加快毕业生就业制度改革。

2. 坚持以市场为导向

英国教育行动区计划最大的特点就是将社会商业力量吸引到教育改革发展之中来,从技术、管理、资金等方面全面与市场接轨。在我国西部民族地区要坚持从各民族地区实际和民族特点出发,在国家大政方针的指导下对其发展规模、办学形式、教学用语、师资配备以及招生办法等,都应与内地及其他地区教育有所区别,不搞一刀切。要适应市场需求,以就业和创业为导向,转变各类职业院校和培训机构的办学与教学模式,开放办学。实行灵活的"学分制"和"订单式"教育,推行学历证书与职业资格证书并重的"双证书"制度,积极为未能升学的青年提供各种就业培训。积极鼓励东、中部地区的社会力量到西部办学,支持东、中部的高等学校与企业到西部合作举办民办机制的独立学院。鼓励东、中部地区和海外人士、组织以各种形式支持西部教育,鼓励社会各界向西部地区教育的捐赠。制定西部边远贫困地区津贴、补贴政策,积极引导和鼓励教师其他具备教师资格的人员到西部地区任教。

3. 坚持充分调动人民群众积极性

英国教育行动区计划在实施过程中充分注意到调动社区和民众积极性的重要性。在我国,社区和民众在政策执行过程中处于至关重要的位置,无论政府有多么好的出发点,如果不能够得到人民群众的认同和理解,那么执行的效果必定不能尽如人意。因此,制定教育政策必须强调学校、社区、企业、家长、民众等方面的"参与式管理",通过政府有意识的引导,使政策实施对象在主观上认同政策的执行是"自己的事",在客观上要使政策实施对象自愿参与到执行的各项工作中来。要将社区和家长作为推动教育发展的重要力量,将教育的发展根植于社区的需求之中,将学生的成长根植于教师和家长的共同努力之中,构建学校、家长、社区三位一体的教育网络,形成"突出学校主导作用,发挥家庭主体作用,拓展社会协调作用"的现代教育体系。教育政策要始终不渝地坚持贯彻执行党和国家的教育方针和民族政策。既要充分重视发扬各少数民族的优秀传统文化,充分尊重各少数民族群众的风俗习惯,又要认真搞好民族教育与全国整个教育的紧密联系和有机衔接,积极推进民族教育与全国教育协调发展。

4. 坚持不断加大政府投入力度

英国教育行动区计划的成功离不开政府的大量经济投入。在我国,实现西部民族地区教育跨越式发展,政府投入是关键。政府要依法不断增加教育投入,建立与公共财政体制相适应的教育投入体制,进一步完善以政府投入为主,多渠道筹措教育经费的教育投入保障制度①。在深化县乡财政体制改革的基础上，逐步将农村教育经费投入纳入政府公共财政体制范围，建立和完善确保教职工工资按时足额发放、确保学校公用经费、确保危房改造和学校建设经费投入的长效机制。制定和完善税收和土地优惠政策，积极鼓励和引导社会力量投资和出资办学，推动民办教育的发展。制定和完善与市场经济体制相适应的企业及公民个人向教育捐赠的税收抵扣政策，完善教育收费政策和成本分担机制。继续利用彩票收益支持西部教育。适当运用财政、金融、信贷手段发展教育事业。鼓励和支持学校开展勤工俭学、发展校办产业。鼓励高等学校和职业学校树立以服务求生存、以贡献求发展的意识，积极为社会提供技术服务和通过科技创新和知识贡献，获得广泛社会支持，多渠道增加教育经费。

第三节 日本偏远地区教育优先发展政策

一、日本教育优先发展的战略意识

从明治维新时代起，日本确立教育立国的政策后一直到今天，日本人的教育政策还在不断地修订中，推陈出新，以期让教育符合新的时代步伐，符合更多民众的需求。第二次世界大战结束时，日本作为战败国，全部的学校教育基本处于完全瘫痪的状态，社会动荡不安，大量校舍毁坏，学校完全无法开课，学生全部被疏散回家。但是，日本重视教育的理念并没有被摧毁：日本在无条件宣布投降后仅仅一个月，就要求所有学生重新返回课堂。战败后的日本经济衰落、民生凋敝。可谓百废待兴，众多方面都需要经费投入，但日本却始终将教育放在优先位置加以考虑。当时，政府要求公务员全员减薪，企业员工免费加班，从而把节约下来的资金集中投入教育领域，其中绝大部分投入到基本看不到现实回报的义务教育当中。

1947年，日本重新制定并公布了《学校教育法》，在原有政策基础上进一步建立和完善了教育制度。其中最有借鉴意义的，就是努力实现教育机会均等，为所有国民接受基础教育创造条件，并以法律形式强制要求执行。日本各级政府积

---

① 教育部、国务院西部开发办："关于印发《2004~2010年西部地区教育事业发展规划》通知"，载 http://www.moe.edu.cn/edoas/website18/80/info6480.html。

极响应新教育制度的实施，努力从各个方面为儿童就学创造条件。第一是通过政府财政投入，逐步减少学生购买教科书的支出，最终实现无偿提供教科书。从1951年开始，日本政府逐年从财政中拿出资金补贴教材费用。到1958年，政府承担的教材费用已经达到50%。到1963年开始，义务教育阶段所有的教材费用全部由政府承担。享受补贴的对象，也从最初的困难家庭扩大到所有学生。第二是通过政府补贴和地方配套及社会捐赠等方式，为在校学生提供免费的营养午餐，减轻困难家庭负担，确保学生身体健康。从1954年日本出台了《学校供餐法》开始，通过不断的摸索，总结经验教训，到1956年日本正式在全国所有义务教育制学校中推广免费午餐计划，所有学生都从中受益。通过学校免费提供午间营养餐，不让一个家庭因为贫困而失学，真正把义务教育落到实处。许多贫困家庭之所以能完成基础阶段的教育，全有赖于这样一项政策。就是靠着这样的坚持，日本度过了战后最困难的一段时间，终于等来了经济的腾飞。第三是加大教育基础设施建设投入，为教育发展打造良好基础。从1953年开始，日本开展一系列教育基础设施建设计划，通过15年的不懈努力，使学校的基础设施不论是从数量上还是质量上都满足国家教育战略实施的需求。

为真正践行教育公平、全民教育的理念，针对那些因为家庭原因、地区原因和自身原因而上不起学的学生，政府在教育政策实施过程中予以了倾斜性的政策支持。最早从1928年开始，日本政府就制定了针对中小学生的救助政策，由政府出资帮助这些完成学业，其后更将这一政策作为国民生活保障的重要内容，纳入到《生活保障法》当中。到1956年，救助力度进一步加大，政府为这部分贫困学生补贴教科书、伙食费支出，进而扩大到提供学费、学习用品、交通费等，尽可能地创造公平学习的机会。同时，为改变偏远地区的教育落后面貌，从1954年开始，日本正式实施了《偏远地区教育振兴法》，从法律上强化对偏远地区学校的支持，不断在设备、设施、教材、教师人数、工资、上学交通、伙食、保健以及任教教师升迁制度等方面为偏远地区提供有利条件[①]。

二、偏僻地区教育振兴法

日本非常重视偏僻地区的教育发展，一直将振兴偏僻地区教育作为一项十分重要的国策予以重视。1954年，日本专门制定了《偏僻地区教育振兴法》，对建立完整的财政补助制度以保障偏僻地区教育发展，重视偏僻地区学校的教师教

---

① 李文英：《战后日本振兴偏僻地区教育的措施及其启示》，载《教育研究》2004年第12期，第74～79页。

育,大力推进偏僻地区教育技术信息化建设做了具体要求。明确规定:"根据教育机会均等的原则和基于偏僻地区教育的特殊情况,明确国家和地方公共团体在振兴偏僻地区教育中所必须采取的各项措施,以期提高偏僻地区教育水准。"其内容主要包括以下几个方面[①]:

(一) 明确责权,完善管理

1. 明确市街村主要职责

(1) 负责偏僻地区学校教材、教具等设备,充实教师研修及教育内容;

(2) 教职员工修建住房,谋求健康福利;

(3) 提供体育、音乐等学校和社会教育用设施、设备;

(4) 为偏僻地区教职员工、儿童或学生提供必要、适当的健康管理设施、设备;

(5) 提供方便儿童上学所必须的设施、设备。

2. 明确了都道府县主要负责

(1) 为适应偏僻地区教育特殊状况,对其学习指导、教材、教育等展开必要的调查和研究,并提供相关资料;

(2) 为教师提供培训机会;

(3) 为市、街、村任务的完成和实现给予适当的指导和建议;

(4) 提供教学必须的设施、设备。

3. 明确文部大臣的主要职责

(1) 必须调查、研究偏僻地区教育;

(2) 整理相关资料,为地方政府提供适当的指导、建议;

(3) 做出必要的周旋和努力,为发展偏僻地区教育创造条件。

(二) 明确偏僻地区及偏僻地区学校的指定标准

《偏僻地区教育振兴法》的制定,奠定了解决偏僻地区教育问题的法律基础。明确规定:"所谓偏僻地区学校是指交通、自然、经济、文化等条件不好的山区、孤岛及其他区域的公立小学、中学和中等专科学校。"日本文部省 1956 年进行了全国规模的偏僻地区教育调查,据此,决定将以前交给都道府县的认定偏僻地区学校的决定权交由国家统一执行。另外,1959 年的《偏僻地区教育振兴法实施细则》对偏僻地区划分方式做了详细规定,即根据基本分(包括地理位

[①] 吴晓蓉:《日本偏僻地区教育优先发展的经验研究》,载《当代教育与文化》2009 年第 7 期,第 100~104 页。

置偏僻、从学校到公共设施距离等）和附加分（生活环境的不利性：电气供给状况、多雪、极寒地带等自然环境恶劣的地方）两项指标之和，把偏僻地区学校分为1~5个等级，继而做出准偏僻地区和特殊偏僻地区的分类。1960年，日本社会急剧发展，但偏僻地区却未从中受惠，城乡差距反而有增无减。同时因人口外流，偏僻地区人口更较过去稀少，复式班级有增无减。偏僻地区相关人士以偏僻地区学校指定标准不符现实为由，要求重新修订划分标准。1972年又对振兴法作了大幅修改。一是扩大偏僻地区划分区间，二是扩大偏僻地区学校指定范围。据新标准，偏僻地区学校被分为偏僻地区、准偏僻地区和特别偏僻地区3类，教师补助也因边远程度不同予以调整。到1973年，偏僻地区学校总数反较过去有所增多。

（三）对解决偏僻地区师资的规定

因为认识到教师是发展偏僻地区教育的关键所在，《偏僻地区教育振兴法》对如何解决师资做了明确规定。

1. 解决教师待遇

日本政府虽从明治时期就任命都、道、府、县等地方政府酌情发放偏僻地区教师津贴补助，该法于1958年和1960年被部分修订，该修订要求都道府县以法律形式明确发放标准和比例。其中，偏僻地区教职员工的工资由都道府县负担，其数额由都道府县与市街村和都道府县教育委员会在振兴法规定范围内协商决定。在决定特殊岗位津贴（偏僻地区补助、复式班级教学补助等）和教师人数时，也应结合地区实际。

2. 解决偏僻地区教师的数量和质量

除解决偏僻地区教师待遇、为教师创造安心工作的环境外，振兴法还针对教师数量不足、质量不高的问题提出具体措施。如前所述，偏僻地区原本生活、交通、经济条件恶劣，加之教师待遇措施不完备，多数教师不愿赴教，学校在保证教师人数上存在很大困难。为解决该问题，振兴法规定：一是结合偏僻地区实际，设教师培训机构，确保教师进修；二是要求市街村和都道府县把对教师的聘用、指导、建议、留任等作为任务来执行。尤其是教师培训，过去以教育学院或短期大学为主，现在可以应缺乏师资的都、道、府、县之需，以县为主体，设置以培养偏僻地区师资为目的的、特殊的教师培训机构。另外，20世纪70年代以后的教师人事制度，积极致力于城乡、校际间的教师流动和调整。

（四）对增加偏僻地区财政投入的规定

法律是制度载体，法律体系形成体现了国家制度的成熟。通过立法程序确立的偏僻地区教育发展制度统筹兼顾了社会各方的利益,凝聚了共识,为推动偏僻地区教育发展提供了法律依据,明确了可靠稳定的行为指南。《偏僻地区教育振兴法》的制定,为日本偏僻地区教育发展打下了良好的法律基础,其后在此基础上日本政府又先后制定了一系列的法律法规,逐步形成了一套完善的偏僻地区教育发展法律法规体系。其中比较具有代表性的有,1954 年制定的《偏僻地区教育振兴法实施令》,1959 年制定的《偏僻地区教育振兴法实施规则》等一系列行政法规,从制度层面上进一步细化了《偏僻地区教育振兴法》相关规定的具体实施办法,为政策执行提供了具体的标准。根据这个法律体系,中央负担国立学校所需全部经费和全部教科书经费;负担地方公立学校教职员工资、福利保障费的一半,校舍新建扩建费的一半,校舍危房改造经费的 1/3,受灾校舍建设费的 2/3,偏僻地区公立学校公用经费的一半,家庭经济困难学生补助费的一半。都道府县负担公立学校教职员工资、福利保障费的一半,校舍危房改造费的 1/3。市町村负担公立学校校舍新建扩建费的一半,校舍危房改造费的 1/3,家庭经济困难学生补助费的一半,学校的公用经费。中央财政补助市町村下列项目所需经费的一半:完善学校的教材和教具、教员的进修;教职员的住宅建造及其他生活福利;体育和音乐教育设施的配置;师生的保健;为便利学生上学采取的措施。法律规定,对在偏僻地区学校工作的教职员,应发给地区津贴等。这一系列政策的实施,为推进偏僻地区教育发展奠定了坚实的基础,为日本偏僻地区教育振兴做出了重要的贡献。

三、对我国民族地区教育优先发展的启示[①]

日本自实施偏僻地区教育振兴政策以来,经过 50 多年的努力,偏僻地区教育迅速发展,偏僻地区发达地区的差距逐渐缩小。当今我国正处于经济快速发展时期,面临着发展边远贫困地区教育的问题。从日本振兴偏僻地区教育政策中,我们可以获得很多有益的启示。

(一)完善教育立法

20 世纪 80 年代中期以后,我国的教育法制建设取得一定成效。教育法的逐步完善,为促进和保障我国教育发展做出了较大贡献,但在促进偏僻地区教育发展方面还缺乏针对性。针对我国偏僻地区目前的教育现状,可仿效日本,制定富

---

① 吴晓蓉:《日本偏僻地区教育优先发展的经验研究》,载《当代教育与文化》2009 年第 7 期,第 100~104 页。

有针对性，操作性强，能有效解决偏僻地区教育的教育法。除此之外，也应及时出台与之相应的实施细则。日本振兴偏僻地区教育之所以富有成效，与通过振兴法将偏僻地区分类化，偏僻地区津贴发放义务化，偏僻地区学校级别化等明确规定有关。根据我国实际，完善教育立法，是从制度上寻求根本解决我国偏僻地区教育问题的长效机制和建立一个有利于促进偏僻地区教育发展的制度保障体系。但是，相关人士需结合研究目的真实，广泛地展开调研，避免想当然地、逻辑思维式的政策或法律制定方式，以保证法律的针对性、问题解决的有效性等。

（二）责、权明确，因地制宜

日本偏僻地区教育振兴政策之所以富有实效，也与其因地制宜，责、权明确的特点有关。具体看来，文部省及文部大臣的任务可概括为：一是调查、明确偏僻地区类别及学校实际，进行数据整理和分析；二是明确研究偏僻地区教育的学校；三是举办指导讲座；四是举行全国偏僻地区教育研讨会；五是提供复式班级学习指导计划案例；六是发行《偏僻地区教育》杂志。这些都由文部省无条件执行。都道府县和市区街村也各有分工。这为我国制定偏僻地区教育政策和管理提供了范例，即从教育部开始，根据我国行政划分方式，层层明确责、权（包括作为当事人的学校在内）。以教师工资和补贴为例，哪些该由国家发放，如何保证这些资金每月按时、按量发给教师，哪些该由地方政府负责，国家赋予地方政府哪些权利，如何明确这些权利，如何保证地方政府有效承担责任，如何就此建立监督和管理机制等都有待明确。问题的解决应有针对性、计划性，避免没有重点的全面撒网，致使常年致力于解决某一问题，该问题却长年没有得到解决的尴尬局面。

（三）采取各种措施，解决师资数量和质量

解决偏僻地区师资问题的关键在于：第一，为教师营造能安心教学的环境。该环境的营造包括许多方面诸如福利待遇、基本住房、津贴发放、健康检查等。第二，针对我国实际，师资数量和质量问题的解决既可以传统的、由师范院校输送毕业生为主，也可借鉴日本方式，在偏僻地区设置临时教师培训机构该方式以"学分"为评价标准，规定"课程学分"和"总学分"，对得多少分才能取得准教师证和教师证给与明确规定。这样既可从当地人中遴选教师，也可以对获得教师证者进行再培训。第三，为当地教师创造进修、学习条件和机会。第四，通过分配和人事交流，促进城乡、校际师资交流。该方法的使用，需将义务教育阶段的教师聘任和设置交由省、市来执行，即县、镇负责校舍修建、教师管理和监督，省则负责教师工资发放和人事管理。促进城、郊、偏僻地区和非偏僻地区的

人事轮换。制定相关绩效机制和鼓励措施，激发教师内在动力，使非偏僻地区教师意识到去偏僻地区执教与个人教学和职业生涯的重要性。同时，为促进偏僻地区教育的稳定发展，可鼓励夫妻均为教师者向偏僻地区流动。第五，注意偏僻地区学校教师配置的合理性，改变一所学校只有一名教师，该教师既是各科课程的任课者，也是校长、财务人员的局面，保证一所学校至少两名教师。第六，推广西南大学正在实践的选派优秀生赴偏僻地区的"顶岗实习"。另外，还可规定教师在一所学校工作最长不超过若干年（日本是 15 年），去除教师内心的焦虑和不安全感。

（四）明确偏僻地区和偏僻地区学校指定标准

我国疆域广，地形、地貌、经济、文化等条件复杂，所以，要解决偏僻地区教育问题，还在于明确偏僻地区和偏僻地区学校的划分标准，方能有针对性的解决问题。我国劳动人事部在《关于偏僻地区范围的通知》指出，"偏僻地区"一词具有地域（如边疆）、自然地理（如高寒）、政治（如民族自治区）、经济（如穷困）等多种含义，同时指出我国有 681 个县市属于偏僻地区，并将其分为三类。一为边远省界县、穷困山区县；二为边疆国境县边疆县（指执行边疆政策的县）、少数族裔自治县和海拔 2 000 米以上的高寒山区县；三为海拔 3 000 米以上的特别高寒县①。要明确我国偏僻地区和偏僻地区学校指定标准，既可参照劳动人事部的界定和分类方式，也可借鉴日本模式。

（五）产、官、学、民相结合，整合教育资源

在反观日本偏僻地区教育振兴法及其振兴偏僻地区教育过程时，会发现其是一场由当地居民和现场教师为充实当地孩子教育而发起的行动。这表明日本偏僻地区教育振兴的源头不在国家，而在当地居民和教师，这也是振兴法在性质上区别于其他政策的关键所在。另外，医疗卫生机构、企事业等对教育的关注与投放力度，某种程度上较政府更具针对性和时效性。例如，医学院长期免费向偏僻地区派遣医生、护士，检查教师、学生健康，赠送医药用品、器械等；日本九州电力不以盈利为目的，无偿为偏僻地区学校多媒体教学提供方便，甚至将其纳入自身发展规划中。我国要发展偏僻地区教育，一是除巩固和完善教育部门的职能外，必须广泛调研、以各种方式促成教育问题的解决，并向社会提供客观、翔实的教育资讯，引起社会对教育的普遍关注和积极参与。还应开放教育系统，广泛寻求社会在资金、物资和行动等方面的资助。二是谋求国家各职能部门对教育的

---

① 劳动人事部：《劳动人事部关于边远地区范围的通知》，载 http：//www.fayixing.com/law content.

关注。诸如交通、医疗卫生、财政等部门在其相关法规、文件和职能方面对教育问题的主动关照和积极参与。三是广泛寻求民间，或企事业对教育的广泛关注和支援。四是政府开辟多种渠道，从政策上对企事业等的教育援助行为提供政策保障和支持，诸如对教育捐款实行免税等。要实现上述目标，需要政府在完善公共教育体制，促进产、官、学、民相结合上下工夫，体现其在发展我国教育中的参与性和补偿性责任，实现教育资源的合理统筹。

第十四章

国外教育优先发展指标体系比较研究

教育指标是掌握教育发展的一项有力工具,发达国家和国际组织都形成了各自的教育指标体系。本章列举了国际组织 OECD(经济合作与发展组织)、UNESCO(联合国教科文组织)、世界银行和欧盟等的指标体系及美国等发达国家的教育指标体系进行比较研究,以期对我国民族地区教育优先发展指标体系的构建与确立提供一些有益的借鉴。

第一节 国外教育优先发展的指标体系介绍

一、OECD 教育指标体系

OECD 教育指标体系主要体现在《教育概览:OECD 指标》中。另外,也出版相关刊物对其进行补充和说明,主要有《OECD 国际教育指标:分析架构》(1992)、《教育评价:发展与使用国际指标》(1994)、《教育概览:分析》(1996)及《教育政策分析》(不定期)等。

OECD 教育指标体系以人力资本理论为基础,应用教育生产力供需模式,以 CIPP 评价模式为框架,建立了包括教育背景、输入与过程及教育成果的指标体系，从整体上对教育系统进行投入—产出分析。指标选取规则如下：(1) 指标选取除了满足理论和模式需要外，还要兼顾教育政策实践导向；(2) 指标具有稳定性和可行性；(3) 为了显示教育系统各部分间的逻辑关系，从背景、输入与过程及成果领域选取指标，力求涵盖教育的所有方面；(4) 指标应提供作决策或评价所需信息；(5) 指标应具有精确、有效及可解释的特征；(6) 指标能满足跨国比较的需要。通过1992年、1997年、2001年及2007年OECD教育指标体系架构、指标内容进行比较（见表14-1），可看出OECD教育指标体系比较成熟，指标内容基本稳定，其特点主要有：(1) 注重用人力资本理论来解释评价教育发展，采用系统模式呈现教育发展变化；(2) 各领域指标间具有较强的关联性，分析具体教育问题需要将相关指标综合起来考察；(3) 可以根据教育政策变化进行相应指标项目调整，具有很强的时效性；(4) 重视对教育过程的监测，组织国际学生评量项目"PISA测验"和"国际成人素养调查"来了解教育质量和成就。

表14-1　代表年份OECD教育指标体系架构及内容

年份＼领域	人口、经济与教育背景	成本、资源与学校过程	教育成果
1992	人口因素；经济因素	教育经费；人力资源；参与和学生流动；决策特征	教育完成；学习成果；受教育后地位
1997	人口规模及成人受教育程度	投入教育的财政与人力资源；教育参与和进步；学习环境与学校组织	教育的社会与劳动力市场成果；学生成就；教育机构的毕业成果
2001	学龄人口规模及成人受教育程度	投入教育的财政与人力资源；教育参与和进步；学习环境和学校组织	教育的个人、社会与劳动力市场成果；学生成就
2007	成人受教育程度、教育期望及父母社会经济地位对子女教育的影响	投入教育的财政与人力资源；教育参与和进步；学习环境和学校组织	教育的个人、社会与劳动力市场成果；学生成就

二、世界银行的教育指标体系

世界银行在其年度《世界发展报告》中发布的指标体系是以一国的经济和社会发展为依据形成的综合性指标体系，涵盖人口、就业、失业、收入、消费、居住、教育、卫生保健、公共服务、交通及能源等方面。涉及教育的指标主要由教育投入、受教育机会、教育效率和教育成果四部分组成,其中又考察了不同性别参与教育情况。由于其概念模式不明确,结构松散,严格来讲不能称之为教育指标体系。

三、UNESCO 教育指标体系

UNESCO 教育指标体系建构方法是先确定一个理论框架,然后根据理论框架通过演绎方式形成指标集,再采用归纳方法对已有统计指标进行筛选、整理和再加工,形成指标体系,内容包括教育供给(资源)、教育需求、入学和参与、内部效率及产出五部分。

体系中,指标的背景包括政治、经济、社会文化、人口统计学等因素的交互影响。通过教育供给、教育需求影响参与机会、内在效率、输出、学习成就与结果影响来反映教育系统的变化。在整个体系中强调教育公平与教育质量的价值,这两个因素有形或无形地影响整个教育。2000 年的《世界教育报告》提供了 11 大类教育指标,分别是人口与国民生产总值、识字、文化与传播、学前及初等教育入学机会、初等教育状况、初等教育内部效率、中等教育状况、学前、初等与中等教育师资、高等教育状况、高等教育学生分布、私立学校教育与政府教育支出、公共教育经常性支出。这 11 大类指标还可进一步细化成 26 个二级指标和 97 项三级指标。

UNESCO 教育指标体系理论基础严谨,从其概念架构中,不难看出约翰斯顿(Johnstone)在《教育系统的指标》中所提出的教育指标系统模式的影子(见图 14-1)。不过 UNESCO 指标体系采用供给与需求的方式分析教育系统内部的关系,使以后进一步对教育系统的内部运作过程作深入分析成为可能。另外,该指标体系虽确立了公平和质量在教育发展中的两大重要主题,但未开发出相应具体指标来衡量和评价,还需要进一步建构相应指标以弥补指标数量少的缺憾。

四、欧盟教育、训练与人力资源指标体系

为帮助会员国设立整体教育政策目标,欧盟在 2002 年按照"输入—过程—输出"的模式建构教育、训练与人力资源指标体系,用来评估各国的教育成效,并由欧盟统计局负责教育指标收集,欧洲教育信息网负责分析。其指标体系内容包括:人口就业结构,失业,教育与训练成就,教育与训练系统的基本结构,教育与训练政策结构,财务支出,教育参与(包含成人及继续教育参与),教师情况,教学及评量过程,教育与训练途径(涉及继续教育和终身学习的机会、计划),教育成就(包含教育对劳动力及经济增长的影响)。

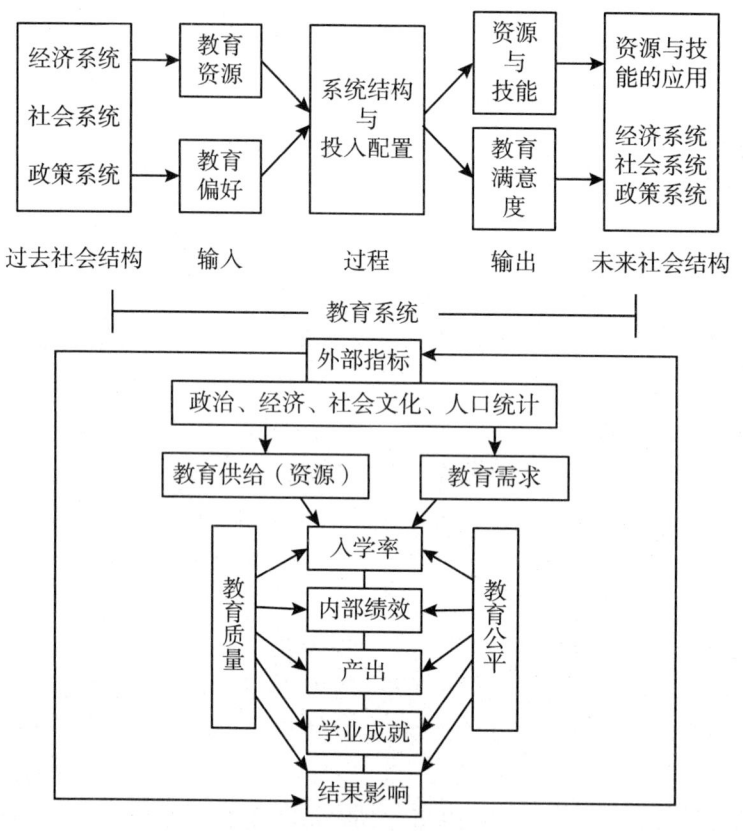

图 14-1　Johnstone 教育指标系统模式与 UNESCO 世界教育
指标概念框架的比较

欧盟的教育指标体系从经济背景、就业及社会凝聚力等方面评估教育发展，同时探寻教育投入指标、过程指标和输出指标之间的关系。其目的在于通过提升教育/训练系统的质量，增强欧洲在世界中的人力资本竞争力。该指标体系反映了知识经济时代对教育系统的发展要求，将职业教育、继续教育及终身学习的理念纳入考察范围，指标设置比较全面，指标体系范围兼顾了宏观和微观层面。对教育输出的考察指标，除了国际通行的教育成果等直接产出指标外，还增设了如"教育对人力资源及经济成长的贡献"、"公共参与"等非直接产出指标。该指标体系将教育发展与提升人力资本水平较好地结合起来，是应对新的教育决策需求的有益尝试。

五、美国教育指标体系

美国联邦教育部国家教育统计中心每年出版多种教育统计报告，主要有

《教育情况》、《教育统计摘要》、《各州教育统计报告》、《教育统计季刊》及《教育统计预测》等。这里仅对《教育情况》中的教育指标体系进行分析，因为该指标体系由"教育指标专门研究小组"（SSPEI）构建。

SSPEI 曾提出构建教育指标体系的五项建议：（1）确认教育制度的理论模式；（2）教育指标要描述教育制度的健康与表现情况；（3）建构资料来源及新的收集方法；（4）应由专门机构负责执行指标建构计划；（5）重视新教育指标的设计和报告。

SSPEI 主张从六大领域建构教育指标体系：（1）学习结果，包括核心学科内容的学习成就、逻辑推理能力和态度等；（2）教育机构质量，包括学习机会、教师素质、教师工作条件、学校教育目标与特征、学校资源等；（3）入学准备，包括学生家庭的社会经济地位、教育服务质量等；（4）学习的社会支持，包括家庭支持、社区支持、文化支持和财政支持等；（5）教育与经济生产力，包括教育渠道、教育与训练的经济效果、工作场所对教育的支持、高等教育在研发上的角色等；（6）公平性，包括学生背景的差异、教育结构的政策差异、教育服务的差异等。

《教育情况》基本上按照上述领域收集指标信息，从 2000 年开始，每年根据年度收集的指标数据有针对性地进行一项教育政策专题分析，就教育政策实施中的一些热点难点问题进行探讨，分析结果对政策的制定和实施具有很强的导向性。

该指标体系以实际的教育问题为着眼点，建构的指标可以作为教育改革的依据，将焦点集中于教育实践，重视教育指标与实际问题的结合，既反映出当前关注的教育议题，又能将教育指标与教育改革紧密联结，提高了指标的政策效用。

第二节　国外教育优先发展指标体系的启示与借鉴

教育具有将人从生物个体转变成适合社会生存发展的社会成员的社会化功能，且具有长期性效果，其功能性价值将影响个人的一生。因此，人们往往将未来完美的发展蓝图寄希望于受教育的过程。这里教育被看做是一扇敞开的人与人之间平等的门，而平等的教育机会意味着可以改善社会各阶层的文化与教育条件，使得处境不利者也有培养和表现自己才能与抱负的同等机会，这既是国外教育优先区、行动区等政策实现教育均等的理想追求，也是制定其教育指标带给我们的有益启示。

一、教育指标应体现教育关怀

教育欠关怀的核心是关注并致力于改变所有人的生存状况,即改变不平等,消除由于外在各种差异而带来的教育机会的不平等,以及各类差异带来的歧视。其具体的体现是教育人权、社会公平正义和儿童身心发展的需求。

教育人权的保障旨在促使个体正常发展与成长,是对国民教育权的维护。学习者无论年龄大小,都是一个独立完整的个体,除拥有基本人权外,还拥有创造自己历史主体的学习权及不可替代性的人格尊严。同时,教育人权也体现和维护着教师的人性尊严。因此,指标应反映客观、良好的教育环境,解决教师教学与生活问题,重视学生的主体与尊严,以使个体潜能充分发展。

在教育上,由于经济的不平等,影响儿童的就学机会;政治的不平等,也会使教育决策与教育内容不利于政治上居于弱势的受教者;社会层面的不平等,易使社会资源成为优势阶层者的特权,以致影响社会底层家庭子女的教育机会。研究发现,来自不利环境的儿童,对教育环境变异的敏感度远高于来自富裕环境者,换句话说,来自不利背景的儿童较容易受环境好坏的影响,而在学习表现上有明显的差异。如英国官方资料显示,富裕家庭子女有76%的人在中学毕业时5科成绩达到C级以上,而贫困家庭子女只有6%达到这一标准。这一问题同样反映在高等教育领域,2007~2008学年,富裕家庭的学生入学率为41.2%,贫困家庭的学生入学率为21%。因此,政府作为社会资源和价值的整合者、管理者,是教育关怀最大的责任主体和义务主体,应强调社会公平正义,透过补偿教育的提供,给予特别的帮助,在较大程度上减少教学过程中不平等的因素,积极改善其不利的处境,增强竞争力。这一方面教育指标在美国、英国、法国都有体现,如美国针对贫困幼童给予优先帮助的教育,以使他们远离贫穷,接受适当教育;英国教育优先区方案,通过政府专项补助或帮助的积极性补偿措施,促使学生在教育过程中发展个人潜能;法国则是由政府提供特定资源帮助学生建立有效学习计划,以确保其学习成功。

在教育过程中,学生的学业成就受主客观环境因素的影响,如学校不当编班、不正常教学、不合理的学校资源分配等;学生主观的身心因素、行为因素、经济因素、文化因素、社会因素等。研究成果表明:成功的学习经验与正确的自我观念是决定学业表现的重要因素。家庭文化状况对儿童学习的影响较为明显,文化优势家庭的儿童很早便开始学习如何去学习,并视学习为有趣的活动,可以轻易掌握,并常因此正确反应获得赞赏。而反观文化不利家庭中的儿童,虽也发生相同形式的刺激与学习,但由于家庭在儿童的教养上未扮演什么重要角色,如家庭迫于基本生活的压力，双亲长期外出打工，双亲教育水平低下，儿童与成人间缺乏互动，等等，都影响着儿童的学习。同时，自我概念与学业成就间呈显著正相关，较自信、自尊的学童有较佳的学业成绩，自卑、自弃的学童有较差的学业成绩，且两者相互影响，如来自边远、落后地区的学生，常受所处环境影响形成诸如自卑、内向、闭塞、忧郁等不正确的自我观念，也影响学业及其他表现。因此，教育指标的制定应特别关注学生的身心发展需求。

二、教育指标应紧密结合区域经济发展的需求

海外"教育优先发展区"在实现教育机会均等的理想过程中，十分注意与地方经济的紧密结合，使教育优先区更富有生命力。尽管我国没有教育优先区的提法，但是我国从 20 世纪 50 年代实行的"民族区域自治政策"，事实上就是对少数民族地区实行倾斜政策，民族地区的文化教育事业也因此取得了显著的成就。由于受地理环境、历史条件和文化背景等多方面因素的影响，同东部地区相比，我国西部少数民族地区的教育还存在很大差距。因此，西部地区尤其是西部少数民族地区必然成为我国教育优先发展的实施对象。对此，应当制定严格的衡量指标，如要充分考虑贫困状况、生态环境、民族构成、公众的教育需求、居住的分散程度、人口的平均受教育程度、教育设施、师资水平等因素对处境不利儿童产生的影响。同时，应当由政府专门机构进行严格评估和筛选，将符合指标标准的地区或学校作为教育优先发展和接受补偿教育的对象。此外，在确保指标客观、公正和具有一定稳定性的同时，还要根据教育优先发展的实际，对指标作出适时的调整和修正，以增强教育优先发展的实施效果。

三、教育指标内容的确定应体现多元性和差异性

教育优先发展指标的内容是指对哪一级的教育（初等教育、中等教育还是高等教育）实行教育优先。由于我国不同地区的自然资源和交通条件有很大差异，各地区社会、经济发展明显不平衡，所以我国的教育，特别是义务教育客观上存在着以东西部地区教育投入差距明显为特征的地区不平衡和以城乡教育资源投入及拥有量差距显著为特征的城乡不平衡。因此，教育指标内容的制定应允许多样和存在差异，不同地区的教育指标不能完全要求统一的标准，同一地区各级各类的教育指标也不能强求一致，而是应当在充分认识本地区社会、经济特点的基础上，根据地区社会的特点和条件，制定标准。如我国自 20 世纪 80 年代中期，对基础教育实行"以地方为主"的分级管理体制，由于没有规定中央政府

和省（区、市）、地（州、市）、县（市、区）、乡（镇）政府的法定负担结构，各级地方政府对义务教育的投入主要依赖于（本级）地方财政收入，在各地经济发展水平和财政能力差异较大的情况下，各地区生均教育经费支出存在巨大差异。而在整个国民教育体系中，西部地区尤其是西部少数民族地区的义务教育应视为教育发展的指标内容，所需经费也应主要由政府承担。只有如此，才能根据指标的内涵分析影响民族地区教育发展的各种成因，监测教育发展的各种因素，对比民族地区与发达地区教育发展的差距，揭示社会整体发展与教育发展联动关系的变化，真正落实教育优先发展的战略地位。

四、教育指标应体现国家法律和政策的有力保证

发达国家往往以法律的形式提供和保证基本国民教育的责任，为地方社会经济发展和人才培养服务。如美国的《"不让任何一个孩子落后"法案》、法国的《必胜专案》、英国 2007 年的中长期教育规划纲要《儿童计划》等。因此，教育指标一方面应体现国家教育正常运转的法律框架，显示或反映教育系统的发展特征、健康情形与变迁趋势，更好地实现教育指标信息与政策的相关性、可比性和指示性；另一方面，也由于教育系统的复杂性和多样性，为了测量其中的复杂成分，了解其相互作用和变化的状况，弥补单一教育指标不能描述复杂教育观象的不足，需要协调和整合各部门和各方面的力量，创造良好的环境和条件，构建一系列有内在联系的系统而简明的教育指标集合体，以监控教育资源的分配与使用范围以及教育结果的输入和过程，以利于对教育系统作整体理解，为民族地区教育优先发展规划和进行教育决策提供信息参考。

第四篇

对策与政策

第十五章

民族地区教育优先发展问题的应对策略

第一节 民族地区教育优先发展与传统文化冲突的对策

2007年2月27日,国务院办公厅颁发了《少数民族事业"十一五"规划》,提出大力发展少数民族文化事业,将"少数民族文化发展工程"列为少数民族事业"十一五"规划的十大重点工程之一。规划指出:"要按照《国家'十一五'时期文化发展规划纲要》的要求,切实加快少数民族文化事业发展。推出在国内外具有较大影响的少数民族文学、戏曲、音乐、舞蹈、美术、工艺、建筑、风情、服饰、饮食等文化艺术品牌。建设少数民族文化基地、少数民族文化社区。依托民族文化遗存丰厚的城镇、村寨,建设具有民族特色的博物馆或文物资料保护展示中心。抢救、搜集、整理、翻译少数民族古籍,按民族分卷编纂出版《中国少数民族古籍总目提要》。加大少数民族文物征集和收藏力度,建立少数民族实物资料数据库。调查、收集、研究、整理少数民族濒危语言文字,建立中国少数民族濒危语言文字数据库,建设国家级民族语文翻译培训基地,建立少数民族'双语'环境建设示范区。实施少数民族语言广播电影电视节目译制工程,提高少数民族语言广播电影电视节目播出能力。建立一批少数民族传统体育培训基地,挖掘整理并抢救濒临失传的少数民族传统体育项目,研制少数民族传统体育运动器材并制定相关标准。"① 这一国家层面的民族文化事业发展规划，为我国民族文化课程建设提供了重要的政策支持和思想指引。2012年7月12日，国务院办公厅印发《关于少数民族事业"十二五"规划》。规划将"着力发展少数民族文化事业和文化产业，不断满足各族群众精神文化需求"作为"十二五"期间少数民族发展的重要任务之一②。要解决好教育优先发展与民族地区传统文化冲突之间的矛盾，就要构建多维度、多层次的民族文化传承体系，将民族文化传承融入教育发展中，达到两者的良性循环与互动。

一、将民族文化教育资源纳入到校本课程和地方课程

"在地方课程和校本课程中纳入当地少数民族文化内容，不仅可以促使学生了解并掌握本民族优秀文化成果，形成对本民族文化的情感、态度和价值观，而且可以增强课程对少数民族地区适应性和民族特点的适应性，增进教师对当地少数民族文化的了解和研究，调动他们参与课程开发的积极性，促进他们的专业成长。地方课程和校本课程的开发需要包括专家和教师在内的多种人员的参与，要考虑各地的实际情况；在开发过程中要听取来自不同层面如教师、学生、社区、家长的意见；在实施过程中要通过各项活动的指导、帮助学生学习。"③ 随着我国民族地区基础教育课程改革的不断推进，为了更好地保护和发展优秀的民族文化，少数民族聚居地区教育部门将民族文化遗产写入本土校本课程，这些以传承民族文化为主旨的本土课程更能贴近学生的实际生活，对民族传统文化的传承有积极作用。"当前人口较少民族文化校本课程、教材的开发和建设情况普遍令人担忧，无论是数量还是质量都不能适应和满足人口较少民族文化传承的现实要求。传统文化校本课程建设工作的薄弱是制约人口较少民族学校教育传承民族文化的因素之一。学生通过民族文化课程，能够了解本民族的风土人情和民族文化，从而加深对本民族和家乡的热爱之情，激发民族自豪感，树立民族自信心，对促进人口较少民族青少年全面健康发展，对提高学校教育质量和传承优秀的民族文化，对维护民族团结、构建和谐社会都具有重要作用。"④

---

① 国务院办公厅：《少数民族事业"十一五"规划》，http://www.gov.cn/zwgk/2007-03/08/content_545955.html，2007年3月8日。

② 国务院办公厅：《少数民族事业"十二五"规划》，http://www.gov.cn/zwgk/2012-07/20/content_2187830.html，2012年7月20日。

③ 曹能秀、王凌：《少数民族地区的学校教育和民族文化传承》，载《云南师范大学学报》2007年第2期，第64~68页。

④ 朱玉福：《人口较少民族地区学校教育传承民族文化研究》，载《民族教育研究》2011年第5期，第98~103页。

基于当前民族地区学校教育课程中缺乏民族文化的部分，以及少数民族文化对学生积极的教育作用，使得民族文化纳入到课程体系成为必须，如何将少数民族的传统文化选入教材也成为学者关注的焦点，有学者认为："少数民族的教育教学内容应从本民族实际情况出发，对课程设置进行改革，让民族非物质文化进入教材、进入课堂、进入学校生活的方方面面。如用本民族自己的语言进行教学；将本民族的特色文化——服饰、建筑、民族工艺、传统体育等写进教材；少数民族多是喜欢歌舞的民族，学校可改变传统的课堂授课模式，积极创造条件把节庆活动与课堂教学相结合；还可将那些掌握了'民间绝活'的老者请进学校；围绕非物质文化组织各种活动，让学生广泛参与本民族非物质文化的传承活动。这样就能让学生有亲近感，让学生感到学校和现实生活并不是隔离的'两个世界'，从而激发学生对非物质文化的兴趣和学习的动力。"[①]

二、将民族文化活动引进校园

少数民族地区的中小学纷纷将当地的民歌、民族舞蹈、民族体育、蜡染、刺绣等民间工艺引入学校，学校编写校本教材，举办业余兴趣班，营造浓郁的民族文化氛围，聘请当地民间文化传人进课堂传授技艺，让学生接受民族文化艺术的熏陶，增强对民族文化的认同意识，初步改变了民族地区学校与本土民族文化相背离的趋向。

"学校民族文化活动，是巩固民族文化教育成果，提高学生学习兴趣，促进民族文化传播，更好地服务当地经济社会发展的重要载体。只有把学校民族文化教育与当地经济社会发展有机地结合起来，寻找出一条既符合学校传承与发展民族文化，又能促进当地经济社会发展的路子，才能为学校民族文化教育长期开展提供保障，才能使'活态'的民族文化得以生存和发展。"[②] 学校不管开展什么样的课堂外的活动，都要注意融入本民族文化特色。学校的体育运动会可以办成民族体育运动会，将本民族中一些传统体育竞技项目列于其中；学校的文艺活动也应尽可能以本民族的歌舞为主。这样的一些活动不仅可以起到传承民族文化的作用，还可以让学生在活动中认识到本民族文化的丰富性，让学生和教师感受到成就感。各个班级之间或者班级内也要开展此类活动，也可以积极参与到各种民族实践活动中体验和感受。

---

① 贺能坤、张学敏：《构建少数民族非物质文化传承的新机制——促进西南少数民族非物质文化传承的学校教育改革研究》，载《民族教育研究》2008年第6期，第47~51页。
② 薛丽娥：《论学校教育传承少数民族文化机制的构建》，载《贵州民族学院学报》2010年第5期，第173~176页。

"一个民族的文化记忆是十分顽强的,经久不衰的。许多少数民族、特别是没有文字的民族,其民族的历史差不多都是靠口头的史诗、传说等文化记忆,一代一代地传递下来的。学校可以组织学生参加当地各类民俗活动,在活动中学生既是参与者,也是受教育者,让传统古朴的民俗活动焕发生机和活力,使民族文化生存的这块土壤更加肥沃,从而使更多的民众从丰富的民俗活动中感受到生活的愉悦、快乐和乡情、亲情,在世代相传的民俗活动中感受到独特的文化魅力,感受到传统文化与他们生活密不可分,从而起到潜移默化的作用。"[1] 当然,各种民族文化活动除了起到教育学生的作用以外,也要注意学生从民族活动中学到一技之长,当他们掌握了本民族的一项技能,他对本民族文化认识会更深刻,民族技艺也可以得到有效传承。例如,让学生学习制作各种民族乐器;学习民族服装上的各种刺绣等。这些民族技艺的传承还有可能为学生将来从事的职业奠定基础,有的学生将来可能以制作各种民族工艺品为生,通过出售民族手工品不但解决个人谋生问题,这些手工品在市场上的流通还起到了宣传民族文化的效果,对于扬本民族地区之名,甚至民族地区经济开发都有重要贡献。

三、通过开展双语教育促进民族文化传承

民族语言本身就是民族文化的一个重要组成部分,大量的民族文化是通过少数民族语言口传心授传承下来的,一些古老的文化只有在本民族语言的语境中才展现出其原汁原味的特色。另外,语言也是文化传承的重要载体,通过对本民族语言的学习可以让学生更多的了解本民族灿烂的文化,增进学生对本民族的认同,在本民族语言的教学过程中伴随着本民族文化传统的熏陶。然而少数民族语言主要是作为一种工具性的存在,只是学生学习汉语的媒介。理想的双语教育应该是"在少数民族学校里,有计划地开设少数民族语文和汉语文两种课程,以达到少数民族学生民、汉两种语言兼通,民汉两种语言文字都得到发展的目的"[2]。但由于教育评价体制、师资等原因,当前的双语教育属于方法说:"双语是教学方法问题。鉴于少数民族群众和学生不懂汉语,教师在教育教学过程中使用当地少数民族的语言或文字对汉语汉文进行翻译解释。使他们真正理解教育教学的内容,尽快学会汉语汉文。"[3]

由于人们对双语教育的错误理解,以及对民族语言的错误定位,使得民族语

---

[1] 薛丽娥:《论学校教育传承少数民族文化机制的构建》,载《贵州民族学院学报》2010年第5期,第173~176页。
[2][3] 滕星:《族群、文化与教育》,民族出版社2002年版,第423页。

言只是学生学习主流文化的工具，等完全掌握了汉语就自然把民族语言丢弃了。本民族语言"基本上限于学校教育的初级阶段，而后引入汉语并逐渐加大汉语教学的比重，向全面汉语教学过渡。"① 这样的双语教育观根本不可能达到起初制定双语教育的初衷，即"使少数民族学生既能熟练掌握和运用本民族语文，又能在此基础上掌握汉语文的知识和运用汉语文进行交流与学习的技能，尤其是运用汉语文进行思维和表达思维成果的能力。"②

"目前的双语教育政策有利于推广国家共同语言或官方语言，同时维持本民族语言的低水平状态，不利于本民族文化的传承。如果一种语言仅仅作为记录一个民族古老文化的工具，不再被本民族的大多数成员所使用，那么这种语言只具有考古学价值。贵州许多少数民族内部只用口头语言进行简单地生活交流，只有极少的民族教师和民族学者能够阅读民族语言文献。少数民族语言文字只有在与其他民族的交流过程中，通过吸收和创造得以发展丰富。"③ 语言与文化是密不可分的，假如某个民族渐渐遗忘了本民族的语言，那么其文化也不会长存。再者，民族语言制约着民族文化的传承，许许多多丰富多彩、内涵深刻的民族文化是经由少数民族语言一代一代传下来的，在少数民族语言中的民族文化才保留了自身的完整性，试想民族地区的祭祀中，当地巫师口中的念念有词换成汉语是何味道，所以开展双语教育不仅仅是让少数民族学生更容易懂得汉语，也是保存本民族语言、传承民族文化的需要。

四、针对民族地区制定多元、灵活的教育评价制度

对民族地区的学生而言，接受"只关注分数与证书"的以考试为主导的评价，可能存在教育是否公平、受教育权是否得以充分享用的问题。"改变民族地区学生学习绩效评价方式，妥善运用各种测评工具，针对不同民族地区学生实际情况制定不同的评价标准，采取多样评价方式对学生学习绩效实施评价并谨慎解释评价结果的方式值得推崇。不将评价结果单纯指向学生的考试成绩，不单纯以考试成绩的高低否定学生或将其拒于校门之外。"④ 如可以将本民族的传统文化作为考评的内容，或者让学生完成一项有民族特色的工艺制作等。这一方面贵州

---

① 滕星：《族群、文化与教育》，民族出版社2002年版，第423页。
② 李谨瑜：《试谈民族中小学双语教学的几个问题》，载《民族教育研究》1992年第4期，第21～24页。
③ 张蓉蓉：《教育与文化传承：贵州少数民族教育存在的两个问题》，载《贵州民族研究》2006年第4期，第157～160页。
④ 吴晓蓉：《我国民族地区学校教育质量提升对策研究》，载《民族教育研究》2009年第6期，第80～83页。

省黔东南州做了很好的示范：县教育局和县政府教育督导室将把民族文化教育纳入教学评估和教育督导的范畴，作为对学校教育教学工作和校长年度工作的考核内容之一。每学年开展一次对民族文化教育工作的专项检查、督导和评估，每年县教育局、县民族局表彰奖励民族文化教育先进学校和先进个人。对成绩特别显著的学校和个人，推荐到省、州给予表彰奖励。对工作不力，民族文化教育进展缓慢、效果不好的学校，由县教育局给予批评，并限期整改[①]。

我国民族众多，多元文化的存在决定了各民族地区的教育状况不同，促进各民族个体发展的水平也不同。民族地区的教育评价不能照搬汉族地区的评价模式，同样，各民族地区之间也不能采用同样的评价标准，因此应采用多元评价体系，具体体现如下[②]。

（一）教育评价的文化性差异

它要求教育评价具有保证和促进文化传承的功能，因为每个民族成员背后都有不同的民族文化背景，因而评价时要充分考虑其文化特点，立足于多元文化的理念，并将之贯彻到各个评价环节。

（二）教育评价内容的差异性

民族地区中小学教育不能一味追求各个"率"，这样很容易在这个过程中丢失更多的民族性和文化性。每个人的差异是明显的，每个民族也有差异性，语言文字、民族价值观、民族心理、风俗习惯、表达方式都有差异性，在评价过程中要允许差异的存在。因此，教育评价的内容除了通过纸质试卷体现外，还应在学生对民族非物质文化遗产的理解和应用上体现、在学生用本民族语言文字传达民族文化的过程中体现。教育评价内容的差异性对学生平时的学习有着导向性作用。

（三）教育评价的持续性

为了实现非物质文化遗产从静态保护到动态传承的目的，教育评价就应该体现持续性。文化的沉淀是历史的作用，后辈对文化的理解和掌握不可能在一朝一夕间完成，教育评价的持续性可以更好地引导非物质文化遗产的传承教育形成动态循环，这也符合人的持续性发展。同时，教育评价的持续性允许有时间差异，并在

[①] 吴平：《民族文化进校园的实践与思考——基于贵州省黔东南的调查研究》，载《教育文化论坛》2011年第6期，第36~41页。

[②] 张学敏、王爱青：《中小学教育传承民族非物质文化遗产问题探微》，载《民族教育研究》2009年第4期，第64~67页。

评价的过程中做到教育评价的激励性，这对人的发展无疑也是有促进作用的。

五、发挥家庭教育和社区教育文化传承的功能

学校教育远离了学生的生活实际，而家庭教育可以在学生的生活中随时随地进行，父母在日常生活中口传身授，在民族文化活动和民族节日中让学生接受本民族文化的洗礼。"许多文化事项的传承就是靠家庭成员的自我传习来实现的，如一些家传绝学、民族舞蹈、刺绣等。学校应该通过请家长入校传授有关少数民族文化知识和技能、让学生跟家庭成员学有关知识和技能等方式，充分发挥家庭在促进民族文化传承方面的作用。"①

社区教育也是传承民族文化不可缺少的一部分。社区是一个小型的社会，学校中不能传承的民族文化，学生可以在社区文化活动中学习到；家庭中由于忌讳不愿传承的民族文化也可以在社区中学习。可以说社区教育受到的限制最小，学生在这里可以接触到优良的、不良的文化，所以在发挥社区教育作用的过程中应注意对学生的引导。"学校应加强与社区的沟通，鼓励学生参与社区组织的民族文化活动，在活动中掌握少数民族文化知识和技能，并获得自我认同和民族认同；邀请具有特长的社区成员走进校园，传授有关的民族文化知识和技能。"②

发挥家庭教育和社区教育传承文化的功能，并不是说与学校教育分离了，三者的有机结合才更有利于民族文化的传承，具体措施如下③：

第一，统一小环境和大环境。家庭、学校、社区都是民族文化的传承场，也是传承的环境。对学生来说，家庭和学校均是民族文化传承的小环境，社区则是民族文化传承的大环境；对学生之外的家庭成员来说，家庭是民族文化传承的小环境，社区和学校则是民族文化传承的大环境。小环境和大环境共同构成民族文化传承的环境，两者相辅相成，缺一不可。没有民族文化传承的大环境，小环境显得孤立，无法持久；而没有民族文化传承的小环境，大环境又变得空洞，没有基础。因此，要使民族文化传承达到良好的效果，必须统一小环境和大环境，以形成良好的民族文化传承的氛围，促进民族文化的传承。

第二，以学校或社区为中心开展民族文化传承活动。以学校或社区为中心开展民族文化传承活动，主要是以学校或社区为依托，开展如下民族文化传承活动：一是通过专题讲座、广播、板报、提供咨询等形式开展民族文化的宣传活

---

①② 曹能秀、王凌：《少数民族地区的学校教育和民族文化传承》，载《云南师范大学学报（哲学社会科学版）》2007 年第 2 期，第 64~68 页。

③ 曹能秀、王凌：《试以教育促进民族文化传承的方法》，载《云南师范大学学报（哲学社会科学版）》2010 年第 2 期，第 119~124 页。

动；二是开展歌舞表演、乐器演奏、刺绣比赛、服饰展览等民族文化活动；三是在图书室陈列一些反映民族文化的图书和影像资料，供学生、家长和社区居民阅读和观看等。这些活动不论是在学校还是在社区开展，均面向所有社区成员——学生、家长和社区居民，因此可沟通学校、家庭和社区的联系，更好地促进民族文化的传承。

第三，以一对一、一对多、多对多的传承方式促进民族文化的传承。如前所述，家庭教育多以一对一的传承方式、学校教育多采用一对多的传承方式、社区教育多采用一对多和多对多的传承方式进行民族文化的传承。可见，以教育促进民族文化的传承可采用一对一、一对多、多对多的方式进行。这三种传承方式都是以人为载体进行，反映了人在民族文化传承中的重要作用。三者相辅相成，共同促进少数民族文化的传承。

六、构建研—发—教一体化的民族文化学校教育传承体系

民族地区学校传承民族文化与传授主流文化知识在本质上是不矛盾的，都是为了少数民族个体的发展。有研究者借鉴纳西族传统文化对于纳西族人的濡化教育功能，构建研究—开发—教学为一体的民族文化学校教育传承体系。首先，从科研层面看，光靠一线教师及纳西族文化本土专家显然是不够的，可考虑依托高校、科研机构进行从教材到教学方式等的相关研究与开发；其次，从师资层面看，要"培养"和"培训"并举，即要从师范教育的源头抓起，可在师范类、民族类院校开设民族文化的特长班；最后，从良好学校环境营造方面来看，纳西族学校教育改革应强调学校与社区结合，打破学校与社区的有形隔离，将教室、校园的范围无限扩张，将课程教学从狭窄的教科书中解放出来，变社区为资源教室，纳民族文化为教学资源[①]。

现在民族地区的学校正在积极开展校本课程开发，这是教师参与课程编制的大好时机，以当地丰富的民族文化为主要课程资源，与高校、科研机构合作开发，为传统文化的传承提供教材。课程开发的过程也是教师专业发展的过程，教师不仅对民族文化有了更深入的了解，同时也培养了民族文化素养，这对于顺利开展民族文化教学是非常有利的。

需要指出的是，消除民族地区学校教育与传统文化之间冲突的各项措施并不是普适性的，需要根据各地区的实际状况灵活处理。另外，各项措施的实施需要政策和资金支持，制定针对民族地区教育发展的优惠政策和保证民族文化传承资

---

① 井祥贵：《纳西族学校民族文化传承机制研究》，西南大学博士学位论文2011年。

金的投入是各项举措顺利实施的前提。

第二节 民族地区教育优先发展与人力资源开发不足的对策

民族地区人力资源开发存在不足，究其原因，主要是开发策略没有照顾到民族地区的实际情况，对民族地区的发展现状及未来的走向没有明确的把握。或照搬非民族地区和东部沿海发达地区的模式，或单纯依赖输血式的外援发展模式。任何一个地区甚至一个国家要发展，首先必须知道我有什么，特色是什么，我与他者相比优势在哪里，这是制定发展策略的前提。民族地区人力资源的开发，同样应该在观照民族地区整体的自然与人文环境的基础上，宏观把握民族地区的社会发展水平，建构独具特色的开发和管理模式。

一、构建"以人为本"的根本理念

人力资源开发理解为不仅是促进经济和社会的发展，更主要的还是实现人自身的发展。以此想说明人力资源开发的根本出发点既不是高科技的应用，也不是实现经济效益的提升，而是人。以人为本、以当地人的发展和幸福生活为本。民族地区人力资源开发指向的是在民族地区生活的人们，是整体受教育水平有限、人口数量较大但却有着自己的生存智慧和生活理念的人们，而绝不是针对东部发达地区的现代化水平较高、掌握了较多科学技术的人们。只有认清这个前提，民族地区的人力资源开发才有正确的方向。费孝通先生曾指出：不少在少数民族地区兴建的大型国有企业根本没有考虑到和当地少数民族的联系，甚至眼中只有这地方的资源，而忘了还有生活在这个地方的人[①]。人力资源具有能动性特点，只有切实以人为本，才能激发民族地区成员的能动性和自我发展的需求，尤其是个体的自组织能力。这种自我强化和自我激励恰恰是人力资源开发的持久内驱力，也只有在内外合力协同作用的情况下，人力资源才能真正实现有效的开发。因此，在未来的人力资源的开发中，不能只见物，不见人；只崇拜现代科技，不顾人的精神世界；只谈当前经济效益，不顾长远发展。要充分尊重和理解当地的人们，要考虑当地人的发展和长远利益，建构适合当地人实际情况的人力资源开发模式。

---

① 潘乃谷、马戎：《边区开发论》，北京大学出版社1993年版，第11页。

二、尊重民族地区的民族性和地域性

费孝通先生80年代中期就开始了对中国西部发展模式的思考,他在《行行重行行》一文中指出:中国的少数民族大部分聚居在中国的西部,西部与东部的差距包含着民族的差距。西部的发展战略必须考虑民族的因素。他认为中国的民族地区经济发展必须结合当地实际情况,利用民族地区的地理环境、资源优势,少数民族在体质上、文化上的优势来发展经济。民族地区的发展需要引进外来资源和新的观念理论,但外来观念只有在尊重民族性和地方性知识的基础上才能在当地生根发芽。很多人力资源的开发由于忽视民族地区的地域性,忽视民族地区特有的宗教、生活习惯、民俗风情,致使农牧民产生抵触情绪,开发难见成效。

尊重民族地区人力资源的民族性和地方性,根本上还是要尊重民族文化,因为每个人都生活在特定的文化背景中。克鲁克洪曾指出:文化包括各种外显的或内隐的行为模式,它们借符号的使用而被学到或被传授,而且构成人类群体的出色成就,包括体现于人工制品中的成就;文化的基本核心包括传统观念,尤其是价值观念;文化体系虽可被认为是人类活动的产物,但也可被认为是限制人类作进一步活动的因素①。因此,文化无时无刻不在左右着人们的所作所为,人们依托自己的文化进行思考和做出选择。虽然我国各少数民族共同拥有更高层次:一体的中华民族文化,但一体之下仍然有多元。各个民族又有着自己本民族特色的文化,多元的文化使得各民族成员对自我概念、自我幸福感以及对发展均有多元的理解,对社会上的各行各业也有自己独特的认识。人力资源开发必须尊重各民族的文化,尊重民族性和地方性,重视人力资源开发的多样性,从不同的角度开发劳动者潜在的价值与能力。

三、教育是人力资源开发的根本途径

舒尔茨从第二次世界大战期间工厂和设备遭到严重摧毁的国家在战后迅速得到恢复受到启发,指出这是因为这些国家具有较高的国民素质和教育水准。联合国教科文组织的研究成果也显示,劳动生产率与劳动者文化程度呈现出高度的正相关:与文盲相比,小学毕业生可提高生产率43%,初中毕业生可提高生产率

---

① 顾士敏:《哲学人类学导论》,云南大学出版社2002年版,第58页。

108%，大学毕业可提高300%①。由此可见，教育是人力资源开发的根本途径，教育不仅可以帮助人实现自身的不断调整、人力资源的优化重组，而且还可以通过培养新型的劳动力，进而培植新型产业，引领产业的发展。教育包括学校教育和非学校教育。有组织的职业培训、大量的民间自发的教育都是人力资源开发的重要手段。针对民族地区人口普遍科学文化水平较低的情况，通过教育对人力资源进行梯度开发。在学校教育中，基础教育是关系到民族地区年轻一代的素质高低的核心因素，坚持普及基础教育，为更高层次的教育提供优质的后备力量；进一步针对当地的需求，办好职业教育，培养出生产发展急需的实践应用型人才；发展高等教育，优化学科设置，提高高校服务地方建设的能力，提高科研成果的转化率，支持大学生的社会实践活动，密切高层次人才与地方实际生产和生活的联系，培养满足社会需求的高层次人才。重视各层次和各种类型的培训，包括职前培训、在职培训、生产技能培训等。职业培训（包括职前、在职）不仅可以增加从业人员对职业的认识，发挥专业才能，而且还能增强对职业的责任感，激发工作的积极性。生产技能培训可以针对不同的群体，选择有针对性的教育内容，采用不同的培训教育方式，将民族地区的人口资源有效地转化为人力资源，如对农村牧区的大量闲置人员加强实用技能的培训，提高他们的实践操作能力，便于向第二、第三产业转移，外出务工时也可凭借一技之长参与人才的竞争；对各种人力资源的管理人员更应加强培训，树立人才至上的观念，任人唯贤，重视人才，留住人才，使才有所学，学有所用，用其所长。各级各类培训的目的即是提高每个个体的生产能力和获得更好生活的能力，最终实现幸福生活。民族地区传统师徒式的教育形式还大量存在，民间还保留有大量的手工作坊，大量珍贵的民族技艺，如歌舞、手工制作、建筑艺术等，均保存在民间艺人个体身上。通过师徒式的教育形式培养掌握民族艺术的人才，不仅有助于民族艺术的发展，而且有助于民族文化的传承，甚至可以带动民族文化产业的发展。当然，通过教育可以为当前民族产业的发展注入现代科学技术，实现民族技艺与现代科技的融合，互相补充，促进民族产业的发展。

四、提高人力资源质量是人力资源开发的可行途径

从理论而言，要提高民族地区人力资源开发的水平，可以从增加人口数量、提高人口质量和改善人力资源开发环境等方面入手。但根据我国国情和民族地区的现状特征来看，只有提高人力资源质量才是当前人力资源开发的最可行途径。

---

① 联合国教科文组织：《教育——财富蕴藏其中》，教育科学出版社1998年版。

首先，依靠人口数量增长的模式不适合我国国情。人地关系协调发展的理论要求区域的人口数量应当保持在其各种资源所支撑的人口承载力范围内。虽然当前一些民族地区的总人口仅略高于承载下限（如西藏①、新疆②等），理论上还能承载一定数量人口，但由于其快速成长型人口结构的影响、人口惯性的存在、流动人口的增多，以及人口增长难以控制的特点，未来仍很可能出现人地关系矛盾突出的现象。因此，简单地增加人口数量虽然产生了一定的人口红利，但对于人力资源的积累不仅显得低效，还会带来人口抚养比过重和生态资源消耗过快等发展包袱。其次，改善人力资源开发环境的根本目标指向提高人力资源质量。改善人力资源开发环境，也即是要从居住环境、教育环境、制度环境等各个方面创造较好的条件，以有利于人的成长与发展。所以，改善人力资源开发环境是提高人口质量的手段和途径。最后，提高人力资源的质量是民族地区经济发展和产业结构演变的要求。配第—克拉克定理表明，随着经济发展和全社会人均国民收入水平的提高，就业人口首先由第一产业向外转移，在人均国民收入水平有了进一步提高时，就业人口便大量向第三产业转移③。当前，我国民族地区正处于产业转型阶段，分布在第一产业的大部分就业人口在逐步向第二、第三产业转移。同时，我国经济增长模式正在经历一个重大转变，即由同时依赖劳动力数量和质量型转向主要依靠劳动力质量型④。因此，民族地区面临的是低素质劳动力的数量较多而更高素质的劳动力相对紧缺的问题。

五、优先发展民族教育是提高民族地区人口质量的主要途径

全社会人口质量的提高基于社会成员个体的素质提高，而教育的基本功能正是促进社会发展和个体发展。具体来看，人口质量主要包括人口的身体素质和科学文化素质两方面。身体素质虽受先天影响较大，但后天教育能够从营养健康和卫生保健等角度予以改善。科学文化素质的提高更是通过教育途径来实现的，其素质高低更直接取决于人口受教育状况。教育通过劳动者技能、技术操作等的知识增进，使生产过程中人的因素和物的因素的效率得到双重改善，所以它是提高

---

① 严茂超：《西藏生态经济系统的能值分析与可持续发展研究》，载《自然资源学报》1998 年第 2 期。

② 参见李海涛，廖迎春，严茂超，胡聃：《新疆生态经济系统的能值分析及其可持续性评估》，载《地理学报》2003 年第 5 期。

③ 参见 http://baike1.baidu1.com/view/13402831.html。

④ 参见中国教育与人力资源问题报告课题组：《从人口大国迈向人力资源强国——中国教育与人力资源问题报告辑要》，载《高等教育研究》2003 年第 3 期。

人口质量的关键性投资。

简单地增加人口数量，或者单一地改善人力资源开发环境并不能解决民族地区人力资本薄弱的根本问题。面对当前我国少数民族地区的教育发展水平较为落后的现实情况，应该将发展教育、优先发展民族教育作为民族地区人力资源开发的最主要途径。一方面，加强不同地区民族教育的薄弱环节，构建均衡发展的民族教育体系。在少儿抚养比较高的西藏、宁夏、云南、广西、青海、新疆等省区，扩大学前教育的覆盖范围，提高义务教育阶段教学质量。在大部分民族地区，应当提高初中生进入高中的入学率，加强高中教育的质量，以拓宽中高层次人才培养的渠道，增加青少年人口的平均受教育年限。民族地区需要大力加强职业教育，特别是增加初高中毕业生接受职业技术训练的学习机会和途径，使大量不能升学的初高中生具有一定的专业技能。民族地区还应当推进高等教育质量提升和规模扩大，加大为民族地区培养高层次人才的力度。此外，在文盲率较高的西藏、青海、宁夏、云南，坚持推进扫盲教育。在人均预期寿命较低的西藏、云南、青海等省区，要大力开展健康教育。在产业结构转型较快的省份，逐步开展面向大众的职业培训教育，促进产业升级和劳动力素质的同步适应。民族地区还应当发掘、发展民族传统文化教育，使其成为民族地区可持续发展的独特支撑力量。另一方面，要重视开发少数民族人口的人力资源水平。提高少数民族人口的教育水平是提高民族地区的人力资源水平的关键。大部分民族地区的少数民族人口受教育情况相对薄弱，但其人口自然增长较快，占民族地区总人口的比重逐步增大。应该依据不同民族地区、不同少数民族之间的差异，制定各有特色的人力资源开发策略，并适当地促进其间的人口流动和文化融合。还应该适度加快少数民族地区的城市化进程，使少数民族人口的居住逐步集中，以利于教育资源的集中投入和效益最优化。

第三节 民族地区教育优先发展与职业教育发展失衡的对策

要解决民族地区职业教育中的问题，促进民族地区职业教育与民族社区共生发展，就离不开国家的立法保障、各级政府的政策扶持、中等职业学校自身的改革和民族社区的需求推动，只有几方面落实到位，才有助于民族地区中等职业学校与社区的良性互动。

一、从国家层面推动民族地区职业教育发展

我国已进入依法治国、建设社会主义法治国家的新时期。随着社会主义民主与法制建设的不断深入,要求完善少数民族中等职业教育法律制度,保障少数民族地区人民的受教育权和群众参与教育事业管理的权利。因此,民族地区中等职业教育也必须"依法治教",要把民族地区中等职业教育改革和发展同立法结合起来。如果立法工作落后于国家依法治国的大局势,不但会影响全局,也会影响民族地区中等职业教育自身的发展。

(一)提高对民族地区中等职业教育立法保障的认识

我国民族地区中等职业教育法制建设滞后,其中一个原因是一些部门对民族地区中等职业教育的认识不到位,未能准确理解和把握党和国家发展民族地区中等职业教育的目的,对发展民族地区中等职业教育不够积极,对民族地区中等职业学校重管理轻指导,限制多扶持少,使民族地区中等职业学校感到困难重重,压力很大。随着民族地区中等职业教育事业的发展,在理论上和实践中已经呈现了不少问题,需要从法律法规的层面给予解释和回答。如民族地区中等职业教育如何准确定位?中等职业学校、中等职业学校师生的合法权益如何得到保护?怎样进一步创造和形成良好的环境与氛围,特别是法律环境?是保障民族地区中等职业教育事业更好更快发展的基本保证。

在加强对民族地区中等职业教育的立法认识上,首先是要认识到站在什么角度和以怎样的态度作为立法的出发点,是以保障、扶持的态度作为出发点还是以限制、管理的观点作为出发点,需要实事求是地分析。在立法中对民族地区中等职业教育的规范、管理和限制是必要的,而且还应该强化。应该正确认识、处理限制与扶持、管理与服务的关系。在修订《中华人民共和国职业教育法》时,应完善民族地区中等职业教育立法内容,把出发点体现在保障、扶持和服务上。

(二)重视民族地区中等职业教育立法的理论研究

科学理论是社会发展与变革的先导,不断发展的民族地区中等职业教育立法实践,迫切需要科学理论的支撑和指导。因此,进一步加强民族地区中等职业教育立法理论研究,推进民族地区中等职业教育立法理论创新,用不断发展的科学发展观理论指导实践,是进一步改进与加强民族地区中等职业教育立法工作的必然要求,是提高民族地区中等职业教育立法工作水平的一项迫切任务。

坚持立法实践与理论研究相结合，就是要求民族地区中等职业教育立法理论研究必须紧紧围绕我国教育立法的实践，深入观察我国经济社会的新变化和教育立法工作的新特点，研究地方立法实践中遇到的新情况、新问题，将立法工作中遇到的现实问题作为理论研究的起点和契机。要将民族地区中等职业教育立法理论研究自觉地放到党和国家工作的大局中去思考和总结，创造出更多有价值、有现实意义的成果，更有效地服务改革发展与稳定的大局，使我国的民族地区中等职业教育立法更加科学、合理。

坚持立法实践与理论研究相结合，还需要理论工作者和实际工作者紧密配合。对实际工作者来说，有利于促进地方立法管理工作朝着理性化、科学化、规范化的方向发展；对理论工作者来说，有利于理论研究保持强大的生命力和时代感，从而更有效地服务于社会。

因此，进一步加强民族地区中等职业教育立法理论研究，需要立法机关进一步密切与民族地区中职院校的联系，扩大合作范围与方式，共同致力于民族地区中等职业教育立法理论研究。研究的重点应当要突出立法工作中出现的新情况、新问题，解放思想，勇于创新，提出对民族地区中等职业教育立法工作实践具有应用价值的指导意见，为地方立法工作提供科学的理论指导，为改进和加强民族地区中等职业教育立法工作服务。

（三）加强民族地区中等职业教育法律法规建设

以《中华人民共和国职业教育法》（简称《职教法》）为基础，完善民族地区中等职业教育法规。1996年9月1日实施的《职教法》是我国职业教育发展史上的重要里程碑。职业教育关系到人的素质提高和经济发展的速度，决定着产品质量和服务水平。

从我国实际情况看，较完备的民族法规体系，应以《宪法》为基础，以《民族区域自治法》和《散居少数民族权益保障法》这两个基本法为主干，以调整少数民族在政治、经济、文化、教育、语言文字、风俗习惯、宗教信仰等方面的若干单行民族法为支干，宪法、基本法和若干单行法相配套以及多层次的一系列民族法规、规章与基本法、单行法的相配套。新中国成立六十多年来，特别是十一届三中全会以来，我国民族立法工作取得了显著的成绩，但是也应该看到，我国的民族法规体系还很不完善。在内容、结构和数量等方面，同我国民族工作的实际需要还很不适应，亟待采取措施予以改进和加强。应抓紧制定与《民族区域自治法》相配套的民族中等职业教育法规单行条例，制定变通规定或补充规定等。

民族地区中等职业教育立法应致力于建立完善的教育制度，对于提高整个中华民族的素质，实现中华民族的伟大复兴至关重要。从管理体制来看，民族地区中等职业教育仍存在分散办学，多头管理，产、学、研脱节，考核验收标准不一等问题，如劳动保障、教育等行政部门和有关行业、社会团体都在办一些专业雷同的技能培训，相互之间缺乏有机的统筹协调，教育资源浪费现象较为严重。另外，由于传统观念和舆论导向的作用，特别是法律法规制度的不健全，中等职业学校生源紧缺，导致一部分中等职业学校毕业生毕业即面临失业，而办学质量较高的职业学校的毕业生却供不应求，致使很多企业出现技工荒，这种被社会称为教育的"短腿"现象，应当通过加强中等职业学校教育立法和加大教育执法力度予以改变。

（四）完善民族地区中等职业教育执法监督体系

完善民族地区中等职业教育执法监督体系是法律得以较好实施的关键环节。近年来，随着一些民族地区中等职业教育一些法规、规章的出台，执法及监督问题已开始引起有关方面的重视。一是不断完善民族地区中等职业教育立法的监督法规，建立科学的监督标准、严密的监督程序和合理的监督方式。二是加强国家机关的法制监督和社会力量的法制监督。三是建立健全、充实民族地区中等职业教育法制的执法监督机构。四是建立健全对民族地区中等职业教育的督导评估制度。

《职教法》的颁布实施，对推动民族地区中等职业教育和劳动就业的工作的深入开展提供了重要的法律武器。这就必须要求我们要完善教育行政执法制度，训练执法队伍。完善教育行政执法制度，就是政府各有关部门作为执法者要明确自己的职责，主动执法，要依法行政，大胆处理违法案件。同时要加强制定教育执法程序，使政府各执法部门知道怎么执法。

要建立强有力的教育法律监督制度。对于政府执行民族地区中等职业教育法律法规情况的监督，是保证政府依法行政、依法治教的重要手段。监督主体可以是多方面的，如有人大监督、上级政府的监督、司法监督、社会监督等。这些监督各有特点，要相互配合形成合力。

（五）建立中等职业教育扶持政策体系

1. 进一步加大职业教育的财政投入

民族地区中等职业教育由于历史和文化原因，其设施设备相对落后，国家要重点支持国家示范性职业院校建设、实训基地建设和中等职业教育教师素质提高计划等重点项目，促进职业院校创新体制、深化改革、办出特色，提高水平。要进一步加大职业教育的财政投入，加快民族地区建设各类示范性职业学校，促进教育资源配置的优化，同时按照《中等职业学校设置标准》给予投入，使之达标。在国家的主导下，职业教育要更多地面向市场，更多地借鉴市场运行规律，开放办学，在市场中寻求新的发展空间，在竞争中获得新的发展动力；鼓励企业向学校捐赠先进的生产实习实训设备，在校内建立培养基地。教育主管部门要积极探索资金筹措机制，帮助中职校通过市场运作，争取银行贷款、开发商垫资，利用中小学布局调整剩余校舍的土地置换等方式来融通资金，保证中等职业学校的办学规模、条件和水平形成质的飞跃，适应地方经济的快速发展。

2. 对家庭经济困难学生进行资助

建立民族地区中等职业教育资助政策，使所有农村学生和城市经济困难家庭学生只要愿意上中职，就能得到资助；改善中等职业学校学生的就学、生活状况，让农村和城市经济困难学生及其家庭共享改革成果，促进教育公平的具体体现；要突出公共财政的政策导向作用，改变社会上轻视职业教育的观念，吸引更多民族地区青少年学生选择就读中等职业学校，有效引导民族地区农村地区特别是家庭经济困难学生接受职业教育，改变民族地区基本劳动力的素质，促进民族地区的社会发展。

3. 出台中职学生创业相关优惠政策

为支持民族地区中职学生创业，国家应出台相关优惠政策，应在融资、开业、税收、创业培训、创业指导等诸多方面给予创业扶持。一是民族地区中职毕业生在毕业后两年内自主创业，工商部门办理营业执照，在注册资本缴纳可分期进行和登记手续费上给予减免优惠。二是税务部门对民族地区中职毕业生开办咨询业、信息业、技术服务业、交通运输、邮电通信、商业、旅游业、物流业、居民服务业、饮食业、教育文化事业、卫生事业等在一定期限内给予免征企业所得税。三是各金融机构要为自主创业的毕业生提供小额贷款，并简化程序，提供开户和结算便利。四是政府人事行政部门免费为自主创业民族地区中职毕业生保管人事档案，并提供免费查询人才、劳动力供求信息，免费发布招聘广告等服务，优惠为创办企业的员工提供一次培训、测评服务。

4. 建立中等职业师资培养体系

应把职业技能培训的师资队伍建设体系和普通基础教育的师资教育体系摆到同等重要的地位。从发展的战略来看，职业技能培训的师资队伍建设甚至比普通教育具有更加重要的意义。普通师范教育在我国都已有上百年的发展史，而针对性专业性很强的职业技能培训还处在初级阶段，人们的意识也还远未形成共识。早先的中技职业教育的地位由于大学扩招造成了不小的冲击，大大削弱了其在社会上的影响，其办学规模和水平都受到了不同程度的影响，所以最终命运是升格的升格、合并的合并。只有真正建立起职业教育师资培养体系，加快培养出一大批双师型（即兼具教师和工程师素质）的教师，逐步改善各级职业教育和就业再就业培训的质量，才能为我国职业教育的高水平发展打下坚实的基础。

应建立起职业教育师资培养体系，特别是免费师范生应纳入这一范畴，因为我国的师范院校毕业生已供大于求，而职业教育的专业师资又极端短缺，没办法才降低要求，招大专学生，所以要使中国企业很好的转轨，必须有一批高质量的专业师资队伍，这一支队伍应该是师范校＋工科大学＋企业（含国外的大学和企业）的培养模式。同时，为了适应民族地区经济和社会发展要求，特别是保护和传承民族地区的民俗民间文化，应注意培养民族民间文化传承人，可采取师范院校＋民族院校＋民族民间继承人的模式。

二、从地方政府层面推动民族地区职业教育发展

（一）加强对民族社区发展的中等职业教育的认识

地方政府应加强对民族社区发展的中等职业教育的认识，落实科学发展观，把发展中等职业教育放在民族地区经济、社会发展的重要战略地位，去制订适应民族地区发展的中等职业教育计划。

地方政府要准确把握民族地区中等职业教育的定位。民族地区中等职业教育是：就业教育、创业教育、特色教育、成才教育，是职业教育体系的最重要的组成部分，是面向民族地区每一个有中、高级技能需求的人的教育，是为民族地区培养高端技能型人才奠定基础的教育。未成年学生通过接受中等职业教育获得学历证书和职业资格证书，即具备了职业能力，通过创业教育，增强成年人创业的能力，提高精神生活和物质生活质量，增强全民族地区人们享用改革发展成果。

地方政府制订中等职业教育计划要适应民族地区社会经济发展和改善民生的需要。扩大服务面向，扩大招生范围，把职业教育办成面向全社会、面向人人的教育。扩大服务面向和招生范围的重点是面向所有人开展提高生活质量的教育，增强人们享用改革发展成果的能力；面向成年人开展的择业技能教育，增强他们就业择业创业的能力。

地方政府要建立服务现代职业教育体系，增强职业教育的吸引力。建立科学的现代民族地区中等职业教育体系，不仅有利于增强民族地区中等职业教育的吸引力，更有利于人的全面发展，关系到终身教育体系和学习型社会的建设，关系到经济发展方式转变和经济结构调整。

（二）把"阳光工程"、"雨露计划"纳入中等职业教育计划

地方政府要深入学习贯彻《国家中长期教育改革与发展规划纲要》精神，积极推进《中等职业教育改革创新行动计划（2010～2012）》和"阳光工程"、"雨露计划"。根据《创新行动计划》、《教育规划纲要》等中等职业教育法律法规及"阳光工程"、"雨露计划"的内容，对民族地区的中等职业教育的招生制度、专业设置、就业保障等进行相应改革，制订与本民族地区社会经济发展相适应中等职业教育计划。对参加"阳光工程"、"雨露计划"的农民，实行财政直接补助、办理职业技能鉴定证书、提供就业信息和就业岗位。把短期培训变为长期服务，使培训有针对性，服务有持久性，发展有规划性。

（三）创造优质教育环境

地方政府要把发展民族地区中等职业教育纳入国民经济和社会发展规划。根据中等职业教育的性质和特点，发展中等职业教育的主要责任在地方，这就要求民族地区各级政府把发展中等职业教育作为一项重要的职责，根据经济社会发展的需要，采取必要的政策措施，大力推进中等职业教育的发展与改革，创造良好教育环境。

地方政府要办好发挥骨干和示范作用的中等职业学校、职业培训机构。近年来，民族地区采取措施，加强中等职业教育骨干学校、骨干专业的建设。《国务院关于大力发展职业技术教育的决定》、《中国教育改革和发展纲要》都对骨干学校建设提出了明确要求，《职教法》又进一步明确其为重要的政府职责。民族地区要根据当地的实际，与职业教育的布局结构调整相结合，充分利用现有的教育资源，着眼于提高教育质量和办学效益，分期分批地建设好骨干示范性学校。

地方政府要对社会各方面依法举办的职业学校和职业培训机构给予指导和扶持。民族地区中等职业教育不仅是传承文明的主要手段，而且为民族地区经济社会发展提供强劲的智力支撑。

（四）加强民族地区中等职业教育中心建设

民族地区中等职业教育在多年的发展过程中，无论是学校硬件建设还是师资队伍建设，都积累了一定的资源。但是，如果要适应社会经济新的发展，就必须对这些资源作进一步的整合。因此，民族地区需加强中等职业教育中心建设，充分发挥地区的辐射、带动作用，建设一个涵盖第一、第二、第三产业的、结构合理的、完全适应民族地区经济发展需要的职业教育中心。民族地区建设中职等教

育中心要以点带面，紧抓骨干专业和骨干学校建设。根据民族地区产业结构调整和劳动力市场变化，积极发展面向新兴产业和现代服务业的专业，重点办好电子电气、计算机技术应用、通信技术、机电技术应用、数控技术与应用、工艺设计、汽车应用与维修、电子商务、制冷和空调设备应用与维修、旅游等20多个骨干专业，建设一定比例的国家级、省（部）级重点中等职校。

民族地区可以通过组建中等职业教育集团，充分发挥集团优势和影响力来加强中等职业教育中心建设。民族地区根据专业特色组建中等职业教育集团，无论规模、质量还是效益，都使民族地区有了新的跨越。

整合民族地区中等职业教育资源，调整专业结构，将一定比例的专业教师编制划为弹性编制，用于聘请短训专业教师，实现校际师资共享，吸引企业工程技术人员到学校担任专、兼职教师，促进教师合理流动。

民族地区职业技术教育中心的建立，使民族地区中等职业教育形成了学历教育与多种职业培训共同发展的格局，尤其是民族地区的农村劳动力转移培训、农业经纪人培训和科技致富带头人培训都得到发展。

（五）建立地方创业基金

地方政府应建立民族地区中职毕业生创业基金，扶持民族地区中职毕业生创业，为地方经济发展服务，同时也为民族地区的新农村建设服务，这是打造和谐农村的一种重要途径。与此同时，从制度上完善民族地区中职毕业生创业基金设立体系，由国家、民族地区政府为主要出资人，成立类似风险投资公司的机构，由地方政府、职业学校给予匹配，并吸纳社会捐资，支持中职毕业生创业项目、入股中职毕业生创业提供融资服务等。同时，接受企业单位、社会团体和个人对中职毕业生创业的扶持，不断充实创业基金。此外，建立、健全中职毕业生信用评价体系和失信惩处机制，加强对创业中职毕业生的思想教育和创业培训，科学合理地对中职毕业生申请项目进行评价和资金审批。

（六）健全民族地区中等职业教育培训网络建设

民族地区中等职业教育要以科学的管理为手段建立"中职远程网络教育"网络，走应用远程教育大力发展中等职业教育的新路子，借用网络技术来丰富教学手段和内容，从而达到更好地服务广大民族地区的目的，使传统的中等职业教育得到扩展和延伸。

一是建设一支技术过硬的专业教师和管理人员队伍。民族地区教育管理部门或中等职业学校要对教师、管理人员开展全员培训，提高其计算机应用及网络应用素质，使网络发挥最佳的运行效果，有效保障中等职业教育培训网络建设。二是用制度来支撑民族地区中等职业教育培训网络建设。教育培训网络要想高效运行，必须强化管理，按章行事，讲究科学规范，做到有据可依，有章必循，权限明确。因此，要制定有关教育培训网络管理与使用方面严格的规章制度，从而达到强化管理的效果。

（七）加大对职业教育的资金扶持力度

目前，民族地区职业教育方面资金较为紧缺，大部分学生尤其是西部地区和偏远地区的学生家庭较为贫困，加上目前的物价上涨幅度较大，很多职校学生难以维持正常学习和生活。地方政府要保障这部分学生不会流失，扶助他们学到一技之长。要制定中等职业学校学生家庭经济困难学生生活临时补助资金，来缓解学生生活压力。西部地区应率先对中等职业教育全免费，并相应提高职业学校学生的生活补贴标准。

三、从学校层面推动民族地区职业教育发展

（一）开设服务民族地区特色专业

积极开展特色专业学校创建工作，实施特色专业学校建设推进计划。按照"政府引领、统筹布局、集聚集约、做专做强"的原则，在民族地区加大对各类职业教育资源整合和专业结构调整力度，继续鼓励民族地区结合地方优势产业、支柱产业，探索教育与相关行业主管部门共建共管特色专业学校的管理模式，改革市级特色专业职业学校招生办法及相关评价体系，支持报考中等职业学校的学生跨区域自主选择特色学校就读，民族地区要在经费扶持、师资培养和扶助就读政策落实结算等方面给予重点支持，推动职业学校形成合理的专业结构和规模效益。

为了适应民族地区中等职业教育建设要求，为国家和民族地区培养经济建设发展中的急需人才，民族地区中等职业学校要不断进行专业结构改造。将专业建设摆在首位，不断强化学科建设的龙头地位，开设民族地区特色专业，更加主动地适应少数民族和民族地区经济、社会、文化发展对人才的需求。

民族地区中等职业教育专业目录要有专业技能方向、专业名称、对应职业资格标准、对应职业工种、继续学习专业五大系列，在从根本上解决学校教学过程与企业生产过程对接的问题，解决专业与职业岗位对接的问题，解决教材与岗位技术标准对接的问题，解决职业教育与终身学习对接的问题，解决学历证书和职业资格证书对接的问题。

民族地区中等职业教育专业要围绕电子信息、装备制造、新能源、汽车、节能环保、物流、新材料、生物育种和新医药等国家产业振兴和发展新兴战略性产业以及现代农业、现代服务业和民族特色产业的要求，着力探索区域产业、人才培养与行业、企业用人和职业岗位实际紧密结合的方式与方法，为民族地区中等职业学校提供可借鉴的改革模式和经验范例。

开设民族地区特色专业是民族中等职业学校的一项基本建设，是事关民族中等职业学校服务方向、人才培养质量的全局性问题。合格人才的培养，是在各个种类、各个规格的专业模式中实现的。民族地区所需人才的种类、数量和质量决定着民族中等职业学校人才培养的种类、数量和层次，决定着民族职业学校专业结构和层次结构调整的基本方向。因此，开设服务民族地区特色专业必须以民族地区的产业结构、经济结构、技术结构、发展趋势及资源优势为依据，并力求体现服务区域的地区性、民族性和多层次性的基本要求和特点。

（二）建设民族地区中等职业教育培训基地

加强民族地区中等职业教育培训基地的建设，搭建大型公共职业技能培训平台。重视技能教育，搞好实训教学，是提高学生的技能水平和岗位能力，也是提升技能人才培养质量和就业竞争力的保障。根据民族地区产业结构调整升级的需要，充分利用和整合各类职业教育培训资源，在深入实施应用型专业人才培养基地、应用型职业教育实习实训基地建设的基础上，重点建设公共职业技能培训平台，为民族地区中等职校师生、企业职工和其他社会人员提供开放式职业技能培训。

探索建立"政府主导、市场运作、面向社会、机制灵活"的培训平台运行机制，鼓励行业企业、国（境）内外高端培训机构参与合作，立足民族地区、服务民族地区、辐射全国，建成集信息服务、鉴定、培训和项目开发为一体的多功能民族地区中等职业教育培训基地。建立政府购买培训成果制度，发挥社会力量办学的积极性，形成政府重视、部门配合、社会支持、定点培训机构参与的良好局面，增强农村劳动力就业竞争力。

加强民族地区财政、人力资源社会保障、宣传、教育、农业等部门及工青妇等群团组织合作，强化职业技能培训，特别是根据民族地区劳动力的培训意愿开展民族地区特色农业技术培训，不仅提高民族地区农村劳动力技能水平，促进民族地区农村富余劳动力转移就业，而且推动民族地区农民实现农业创业，让更多的民族地区农民走上了富裕之路。

民族地区要充分发挥中等职业教育培训基地作用，鼓励中等职业学校、社会培训机构和企业广泛开展农村劳动力培训，落实职业技能培训补贴，促进农村劳动力转移就业。针对不同对象，积极开展自主创业培训、订单式培训、技能提升培训。

（三）强化与企业合作保障就业

根据区域产业需求培养技能人才，充分依托企业，利用企业的资源优势、人才优势和岗位优势，强化民族地区中等职业学校与企业合作机制，尝试"引企入校"、"办校入企"、"生产教学一体化"等多种"半工半读"的办学模式，有效地变实训车间为生产车间，变实训作品为"订单"产品，既利用了资源，又创造了不菲的经济效益。民族地区中等职业学校要积极开门办学，探索校企双方全方位深层次的合作，组建实训基地，由企业负责开展专业教学；与企业合作建立学研基地，并邀请企业技术骨干和管理人员"把脉"专业设置、教学计划和课程设置；与企业合作开展"订单式"培养，企业根据工作需要，与中等职校合作开设适合自己企业的专业，学生毕业可以到企业工作，保障企业用工要求，也保障学生就业。

积极开展校企合作订单培养，保障就业。与企业签约，采用"订单培养""联合办学"等模式把企业的资源引入到学校里，对符合入学条件的贫困学生实施"零学费入学、零距离就业"的工学结合、半工半读人才培养模式。这样不仅减轻学校的就业压力，同时也减少学校的开支。

在校企合作模式中，根据教学需要和企业工作需要，定期或不定期的把学生安排到企业。一是由理论或实训教师带队进行现场模拟、现场教学、现场动手、现场管理等方式让学生了解工作的性质，了解工厂的工作制度。二是培养学生的社会实践和动手能力，通过实验、实训、工厂教学等方式，学生才能够把自己学到的部分理论知识应用到实践中，从而进行实践和动手能力的培养。三是提高学生的社会交往能力，增强学生吃苦耐劳的精神。学生可以学习到社会上的各种交往礼仪，体验工厂的生活，感受工厂的环境，磨炼意志，锻炼谋生本领，给自己一个准确的定位，养成吃苦耐劳、敬业等优良作风，从而使自己在以后的就业中找到合适的工作。

四、从社区层面推动民族地区职业教育发展

（一）社区参与

组成社区教育协调委员会对社会教育进行总体协调和具体策划。由辖区各行

各业较有影响并且热心社区教育的单位，或由某一功能较齐全单位牵头组成专门机构，利用各成员系统在各自行业的影响和资源开展"社区是我家，建设靠大家"式的社区教育活动。不论社区发展或社区教育都涉及"社区参与"这个过程。社区参与是社区居民自觉地参加社区的各种活动或事务的过程，它是一种公众的参与，意味着社区居民对社区责任的分担和成果的共享。

社区参与的关键不在于建立社区参与组织，而在于建立真正能够吸纳民意的社区参与模式。从以往的经验不难发现，中国社区教育的参与组织虽由民间组成，但是以政府为领导，这种"科层式"的参与模式仅属于咨询参与。而西方社区教育的参与方式较多地体现了民间普遍参与的特征。综合而言，各类社区组织中的权力分布是不平等的，社区成员的社会经济地位决定着他们在组织中参与决策的权力，基层社区成员在决策过程中的参与始终停留在咨询参与的层次，所以更重大的挑战在于能否提升社区参与的层次。

（二）社校互助互建

社校互助共建不仅具有亲和力，能够克服社区和学校"鸡犬之声相闻，老死不相往来"的现象，而且能够优势互补，责任共担，充分调动社校两者的积极性。社区可以对学校进行支教工作，学校为社区开展服务活动。社区可以对辖区学校主动实施支教助教，调动发挥社区内有权者、有钱者、有能力者、有热情者为学校做贡献，不断改善和提高学校的办学条件和教育环境。同时，学校充分利用自身的教育资源优势，智力优势，敞开校门，组织动员学生、教师、职工投身社区、服务社区。

具体模式可以借鉴城区建设中的"自发+引导"模式，即对辖区内有专项特长的民间艺人，自发组织的富有乡土特色的文化活动，政府因势利导，组织专业人员及相关单位，帮助自发活动组织者，整理完善特色艺术，引导其规范地开展积极健康有益的活动。其运行方式主要为自发活动。一般以骨干艺人为组织者，开展专项文化活动。活动大都为地方传统曲艺。

（三）构建公司+职校+社区+农户的培养机制

建立公司+职校+社区+农户的培养机制。这种培养机制一是有利于资源整合。以农村社区职、成学校为纽带，将社会智力资源、人力资源和物资资源有机地整合在一起。二是有利于社区成员参与。吸纳不同层次的社区成员参与，高技术成果的显著绩效更吸引广大农民参与其中。三是有利于优势互补。将社区教育资源的各种优势集中起来，取长补短，项目实用，受众广泛。

(四) 加强社区中等职业教育工作者队伍建设

加强社区中等职业教育队伍的建设，初步建立一支以专兼职人员和志愿者为主体的、适应社区中等职业教育需要的管理队伍和师资队伍，并注重发挥辖区内的离退休干部、专家、教育工作者、各行各业专业技术人员、在校大中专学生的积极性，使之成为开展社区中等职业教育工作的重要力量。

民族地区建立可持续发展的服务型中等职业教育体系，要在国家、地方政府、职业学校、社区四个层面内相互促进。要整合教育资源，通过国家的指导扶持；通过教育内部的融合与协作，增强服务能力；同时更需要整合教育与经济社会的资源，走开放教育之路，与经济社会紧密结合，联动发展。由此可见，民族地区服务型中等职业教育体系应是一个结构完整、机制灵活的开放性教育体系，正是它的这种灵活性和开放性给教育带来无限的发展活力和不竭的内在动力，才具有高度可持续性的特点。

第四节 民族地区教育信息化发展的策略[①]

教育信息化不是完全等同于教育的计算机化或网络化，教育信息化是教育思想、教育观念转变的过程，应根据创新人才培养的要求，利用信息技术探索新的教育模式，促进教育现代化。民族地区的教育行政部门要从教育长远发展考虑，首先在经费和投资力度上优先保证信息技术硬件装备。各级各类学校的领导要切实转变传统观念，重视教育信息化的建设，把教育信息化列入学校的发展规划，积极创造条件，提高教学质量。民族地区的一线教师应充分认识教育信息化对于促进教育教学改革的重要性，要由信息技术操作者转变为教学资源的创造者和开发者，要主动提升自身的信息素养，以便将信息技术整合应用到学科教学实践中。

一、建立多元化投资机制

首先要积极争取地方财政对教育信息化建设的投入，使政府成为教育信息化建设的投资主体，政府要加大对教育的投资力度，并且增加部分要重点用于教育

---

① 曾陈萍、石伟：《少数民族地区基础教育信息化建设的思考》，载《教学与管理》2010 年第 10 期，第 47~48 页。

信息化建设。对于一些发展水平相对较高的县乡，可以在考虑财政承受能力的情况下，要求优先由本地财政支出；相反，对财力薄弱、教育信息化发展水平较低的县乡农村应给予更大数额的补助。加大市对县（区）、乡农村学校的转移支付力度，缩小因特殊因素造成的区县间财力差异，真正体现教育财政转移支付平衡地区和学校之间教育信息化发展差距的作用。

其次要面向社会，多渠道筹措信息化建设资金。近年来，在我国政府的引导和鼓励下，有很多世界知名企业纷纷参与到教育信息化的建设中来，出现了一些比较有影响力的项目。"中英西南基础教育项目"就是由英国国际发展部出资，国家教育部和省级政府配套部分资金，旨在促进中西部贫困县实现九年义务教育目标的国际合作项目。此外，像中国香港"苗圃行动"等项目也为中西部贫困县的基础教育事业做出了一定贡献。

二、大力发展现代远程教育

我国从 2003 年开始利用 5 年时间，在我国农村实施的现代远程教育工程就是为了构建农村的远程教育网络，使农村中小学初步形成信息化环境，使边远地区、民族地区中小学生能够享有平等接受教育权利的最佳途径。积极开展现代远程教育，研究现代远程教育与民族地区教育发展的关系，实现优质教育资源共享，是提高民族地区教育质量与效益，促进民族地区基础教育均衡发展，实现教育公平的有效之路。

三、加快信息化队伍和人才建设

教育信息化不但要有一支高素质的师资队伍，更要有一批熟练教育信息技术的专业人才。在推进教育信息化的进程中，信息技术师资队伍建设和人才培养刻不容缓。当前西部民族地区开展了一系列教师现代教育技术培训活动，取得了一定的成绩，但在培训中也存在一些诸如只注重技术层面的培训、忽略教师信息技术与课程整合技能的培养等方面的问题。教育信息资源是教育信息化的重要组成部分，是充分发挥网络等信息化基础设施优势、构建网上学习环境的重要条件。教师培训院校要加强教学信息资源的建设，合理有效地利用资源，营造开放式学习环境，在传授与信息技术有关知识技能的同时，使受训教师的信息意识、信息素养在潜移默化中提高，进而在信息技术的支持下改变现有的教学方法、教学内容和教学观念。

学校的信息化建设离不开高素质的教师队伍，要重视网络信息人才工作，要积极创造良好的用人机制。引进具有高学历的网络信息专业毕业生担任教学任务，建立一支稳定的信息化建设和管理专业技术队伍，可确保高校网络工作、信息工作的正常、安全、可持续运行。

四、应用信息技术于民族文化课程开发和实施

民族文化课程的开发与实施是民族教育的重要依托。一些学者在考察应用信息技术推进民族文化教育资源建设工作的现状后，发现应用信息技术推送的学科课程大多与主流课程相适应，而民族文化数字教学资源方面的十分匮乏。学者们提出应重点从信息技术与民族文化课程知识表征的方式、课程实施策略的选择、效果反馈的获取、资源共享的实现等方面探讨信息技术在民族文化课程开发中的应用途径。

第一，应用信息技术多元化呈现民族文化符号形式，即知识的外在表征。对于接受信息（课程）的用户（学生）而言，借助文字、图像、视（音）频等多元表征后的课程内容可以促使学习者充分调动多种感官，多维度地接受信息刺激，从而更有效地培养学生对于不同种族群体文化的感受性及对不同事物的宽容性，增强文化理解与沟通能力。

第二，信息技术环境下的课程实施可以有多种途径的选择：（1）在学校课堂教学上，教师除了口述外，还可以利用多媒体呈现课程内容，以增强内容的表现力和感染力，可以运用教学媒体（如幻灯、投影、电子白板、计算机等）实现教师、学生及课程内容的实时互动，从而提高教学效率与效果。（2）信息技术支撑的个性化学习环境为课程实施提供了更多的可能性，学习者可以自主选择、独立完成网络课程。同时，还可以通过丰富的人机交互方式（E-mail、论坛、即时通信手段、博客等），实现与教师、同学甚至是虚拟学习同伴的学习与交流，以多种生动的途径接受课程内容，完成学习任务。（3）信息技术介入课程实施，增加了学生活动与实践的环节。例如，Webquest 探究性学习模式及主题任务驱动教学模式鼓励学生运用信息技术自觉参与到课程内容的获取、共享和分析中，培养了学生探究学习、合作交流的能力。

第三，信息技术可用于民族文化课程效果反馈。作为一个完整的课程开发流程，反馈环节必不可少。反馈可以检验前期的开发成果及课程实施效果，更重要的是，还可找出存在的不足和问题，为下一步的修改提供建设性的意见和指导。信息技术的支撑，使反馈渠道更为便利和畅通：E-mail、即时通信都可以是反馈的渠道，校园论坛、师生博客等都可能是反馈意见最好的收集场所。课程的开发者与用户可以减少一些不必要的顾虑而"畅所欲言"，信息的快速沟通与及时

反馈有助于推动课程开发进程。

第四，信息技术可用于民族文化课程资源共享。现有与民族文化相关的网络资源主要分布在民族地区政府门户网站、BBS 社区论坛、专题学术网站等，但是数量并不多。在承载方式上，以 Web 网站为主，如很多民族地区政府门户网站都有介绍本地区民族文化的专题板块，但多以招商引资、旅游开发为主要目的，所以其内容往往是有代表性和选择性的；在数据类型上，多以文字为主，如介绍民族服饰时，通常使用大段落的文字来描述服装的样式、衣领和袖子的色彩与图案，发髻样式，头发装饰等，即使在文字旁边配有图像，但往往是文字介绍与图像内容不一致。因此，在网络传播中，民族文化符号的表征还未充分利用计算机强大的视听功能。

随着技术的进步与专题资源的建设，以民族文化为主题的学术数据库与专题网站、具备虚拟体验功能的数字博物馆等平台与资源会越来越多，民族文化网络资源的丰富，在很大程度上为民族文化课程的开发提供了便利。运用信息技术开发民族文化课程和网络资源，参与到民族文化网络资源的共建中，也可以避免重复建设的问题[1]。

第五节　民族地区教育优先发展与教师培养脱节的对策

近来，国家也很重视民族地区的教师队伍建设，《国家中长期教育改革和发展规划纲要（2010~2020 年）》提出要加强对民族地区中小学和幼儿园双语教师培养培训。对此，"应采取多种形式、多渠道培训师资，争取在较短的时间内，使人口较少民族地区民族文化课的教师队伍的整体素质有较大提高。可以通过以下途径建设适应民族文化课教学的师资队伍：组织民族文化课授课教师参加民族文化课程培训班，邀请各级文化传承人以及民族文化领域的专家学者为其授课；从人口较少民族大学毕业生中招录民族文化课教师；民族高等院校重点选择人口较少民族学生作为培养对象，为人口较少民族地区培养'下得去、用得上、留得住'的师资队伍；邀请和吸收国家级、省市级文化传承人等民间艺人进入民族文化课程的讲授者行列；提高现有师资队伍的民族文化尤其是双语教学能力，

---

[1] 徐红梅，罗江华：《信息技术在民族文化课程开发中的应用研究》，载《民族教育研究》2009 年第 5 期，第 126 页。

少数民族教师重点强化汉语教学培训，汉族教师强化民族语言教学能力。"① 本民族的教师更适合传播本民族的文化，他们可以根据本民族的特点灵活处理教学活动，与学生在心理上有共同的归属感，而且本民族教师是很好的课程资源，他们可以随时将生活中的资源搬入课堂，尤其是那些关于民族文化传统的生活实例更能鲜明、生动地说明问题。因此有的研究者就主张通过培养本民族的教师以更好地传承传统文化，"从教育学和心理学的角度讲，各民族自己的教师最适合于传播本民族的文化。他们在教学中能很好地掌握和运用本民族活生生的实例，能灵活地根据本民族实际调整教学内容和教学方法，能在心理上准确找到与学生契合的学习兴趣点，能更好地根据本民族学生的生理、心理特点进行教学，也能较好地与其父母交流教育教学心得，与社区配合共同促进非物质文化的传承。但目前突出的问题是少数民族教师数量严重不足，中、小、幼民族教师的比例更低。这样的学校环境无论如何也培养不出少数民族非物质文化的传人。政府应拓宽培养本土化民族教师的渠道，尽快改变本民族教师短缺的状况。一方面，可以充分利用民族院校的教育资源，在民族地区大幅度扩大招生规模，甚至可实施'一村一民族教师'的培训计划，利用民族院校定向培养，定向上岗，使他们成为西部民族地区未来的本土教师，以大范围地补充民族教师的不足；另一方面，积极利用和培训好现有的本土教师，这些'生于斯，长于斯'的本土教师无疑是非物质文化有效传承的加速器。"②

一、增加民族地区教师编制的合理性

我国少数民族地区学校大多地处偏远，班级设置不完全，有的学校仅设有一到四年级，有的学校仅设有一到三年级，有的学校则只有一年级一个班。教师配置也不太合理，这表现在两方面，一是人数配置不合理，二是教师知识结构配置不合理。针对该现实，相关教育政策应修改现行教师人事规定，增加、调整或提高现行偏远山区小型学校的教师编制。保证学校教师人数编制下限，诸如，一个班级根据课程设置，至少应保证主修课程（一门课一位教师）的教师数量。减少教师行政职务或额外工作负担，使教师能专心教学。以本地本族教师为主，敦促其在教学中帮助学生解决"延续传统文化"和"适应现代生活"的矛盾。

---

① 朱玉福：《人口较少民族地区学校教育传承民族文化研究》，载《民族教育研究》2011 年第 5 期，第 98~103 页。

② 贺能坤、张学敏：《构建少数民族非物质文化传承的新机制——促进西南少数民族非物质文化传承的学校教育改革研究》，载《民族教育研究》2008 年第 6 期，第 47~51 页。

二、增进民族地区教师多元文化教育知能

为提高少数民族教育成就,增进民族文化认同,克服学生因文化疏离、语言差异而导致的认知困惑与学习问题,增进教师多元文化教育知能显得尤为必要。具体可从以下几方面展开:

(一) 改善师范院校的课程设置

打破师范院校传统的重教育学、心理学等基础课程的课程设置方式,增设教育人类学、文化人类学、"多元文化教育",或与少数民族社会与文化相关的课程。这些课程既可以安排在专业课程之内,也可以安排在通识课程之中,其目的在于增进师范生对民族文化、教育内涵民族性与文化性、人的发展差异与文化和教育交互关系等的概括性认识,发展准教师们的多元文化知能,促进师范生对民族文化的了解、认同、欣赏、接纳,并愿意主动将其付诸教学实践。

(二) 鼓励教师在教学中注入民族传统文化

鼓励教师在教学中运用多种途径改善课程设计模式,诸如让教师在语文、历史、地理、社会等学科教学中,融入与本民族文化或本土知识有关的内容。教师甚至可以在教学中设计"民族传统文化"单元,将某一民族的舞蹈、音乐、建筑、传说、历史故事、诗歌、语言、宗教以及该民族在现代社会的发展状况等融合起来,运用室内、室外相结合的方式设计教学活动,帮助学生学习、了解传统文化知识,提高其对民族文化的认同与尊重。这种教学活动的设计与开设,以此增进其对不同民族文化认知。

通过改善师范院校的课程规划提高教师的多元文化素养,鼓励教师在教学中改进课程设计模式,增进师生之间或学生之间的文化认知,都必须基于这样一个前提,即教师本人充分认识到"本土知识和本土认识论的价值,认识到他们对于学生身心发展和本土社会延续与变迁的价值"[①],才有助于学生对本民族传统文化的了解、认识与认同,并激发其民族自信心。

(三) 鼓励教师参与民族教育研究

民族地区教师,除承担一定的教学任务外,如果可能的话,还应鼓励其积极

---

① 石中英:《知识转型与教育改革》,教育科学出版社2001年版,第360~362、366页。

参与教育研究。因为这些教师是教学的直接承担者，对教学中存在的问题，如学生对课程的理解程度、学生为何辍学、少数民族地区教育具体存在什么问题等，较外部研究人员或政策制定者更为了解。所以，无论是民族地区教育政策、还是教育评估以及学校管理办法等，可以通过多种方式鼓励教师针对学生学习存在的问题，进行长期的、有针对性的和有计划的研究。这些研究具体包括：少数民族学生教育成就低的归因分析及对策研究；少数民族学生生理、心理特质研究；少数民族双语教学的适当年龄、成功经验或存在问题的研究；学校教育现行课程如何与本土知识有机的结合，以促进学生发展的研究；民族传统文化与现行学校课程体系对促进学生认知发展的作用研究，文化疏离和语言差异对少数民族学生学业认知有无影响，有哪些影响。对此类问题，教育界和教育工作者该如何应对等，都应进行深刻地探讨，以求找到解决问题的方法和途径。

三、加强少数民族地区教师专业发展

（一）利用外部环境，扩展发展空间

学校支持只是问题的一个方面，他们更多地是从教师自身的角度去考虑，强化自己的服务意识，保持思维的敏捷性，加强对学校政策的理解力和执行力，正确领会和执行领导决策；经常检查自己的行动过程、工作要求和交流方式，看看它们是否和学校的发展环境一致，是否支持学校目标；积极献言献策，发扬合作精神，开展与同仁的交流与合作，从而有效地把自己的专业发展和学校发展有机地结合起来，最大限度地争取有利于教师发展的外部空间。

（二）引发内部需要，促进专业发展

能够真正做到教师专业发展的只有他们自己。由于教师承担着繁重教育教学任务，脱产学习的机会不多，能用于学习的时间也有限，工学矛盾十分突出。注重从教师的内部需要出发，积极参与学校和有关部门的活动，珍惜参加专题讲座、示范课、课题研讨、自学及其他方式的学习机会，事先都应有充分的准备，全身心地参与集体学习过程。深刻认识自身面临的难题或困惑的症结，并在这些活动中把一般的教育教学。"理论知识"与他们个人的"实践性知识"加以整合，改进教学的成果。

（三）注重行动研究，引领专业发展

由于自身的理论素养等方面因素的影响，教师的科研受到一定条件的限制，

但是，他们在现状分析、目标制定，选择策略、结果评价和反思总结的每一个环节都要在科研人员的指导下进行，和科研人员一起去研究本校本班的实际情况，共同分析和解决工作过程所存在的问题。因此，他们的科研能够取得理想的效果，保证研究工作的实际意义。

第十六章

民族教育优先发展的政策保障研究

新中国成立以来，随着一系列民族教育政策和措施的实施，我国民族教育事业取得了历史性的成就。少数民族教育成就的取得离不开国家的少数民族政策，尤其是民族教育政策的支持。

2001年，我国民族自治地方已有小学10万余所，中学1.2万余所，普通高校近百所，在各级各类学校就学的少数民族学生达1 852.49万人，占全国在校学生总数的7%[①]。2008年，全国各级各类学校少数民族在校学生总数为2 199.6万人。其中，普通小学少数民族在校生数为1 070.8万人，占学生总数的10.4%；普通中学少数民族在校生数为680.2万人，占学生总数的8.5%；普通高等学校少数民族在校生数为133.9万人，占学生总数的6.2%。少数民族群众的整体文化素质明显提高。2000年第五次全国人口普查表明，朝鲜、满、蒙古、哈萨克等14个少数民族的受教育年限高于全国平均水平。多年来，党和政府致力于在民族地区开展"双语"（民族语言和汉语）教学，并取得了良好效果。2007年，全国共有1万多所学校使用21个民族的29种文字开展"双语"教学，在校学生达600多万人[②]。2010年第六次全国人口普查显示，全国少数民族人均受教育年限达到7.88年，同2000年第五次全国人口普查相比，10年间少数民族人口人均受教育年限提高了1.18年，2010年全国少数民族每10万人大专以上学历人数由2000年的2 733人，增加到7 139人，增加了1.61倍。由于各民族社会进步程度不一，教育观念也有差异，导致民族间受教育程度存在着非常大的差

---

① 《民族教育》，http：//www.gov.cn/testY2005－07－28 content－17881.html.
② 国家民族事务委员会：《中国的民族政策与各民族共同繁荣发展白皮书》，中国网2009年9月27日。

异。有 15 个少数民族每十万人大专学历人数高于全国平均水平，最高的民族为全国平均水平的 3.08 倍。有 17 个少数民族人均受教育年限不足 7 年，其中 7 个少数民族人口受教育年限不足 6 年，最低仅为 5.22 年，这 7 个少数民族整体未达到小学毕业的受教育水平。有 8 个少数民族每十万人大专以上学历人数还未达到高考扩招前的全国平均水平。尽管与全国相比，少数民族平均受教育水平依然有差距，但是，"六普"数据反映出了少数民族人口受教育程度有了大幅度的提高。

第一节　民族教育优先发展政策及其环境

在《宪法》、《民族区域自治法》、《教育法》的指导下，我国制定了一系列的民族教育法规和规章。1992 年 3 月，国家教委和国家民委在北京召开了第四次全国民族教育工作会议，会后国家教委和国家民委印发了《关于加强民族教育工作若干问题的意见》，明确规定了民族教育的方针任务、指导原则。2002 年 7 月，国务院颁发了《关于深化改革加快发展民族教育的决定》，对新世纪新时期我国民族教育的大政方针、目标任务、政策措施做出了明确规定，提出了"民族教育跨越式发展"的思想。

一、民族教育优先发展政策内容的简要回顾

（一）经费优惠

1980 年 10 月 9 日，教育部、国家民委《关于加强民族教育工作意见》指出，"对于大多数文化教育十分落后的民族，特别是对于边远地区、牧区、山区的民族，必须采取特殊的办法，在相当长的时期内，集中力量办好一批公办的民族中小学，给予较多的助学金，特别要大力办好一批寄宿制学校，采取由国家管住、管吃、管穿的办法。对于这批民族中小学，在经费上要给予必要的照顾，调配较好的教师，校舍和教学设备也要好一些。"在经费分配上，"除了正常的教育经费外，还必须给予特殊的补贴。最好在财政上设立少数民族教育专项补助费。此外，建议从支援经济不发达地区发展资金、边境地区事业补助费、边境地区基建补助费中划出适当比例，作为发展民族教育之用。"[①] 在 1993 年颁布的

---

① 何东昌：《中华人民共和国重要教育文献》，海南出版社 1998 年出版，第 1868 页。

《中国教育发展纲要》中指出:"中央和地方要逐步增加少数民族教育经费。对有特殊困难的少数民族地区,要采取倾斜政策和措施。在国家安排的少数民族地区各项补助费及其他扶贫资金中,要划出一定比例的经费用于发展民族教育。对志愿到边疆少数民族地区工作的大中专毕业生的待遇,各地要制定优惠政策。认真组织和落实内地省、市对民族地区教育的对口支援。"

自1990年起,国家开始设立民族教育补助经费,专门用于民族教育事业的发展。据何东昌1992年3月18日在第四次全国民族教育工作会议上的总结讲话,中央每年有2 000万民族教育专项补助费[①]。此外,中央财政设立的"国家贫困地区义务教育工程"专款39亿元,其中22亿元投向了民族人口集中的西部12省(市、区)。据统计,1996年至2001年,国家利用国债和其他专项经费,通过各种项目,对少数民族和西部地区投入的经费达到53.68亿元[②]。

(二)升学优惠

目前少数民族高等教育招生政策内容要点概述如下:第一,对散杂区的少数民族学生招生一般采取"同等条件,优先录取"的原则。第二,"适当降分"。教育部确定降分的最高限,一般是录取线下20分;但具体的降分幅度由各省区根据本省区各少数民族教育发展水平、居住地域条件、经济发展状况和少数民族人口数量等指标来确定,一般在录取线下1~20分之间。第三,西藏和新疆等自治区采取"单独划线、单独招生"措施。第四,"民考民","民考汉"。第五,举办少数民族班和预科班,预科班降分不低于录取线下80分,民族班降分在录取线下40分。第六,定向招生,定向分配。降分的幅度由各省根据实际需要确定。第七,重点大学和民族院校保留一定的名额给少数民族学生,如果名额不满,要降低一定的分数线录取。第八,从1999年开始实施的内地高等学校支援新疆培养人才规划。少数民族高等教育招生政策按照实施标准可分民族(特定民族成员)、地区(针对特定的地区)和普遍优惠(所有的少数民族成员)三种类型,而有些类型互相交叉。如"适当降分",在有些省份按照特少民族和多数民族、居住地区分类进行不同幅度的降分。少数民族高等教育招生政策在不同时期侧重某一种类型或并重几种类型。少数民族高等教育招生政策主要采用降低录取分数线和配额制(主要在民族院校和重点大学采用)两种形式,它的具体实施方式是

[①] 何东昌:《中华人民共和国重要教育文献》,海南出版社1998年出版,第3308页。
[②] 国家教育发展研究中心:《2003年中国教育绿皮书:中国教育政策年度报告》,教育科学出版社2003年出版,第21页。

通过降低录取条件,以保证招收的少数民族学生在数量上的一定比例[①]。

(三) 教学环境优惠

我国对民族教育的师资、教材、形式等方面也给予了倾斜式的优惠。例如,双语教育的开展和民族地区师资培养等举措,在一定程度上促进了文化弱势学生接受教育的软件环境发展。以双语教学为例,《民族区域自治法》第三十七条规定:"招收少数民族学生为主的学校(班级)和其他教育机构,有条件的应当采用少数民族文字的课本,并用少数民族语言讲课;根据情况从小学低年级或者高年级起开设汉语文课程,推广全国通用的普通话和规范汉字。各级人民政府要在财政方面扶持少数民族文字的教材和出版物的编译和出版工作。"《教育法》第十二条规定:"汉语言文字为学校及其他教育机构的基本教学语言文字。少数民族学生为主的学校及其他教育机构,可以使用本民族或者当地民族通用的语言文字进行教学。"

多民族、多语言、多文字是我国的特点之一。除汉族外的55个民族使用80种以上的语言,分属5个语系,其中属于汉藏语系的有44种,属于阿尔泰语系的有19种,属于南岛语系的有13种,属于南亚语系的有3种,属于印欧语系的有2种,另有一些语言,如朝鲜语、京语的语属尚未确定[②]。语言是民族共同体的一个重要特征,在民族教育领域实施双语教学,表明了党和国家对少数民族语言习惯的尊重。重视民族语言使用的平等权利是各民族语言文字一律平等的重要体现,双语教学政策的实施从少数民族地区的社会实际出发,较好地解决了教育过程中的文化差异和文化多样性等问题,有效地为少数民族培养了大批适合社会需要的民汉兼通型人才,促进了少数民族地区各级各类教育的发展,也为传承和弘扬少数民族传统文化提供了重要的途径。目前全国有13个省、自治区的21个民族的10 000余所学校使用民族语言或双语授课,在校生达600余万人,使用民族语言达60余种。每年出版少数民族中小学教材近3 000种,总印数达到一亿多册[③]。至今全国共有21个民族的文字在中小学不同层次地使用,涵盖在校学生600多万人。这些教材的改革是民族地区教育体系改革,特别是民族教育课程改革的重要组成部分[④]。

---

① 敖俊梅:《个体平等,抑或群体平等——少数民族高等教育招生政策理论探究》,载《清华大学教育研究》2006年第6期。
② 禹岩:《少数民族语言文字在社会主义初级阶段的地位和作用》,载《民族语文》1989年第2期,第1~9页。
③ 教育部民族教育司:《实施双语教学,加强少数民族文字教材建设》,载《中国民族》2001年第2期,第46页。
④ 郑新蓉、卓挺亚:《我国义务教育阶段少数民族文字教材调查研究》,载《广西民族学院学报(哲学社会科学版)》2004年第5期,第44~50页。

二、民族教育优先发展的政策环境

众所周知,我国是一个统一的多民族国家,各民族、各地区的情况千差万别,这就决定了民族地区的教育不同于非民族地区的教育,必须从本民族、本地区的实际出发制定政策才能收到好的效果。不注重民族特色的民族教育政策必定不适合于该民族社会,自然也不能融入民族成员的意识之中。这就决定了国家民族教育政策的某种特殊性。但从某种意义上讲,民族教育政策是环境的产物,一定的政策是在特定的历史条件下产生和实施的,离开了特定的政策环境,政策便失去了其存在的意义和价值。况且当前民族教育政策环境甚至是整个民族政策环境正在发生着深刻的变化,有必要对政策环境进行分析和探讨。

(一) 民族政策环境的新变化

随着全球经济一体化的演进和发展,国际交流日渐密切和频繁。在国内,民族地区和非民族地区之间的交流和联系也在增多。一方面,这种联系加快了各民族之间的交往和交流,促进了民族地区经济社会的全面进步和发展;另一方面,在这种联系过程中也衍生了一些新的社会问题,各种社会矛盾相互交织,渗透到社会各层面、各领域,形成了当前影响民族关系的众多因素,使民族关系复杂化。如从国际方面来说,有国外反华势力和分裂势力的存在及世界性宗教的影响;从国内方面来说,有民族工作重心的转移、经济体制的转型、民族意识的增强、人口的流动及民族文化与主流文化的摩擦和碰撞等。在此背景下,国家和政府一方面要大力加强对民族地区和少数民族的扶持力度;另一方面,也要有做好非民族地区的扶贫工作和对社会弱势群体的扶助工作[①]。从整个社会的大背景来讲,这是构建社会主义和谐社会的根本要求,也是构建和谐民族关系的基本需要。在这种情势下,民族教育不仅要发挥原有对民族地区"稳定器"的积极作用,更要发挥民族矛盾、民族关系缓和与改善"调节器"的功能。可以说,在新的时代条件下,民族教育的政治功能更加凸显,要使民族教育政策在民族关系中真正发挥政策杠杆的积极功能,适应新形势和民族关系发展的需要。

(二) 民族教育政策的"悖论"

缩小民族教育与全国教育水平的差距、切实保障少数民族平等受教育的权

[①] 金炳镐:《新中国民族政策60年》,中央民族大学出版社2009年出版,第430页。

益,是我国制定民族教育政策的根本目标和出发点①。国家在少数民族地区实施了大量的优惠政策和措施,取得了一定的成效。但不可否认,政策在执行过程中还出现了一些"悖论"。在民族地区调研的实践表明:在某些民族地区、在一定范围内还存在着优惠政策的"过度优惠"而导致学生学习压力小、学业成绩不良的"意外后果",这显然与我们的政策初衷是背道而驰的。少数民族学生从诸多优惠政策中得到了实惠的同时,又对新的民族教育政策产生过多,甚至过高的政策预期。中央民族大学的滕星教授很早就对民族教育中的预科政策及某些少数民族教育优惠政策在执行中存在的问题进行过评判和分析。当一些少数民族学生将某些优惠误读为理所当然之时,显然我们真的很难对政策本身作简单的对与错的二维分析和判断,而是需要我们对一些政策出台的时机、政策制定者的初衷等政策"原点"问题进行深入的思考和分析,这样才有可能在政策实践中达到政策预期的结果。

(三) 民族教育发展的"硬件"改观

基于民族教育政策实践而言,由于民族地区经济社会的发展,民族教育发展的"硬件"条件和环境都有了极大的改观,民族政策包括民族教育政策在民族地区的执行力度进一步提高。民族教育实践表明:国家出台的一部分民族教育政策在对民族地区某一具体问题的解决上有一定的针对性,但是后续政策不连贯。例如,预科、降分录取等政策给了少数民族学生在入学方面的优惠,但入学后的受教育等问题还缺少相应的政策支持。因此,国家和政府在少数民族教育发展方面应该出台一些系统的教育政策和措施,应该有"一揽子"的民族教育政策计划,使政策具有系统性和连贯性。今后要在民族教育的发展、学生的发展、教师的发展、学校的人才培养等方面有宏观的规划,对少数民族学生的发展及其人生规划政策都要有考虑。

第二节 民族教育优先发展政策的转向

一、新时期对民族教育优先发展政策调整的需求

当前,我国已进入一个新的历史时期。这一时期的许多新的历史条件使得我

---

① 熊坤新、严庆:《科学发展观与民族政策过程的时代特色》,载《满族研究》2007年第2期,第1~5页。

们必须重新思考、定位中国的民族教育优惠政策。宏观环境的变化、教育政策的调整、民族教育的重新定位都有可能影响到这一优惠政策的现状及其发展趋势。

第一，少数民族教育已从培养少数民族急需的专业人才和民族干部转为全面提高少数民族及少数民族地区整体受教育水平。经过几十年的发展，中国少数民族教育事业所面临的新的挑战是日益扩大的教育需求与还相对较弱的教育供给之间的矛盾。首先，民族地区及少数民族受教育水平依然偏低。从第五次全国人口普查数据看，2000年，全国6岁及6岁以上人口中没有上中学的，西部省区的比例为14.80%，高出全国近2倍；仅参加过扫盲班的，西部地区为2.69%，高出全国0.9个百分点；只有小学文化的，西部地区为41.06%，高出全国近3个百分点；而初中文化程度以上的，西部地区所占比例均低于全国平均水平，分别为初中28.04%、高中10.10%、大专及以上3.24%[①]。2008年全国普通高等学校中少数民族学生人数虽已占到了6%以上，但这一比例也与少数民族人口占全国总人口的比例不相适应。这种局面与投入有关。2006年民族地区国家教育投入占GDP的1.92%，非民族地区教育投入占GDP的2.47%。其次，教育发展的低水平成为民族地区社会发展的重要制约因素。胡鞍钢等人按照"综合知识发展指数"对全国各省区进行了排名，其结果是，知识发展低水平地区绝大多数集中在中国的西部地区（也是少数民族最为集中的地区）。值得进一步认真思考的是，经济全球化、一体化的趋势必然将中国的少数民族及少数民族地区卷入到这一过程中，这对少数民族教育提出了人才培养的新的要求。一方面是低下的受教育现状，一方面是未来发展对于民族教育在量和质上的高需求，其构成的矛盾使得大力发展少数民族教育变得十分紧迫。因此，包括对于少数民族考生实施优惠政策的一系列民族教育特殊措施仍有其现实基础。

第二，国家宏观经济增长的态势使继续加大对少数民族教育优惠政策的力度、大力发展民族教育有了物质条件。据中国科学院中国现代化研究中心在《中国现代化报告2005——经济现代化》中预计，2002～2010年中国人均GDP将以年均9%的速度增长，2011～2020年将以7.5%的速度增长，到2020年人均GDP将达到3 514美元。未来10多年，中国社会经济的发展重点将是工业化、信息化、城镇化、市场化和国际化，以及在这"五化"进程中实现社会稳定与和谐。2010年6月21日中共中央审议并通过的《国家中长期教育改革和发展规划纲要（2010～2020年）》（简称《纲要》）明确了教育优先发展的战略地位，并且《纲要》也明确了教育发展要向农村地区、贫困山区、民族地区倾斜。这一中长期规划所带有的战略意图是很明显的，即通过包括民族教育优先发展在内

[①] 数字资料根据各地人口统计年鉴及教育统计年鉴汇总得出。

的教育发展带动未来中国整个社会的整体良性发展。因此,继续实行少数民族教育的优惠政策,使少数民族教育能够在新的历史时期实现跨越式发展,不仅必要,也由于经济增长的良好态势而变得可能。

第三,政府对于民族地区发展的战略倾斜、重视,使民族教育优惠政策的重要性更加突出。这一方面固然是由于民族地区经济、社会、教育发展长期滞后使然,另一方面,也是民族地区在整个中国发展战略中的地位所决定的。自"西部大开发"战略提出以后,中央政府大力发展西部民族地区的决心已十分明显。事实上,西部民族地区的发展对于整个中国的发展、稳定具有独特的战略意义。而西部民族地区的发展,归根到底是人的发展、教育的发展。同时,西部民族地区的实际是自然/人文类型的多样性、社会发展水平和教育发展水平的低下。要实现西部民族地区的跨越式发展,对民族教育实行更大的扶持实属必然。

二、民族教育优先发展政策的转向

由上述可知,少数民族教育发展的"软件"已成为民族教育政策的重点关注对象;在政策执行中,民族教育政策逐渐改变以前"强制"的方式,改为以民众的政策认同为前提;在政策取向上,正在走一条由"倾斜"到"特殊"的政策之路。民族教育政策面临着政策调整的机遇和时代背景,也正在进行着新的时代转向。

(一)政策支持:由"硬件"转到"软件"

近年来,在党和政府的不懈努力下,少数民族教育得到了快速发展,取得了举世瞩目的成就,尤其在少数民族教育发展的硬件方面,取得了实实在在的业绩,得到了包括少数民族同胞在内的全体民众的高度认可。民族教育的工作重心和支持重点正在发生明显的转移,主要表现在:

1. 由"物质扶助"到"知识扶贫"

纵观新中国成立后我国民族教育政策的发展轨迹,显然经历了从无到有、从零散到体系化的阶段,涵盖了语言、文化、课程、教学等教育生活的各个方面,既联系民族教育的实际情况,又充分考虑了我国少数民族在发展水平和文化风俗上存在差异性的基本事实,为少数民族教育发展提供了制度保障。但随着目前民族教育工作重心的转移,政策开始从关注"硬件"转向对民族教育发展"软件"的重视,人力资源的配备、技术水平的提高等将成为民族教育政策制定的出发点。

在长期对少数民族教育"先天不足"不断"输血"、加强营养的同时,目前各方也在积极努力地增强少数民族教育的"造血"能力,积蓄民族教育发展的后劲。一个典型且最为集中的表现就是改变了原来对民族教育的"物质扶助",转而到现在的"知识扶贫"。在以往的扶助模式中,总认为少数民族教育的发展缺乏物资和设备,因此一想到少数民族教育的扶持,就是通过增加投入、物资和设备来走"外延式"的发展道路。目前,民族教育需要走以提高民族教育质量为根本着眼点的"内涵式"发展道路。

2. 由"物质配备"到"人力开发"

在以往对待少数民族教育发展的问题上。人们脑海中似乎自然而然存在这么一个假设:那就是少数民族教育发展落后,需要加大投入。在针对少数民族教育发展的对策研究中,几乎都不约而同地提到要进一步加大对少数民族教育的投入力度这样一个政策建议,以此扶持少数民族地区发展教育事业。与此对策建议相应的便是各级政府陆续出台的相关政策、措施、工程、计划等,并投入了大量的经费进行少数民族教育发展的相关"物质配备"。从当前整个少数民族教育发展的现状来看,很多少数民族地区教育发展中,"物质配备"的工作要继续做好,但显然已经不是今后教育政策关照的重点了,而是将政策中心转向民族教育发展中"人的问题"了,"人力资源开发"成了民族教育政策的重点。

2007年10月15日,时任中共中央总书记胡锦涛在中国共产党第十七次全国代表大会上的报告中提出:"优先发展教育,建设人力资源强国。"这是中国新一代领导集体站在历史和时代的战略高度,审时度势,全面继承中国第二代、第三代领导集体一贯倡导的优先发展教育和科教兴国战略思想,对中国未来发展作出的重大战略部署,同时也将人力资源开发的问题提到了前所未有的高度。作为制约民族地区经济社会发展的民族地区人力资源开发问题也受到了重视和关注,民族地区人力资源开发也自然而然地进入到了决策者的视野当中。

就民族地区人力资源开发的现状而言,也是不尽如人意的。虽然民族教育为民族地区培养了大批优秀人才,但人力资源的现状仍然是制约民族地区经济社会发展的"瓶颈"。吸引人才力度不够、高层次人才匮乏、成人继续教育和培训机会偏少、培训质量不高等都是较为突出的问题。这一系列问题都将是今后政策关注的重点。

(二)政策执行:由"强制"到"认同"

少数民族教育政策是少数民族教育顺利推进的保障,政策推进需要民众的政策认同做前提,但政策认同的前提是文化认同。只有在民众文化认同的基础上,才能有效地推进少数民族教育政策,推动少数民族教育发展。目前,我国民族教育政策的执行已经由原来的强力推动过渡到目前建立在文化认同和政策认同上的"软管理"。这主要表现在以下几个方面:

1. 政策制定逐渐民主化

任何政策的出台都是一个政党或群体意志操作化的过程。如何扩大政策的民意基础、提高政策的执行力,这在政策制定阶段有着非同寻常的意义,尤其是政策制定阶段的民主是各类政策制定中的最基本要求,民族教育政策也是如此。

民族教育政策制定的民主化主要体现在以下几个方面:一是政策要能真正代表广大民族地区民众的意志和利益。以前人们总是习惯性地认为政策是政党意志的浓缩和体现,事实上,政策更是民众集体意志的反映。更确切地讲,政策是广泛民意基础上的政党意志。就民族教育政策而言,应该是能体现和反映民族地区社会民众意愿、体现中国共产党领导下的少数民族教育意志。二是政策制定的主体具有广泛的代表性,而不是少数"代表"的个人意志。传统的理解总是将政策自然而然地和行政官员联系起来,事实上,政策的制定是利益相关者的利益博弈。当然,利益相关者并不仅仅是行政官员,就民族教育而言,它包括所有的民族教育参与者。三是政策要切合民族地区的实际。从根本上讲,民族地区的实际是我们发展民族教育的出发点和政策措施制定的根本依据。只有切合实际的民族教育政策,才能真正解决民族地区教育现实中的实际困难和问题,彰显政策存在的价值和意义。

2. 政策执行逐步人性化

政策是政策制定者意志的集中体现,具有一定的强制性。无论何种政策一旦执行,便会权威性的分解政策对象的利益。权威性是任何政策都具有的特性。但政策又是由人来执行并为人服务的,因此政策执行中又必须关照到人的需要、情感、价值观等方面,凸显人性化。政策执行中的人性化是人类社会迈向文明和进步的体现。民族教育政策的执行更是如此,"办人民满意的民族教育"的前提必须有"人民满意的民族教育政策","人民满意的民族教育政策"的一个重要测度便是政策执行的人性化。

3. 加大政策的宣传和引导

民族教育政策是针对民族地区的特殊性而制定的具有优惠、照顾、倾斜性质的政策,只有用足、用活才能发挥对民族教育的保障、促进作用,推动民族教育的改革和发展[①]。但用好的前提首先是知晓、理解和认同,没有全社会良好的政策认同基础和政策执行氛围,就无法谈及民族教育政策的顺利执行。要做好此项工作,就必须加大政策的宣传力度。

民族教育政策的根本目的在于根据不同群体的需求和现状来调节民族群体间

---

① 马依沙、刘文璞:《对我国民族教育政策的回顾》,载《青海民族学院学报(社会科学版)》1996年第2期,第97~101页。

的教育利益关系。就我国目前的教育环境和时代背景而言，应在以人为本、教育公平、均衡发展的基本价值追求下，通过采取对少数民族教育特殊优惠的政策，弥补由于历史、社会、自然等因素造成的少数民族与汉族在现实发展中的不平等[①]。在此基础上，要加强民族团结、民族平等、各民族共同繁荣昌盛等内容的教育。近日，国家相关部门安排部署了民族团结教育的任务，就是要为今后民族教育政策的有效实施提供舆论前提并创造良好的政策环境，切实营造良好的社会氛围，因为民众的支持是民族政策、包括民族教育政策顺利推进和有效实施的民意基础。民族教育政策的宣传可借助多种手段和传媒进行，同时要认识到这是事关稳定的教育，必须将此深深植根于全体民众、包括少数民族同胞的脑海中，内存于他们的社会意识中，才能真正发挥应有的作用。

（三）政策取向：由"倾斜"到"特殊"[②]

从近年我国民族教育政策演进的历史轨迹不难看出，我国少数民族教育政策取向已经发生了明显的转向，即由"全面倾斜"向"有针对性的特殊政策"演进。可以说，这是少数民族教育发展到一定历史阶段必然的政策选择，也是我国民族教育政策从重数量向重质量转移的一个重要标志[③]。"全面倾斜"政策的目标是"扶持"，"有针对性特殊"政策的核心是承认和尊重各民族的差异和发展现状，有针对性地解决现实问题。

目前，少数民族教育政策转向的根本目标就是要保障少数民族学生与汉族学生平等的受教育权，实现教育公平。为实现这一目标，这些民族教育政策取向集中体现在以下三个方面：一是政策目标更加明确。将着力关注民族教育实践中的具体问题，如针对民族地区儿童入学率相对较低的现状，党和政府加大经费投入，切实解决民族地区青少年儿童在学习等方面存在的问题；又如西藏各级政府和教育行政部门加大工作力度，使西藏率先在全国实现了城乡免费义务教育。二是民族教育政策的政策环境更加完善。新中国成立后60年民族地区经济社会的发展，为教育发展提供了良好的物质环境和条件，而且国家对民族地区的大力扶持和民族地区的自力更生使民族地区的政策环境更加完善。三是民族教育政策更趋向对教育质量的关注。目前民族教育发展在数量上已取得了一定的提高和突

[①] 陈立鹏：《改革开放30年来我国民族教育政策回顾与评析》，载《民族研究》2008年第5期，第16~24页。
[②] 张善鑫：《民族教育发展：优惠政策、经验与展望——新中国民族教育发展回顾》，载《民族教育研究》2009年第5期，第5~10页。
[③] 王鉴：《试论我国少数民族教育政策重心的转移》，载《民族教育研究》2009年第3期，第18~25页。

破,但在教育质量方面还有待进一步提高。国家近年来出台的关于加强民族地区师资队伍建设、少数民族地区高层次人才培养计划等都是以提高民族地区的教育质量为根本目标的。

第三节 推进民族地区教育优先发展的政策建议

一、合理整合我国民族地区教育中的多元文化

多元文化教育是在20世纪50年代后期由英美等西方国家提出,并迅速在全球普及的一种思潮和社会学校改革运动,它揭示了人们对文化多样性与文化多元选择的认识,它是在世界一体化格局中,人们对于保持各自文化的特性所做出的积极努力的一种结果。维持多样性,尊重差异,各民族有权参与社会各方面的活动,而不必放弃自己独特的认同,是多元文化论倡导的主旨,也是多元文化教育得以产生、发展的理论基点。多元文化教育思想的主要理论基础是美国的社会民族理论中的文化多元理论。文化多元理论认为,在一个多民族国家,每个民族群体都可以保留本民族的语言和传统文化,与此同时,它们也应融入到国家的共享语言文化中去,它包括了以下几个判断:第一,各民族的文化都应当受到尊重;第二,每种文化的独特价值只有在排除偏见、歧视的前提下,才可能得以挖掘,得到确认,受到保护,进行传播与交流;第三,对于任何一种文化所包含的积极面与消极面,都应当运用全人类共同进步的尺度予以冷静而准确的解剖、辨析;第四,以发展的眼光对待每一种文化的存在,发扬其可贵的价值,舍弃其消极面,探寻其不断提高的途径[①]。我国民族学学者把多元文化教育看成社会中各种集团和个体在文化上、情感上和认知上的需求。它追求的是为少数民族、移民、妇女与残疾人等处境较差的社会集团及子女提供平等的教育机会,以及提高不同民族的文化集团间的相互尊重与理解。多元文化教育必须使年轻人对他们所生活的世界形成这样一种认识:即在保存他们对本民族文化认同的同时,也要发展他们对周围世界的深刻认识和了解,使他们获得充分参与社会生活的自信和机会。简而言之,多元文化教育就是以尊重不同文化为出发点,在各集团平等的基础

---

① 阿娜:《浅谈多元文化教育理念下我国民族教育的改革》,载《民族教育研究》2007年第1期,第20~22页。

上，为促进不同文化集团间的相互理解，有目的、有计划地实施的一种共同平等的"异文化间的教育"①，并在其中论述了多元主义教育价值观。"'多元主义教育价值观'在本质上是在教育领域实现国际性与民族性的内在统一。其基本要求是：第一，教育公民尊重所属文化体系，使公民产生强烈的文化认同感和民族自豪感；第二，教育公民面对其他文化能够欣赏自由的价值，能够尊重不同民族和文化的尊严和差异，能够将自己的价值观和自己所属的文化体系相对化，发展尊重自由的能力和面对挑战的技能；第三，教育公民能够在相互理解、尊重差异的基础上，完全平等地与他人、他民族、他文化展开持续而深入的交往，发展同他人进行交流、分享和合作能力；第四，'多元主义'并不是相对主义，并不牺牲原则和真理，恰恰相反，它把在不同的社会——文化环境下识别能被普遍认可的价值观念视为交往的共同基础，把发展每个人的普遍价值观和各种行为方式，并最终建立和平文化视为教育的终极目的。"② 我国在这一领域的研究已取得了很大的成就，如我国著名学者费孝通先生提出的中华民族多元一体的思想。中央民族大学滕星教授通过多年对国外民族教育理论和多元文化教育理论的潜心研究与分析，在多元文化教育理论研究领域首先提出"多元文化整合教育理论"也称"多元一体化教育理论"③，这一理论为解决民族教育本土化与多元化教育的冲突提供了理论基础。滕星认为"多元文化整合教育理论"是"一个多民族国家的教育在担负人类共同文化成果传递功能的同时，不仅要担负起传递本国主体民族优秀传统文化的功能，同时也要担负起传递本国少数民族优秀文化的功能。"这一理论的目的是继承各民族的优秀文化遗产，加强各民族间的文化交流，促进民族大家庭在经济上共同发展，在文化上共同繁荣，在政治上各民族相互尊重、平等、友好、和睦相处，最终实现民族大团结④。在"多元文化整合教育"中整合的核心就是现代文化科技知识与本民族传统文化的结合。该理论形成的依据是：在一个多民族国家中，无论主体民族还是少数民族都有其独特的传统文化。在历史发展过程中，由于各民族自我文化传递与民族间的文化往来，各民族在文化上形成了"你中有我"、"我中有你"的特点。不仅主体民族文化吸收了各少数民族文化，各少数民族文化中也打上了主体文化的烙印，形成了多种民族并存，共同组成代表某一个多民族国家的"共同文化群体"，即形成费孝通先生所说的文化上的"多元一体格局"。从这一理论中不难看出，多元文化整合教育是未来民族教育的必然走向。首先，实施多元文化教育是由民族特点决定的。民族教育不同于普通教育，它与普通教育相比有相同之处，又有不同之处。

---

①③ 哈经雄、滕星：《民族教育学通论》，教育科学出版社2001年版。
② 张华：《课程与教学论》，上海教育出版社2000年版，第422页。
④ 国家教委：《100所高校社科青年教授》，湖南师范大学出版社1999年版。

不同之处就是民族教育要始终围绕民族特点，离开民族特点，那只能是无的放矢，没有任何科学意义。其次，面向一体化教育是时代赋予民族教育的使命。21世纪将是"新国际化时代"，这一时代的主要特征就是合作化。最后，民族教育向多元文化整合教育方向发展是社会发展的必然。如果以整合教育来否定民族文化的独特性，实质上就是否定了多元文化教育，其后果危害极大。否定多元文化教育，也就是使各民族多姿多彩的传统文化丧失了传承和发展的途径，各民族文化的消失可能会导致各民族的消亡。同样，以多元文化教育来否定整合教育也是不可能的，因为各民族文化的生机与活力来自积极参与其他文化的整合进程中，并在其中发展、壮大自己。如果全盘否定整合教育，那么多元文化教育也将被历史遗弃。

综上所述，"多元"与"整合"教育相辅相成，"多元"要围绕"整合"实施，"整合"要结合"多元"发展。多元文化整合教育是未来民族教育发展的必然选择。

二、正确定位我国民族地区教育中的价值取向

改革开放以来，制定我国民族政策的历史条件和社会背景发生了巨大的变化，传统农业社会正在向现代工业社会过渡，计划经济正在向市场经济转型，原来意义上的社会资源和经济资源分配的民族格局面临着重组和再分配的必然趋势。一方面，民族院校招生政策的社会环境发生了变化。各少数民族教育和经济发展的不平衡，地区差异的扩大，导致各少数民族之间和同一少数民族内部出现了差异和分化；另一方面，社会各个群体包括少数民族对目前的民族院校招生政策的认识以及对自身价值的认识也日益多元化。市场经济体制要求建立公平竞争的机制，人们的主体意识日益增强，对于自身权利的维护和社会公正的追求也更为敏感和迫切。基于上述两方面原因，我国现阶段有必要重新审视单一以民族身份划分为标准的优惠政策，使之更加完善、系统、符合社会发展的需要。《中华人民共和国教育法》第九条明确规定："公民依法享有接受高等教育的权利。公民不分民族、种族、性别、职业、财产状况、宗教信仰等，依法享有平等的受教育机会。"可以看出教育法的实施中提到的平等原则是根据个体平等理论制定的，而中国目前的民族院校招生优惠政策是在尊重民族差异前提下，以群体平等为基础的。这就是冲突的焦点所在，即法律上的个体平等与民族间群体平等的矛盾。在以美国为代表的西方国家，更注重强调的是个体间的平等，而在中国，传统的民族理论和民族政策更加注重民族平等，这主要是由中国的国情决定的，符合当时社会强烈的民族平等、政治稳定和民族团结的需要。当代学者莱尹·道格

拉斯（Rae Douglas）提出了选择平等的原则，人人皆应获得平等的待遇。如果没有明显充分的理由，任何人都不应受到差别对待。但如果人们之间存在差别，可以以"平等考虑"为基础，对之实行差别对待，即在平等的基础上以不同的方式对待不同的对象①。国家实行的民族优惠政策，是平等基础上的差别对待，目的是通过特别待遇以缩小群体间的差异，最终实现人人平等。1960年，联合国教科文组织提出的教育机会均等包含两层意思：消除歧视和消除不均。消除歧视，主要指任何人无论其种族、肤色、性别、语言、宗教、政治、社会出身、家庭背景等方面有任何差别，在教育上都应该平等对待。消除不均等，指的是要消除存在于地域之间和群体之间的不是因为有意的歧视和偏见而造成的差别对待。当代著名学者科尔曼（Coleman. James）在《教育机会均等》（Equality of Educational Opportunity）中也提出，学生除了享有入学机会平等外，还应享有教学过程和教育结果的平等。此外，他还提出矫正平等和补偿平等概念。矫正平等的内容是采取经济措施补偿那些能力优秀但没有优越背景的人，补偿平等的核心问题是对那些处于恶劣环境中的人进行补偿。罗尔斯在其《正义论》中也提出了"在坚持公正、平等优先的原则下实施差别原则对弱势群体实行补偿，这会更好地实现公正平等的原则"。目前我国民族院校招生的优惠政策主要指教育入学机会的平等，这是由中国现阶段的国情决定的。在我国具体的经济文化领域中，个人之间和民族之间在"事实上"的平等只能是相对性的。从民族角度来讲，民族院校实施优惠降分政策是在特定的历史背景下制定的，是兼顾到中国各民族在一定时期内，在历史、经济、文化、生产力发展水平等多方面还存在着差异和差距，是为了发展少数民族教育，为民族地区培养优秀人才，缩小民族间差距而实施的。

民族院校降分优惠政策的实施是以《宪法》赋予的民族平等为指导思想，目的在于平衡各民族之间的利益，确保所有人充分享有经济和社会的权利，补偿民族地区由于历史、经济、文化、生产力发展水平等方面的原因而导致的不平等现象。事实上，这种"教育不平等"是因为大家不在同一起跑线上，最终的目的是为了实现真正的教育平等。就现阶段来讲，由于少数民族教育目前还比较落后，少数民族降分政策仍有继续存在和实行的意义和必要性。对少数民族学生的录取分数给予适当照顾，不仅增加了少数民族学生的入学机会和平等享受高等教育的权利，而且对帮助少数民族发展教育事业，缩短其与全国平均水平的差距起到了重要的作用。除此之外，我们不应忽略少数民族优惠政策中对少数民族考生适当降分的措施在不同地区、不同群体所引起的反响和评价也有所

---

① 许庆豫：《试论教育平等与教育分流的关系》，载《华东师范大学学报（教育科学版）》2000年第3期，第23~31页。

不同，特别是随着市场经济的转型，该项政策在实施过程中由于对社会不同群体缺乏系统的考虑，而逐渐显露了其不完善的方面。结合上述分析，提出以下两点建议：

第一，坚持个体公平与群体公平相统一的民族院校招生政策价值取向。

个体公平是群体公平的基础，没有个体公平就没有群体公平。高考中的"降分政策"、"民族班政策"等应在尊重民族差异的前提下，以群体公平为基础。作为中华民族重要组成部分的少数民族，是中华民族中的一个"相对个体"，而实现整体的教育公平，才是教育政策的客观要求和出发点。因此，对高考少数民族政策进行调整，必须从全局出发，既要考虑少数民族这个"相对个体"的公平，又要考虑整个中华民族的群体公平，坚持个体公平与群体公平的统一。

第二，坚持教育公平相对性的民族院校招生政策价值取向。

教育公平是一个历史范畴，不同的时代有不同的教育公平观。从本质属性上看，教育公平是一个反映相对性的范畴。一方面，教育公平不等于绝对平均和绝对平等，真正的教育公平必须承认个体差异；另一方面，教育公平是一个动态的概念，不是一成不变的，教育公平的状态和观念取决于社会生产力发展水平的高低和生产力的属性。因此，少数民族高等教育招生政策调整应在实现少数民族群体受教育机会均等的前提下，考虑由社会生产力水平不同所带来的教育上的差距，即少数民族内部以及少数民族与非少数民族之间由于生产力水平不同所带来的教育上的差距，以生产力水平来划分群体，这才是更合理的标准。

从单纯以民族成分进行划分的标准，到兼顾以民族间的地域差异、经济水平差异、文化差异、社会阶层差异以及少数民族受惠群体融入主流社会程度的差异进行划分，并制定具体的实施办法，让更多处于贫困地区和边远地区的少数民族与非少数民族考生享受到倾斜政策的优惠，从而实现受教育机会的均等。如湖南省根据省内的实际情况，制定了具体的高考优惠政策：少数民族聚居州、县、乡的少数民族考生，可以降低20分录取，少数民族聚居地区的汉族考生，可以降低10分录取，散居在汉族地区的农村少数民族考生可以降低10分录取，散居在城镇的少数民族考生可以降低5分录取。在少数民族内部，政策调整也应该以经济水平差异为标准。例如，民族预科班的开办应以政策制定初衷为导向，录取学生以德、智、体、美、劳全面发展为标准，把少数民族中的优秀学生录入民族班中，同时在学费、生活补助等方面给予优惠。正如当代学者科尔曼在"矫正平等"和"补偿平等"概念中提出的，要采取经济措施，补偿那些能力优秀但没有优越背景的人，并对那些生来处于恶劣环境中的人进行补偿。

三、逐步加强我国民族地区教育中的教育立法

新中国成立 60 多年来，特别是改革开放以来，我国少数民族高等教育取得了举世瞩目的成就，民族地区教育立法也取得了长足的发展。1998 年出台的《中华人民共和国高等教育法》第八条明确规定："国家根据少数民族的特点和需要，帮助和支持少数民族地区发展高等教育事业，为少数民族培养高级专门人才"；第九条规定："国家采取措施，帮助少数民族学生和经济困难的学生接受高等教育"[1]。但不容忽视的是，由于历史、社会、自然条件，特别是经济发展水平等多方面的原因，我国民族高等教育从总体上还落后于全国的平均发展水平，而且这种差距有进一步拉大的趋势。为彻底改变民族高等教育的落后状况，实现民族高等教育的跨越式发展，加强民族院校招生政策方面的立法是根本和前提。只有以法律的形式确认少数民族高等教育中包含招生政策的一系列政策内容，改革与发展的各项制度，并以国家强制力保证实施，民族高等教育才能走上良性运行的发展轨道，才能实现持续健康快速地发展。科教兴国战略提出以来，全社会高度重视科技、教育对经济发展和社会进步的重大作用，实施科教兴国战略已经成为全社会的广泛共识和自觉行动。民族院校是我国整个国家高等教育的重要组成部分，也是当前我国教育事业发展的一个难点和薄弱环节。依法保障和加快少数民族高等教育的发展，是建立和完善我国高等教育体系的必然要求，对于提高我国教育、科技的整体水平，落实科教兴国战略，促进民族地区的经济和社会发展，推进社会主义现代化建设，实现中华民族的伟大复兴都具有特殊重要的意义。依法治国，建设社会主义法治国家作为新时期治国的重要方针，被写入《宪法》，成为《宪法》的一条基本原则。依法治国要求各行各业都要按照法治的精神，进行深入的观念更新与制度变革。依法治国的一个根本前提，是有法可依。民族院校作为我国高等教育的一个重要组成部分，它的法制化水准直接影响着整个国家高等教育法制化的进程。因此，加强民族教育立法，在民族教育领域全面实现依法治教，是加强和完善社会主义法制建设的需要。党的十一届三中全会以来，《宪法》、《民族区域自治法》、《教育法》和《高等教育法》等基本法律的修改、制定，极大地推进了我国教育立法、民族立法的进程。在国家制定的教育法规、民族法规中，很多都涉及民族教育基本的、原则性的问题。国家制定的教育法规、民族法规，只能就教育的共性方面和某种特殊问题作出原则规定，不可能就少数民族教育的各种具体问题和特殊情况一一作出规定。因此，少数民

---

[1] 哈经雄：《少数民族高等教育改革开放 30 年》，载《中国民族教育》2008 年第 9 期，第 5~9 页。

族高等教育立法的基本原则和特点就是根据国家的有关规定，结合少数民族及民族地区的实际情况和需要，将国家教育法规、民族法规的基本精神和原则具体化、地方化，以确保国家制定的教育法规、民族法规真正落到实处。因此，随着国家教育立法、民族立法的加强，加强少数民族高等教育法制建设就成为必然。

参考文献

一、著作

[1] 千里原：《民族工作大全》，中国经济出版社1994年版。

[2] 王小强、白南风：《富饶的贫困——中国落后地区的经济考察》，四川人民出版社1986年版。

[3] 王坤庆：《现代教育哲学》，华中师范大学出版社1996年版。

[4] 王鉴：《民族教育学》，甘肃教育出版社2002年版。

[5] 元坤：《第三只眼看日本》，中国广播电视出版社2010年版。

[6] 日本文部省小学科：《偏僻地区教育资料》（第52号），胜美印刷株式会社1995年版。

[7] 中国少数民族教学研究会：《中国少数民族双语研究论文集》，民族出版社1990年版。

[8] 中国第二历史档案馆：《中华民国史档案资料汇编》（第五辑第二编《教育（二）》），江苏古籍出版社1997年版。

[9] 方军明、王嘉毅等：《当代中国少数民族双语教学理论与实践》，陕西人民教育出版社2001年版。

[10] 叶澜：《教育概论》，人民教育出版社1991年版。

[11] 四川省丹巴县志编纂委员会：《丹巴县志》，民族出版社1996年版。

[12] 市川须美子：《教育小六法》，学阳书房2004年版。

[13] 《西藏社会事业发展调研报告教育部汇编》，2009年7月。

[14] 刘雪莲：《民族院校藏族大学生英语学习问题与理论研究》，中央民族大学出版社2007年版。

[15] 孙宵兵：《教育优先法理研究》，教育科学出版社2007年版。

[16] 孙培青：《中国教育史》，华东师范大学出版社2000年版。

[17] 李艳灵：《论学校科学教育文化环境及其建设》，上海师范大学2006年版。

[18] 何俊芳:《中国少数民族双语研究:历史与现实》,中国民族出版社1998年版。

[19] 余辉邦:《双语研究》,四川大学出版社1995年版。

[20] 余强:《双语教育的心理学基础》,江苏教育出版社2002年版。

[21] 张文:《旅游与文化》,旅游教育出版社2001年版。

[22] 张诗亚:《化若集》,南京师范大学出版社2010年版。

[23] 张诗亚主编:《民族·文化·教育:人类学视野——"西南民族文化与教育的人类学研究"国际学术研讨会论文集》,重庆大学出版社2012年版。

[24] 张诗亚主编:《西南研究书系》之《西南民族节日文化》(黄泽著),云南教育出版社1995年版。

[25] 张诗亚主编:《西南研究书系》之《祭坛与讲坛:西南民族宗教教育比较研究》(张诗亚著);《西南与中原》(杨庭硕、罗康隆著);《西南研究论》(徐新建著);《朦胧的理性之光:西南少数民族科学技术研究》(廖伯琴著),云南教育出版社1992年版。

[26] 张诗亚:《西南民族教育文化溯源》,上海教育出版社1994年版。

[27] 陈桂生:《教育原理》,华东师大出版社1993年版。

[28] [英] 科林贝克,翁燕衍译:《双语与双语教育概论》,中央民族大学出版社2008年版。

[29] 《国家中长期教育改革和发展规划纲要(2010~2020年)》。

[30] 国家民委办公厅、政法司、政策研究室:《中华人民共和国民族政策法规选编》,中国民航出版社1977年版。

[31] 哈经雄、滕星:《民族教育学通论》,教育科学出版社版2001年版。

[32] 哈经雄、滕星:《民族教育学》,教育科学出版社2000年版。

[33] 徐东、马晓龙:《民族地区教育优先发展指标研究》,云南大学出版社2011年版。

[34] 雀丹:《嘉绒藏族史志》,民族出版社1995年版。

[35] 《偏僻教育振兴法》,昭和29年6月1日法律第143号。

[36] 董霄云:《文化视野下的双语教育》,上海教育出版社2008年版。

[37] 靳健:《后现代文化视界的语文课程与教学论》,甘肃教育出版社2006年版。

[38] 滕星:《族群、文化与教育》,民族出版社2002年版。

[39] M. F. 麦凯、M. 西格恩,严正、柳秀峰译:《双语教育概论》,光明日报出版社1989年版。

[40] Silver, Harold. *Equal Opportunity in Education*. London: Methuen & Co.

Ltd. 1973.

二、期刊论文

[1] 马文静：《多元文化整合教育与民族文化传承及发展》，载《民族教育研究》2011年第4期。

[2] 王卫东：《教育价值概念的历史考察与理论分析》，载《北京师范大学学报（社会科学版）》1996年第2期。

[2] 王凯：《教育行动区：英国提高教育质量的新动向》，载《比较教育研究》2003年第11期。

[4] 王艳玲：《"教育行动区"计划——英国改造薄弱学校的有效尝试》，载《全球教育展望》2004年第9期。

[5] 王晓燕：《西双版纳勐海县贺开山地拉祜族现代教育存在的问题与思考》，载《当代教育与文化》2010年第6期。

[6] 王鉴：《西部大开发与"少数民族教育优先发展区"构想》，载《民族教育研究》2001年第4期。

[7] 王鉴：《当前民族文化与教育发展所面临的主要问题及对策》，载《民族教育研究》2010年第2期。

[8] 王鉴、安富海：《论民族教育优先发展的科学内涵》，载《西北师范大学学报（社会科学版）》，2009年第3期。

[9] 王鉴：《论我国民族教育的特殊性及其政策支持》，载《学术探索》2010年第5期。

[10] 井祥贵：《民族文化进校园的若干问题论略》，载《民族教育研究》2012年第5期。

[11] 牛佳：《试论邓小平"教育优先发展"理论在科学发展观下的新发展》，载《前沿》2011年第6期。

[12] 田应阡：《黔东南苗族侗族自治州中职学校专业教师现状调查及对策研究》，载《民族教育研究》2011年第4期。

[13] 田敏：《民族社区社会文化变迁的旅游效应再认识》，载《中南民族大学学报（人文社会科学版）》2003年第5期。

[14] 白亮：《关于西北民族地区寄宿制学校办学若干问题的思考》，载《当代教育与文化》2009年第3期。

[15] 曲悦：《美国特许学校简介及其对我国教育的启示》，载《当代教育论坛》2009年第6期。

[16] 朱玉福：《人口较少民族地区学校教育传承民族文化研究》，载《民族教育研究》2011年第5期。

[17] 刘晓巍、张诗亚：《优先发展教育，促进民族地区整体发展》，载《民族教育研究》2012年第4期。

[18] 孙杰远：《论自然与人文共生教育》，载《教育研究》2010年第12期。

[19] 孙霄兵：《"西部开发与西部教育"研讨会发言》，载《教育研究》2000年第6期。

[20] 杨圣敏：《社会稳定和谐的基础是什么？——一个少数民族社区的案例》，载《北京大学学报（哲学社会科学版）》2008年第5期。

[21] 杨改学、付道明：《教育信息化对民族教育发展影响的前后20年》，载《中国电化教育》2011年第7期。

[22] 李长吉：《教育价值研究二十年》，载《高等师范教育研究》2001年第4期。

[23] 李文英：《战后日本振兴偏僻地区教育的措施及其启示》，载《教育研究》2004年第12期。

[24] 李泽林：《我国少数民族地区双语教师培训政策研究》，载《民族教育研究》2010年第2期。

[25] 李俊、张婕：《少数民族地区远程教育中存在的问题以及解决问题的建议》，载《科技信息》，2009年第5期。

[26] 李洁：《试论锡伯族双语教育发展及其对策》，载《民族教育研究》2009年第3期。

[27] 李新乡、张俊宗：《台湾地区教育优先区计划成效之研究》，载《上海教育科研》2006年第3期。

[28] 李谨瑜：《试谈民族中小学双语教学的八个问题》，载《民族教育研究》1992年版第4期。

[29] 吴晓蓉：《日本偏僻地区教育优先发展的经验研究》，载《当代教育与文化》2009年第7期。

[30] 吴晓蓉：《我国民族地区学校教育质量提升对策研究》，载《民族教育研究》2009年第6期。

[31] 汪利兵：《公立学校私营化：英国"教育行动区"案例研究》，载《比较教育研究》2001年第1期。

[32] 张有奎：《克服"以人为本"的五个误区》，载《求实》2007年第12期。

[33] 张旺：《用科学发展观指导教育发展战略研究》，载《中国教育学刊》2008年第5期。

[34] 张学敏、王爱青：《中小学教育传承民族非物质文化遗产问题探微》，载《民族教育研究》2009年第4期。

[35] 张诗亚,《共生教育论：西部农村贫困地区教育发展的新思路》,载《当代教育与文化》2009 年第 1 期。

[36] 张诗亚:《多元文化与民族教育价值取向问题》,载《西北师范大学学报（社会科学版）》2005 年第 11 期。

[37] 张诗亚:《论"师"》,载《当代教育与文化》2012 年第 3 期。

[38] 张诗亚:《论教育发展从以物为中心到以人为中心的转换》,载《教育评论》2001 年第 2 期。

[39] 张诗亚:《我国高考招生中少数民族考生优惠政策的新思考》,载《民族教育研究》2010 年第 5 期。

[40] 张诗亚:《和谐之道与西南民族教育》,载《西南大学学报（人文社会科学版）》2007 年第 1 期。

[41] 张诗亚、廖伯琴:《从恶性循环到良性循环的转折——凉山州普格县农技校的启示》,载《乌鲁木齐职业大学学报》1996 年第 4 期。

[42] 张善鑫:《试论我国民族教育政策的时代转向》,载《民族教育研究》2010 年第 2 期。

[43] 张蓉蓉:《教育与文化传承：贵州少数民族教育存在的两个问题》,载《贵州民族研究》2006 年第 4 期。

[44] 张颖梅、程绍仁:《试析英国教育行动区计划对我国西部教育发展的启示》,载《内蒙古民族大学学报》2008 年第 5 期。

[45] 陈立鹏:《对美国少数民族教育立法的初步研究》,载《贵州民族教育研究》2004 年第 1 期。

[46] 陈学明、金瑶梅:《以人为本：以"什么样的人"和"人的什么"为本》,载《哲学研究》2009 年第 8 期。

[47] 林钧昌:《城市,我们共同的家——山东省曲阜市西关民族社区记事》,载《中国民族》2006 年第 9 期。

[48] 吴清山、林天佑:《教育名词浅释——教育优先区》,载《教育资料与研究》1995 年第 5 期。

[49] 罗江华、张诗亚:《西部民族地区教育信息化发展两种路径之评析》,载《民族教育研究》2011 年第 2 期。

[50] 赵颜、李光荣、蒋珍莲:《民族地区高校多媒体教学应用效果调查及研究》,载《中国成人教育》2008 年第 10 期。

[51] 胡庆芳:《美国新型特许学校的现状研究》,载《外国教育研究》2002 年第 4 期。

[52] 胡显章:《全球化背景下的文化多样性与文化自觉》,载《清华大学学

报（哲学社会科学版）》2007年第3期。

[53] 钟丽芳：《论少数民族文化在学校教育中的传承》，载《中国民族教育》2007年第5期。

[54] 贺武华：《英国"教育行动区"计划改造薄弱学校的实践与启示》，载《教育科学》2006年第6期。

[55] 贺能坤、张学敏：《构建少数民族非物质文化传承的新机制——促进西南少数民族非物质文化传承的学校教育改革研究》，载《民族教育研究》2008年第6期。

[56] 徐中林、王希隆：《试论民国时期中央政府对西藏的文化教育政策》，载《中国藏学》2004年第2期。

[57] 高卉、左兵：《英国"教育优先区"政策对我国少数民族地区教育的6启示》，载《民族教育研究》2007年第6期。

[58] 涂涛、李彭曦：《少数民族地区双语教学新途径——藏区双语多媒体字源识字汉字教学研究》，载《中国电化教育》2012年第3期。

[59] 黄宝春、杨天平：《"科学"概念略论》，载《大学教育科学》2005年第2期。

[60] 黄胜、代鸣、黄泽梅：《贵州毛南族地区学校教育发展的历史、现状梳理》，载《铜仁学院学报》2010年第1期。

[61] 黄海刚：《美国少数民族教育：现状与趋势》，载《民族教育研究》2009年第6期。

[62] 曹大辉：《英国"教育行动区"计划的特点分析》，载《世界教育信息》2005年第10期。

[63] 曹能秀、王凌：《少数民族地区的学校教育和民族文化传承》，载《云南师范大学学报（哲学社会科学版）》2007年第2期。

[64] 曹能秀、王凌：《试以教育促进民族文化传承的方法》，载《云南师范大学学报（哲学社会科学版）》2010年第2期。

[65] 曹能秀、王凌：《试论教育中少数民族文化传承面临的问题与挑战》，载《当代教育与文化》2010年第1期。

[66] 康帆：《西北民族地区现代远程教育探析》，载《黑龙江民族丛刊》2011年第5期。

[67] 扈中平：《教育规律与教育价值》，载《教育评论》1996年第2期。

[68] 蒋立松：《西南民族教育的文化生态基础及研究目标》，载《当代教育与文化》2009年第1期。

[69] 蒋立松、吴红荣：《西南民族共生教育中的生态伦理及其价值》，载

《当代教育与文化》2010年第11期。

[70] 舒显奎、高方银:《浅析少数民族地区教育信息化发展》,载《中小学电教》2011年第10期。

[71] 曾天山:《教育优先发展是实现现代化的根本大计》,载《教育研究》2008年第11期。

[72] 曾陈萍、石伟:《少数民族地区基础教育信息化建设的思考》,载《教学与管理》2010年第10期。

[73] 蔺艳娥、范牡丹:《美国特许学校运动成因分析》,载《延安大学学报(社会科学版)》2005年第2期。

[74] 滕星:《民族教育概念新析》,载《民族研究》1998年第2期。

[75] 薛丽娥:《论学校教育传承少数民族文化机制的构建》,载《贵州民族学院学报(哲学社会科学版)》2010年第5期。

[76] Zhang Shiya, Liu Xiaowei. Implementing Affinity Education to Develop Ethnic Area as a Whole. American Review of China Studies. Volume12, Number2, Volume 13, Number1, Fall 2011 & Spring 2012.

三、学位论文及其他

[1] 马雷军:《教育优惠研究》,西南大学西南民族教育与心理研究中心2009届博士学位论文。

[2] 井祥贵:《纳西族学校民族文化传承机制研究》,西南大学西南民族教育与心理研究中心2011届博士学位论文。

[3] 石翠红:《蒙古族学校教育中"避蒙趋汉"现象生成机制研究》,西南大学西南民族教育与心理研究中心2011届博士学位论文。

[4] 卢德生:《民族文化传承中的社会教育运行机制研究——以嘉绒人"且索"仪式传承为个案》,西南大学西南民族教育与心理研究中心2007届博士学位论文。

[5] 田应仟:《中等职业教育与民族社区共生发展研究——以黔东南中等职业学校与社区共建为例》,西南大学西南民族教育与心理研究中心2011届博士学位论文。

[6] 田夏彪:《文化认同视域下大理白族教育互补机制研究》,西南大学西南民族教育与心理研究中心2011届博士学位论文。

[7] 四川省甘孜藏族自治州人民政府:《甘孜藏族自治州人民政府关于深化农村义务教育经费保障机制改革的实施意见》[EB/OL].http://www.lawyee.net/Act/Act_Display.asp? RID = 5009.

[8] 刘光余:《教师教学效能的生成机制研究——县中的另一种模式引发的

思考》，西南大学西南民族教育与心理研究中心 2009 届博士学位论文。

［9］劳动人事部：《劳动人事部关于边远地区范围的通知》［EB/OL］，http：//www.fayixing.com/law content.

［10］《国务院关于深化改革加快发展民族教育的决定》［EB/OL］.http：//www.eol.cn/20020820/3064750.shtml.

［11］罗江华：《教育资源数字化的价值取向研究》，西南大学西南民族教育与心理研究中心 2008 届博士学位论文。

［12］周永平：《民族地区职业教育补偿的转型研究》，西南大学西南民族教育与心理研究中心 2012 届博士学位论文。

［13］郑白玲：《特与不特——民族院校招生政策价值取向研究》，西南大学西南民族教育与心理研究中心 2008 届博士学位论文。

［14］贺能坤：《西藏农牧区教育调适研究》，西南大学西南民族教育与心理研究中心 2010 届博士学位论文。

［15］黄胜：《从"逃学"到"向学"——瑶山白裤瑶的学校教育价值取向变迁研究》，西南大学西南民族教育与心理研究中心 2011 届博士学位论文。

［16］姚佳胜：《并校问题政策学反思——基于云南省 M 县中小学布局调整政策的田野考察》，西南大学西南民族与心理研究中心 2014 届博士学位论文。

［17］Achievement and Attainment in Chicago Charter Schools［Z］.http：//www.rand.org/pubs/technical-reports/2008/RAND – TR585.pdf.

［18］Department for Education and Skills：Ethnicity and Education：The Evidence on Minority Ethnic Pupils［EB/OL］.http：//education.gov.uk/publications/eOrderingDownload/RTP0 1 – 05.pdf.

［19］Great Expectations：Holding Ourselves and Our Schools Accountable for Result［Z］.http//www.ed.Gov/nelb/overview/importance/great expectations/index.html.

［20］The Department for Education and Skills EAZ – Annual.Report 2001.［DB/OL］PDF.http：//www.standards.dfes.gov.uk/midbins/eazones/EAZ.

［21］U.S.Department of Education.No Child Left Behind Act［EB/OL］.http：//www2.ed.gov/ Policy/clsec/leg/es.

后 记

2008年12月，由张诗亚教授任首席专家主持的教育部哲学社会科学重大课题攻关项目"民族地区教育优先发展研究"获准立项，于2009年3月16日，在西南大学举行了开题报告会。时任教育部社科司的张东刚副司长、重庆市社科联副主席毛洪勋、重庆市教委社科处处长何勇平、西南大学社科处处长徐辉以及专家组成员广西师范大学党委书记王枬教授、西南大学常务副校长宋乃庆教授、华中师范大学原教科院院长范先佐教授、四川大学人口研究所所长何景熙教授、西南大学历史地理研究所所长蓝勇教授等及课题组成员参加了开题报告会。会后，课题组综合专家意见，根据课题的总体规划和研究目标，先后组织了藏区教育调查、汶川地震灾区教育重建调查、南方喀斯特山区文化变迁与教育发展调查、西双版纳宗教文化与教育调查等多次大规模专题实地调查，并在调查的基础上，从理论和实践方面展开了对民族地区教育优先发展的研究。

本项目的研究取得了丰硕的成果。课题组已承担与本课题相关的省部级课题共计22项（大部分已结项）；出版相关研究著作7部，包括徐东、马晓龙：《民族地区教育优先发展指标研究》、贺能坤：《雪域红景天——西藏农牧区教育调适研究》、陈雪：《断裂与弥合——山江纯苗区口传教育现代转型研究》、龙藜：《孤岛突围——文化视野中的藏族小学与社区关系研究》、江净帆：《空间之融——喜洲白族传统民居的教化功能研究》、张诗亚：《民族·文化·教育：人类学视野——"西南民族文化与教育的人类学研究"国际学术研讨会论文集》、吴军：《活水之源——侗族传统技术传承研究》；发表相关学术论文66篇，其中CSSCI收录刊物15篇、A&HCI收录刊物1篇、核心刊物4篇，外文期刊发表论文3篇；撰写调查研究报告100余份；课题负责人向教育部社科司提交专家咨询报告4篇；完成博士后出站报告两份。研究成果立足于民族地区发展的现实问题，从不同的角度聚焦到教育与民族社会整体良性发展的主题上，体现了民族性与世界性、区域性与全局性、理论性与基础性的三个结合，实现了科学研究与人才培养的互补。

教育部哲学社会科学研究
重大课题攻关项目

本项目由西南大学西南民族教育与心理研究中心为项目总负责单位，联合了西北师范大学西北少数民族教育发展研究中心、四川师范大学、西藏民族学院三家单位为核心，整合了国内外十余所高校的数十名研究人员，共同攻关完成。作为项目的最终成果，本书稿也是集体劳动的结晶。张诗亚教授为主编，负责全书的框架、内容及最后的审定工作。各章节由课题组的多位教育学博士、研究人员分别执笔完成。具体章节分工如下：

第一章第一节（张诗亚、刘晓巍、王鉴、廖伯琴），第二节（顾尔伙等）、第三节（蒋立松、王晓燕）；第二章第一节（叶红英），第二节（王鉴、安富海），第三节（张诗亚），第四节（张诗亚、孙杰远、蒋立松）；第三章（徐东、马晓龙）；第四章第一节（靖东阁），第二节、第三节（井祥贵、贺能坤）；第五章（姚佳胜、白亮）；第六章（王鉴、张海、石翠红）；第七章第一节（刘光余），第二节（李泽林）；第八章（田应仟）；第九章第一节（罗江华、张诗亚、林刚），第二节（罗江华、张诗亚），第三节（涂涛、李彭义、林刚）；第十章第一节、第二节（金志远），第三节（王鉴），第四节（王鉴、安富海）；第十一章第一节（黄胜、王晓燕），第二节（李波），第三节（石翠红），第四节（田应仟）；第十二章第一节（井祥贵），第二节（贺能坤），第三节（田夏彪），第四节（卢德生）；第十三章第一节、第二节（马颖），第三节（吴晓蓉、马颖）；第十四章（徐东、马晓龙）；第十五章第一节（靖东阁），第二节（石翠红、王鉴、张海），第三节（田应仟），第四节（林刚、罗江华、徐红梅），第五节（吴晓蓉、刘光余）；第十六章第一节（张善鑫、马雷军），第二节（张善鑫、张诗亚），第三节（张诗亚、郑白玲）。

在书稿编撰阶段，课题组成员多次开会探讨和商议，集思广益、齐心合力，力争科学、全面地完成研究任务。基地研究人员王晓燕、蒋立松、罗江华、陈荟，以及博士生叶红英、曾莉、顾尔伙、马颖、靖东阁、林刚、邓存熙、许欢、张金龙、杨俊及硕士生董晓红、白莉、顾志飞等同学做了大量的文字整理和校对等工作。此外，在书稿撰写过程中，还吸收了国内外已有的研究成果，并在页下注明或在参考文献中列出。

本项目的立项和顺利完成，应感谢教育部社科司、感谢参加项目评审会和开题会的各位领导和专家，感谢为项目研究提出宝贵意见的专家、学者，感谢中央民族大学苏德教授、西北师范大学王鉴教授等、内蒙古师范大学金志远教授、四川大学何景熙教授、四川师范大学巴登尼玛教授、西藏民族学院李波教授、广西师范大学孙杰远教授、钦州学院徐书业教授为本课题研究所做出的贡献，还有上述参与书稿写作的各位执笔者，以及参与项目成果整理和结项工作的基地研究人员和同学，在此一并致谢。"纸上得来终觉浅"，西南民族教育与心理研究中心始终践行立足实地的田野研究。为此，中心在西南民族地区建设了一批田野工作站，如重庆秀山民族村、酉阳后溪镇、阿坝州唐克乡、从江县高增乡、荔波县瑶山乡、勐海县勐遮镇、大理喜洲镇、怒江州贡山县丙中洛等工作站。工作站的同仁们为本项目的资料收集提供了大量协助工作，在此特别致谢。

2014 年 4 月于西南大学说乎斋

教育部哲学社会科学研究重大课题攻关项目成果出版列表

书 名	首席专家
《马克思主义基础理论若干重大问题研究》	陈先达
《马克思主义理论学科体系建构与建设研究》	张雷声
《马克思主义整体性研究》	逄锦聚
《改革开放以来马克思主义在中国的发展》	顾钰民
《新时期 新探索 新征程 ——当代资本主义国家共产党的理论与实践研究》	聂运麟
《当代中国人精神生活研究》	童世骏
《弘扬与培育民族精神研究》	杨叔子
《当代科学哲学的发展趋势》	郭贵春
《服务型政府建设规律研究》	朱光磊
《地方政府改革与深化行政管理体制改革研究》	沈荣华
《面向知识表示与推理的自然语言逻辑》	鞠实儿
《当代宗教冲突与对话研究》	张志刚
《马克思主义文艺理论中国化研究》	朱立元
《历史题材文学创作重大问题研究》	童庆炳
《现代中西高校公共艺术教育比较研究》	曾繁仁
《西方文论中国化与中国文论建设》	王一川
《楚地出土戰國簡册［十四種］》	陳偉
《近代中国的知识与制度转型》	桑兵
《中国抗战在世界反法西斯战争中的历史地位》	胡德坤
《京津冀都市圈的崛起与中国经济发展》	周立群
《金融市场全球化下的中国监管体系研究》	曹凤岐
《中国市场经济发展研究》	刘伟
《全球经济调整中的中国经济增长与宏观调控体系研究》	黄达
《中国特大都市圈与世界制造业中心研究》	李廉水
《中国产业竞争力研究》	赵彦云
《东北老工业基地资源型城市发展可持续产业问题研究》	宋冬林
《转型时期消费需求升级与产业发展研究》	臧旭恒
《中国金融国际化中的风险防范与金融安全研究》	刘锡良
《中国民营经济制度创新与发展》	李维安
《中国现代服务经济理论与发展战略研究》	陈宪
《中国转型期的社会风险及公共危机管理研究》	丁烈云
《人文社会科学研究成果评价体系研究》	刘大椿
《中国工业化、城镇化进程中的农村土地问题研究》	曲福田
《东北老工业基地改造与振兴研究》	程伟
《全面建设小康社会进程中的我国就业发展战略研究》	曾湘泉

书　名	首席专家
《自主创新战略与国际竞争力研究》	吴贵生
《转轨经济中的反行政性垄断与促进竞争政策研究》	于良春
《面向公共服务的电子政务管理体系研究》	孙宝文
《产权理论比较与中国产权制度变革》	黄少安
《中国企业集团成长与重组研究》	蓝海林
《我国资源、环境、人口与经济承载能力研究》	邱　东
《"病有所医"——目标、路径与战略选择》	高建民
《税收对国民收入分配调控作用研究》	郭庆旺
《多党合作与中国共产党执政能力建设研究》	周淑真
《规范收入分配秩序研究》	杨灿明
《中国加入区域经济一体化研究》	黄卫平
《金融体制改革和货币问题研究》	王广谦
《人民币均衡汇率问题研究》	姜波克
《我国土地制度与社会经济协调发展研究》	黄祖辉
《南水北调工程与中部地区经济社会可持续发展研究》	杨云彦
《产业集聚与区域经济协调发展研究》	王　珺
《我国民法典体系问题研究》	王利明
《中国司法制度的基础理论问题研究》	陈光中
《多元化纠纷解决机制与和谐社会的构建》	范　愉
《中国和平发展的重大前沿国际法律问题研究》	曾令良
《中国法制现代化的理论与实践》	徐显明
《农村土地问题立法研究》	陈小君
《知识产权制度变革与发展研究》	吴汉东
《中国能源安全若干法律与政策问题研究》	黄　进
《城乡统筹视角下我国城乡双向商贸流通体系研究》	任保平
《产权强度、土地流转与农民权益保护》	罗必良
《矿产资源有偿使用制度与生态补偿机制》	李国平
《巨灾风险管理制度创新研究》	卓　志
《中国与全球油气资源重点区域合作研究》	王　震
《可持续发展的中国新型农村社会养老保险制度研究》	邓大松
《生活质量的指标构建与现状评价》	周长城
《中国公民人文素质研究》	石亚军
《城市化进程中的重大社会问题及其对策研究》	李　强
《中国农村与农民问题前沿研究》	徐　勇
《西部开发中的人口流动与族际交往研究》	马　戎
《现代农业发展战略研究》	周应恒
《综合交通运输体系研究——认知与建构》	荣朝和
《中国独生子女问题研究》	风笑天
《我国粮食安全保障体系研究》	胡小平

书　名	首席专家
《城市新移民问题及其对策研究》	周大鸣
《新农村建设与城镇化推进中农村教育布局调整研究》	史宁中
《农村公共产品供给与农村和谐社会建设》	王国华
《中国边疆治理研究》	周　平
《边疆多民族地区构建社会主义和谐社会研究》	张先亮
《新疆民族文化、民族心理与社会长治久安》	高静文
《中国大众媒介的传播效果与公信力研究》	喻国明
《媒介素养：理念、认知、参与》	陆　晔
《创新型国家的知识信息服务体系研究》	胡昌平
《数字信息资源规划、管理与利用研究》	马费成
《新闻传媒发展与建构和谐社会关系研究》	罗以澄
《数字传播技术与媒体产业发展研究》	黄升民
《互联网等新媒体对社会舆论影响与利用研究》	谢新洲
《网络舆论监测与安全研究》	黄永林
《中国文化产业发展战略论》	胡惠林
《教育投入、资源配置与人力资本收益》	闵维方
《创新人才与教育创新研究》	林崇德
《中国农村教育发展指标体系研究》	袁桂林
《高校思想政治理论课程建设研究》	顾海良
《网络思想政治教育研究》	张再兴
《高校招生考试制度改革研究》	刘海峰
《基础教育改革与中国教育学理论重建研究》	叶　澜
《公共财政框架下公共教育财政制度研究》	王善迈
《农民工子女问题研究》	袁振国
《当代大学生诚信制度建设及加强大学生思想政治工作研究》	黄蓉生
《从失衡走向平衡：素质教育课程评价体系研究》	钟启泉　崔允漷
《高校思想政治理论课教育教学质量监测体系研究》	张耀灿
《处境不利儿童的心理发展现状与教育对策研究》	申继亮
《学习过程与机制研究》	莫　雷
《青少年心理健康素质调查研究》	沈德立
《灾后中小学生心理疏导研究》	林崇德
《民族地区教育优先发展研究》	张诗亚
《WTO主要成员贸易政策体系与对策研究》	张汉林
《中国和平发展的国际环境分析》	叶自成
《冷战时期美国重大外交政策案例研究》	沈志华
*《中国政治文明与宪法建设》	谢庆奎
*《非传统安全合作与中俄关系》	冯绍雷
*《中国的中亚区域经济与能源合作战略研究》	安尼瓦尔·阿木提
……	

* 为即将出版图书